江西财经大学信毅学术文库

“一带一路”与中国对外直接投资空间重塑研究

刘振林　著

中国财经出版传媒集团
中国财政经济出版社

图书在版编目（CIP）数据

“一带一路”与中国对外直接投资空间重塑研究 / 刘振林著．-- 北京：中国财政经济出版社，2022.1

（江西财经大学信毅学术文库）

ISBN 978 - 7 - 5223 - 1062 - 6

Ⅰ．①一…　Ⅱ．①刘…　Ⅲ．①对外投资 - 直接投资 - 研究 - 中国　Ⅳ．①F832.6

中国版本图书馆 CIP 数据核字（2022）第 012131 号

责任编辑：白　静　汪娟娟　　　责任校对：张　凡
封面设计：王　颖　　　　　　　责任印制：党　辉

中国财政经济出版社 出版

URL：http：//www.cfeph.cn

E - mail：cfeph@ cfeph.cn

社址：北京市海淀区阜成路甲 28 号　邮政编码：100142

营销中心电话：010 - 88191522

天猫网店：中国财政经济出版社旗舰店

网址：https：//zgczjjcbs.tmall.com

北京财经印刷厂印刷　各地新华书店经销

成品尺寸：170mm × 230mm　16 开 28 印张 434 000 字

2022 年 8 月第 1 版　2022 年 8 月北京第 1 次印刷

定价：84.00 元

ISBN 978 - 7 - 5223 - 1062 - 6

（图书出现印装问题，本社负责调换，电话：010 - 88190548）

本社质量投诉电话：010 - 88190744

打击盗版举报热线：010 - 88191661　QQ：2242791300

总 序

书籍是人类进步的阶梯。通过书籍出版，由语言文字所承载的人类智慧得到较为完好的保存，作者思想得到快速传播，这大大地方便了知识传承与人类学习交流活动。当前，国家和社会对知识创新的高度重视和巨大需求促成了中国学术出版事业的新一轮繁荣。学术能力已成为高校综合服务水平的重要体现，是高校价值追求和价值创造的关键衡量指标。

科学合理的学科专业、引领学术前沿的师资队伍、作为知识载体和传播媒介的优秀作品，是高校作为学术创新主体必备的三大要素。江西财经大学较为合理的学科结构和相对优秀的师资队伍，为学校学术发展与繁荣奠定了坚实的基础。近年来，学校教师教材、学术专著编撰和出版活动相当活跃。

为加强我校学术专著出版管理，锤炼教师学术科研能力，提高学术科研质量和教师整体科研水平，将师资、学科、学术等优势转化为人才培养优势，我校决定分批次出版高质量专著系列；并选取学校“信敏廉毅”校训精神的前尾两字，将该专著系列命名为“信毅学术文库”。在此之前，我校已分批出版“江西财经大学学术文库”和“江西财经大学博士论文文库”。为打造学术品牌，突出江财特色，学校在上述两个文库出版经验的基础上，推出“信毅学术文库”。在复旦大学出版社的大力支持下，“信毅学术文库”已成功出版两期，获得了业界的广泛好评。

“信毅学术文库”每年选取10部学术专著予以资助出版。这些学术专著囊括经济、管理、法律、社会等方面内容，均为关注社会热点论题或有重要研究参考价值的选题。这些专著不仅对专业研究人员开展研究工作具有参考价值，也贴近人们的实际生活，有一定的学术价值和现实指导意义。专著的作者既有学术领域的资深学者，也有初出茅庐的优秀博士。资深学者因其学术涵养深厚，他们的学术观点代表着专业研究领域的理论前沿，对他们专著的出版能够带来较好的学术影响和社会效益。优秀博士作为青年学者，他们学术思维活跃，容易提出新的甚至是有突破性的学术观点，从而成为学术研究或学术争论的焦点，出版他们学术成果的社会效益也不言自明。一般而言，国家级科研基金资助项目具有较强的创新性，该类研究成果常常在国内甚至国际专业研究领域处于领先水平，基于以上考虑，我们在本次出版的专著中也吸纳了国家级科研课题项目研究成果。

“信毅学术文库”将分期分批出版问世，我们将严格质量管理，努力提升学术专著水平，力争将“信毅学术文库”打造成为业内有影响力的高端品牌。

王　乔

2016年11月

前　言

为深化与东盟、上合组织等多边、区域之间的合作关系，提高彼此之间的基础设施互联互通建设水平，2013 年，习近平主席提出了“一带一路”倡议。这一倡议对统筹国内外开放型经济发展，密切我国同周边国家以及欧亚大陆国家之间的经济贸易关系，尤其是调整我国对外直接投资（以下简称“OFDI”）的空间布局，都有着重大的意义。

在此背景下，本书以发展中国家对外直接投资理论为支点，比较全面地就中国对“一带一路”沿线国家和地区直接投资区位分布情况进行了深入的分析。第一，本书结合当前新冠肺炎疫情所带来的经济危机，比较深刻地分析了新冠肺炎疫情对世界经济发展的影响，尤其是对全球直接投资及其全球价值链的影响。第二，本书结合国际投资发展阶段理论（IDP），对中国 31 个省区市适用性及所处阶段进行了初步分析。第三，本书结合亚太经济合作组织（APEC）、全面与进步跨太平洋伙伴关系协定（CPTPP）及区域全面经济伙伴关系（RCEP）等一体化组织的角力，对“一带一路”倡议出台的背景、取得成就以及存在的挑战进行了比较深入的分析，进而在此基础上分区域对“一带一路”沿线的 65 国大宗直接投资的国别、行业特征以及失败案例进行了比较详尽的分析。第四，在上述研究的基础上，本书通过运用新经济地理学、空间面板模型和扩展的引力模型等工具，就金融市场、汇率制度选择、价格择定规则、国际化生产、对外直接投资区间分布的 FC 均衡与非均衡模型、制度距离对我国对“一带一路”沿线国家和地区直接投资以及“一带一路”沿线国家和地区直接投资潜力等问题进行了定性与定量相结合的深入分析。第五，本书通过对人民币国际化、全球价值链、国际减税大战和中美贸易战及其引发的世界经济增长前景不确定性问题，就我国对外直接投资空间优化路径进行了探讨，并在此基础上，分成国家层面、企业层面和中介层面，对我国 OFDI 的空间重塑提供了一些政策建议。

本书发现：第一，本次新冠肺炎疫情对全球直接投资的影响超过了过去 10 多年来全球金融危机、欧洲主权债务危机及新兴市场危机所带来的负面影响，使全球直接投资在 2015～2019 年持续大跌后继续下跌，据联合国贸发会议（UNCTAD）最新统计，2020 年全球 OFDI 跌至 7399 亿美元，较上年大跌 39.4%，创 2003 年以来新低。就全球价值链来讲，创新型国家遭遇冲击最大，其次是资源型国家、制造型国家，像中国这样制造业体系完整的国家受到的冲击相对较小。第二，中国在国际直接投资发展阶段方面，已经全面进入邓宁（Dunning）IDP 理论的第三阶段，或者小泽辉智意义下的第三阶段，也即从大规模引进外商直接投资到利用血缘、地理和种族纽带，并首先在邻国进行直接投资的阶段。未来，随着海外投资经验累积，血缘、地理和种族因素的重要性将下降，中国将开始迈向第四阶段，当前中国部分沿海省份已具明显升级特征，正在从以劳动力为导向的对外直接投资过渡到以技术为导向和贸易支持的对外直接投资。第三，从空间布局上来看，中国对外直接投资应首先布局在周边国家，并逐渐从邻国向其他发展中国家扩大。随着投资经验累积，未来中国还应在基本完成工业化、较发达的发展中国家进行重点投资，以获得高端制造和现代服务技术，并且在当前发达国家重塑世界经济版图，与中国经济进行“脱钩”的背景下也只能这样去做。第四，我国在沿线国家的 OFDI 第三国效应显著且为互补效应，而且制度距离对我国 OFDI 具有显著负向抑制作用。分样本结果也显示我国倾向于投资与我国法治制度差异较小的高收入国家以及经济制度距离较小的中低收入国家。此外，制度距离对我国在沿线国家 OFDI 的影响还会因区域不同表现出明显异质性。进一步地，在使用 Ward 系统聚类法将经济制度距离分为高低两组后，制度距离对我国 OFDI 的阻碍作用并未发生改变。本书研究发现，在“一带一路”沿线 65 国中，投资潜力成熟型国家最多，多达 32 个；其次是投资潜力待开发型国家，有

14个；投资潜力成长型国家最少，只有4个，呈现明显的纺锤型结构。第五，本书针对我国对外直接投资空间优化路径进行了一些探讨，并在此基础上，分成国家层面、企业层面和中介层面，对我国OFDI的空间重塑提供了一些政策建议。简单来说，中国应抓住新冠肺炎疫情带来的“危”与“机”，化“危”为“机”，通过发挥大国带头示范效应，积极推动CPTPP及RCEP谈判，完善国际治理体系，优化我国对外直接投资环境，进而通过前述路径，努力重塑OFDI格局，实现产业和技术升级，优化地区和全球价值链，建立OFDI风险预警和评估体系等。

作者：刘振林
2022年4月

目　录

第1章 导 论

亚欧大陆历来是兵家必争之地。从20世纪60年代起，亚欧大陆就先后出现了东盟、海合会、南亚联盟、亚太经济合作组织、古阿姆、欧亚经济共同体、上合组织和亚欧会议等区域安排，可谓错综复杂。当然，其中蕴含的大国战略意图也就不言自明了。

1.1 选题背景与研究价值

近十几年，在WTO多哈回合休克之际，一些大国围绕着在亚欧大陆打造更大范围的自由贸易区（FTA）展开了形式多样的竞合。美国不仅率先提出了“亚太地区再平衡”战略，而且明确提出了“大中亚”思想和“新丝绸之路”构想，打算形成一个交通运输和经济链接的枢纽，贯穿于亚欧大陆之间，加强各次区域间经贸关系，并企图通过构建一个“TTN”[TTIP（跨大西洋贸易与伙伴协定）、TPP（跨太平洋伙伴关系协定）、NISA（新一轮国际服务贸易谈判）] 的谈判框架，推行更加自由化的国际经贸规则，对亚太地区自1997年亚洲金融危机以来逐步形成的“东盟10+1”“10+3”“区域全面经济伙伴关系”（RCEP）等区域一体化组织架构起到分化瓦解作用。为避免边缘化，阿富汗、印度、伊朗等国家提出共同推动南亚“南方丝绸之路”建设，力图开辟“海上丝绸之路”和“陆地丝绸之路”；俄白（俄罗斯、白俄罗斯）2国和海合会6国（全称为海湾合作委员会，其成员国为阿拉伯联合酋长国、阿曼、巴林、卡塔尔、科威特、沙特阿拉伯）则宣布发行共同货币。虽然上述规划受相关国家政治对立和经贸关系不活跃等因素影响，成效不彰，但也显示亚欧大陆各国围绕"一带一路"建设出现了复杂的竞合格局。

从宏观经济角度看，当前中国已经崛起为世界经贸大国，我国的很多经济指标都跃居世界前列，例如GDP世界第二，货物贸易额世界第一，外汇储备世界第一，吸引外资和对外直接投资都稳居世界前列，2020年我国对外直接投资流量和存量规模已连续多年分居世界前3位。但这些经济指标也透露出我们很多的不足。例如从2006年起，我国已经连续14年保持了世界第一外汇储备大国地位，2014年以来我国外汇储备虽略有减少，但2020年外汇储备仍高达3.2万亿美元，超过排名次席的日本1.5倍多，然而《中国国际收支平衡表》却显示，我国对外投资收益长期以来是逆差，这就表明中国对外资产配置不当，对外直接投资（OFDI）偏少，固定收益型证券（国债等）投资比例偏高，这在近些年欧美发达国家纷纷开始实行负利率的货币政策背景下尤为显目。

国家外汇管理局公布的《中国国际投资头寸表》显示，截至2020年末，中国对外资产87039亿美元，其中对外直接投资（OFDI）24134亿美元，储备资产33565亿美元，二者占比分别是27.7%和38.6%，对外负债65536亿美元，外商直接投资（IFDI）31793亿美元，占比48.5%，鉴于人民币国际化程度尚低，因此国家外汇管理局还没有储备负债方面统计。在此，中国OFDI存量不仅比IFDI存量少了7659亿美元，占比更是比后者低了20.8个百分点，所以尽管2020年末中国对外净资产头寸高达21503亿美元，仅次于日本，稳居世界第二，但在《2020年中国国际收支平衡表》投资收益项下却出现了1071亿美元的逆差。这是因为该年我国87039亿美元对外资产只得到了2244亿美元投资收益，投资收益率2.58%，而我国65536亿美元对外负债却要付给国外3315亿美元收益，国外资产的投资收益率高达5.06%，对外资产收益率只有对外负债收益率的一半。

个中原因无他，就是中国对外资产结构不合理，OFDI规模不够大。为此，我国亟需优化对外资产配置格局，优化对外资产结构，化外汇储备为OFDI，扩大OFDI规模，至少也要在外汇储备稳定在目前3.2万亿美元左右的背景下（外汇储备大幅减少会给人资本外逃的感觉，使得投资者信心不足，人民币汇率走低)，将我国国际收支经常顺差增量部分绝大部分转换为OFDI①。为此，我们应勇于当外国人的股东、老板，而不仅是债权人。

可是，我们能心想事成，想扩大OFDI就能扩大吗？当然不能！

全球金融危机之后，美国等发达国家妒忌于东方国家的崛起之势，选择性进行经贸协定谈判（如TPP），与部分具有特殊战略关系的国家发展国际经贸关系，打压以金砖国家为首的发展中国家经贸上升势头，意图重塑世界经济版图，尤其是2017年以来，随着以特朗普为代表的“逆全球化”势力上台，一些发达国家更是明目张胆推行“脱钩”战略，在全世界刮起一股贸易保护主义逆流，他们对内大搞税收减免，吸引制造业回归本土，对外大打贸易战，降低双边贸易投资规模，高筑贸易壁垒和投资壁垒，以实现与以中国为代表的快速增长的发展中国家完全脱钩，实际是以“国家安全”为名，行阻扰中国商品输出、资本输出，甚至国家崛起之实。所以在这样一种背景下，中国不仅对以美国为代表的发达国家双边贸易额连续下降，贸易自由化严重受挫，而且还出现了跨国并购连连受阻、许多投资项目被以“国家安全”为由纷纷叫停的现象，以致中国对发达国家的跨国并购连续四年大幅减少，中国对发达国家直接投资规模多年来一直徘徊不前。2014年末中国在发达国家直接投资存量1352.51亿美元，占中国对外直接投资存量的比例为15.3%，2020年末中国在发达国家直接投资存量2539亿美元，占比9.8%，规模虽增加了，占比却下降了5.5个百分点，所以到发达国家投资这条道路是不通畅的。

怎么办？那就转移方向，不断加大对发展中国家的投资，“一带一路”沿线国家直接投资额不断上升，但发展中国家的政策治理、经济营商环境差别较大，有的国家投资风险比较大，这就要求我们认真研究发展中国家的投资环境，根据国际投资自由化和便利化发展趋势，结合相互间经贸发展实际，扬长避短，重塑对外直接投资空间格局，多去制度健全、营商环境好的国家和地区投资，回避政治风险人、投资环境差的国家。随着投资经验累积，未来中国还应对基本完成工业化的、较发达的发展中国家进行重点投资，以获得更多高端制造和现代服务技术，而且在当前发达国家重

① 例如，根据国家外汇管理局最新发布的初步数据，2020年，中国直接投资账户顺差1026亿美元，其中对外直接投资1099亿美元，来华直接投资2125亿美元，同时经常账户顺差2740亿美元，经常账户顺差只有37.4%转化为对外直接投资了。

塑世界经济版图、与中国经济进行“脱钩”的背景下也只能这样去做。

然而，随着大宗商品价格回落，以初级产品出口为主的大多数发展中国家经济形势并不好，2013~2016年，以巴西、俄罗斯、南非等“金砖国家”为代表的许多发展中国家经济长期低迷，发生了“新兴市场经济危机”，导致其吸引外资的能力连年下降，中国在这些国家开展的“资源寻求型”OFDI连年出现大幅度回落，甚至出现连续撤资现象①。

不仅如此，更加严重的是，2019年岁末、2020年年初，一场新冠肺炎疫情又席卷全世界，给世界经济发展带来了经济大幅度衰退的悲观前景，在疫情期间，由于疫情防控和复工复产、开放经济之间的矛盾，全球价值链、供应链和产业链受到了极大的打击，尤以汽车产业和电子信息产业为主，全球贸易额和直接投资额将出现创纪录性暴跌。

在此背景下，为深化与东盟、上海合作组织、金砖国家等区域组织之间的经贸合作关系，提高彼此基础设施互联互通建设水平，2013年9月和10月，国家主席习近平在哈萨克斯坦、印度尼西亚访问时，先后倡议共同建设“丝绸之路经济带”和“21世纪海上丝绸之路”。这些构想高瞻远瞩、审时度势，对统筹国内国际发展、维护周边环境、密切我国同周边国家以及欧亚国家之间的经济贸易关系、拓展对外开放空间、重塑我国对外直接投资区位分布，均具有重大意义。

此外，我们还要注意的一个问题就是中国企业自身国际化经验欠缺，犯下的国际投资错误不少。进入21世纪以来，中国OFDI虽然总体处在一个急速发展阶段，但在企业OFDI急速扩张的同时，我国“国际化困局”也日益严重，投资失败案持续发生，这就促使中国企业在“走出去”过程中不仅要关注政治风险、文化风险等非市场性风险，也要关注经济风险、外汇风险等市场风险。

因此，开展此课题研究，就有如下实践价值：

（1）为中国优化对外直接投资空间布局、行业分布、投资类型等提供比较完整的操作思路和政策建议，从而为政府经贸管理部门构建对外直接投资风险防范与管理体系提供决策理论依据和实践参考。

---

① 刘振林，李任．跨国公司撤出中国的动因分析——基于跨国公司经营的视角［J］．经济经纬，2016（2）．

（2）为进行对外直接投资的中国企业有效防范和应对投资风险提供框架和思路，深入理解企业 OFDI 过程中各种风险的因子构成、影响因素以及作用机理，为企业进行国际投资决策服务。

（3）为其他新兴市场国家和发展中国家企业对外直接投资提供有益借鉴。

1.2　文献综述

从学术史上追踪，西方学术界研究要比国内起步更早、更持久。早在1877年德国学者芬迪兰德·冯·李希霍芬（Fendinand Von Richehofen）就提出了亚欧大陆“丝绸之路”的概念，1903年法国汉学家沙畹在其《西突厥史料》一书中则把丝绸之路分为陆路和海路两条，1968年日本学者三杉隆敏出版了著作《探索海上丝绸之路》。此后，海上丝绸之路、茶叶之路、草原之路等各种相关主题的著述层出不穷。由此可以看出，“一带一路”是一个不断动态变化的国际化概念。

1.2.1　有关“一带一路”经贸战略的文献综述

截至目前，关于“一带一路”的研究，前期史学界研究较多。陈炎（1980）是最早研究海上丝绸之路的中国学者，之后研究主要集中在“一带一路”的发源地、航线、目的地、贸易物品、运输工具、民族及社会文化交流等。总体来说，2013年前关于“一带一路”沿线国家和地区特别是其与中国经贸关系的研究文献较少，只有马勇（2001）较早探讨了东南亚与“海上丝绸之路”的相互影响关系，2013年后这方面研究大量增加。

关于“一带一路”的作用，周五七（2014）认为，中国对“一带一路”沿线国家和地区的直接投资应扩大对中欧和东欧的直接投资，增强“一带一路”倡议的影响力。Brant（2015）认为，中国发起的建设“一带一路”倡议，是周边国家和中国经济的需要。中国的领导人倡议建设“一带一路”是中国作为一个负责任的大国在承担更大的责任，其意图是良好的，应该得到欢迎和赞赏。盛斌和黎峰（2016）认为，“一带一路”建设并非一帆风顺，应加强双边经贸协定和规则，复制成熟的国外合作模式，建立重要的示范项目，并积极调整沿线国家的区域发展战略①。刘瑞和高峰（2016）指出，应借助"一带一路"倡议契机，化解中国生产过剩问题，向东南亚和南亚国家推进劳动密集型产业的转移，向中亚、西亚、北非地区推进资本密集型产业的转移，推进与独联体之间的国家进行产能合作。郭烨和许陈生（2016）发现，国家领导人与"一带一路"沿线国家的双边高层会晤对中国对外直接投资（OFDI）具有显著的积极作用②。朱兰亭和杨蓉（2019）提出，在考虑《国家风险指南》（ICRG）中国家风险指数的背景下，我国的"一带一路"OFDI有显著的政治风险以及金融风险偏好性，而经济风险影响并不显著。

关于"一带一路"区域投资策略，陈岩、马利灵和钟昌标（2012）发现，不限于资源，东道国和母国制度因素对中国投资非洲有显著影响③。李晓（2015）认为，在中国"一带一路"倡议实施中，中国企业对印度投资的发展，落后于中国同周边其他国家间的经济交往水平，也与两国的经济总量和两国在亚洲的地位严重不符。李婧（2015）指出，"一带一路"倡议将为中国企业投资俄罗斯带来新机会，有助于全面提升两国间的经济开放和互利发展水平④。黄卫平（2016）认为，"一带一路"是在寻求新的经济增长点，应借对外投资融入欧洲市场⑤。严佳佳、刘永福和何怡等（2017）指出，我国目前直接投资效率较低，表现出正时变效应，显示出平滑增长及空间收敛，整体水平渐升，且对"一路"的投资效率优于"一带"。

另外，在实证方面，针对中国的"一带一路"沿线国家投资的研究，吴哲等（2015）发现中国向"一带一路"发展中国家OFDI会产生逆向技术溢出，并对全要素生产率产生正向影响。杨英和刘彩霞（2015）却不认同，他们发现中国对"一带一路"沿线国家的OFDI对自身产业升级影响

---

① 盛斌，黎峰．"一带一路"倡议的国际政治经济分析[J]．南开学报（哲学社会科学版），2016（1）．

② 郭烨，许陈生．双边高层会晤与中国在"一带一路"沿线国家的直接投资[J]．国际贸易问题，2016（2）．

③ 陈岩，马利灵，钟昌标．中国对非洲投资决定因素：整合资源与制度视角的经验分析[J]．世界经济，2012（10）．

④ 李婧．"一带一路"背景下中国对俄投资促进战略研究[J]．国际贸易，2015（8）．

⑤ 黄卫平．"一带一路"倡议下的中国对欧投资研究[J]．中国流通经济，2016（1）．

不显著，但却会加速企业“走出去”，带动“一带一路”沿线国家的投资。王继源、陈璋和龙少波（2016）测算了沿线国家基建投资对中国各部门的短期拉动效果。结果显示，当地水电气供应、交通运输和邮政电信业部门的各1亿美元总投入，在最大情况下分别会拉动中国0.31、0.4、0.41美元总产品，0.08、0.11、0.1美元GDP。姬超（2018）推导了中国不同所有制类型资本进入“一带一路”沿线国家时的差异化行为逻辑，提出实现显著促进效应的前提条件是要素价格能反映要素的相对稀缺程度①。吕越等（2019）发现现阶段“一带一路”倡议的投资促进效应主要表现为集约边际的扩张，促进效应主要集中在能源、交通和通信等基础设施相关领域②。杜龙正和林维芬（2019）运用Hansen非线性面板门槛模型，对中国在沿线国家OFDI、进口、出口、研发资本存量等数据进行了较为深入的分析，发现中国整体上升级为跨境产能合作高效率溢出阶段，而OFDI与研发投入、进口共同成为提升地区产能合作效率的关键③。

总体来看，这几年国内外关于中国对“一带一路”沿线国家投资的研究虽然取得了较多成果，但仍存在以下三个方面的不足：第一，就中国对“一带一路”沿线国家的投资问题描述性分析较多，定量分析不足。第二，就中国对“一带一路”沿线国家的投资潜力和区位选择问题的研究还不是太多。第三，采用拓展引力模型来研究中国对“一带一路”沿线国家投资问题的比较少见。鉴于此，本书后文将采用新经济地理学和拓展引力模型就中国对“一带一路”沿线国家的投资潜力和区位选择进行定性与定量相结合的研究。

1.2.2 有关影响企业对外直接投资区位分布的文献综述

目前有关影响企业OFDI区位分布的研究思路主要有四条：

第一条，对外直接投资是如何发生的，影响对外直接投资区位分布的

① 姬超.“一带一路”建设的中国要素分解及其外部性检验[J].国际贸易问题，2019（9）：83~96.

② 吕越，陆毅，吴嵩博，等.“一带一路”倡议的对外投资促进效应——基于2005~2016年中国企业绿地投资的双重差分检验[J].经济研究，2019，54（9）.

③ 杜龙正，林维芬.中国对“一带一路”沿线直接投资的产能合作效率研究——基于24个新兴国家、发展中国家的数据[J].数量经济技术经济研究，2019（12）：3~21.

动因有哪些？

自 Dunning（1977）提出所有权—内部化—区位优势（Ownership - Innership - Locationship，OIL）理论，把 OFDI 看成是跨国公司所有权优势和内部化优势"推动"力和东道国区位优势"吸引"力共同作用的结果以来，主要认为 OFDI 是：

（1）规模经济所引起的集聚效应。Coughlin（1991）发现人均收入、土地面积等影响了外国直接投资（FDI）的集聚效应[①]。Woodward（1992）也有近似发现[②]。邹婷、刘辉煌（2010）发现中国对外投资在区位选择上呈现出集中化的特征。

（2）资源禀赋、地理距离、信息成本、基础设施、服务设施等市场性因素。Krugman 和 Venables（1995）认为，初始条件完全相同的两地区，也会因为 FDI 转移而形成产业在地理上的集中。Hummels（1999）分析了空运距离对垂直专门化型 OFDI 的影响。魏后凯（2002）发现，基础设施、服务设施和稠密的人口增强了对外商投资的吸引力。梁琦（2003）认为信息成本、基础设施、地理优势等因素对 FDI 集聚具有明显影响[③]。程慧芳和阮翔（2004）则用引力模型分析了中国对外直接投资的区位选择[④]。协天紫光、薛飞、葛鹏飞（2019）发现 OFDI 对"一带一路"沿线国家绿色全要素生产率的影响存在经济规模和人力资本的门槛效应。此外，还有一些学者从经济自由度、金融异质性、双边投资协定等方面对"一带一路"沿线直接投资进行了比较深入的考察（李平等，2014；季凯文，2018；舒家先、唐璟，2019）[⑤]。

（3）政策、文化、制度等东道国因素。鲁明泓（1999）认为制度因素对 OFDI 具有明显的影响。Edmiston（2003）指出，税率和引资政策对于

---

① Coughlin. Foreign Direct Investment in China：a Spatial Econometric Study. The World Economy. 1991，23（1）：1～23.

② Woodward. The Location of Export Oriented Foreign direct. investment in the Caribbean Basin. Journal of International Business Studies，1992，24（1）：121～144.

③ 梁琦．中国对外贸易和 FDI 相互关系的研究[J]．经济学，2004，3（3）：59～78.

④ 程慧芳，阮翔．用引力模型分析中国对外直接投资的区位选择[J]．世界经济，2004（11）.

⑤ 李平，等．双边投资协定对中国对外直接投资的实证分析——基于制度距离的视角[J]．世界经济研究，2014（12）：53～58，85～86.

OFDI的投向有很大的影响。綦建红和杨丽（2012）发现，地理距离和文化距离均与OFDI呈负向关系。陈升等（2019）发现腐败控制、政府效率、监管质量等六个变量对我国对外直接投资具有正向效应[①]。邓富华、何歌和姜玉梅（2019）指出双边投资协定、加入国际投资争端解决中心等对我国OFDI具有负向影响[②]。李俊久等（2020）认为制度距离整体上推进了中国OFDI，而文化距离则抑制了OFDI，并且后者抑制效应显著强于前者促进效应。虽然针对文化距离和制度距离的研究结论各异，但普遍认为可能存在复杂的非线性关系，需要进一步检验和分析[③]。

第二条，对外直接投资有哪些类型？中国是否存在逆向技术溢出效应？

自Kogut和Chang（1991）首次提出OFDI逆向技术溢出的猜想以来，学者们从样本选择、因变量度量方式、地区特征、行业类别等多个角度对其存在性进行了详尽分析，但迄今并无统一结论[④]。许多学者认为，一个国家的外国直接投资对本国技术具有显著的提升作用（Potterie和Lichtenberg，2001；Driffield等，2001；Bodman和Love，2010；蒋冠宏等，2013；郑展鹏，2014；鲁万波等，2015），其中蒋冠宏、蒋殿春（2012）发现，中国进入发展中国家投资，主要基于市场、资源寻求和技术输出动机，而发达国家集中在战略资产寻求动机[⑤]。陈培茹和冼国明（2020）发现，我国对外直接投资具有积极的逆向技术溢出效应，并且新增OFDI中，只有扩展边际能推动我国技术创新，集约边际的推动作用不显著。但许多学者还认为，外国直接投资中没有正向的逆向技术溢出效应（Lee，2006；Bitzer和Gorg，2009；Belderbos et al.，2013；Wang Ying and Liu Sifeng，2008；Xiao Wen and Lin Gaobang，2011；严兵等，2016）。

---

① 陈升，等．东道国制度水平对我国对外直接投资的影响——综合运用全球治理指标和“一带一路”沿线国家数据的实证[J]．产经评论，2019（10）：56~66.

② 邓富华，何歌，姜玉梅．“一带一路”沿线国家外资政策协调对中国对外直接投资的影响——基于双边、多边政策协调的分析视角[J]．经济与管理研究，2019（12）：43~58.

③ 李俊久，等．文化距离、制度距离与对外直接投资——基于中国对“一带一路”沿线国家OFDI的实证研究[J]．武汉大学学报（哲学社会科学版），2020（1）：120~134.

④ Kogut，Chang. The effect of national culture on the choice of entry mode. Journal of International Business Studies. 1988，19（3）：411~432.

⑤ 蒋冠宏，蒋殿春．中国对发展中国家的投资——东道国制度重要吗？[J]．管理世界（月刊），2012（11）：45~56.

第三条，对发展中国家来讲，相对于国际直接投资发展路径（IDP）而言，是否存在过度或不足？

1981 年，Dunning 以 OIL 为微观基础，根据一些国家在 20 世纪 80 年代初的国民收入数据，将 OFDI 的发展划分为四个阶段，从而开创了"国家直接投资发展路径"（IDP）理论。学术界纷纷利用 IDP 模型对不同国家的 OFDI 所处阶段及其适用性进行实证检验，其中包括：Dunning（1986）对 25 个发展中国家的研究[①]；Dunning and Narula（1996）对 88 个国家的研究；Buckley and Castro（1998）对葡萄牙的研究；Twomey（2000）对加拿大的研究；Barry，Gorg and McDowell（2003）对爱尔兰和美国双边投资的研究；Gorynia，Nowak and Wolniak（2007）对波兰的研究；Fonseca，Mendonca and Passos（2007）对葡萄牙的研究；Boudier（2008）对中欧、东欧国家的研究；中国学者刘红忠（2001），高敏雪、李颖俊（2004），Xiaohui Liu，Trevor Buck and Chang Shu（2005），涂万春和陈奉先（2006），姚永华、苏佳丽和陈飞翔（2006），李辉（2007），梁军、谢康（2008）和陈涛涛等（2012）[②] 等对中国的研究，基本上都是支持 IDP 模型的。但是，检验结果并非完全一致，Bellak（2000）发现奥地利双向直接投资相对其经济发展水平明显滞后，其 IDP 具有异质性。Boudier - Bensebaa（2004）也发现，中东欧国家的 IDP 具有异质性，因此应谨慎将各个国家放在一起来验证 IDP 理论。薛求知和朱吉庆（2007），陈漓高和黄武俊（2009）也发现中国 IDP 具有明显滞后性[③]。乔晶和胡兵（2014）则认为，中国对外直接投资整体表现为投资不足而非投资过度，不过这种投资不足的现象会随着时间的推移趋向缓解[④]。

第四条，对外直接投资是会带来产业升级，还是导致产业空心化？

Dowling 等人（2000）发现，赶超型国家 OFDI 过程中会带来产业结构

---

① Dunning. The investment development cycle revisited. Weltwirtschaftliches Archiv. 1986，122（4）：667～676.

② 陈涛涛，等．投资发展路径（IDP）理论的发展与评述[J]．南开经济研究，2012（5）：123～137.

③ 陈漓高，黄武俊．投资发展路径（IDP）：阶段检验和国际比较研究[J]．世界经济研究，2009（9）：51～56，88.

④ 乔晶，胡兵．对外直接投资如何影响出口——基于制造业企业的匹配倍差检验[J]．国际贸易问题，2015（4）：126～136.

升级，而关下稔（1990）、柳田伊藤（2006）、金永进（2007）、Lipsey（2009）、Markusen（2009）、石柳和张捷（2013）、储振国（2013）等则认为对外投资会带来产业空心化。刘海云、喻蕾（2014）也发现，不同地区的 OFDI 发展达到一定规模且水平相当的条件下，原有的产业结构不同会影响存量指数对效率空心化的影响。董有德和孟醒（2014）发现，OFDI 逆向技术溢出对国内创新能力水平的提高具有正向影响，OFDI 中的研发、制造和营运环节是逆向技术溢出的主要渠道。杨连星和刘晓光（2016）发现，无论在行业层面还是产品层面，OFDI 逆向技术溢出均促进了中国出口技术复杂度的提升，这种促进效应在部分劳动密集型行业较为显著，而在技术密集型行业中并不显著。在微观层面，叶娇和赵云鹏（2016）发现 OFDI 具有正的逆向技术溢出效应，OFDI 使中国企业全要素生产率明显增长。赵春明等（2019）发现我国 OFDI 通过水平溢出效应会从整体上促进员工工资水平的提升，且这种水平溢出效应同员工工资水平会呈现倒 U 形关系，对高技能员工的提升作用更大，但低技能员工的拐点要更小。此外，在垂直型 OFDI 中，前向溢出效应对下游行业高技能员工的促进作用更为明显，提升了下游行业员工工资水平；后向溢出效应却降低了上游行业员工的工资水平。

但是也有研究认为上述影响效应比较微弱，甚至是不存在的。朱彤和崔昊（2012）则认为逆向研发溢出和逆向人力资本溢出对中国技术进步没有显著影响。尹东东和张建清（2016）在省际面板数据分析中，也没有发现积极的逆向溢出效应。何建华等（2016）认为，OFDI 逆向技术溢出效应对我国的技术创新能力具有微弱的消极作用。

1.2.3 “一带一路”对中国对外直接投资空间分布影响的研究综述

以往文献对 OFDI 空间分布的解释主要基于发达国家研究对发展中国家的垂直式 OFDI 空间分布的。如 Helpman（1984），Helpman and Krugman（1985）提出的垂直一体化模型，认为企业将价值链分割，把部分劳动密集型生产过程和制造工序转移到发展中国家，会导致 FDI 和产品内分工。虽然也有 Markusen（1992）and Venables（1998）等认识到随着发展中国家 OFDI 逐年上升的现状，开始建立一些水平一体化模型来分析影响 FDI 的不同因素对市场寻求型 FDI 的影响，然而，这种解释主要基于小岛清的比较优势。此外，除 Wells（1977）[①]，Lall（1983）[②]，Cantwell and Tolentino（1993），Ozawa（1992）等外，还没有多少基于发展中国家竞争优势研究其 OFDI 空间重塑的文献。

新经济地理学研究发现，跨国投资活动可以产生空间集聚、空间溢出和第三国效应。空间集聚是指各类产业和企业的活动在空间上向一定地区集中并出现经济效益提升的现象。集聚经济对企业区位选择具有显著影响，空间集聚效应是影响 FDI 区位选择的重要因素之一（陈建军等，2011；谢杰和刘任余，2011[③]；Sharma，Wang and Wong，2014[④]）。

当 FDI 活动的空间集聚达到一定规模后，即可产生空间溢出效应，也就是由于存在空间关联，通过要素跨区域流动、相邻市场的竞争与模仿而产生跨区域扩散现象（Ayhan 等，2006）。但是对空间溢出效应，学术界还有不同看法，有人认为空间溢出效应多为正向（Globerman，1979；Marcin，2008），有人则认为空间溢出效应多为负向（Borensztein，De Gregorio and Lee，1998；Javorcik，2004；Aitken and Hallison，1999），并将之称为"市场窃取（market - stealing）"。至于空间溢出效应的原因，不外乎三点：第一，如果 OFDI 高度集聚于某一地区，并且能够突破阻碍，外溢到其他区域，该地区的直接投资就会对周边国家产生有利影响。第二，如果东道国的集聚会导致要素成本上涨，那么拥有更廉价要素的周边地区就会因其地理区位、经济发展水平、社会文化的相似性而成为 FDI 转移的重要目标地，溢出效应也可以得到发挥。第三，如果在空间上存在阻碍，外溢效应便无法发挥作用（Cletus and Eran，2000）。

在此基础上，一些研究还发现 OFDI 在空间上还存在第三国效应，也就是当东道国的投资环境保持不变时，如果周边地区的政治环境、要素成

---

① Wells L. T. Jr. The internationalization of firms from developing countries. Agmon T, Kindleberger C P. Multinational firms from small countries. Cambridge: MIT Press. 1977.

② LALL S. The new multinationals: the spread of third world enterprises. New York: West Sussex Press. 1983.

③ 谢杰，刘任余．基于空间视角的中国对外直接投资的影响因素与贸易效应研究[J]．国际贸易问题，2011（6）．

④ Sharma S, Wang M, Sunny Wong M C. FDI location and the relevance of spatial linkage: evidence from provincial and industry FDI in China. Review of International Economics. 2014（1）: 86 ~ 104.

本和法律政策等因素改善，便会导致流入东道国的FDI增加或减少的现象。这种第三国效应可能为正，也可能为负，所以第三国投资环境的动态变化也是影响OFDI区位选择的重要因素。

不仅如此，研究发现，第三国效应往往同OFDI的类型有关。Markusen（1984）首先提出了"水平型OFDI"两国模型，他发现母国进行OFDI的原因不外乎两个：一是母国在东道国建厂的成本很低，二是母国与东道国之间的贸易成本很高，所以进行OFDI的目的就是为了争夺更大的市场份额。但此时不存在第三国效应①。

Helpman（1984）则提出了"垂直型OFDI"两国模型，他认为，企业进行OFDI的目的就是为了节约要素成本，并将在东道国生产的产品返销回母国。一旦第三国要素成本比东道国低，那么企业就会转往第三国进行OFDI，第三国与东道国的OFDI之间就会存在替代效应，即存在第三国效应②。

在此基础上，Yeaple（2003）③ and Ekholm et al.（2007）又提出了"出口平台型OFDI"模型，他们发现，当东道国和第三国之间的贸易成本低于母国与东道国（或第三国）之间的贸易成本时，企业在东道国进行OFDI的目的是为了将产品出口到第三国。这一观点与Helpman（1984）垂直型OFDI有相同之处，即企业在第三国的OFDI与企业在东道国的OFDI之间有替代效应，也即存在第三国效应。

之后，Baltagi et al.（2007）又提出了"集聚垂直复合型OFDI"模型，这种类型的OFDI覆盖多个目的地国家，形成了产品链，最终产品被出口回本国。此时，企业对第三国的OFDI与企业对东道国的OFDI形成互补效应（Nwaogu and Ryan，2014），即具有第三国效应。Blonigen等（2007）还根据空间滞后系数符号及市场潜力变量系数符号的差异将OFDI

① Markusen，J. R. Multinationals，Multi－plant Economies，and the Gains from Trade. Journal of International Economics. 1984，16（3），205～226.

② Helpman，E. A Simple Theory of International Trade with Multinational Corporations. Journal of Political Economy. 1984，92（3）：451～471.

③ Yeaple S. R. The role of skill endowments in the structure of US outward foreign direct investment. The Review of Economics and Statistics. 2003（3）：726～734.

分成四大类①，（见表 1.1），以便后续研究。

表 1.1　各种类型 OFDI 对应的空间变量系数的预期符号

OFDI 类型	空间滞后系数的符号	市场潜力变量系数的符号
水平型	0	0
垂直型	-	0
出口平台型	-	+
集聚垂直复合型	+	0/+

资料来源：Blonigen et al.（2007）

在表 1.1 中，当空间滞后系数为正数时，第三国对东道国 OFDI 有互补效应（Coughlin and Segev，2000）；而当空间滞后系数的符号显著为负，且市场潜力变量系数显著为负时，第三国市场会对东道国市场产生挤出效应（Baltagi et al.，2007②；Blonigen et al.，2008③）或者互补效应（Garretsen and Peeters，2009）。

此外，不少学者还就制度距离与 OFDI 的区位分布关系进行了深入的研究。经过梳理，本书主要将它们归结并划分为以下三类。

第一类是制度距离与发达国家的对外直接投资。一直以来，研究制度距离与发达国家对外直接投资的关系是国内外学术界的主流研究方向。例如，Loree and Guisinger（1995）发现美国倾向于投资那些与自身文化制度差异较小的国家或地区。DU（2009）发现日本跨国企业的对外直接投资会显著受到东道国与母国法制制度差异的影响且方向为负。Cezar and Escobar（2015）发现富裕的经济合作与发展组织（OECD）国家倾向于投资与自身制度差异较小的地区。

第二类是制度距离与发展中国家的对外直接投资。随着发展中国家经济的快速增长和世界经济地位的提升，再加上发达国家的外国直接投资理

① Blonigen B. A. Firm - Specific Assets and the Link between Exchange Rates and Foreign Direct Investment. The American Economic Review. 1997，87（3）：447～465.

② Baltagi，B. H. Egger，P.，Pfaffermayr，M. Estimating Models of Complex FDI：Are There Third country Effects？. Journal of Econometrics. 2007，140（1）：260～281.

③ LOREE D W，GUISINGER S E. Policy and non - policy determinants of U. S. equity foreign direct investment. Journal of International Business Studies. 1995，26（2）：281～299.

论与发展中国家的投资事实不符，导致学者们逐渐关注和研究发展中国家对外直接投资（Kolstad and Wiig，2010）问题。但就制度距离与发展中国家 OFDI 关系来说，Aleksynska and Havrylchyk（2013）发现发展中国家对外直接投资较为复杂，既会投资那些与自身制度差异较小的国家，也会投资与自身制度差异较大的国家[①]。Tomio and Amal（2015）发现巴西与东道国的法制制度距离对巴西的 OFDI 具有积极作用，而文化制度距离对其则没有显著的影响。此外，邓明（2012）发现母国与东道国的制度差异会显著抑制中国 OFDI[②]。庞明川和刘雷（2017）发现 2008 年之前制度距离对中国 OFDI 没有影响，而 2008 年之后，制度距离对中国 OFDI 具有显著影响[③]。

第三类是制度距离与中国对“一带一路”沿线国家的投资。就目前而言，涉及研究中国对“一带一路”沿线国家直接投资的文献不少。例如，郑蕾和刘志高（2015）剖析了中国对沿线国家直接投资的空间分布和产业选择以及所面临的困境，最终提出了差异化引导中国对沿线国家空间投资的战略[④]。范硕和何彬（2017）发现我国对沿线国家直接投资不仅存在第三国效应，而且倾向于混合垂直型投资模式[⑤]。李勤昌和许唯聪（2017）测试了中国对“一带一路”沿线国家的直接投资的空间集聚效应、空间溢出效应和第三国效应，结果发现这些效应不仅都存在，而且也存在着空间布局失衡、产业结构失衡、潜力发挥不充分等问题[⑥]。熊彬和王梦娇（2018）也发现第三国效应不仅存在，而且主要来源于集聚效应、第三国市场潜力和不可观测因素这三个方面。中国对“一带一路”沿线国家的直

---

① ALEKSYNSKA M，HAVRYLCHYK O. FDI from the South：the role of institutional distance and natural resources. European Journal of Political Economy，2013，29：38～53.

② 邓明．制度距离、“示范效应”与中国 OFDI 的区位分布[J]．国际贸易问题，2012（2）：123～135.

③ 庞明川，刘雷．制度距离、技术差距和政治风险——中国对发达国家逆向投资的影响因素分析[J]．财经问题研究，2017（9）：98～107.

④ 郑蕾，刘志高．中国对“一带一路”沿线直接投资空间格局[J]．地理科学进展，2015（5）：563～570.

⑤ 范硕，何彬．中国对“一带一路”沿线国家投资模式研究——基于动态空间面板模型的实证检验[J]．亚太经济，2017（6）：28～37.

⑥ 李勤昌，许唯聪．中国对“一带一路”全域 OFDI 的区位——基于空间效应视角[J]．宏观经济研究，2017（8）：3～18，102.

接投资会受到东道国市场规模、劳动力成本等因素的显著影响①。张瑞良（2018）发现，中国对“一带一路”沿线国家直接投资会显著受到东道国管制性和规范性制度距离的影响，且作用方向为负②。刘文革等（2019）检验了其对中国在“一带一路”沿线国家直接投资空间分布的影响，最终发现不同类型的地缘政治风险与中国的外国直接投资呈现出不同的关系③。

通过梳理制度距离与中国对外直接投资关系的相关文献，笔者发现研究二者关系的文献数量确实较多，但大多数主要以发达国家或者其他发展中国家为样本，很少有文献单独以“一带一路”沿线国家和地区为聚焦点。近来，虽然有少量文献研究着重以“一带一路”沿线国家和地区为样本，但在实证方面仍然主要使用传统计量模型，忽略了各国或地区在空间上的联系，所以这并未能清楚反映我国对沿线国家直接投资的全貌。即便也有部分学者尝试建立空间计量模型，但是要么忽略了制度距离的影响，要么忽略了沿线国家制度距离的异质性特征，显然结论上不够丰富及全面，仍然具有可改进的空间。

近些年，中国对“一带一路”背景下对外直接投资的研究逐渐增多，其中有对 OFDI 影响因素的研究，也有 OFDI 对贸易等的作用效果研究，还有关于 OFDI 的具体某一方面的研究。

对在“一带一路”背景下 OFDI 影响因素的文献举例。王颖等（2018）发现，中国对“一带一路”沿线地区直接投资的影响因素差异较大，其中东道国市场规模、东道国人均收入水平以及东道国资源禀赋是主要因素，技术禀赋、政治稳定性以及与东道国的距离因素则不大显著④。熊彬、王梦娇（2018）指出，阻止中国对高收入国家直接投资的主要原因之一是过高的劳动力成本，而对低收入国家的直接投资则关注获取自然资

---

① 熊彬，王梦娇．基于空间视角的中国对“一带一路”沿线国家直接投资的影响因素研究[J]．国际贸易问题，2018（2）：102～112.

② 张瑞良．中国对“一带一路”沿线国家 OFDI 区位选择研究——基于制度距离视角[J]．山西财经大学学报，2018（3）：25～38.

③ 刘文革，傅诗云，黄玉．地缘政治风险与中国对外直接投资的空间分布——以“一带一路”沿线国家为例[J]．西部论坛，2019（1）：84～97.

④ 王颖，吕婕，唐子仪．中国对“一带一路”沿线国家直接投资的影响因素研究——基于东道国制度环境因素[J]．国际贸易问题，2018（1）：83～91.

源的成本和基础设施的关系[①]。

关于“一带一路”研究背景下OFDI产生的相关效应，现有的文献举例有：任雪梅和陈汉林（2020）证实了中国对“一带一路”地区投资的贸易效应为对制成品出口的替代效应大于对初级产品出口的替代效应，并且这种作用主要体现在资本密集型产品的出口方面[②]。谭赛（2019）发现，中国对“一带一路”沿线国家进行直接投资的反向技术外溢效应增强了国内创新能力，而发达国家对“一带一路”沿线国家进行直接投资则提高了创新能力[③]。

牛雄鹰和丁言乔（2019）发现，我国对外直接投资对“一带一路”沿线国家经济增长起到显著正向影响，虽然当期对外直接投资对“一带一路”沿线国家的碳排放有恶化作用，但滞后一期的对外直接投资却可以降低沿线国家碳排放[④]。

对在“一带一路”背景下OFDI某一方面研究的文献举例。协天紫光等（2020）发现东道国便利化建设显著促进了中国对外投资扩展边际的增长，但对集约边际的作用效果并不明显，且克服内生性问题之后，上述研究结论仍然成立[⑤]。马光启和王进（2019）运用因子分析法考察“一带一路”沿线国家进行直接投资企业的绩效，重点分析不同行业、不同股权性质下的企业绩效差异，并提出提高企业绩效的新举措。

1.2.4 关于对外直接投资空间分布、重塑的影响因素研究

由于文献检索中关于对外直接投资空间重塑的文献鲜少，此节仅详细梳理对外直接投资空间分布的有关文献。目前关于对外直接投资空间分布

① 熊彬，王梦娇．基于空间视角的中国对“一带一路”沿线国家直接投资的影响因素研究[J]．国际贸易问题，2018（2）：102~112.

② 任雪梅，陈汉林．中国对“一带一路”沿线国家直接投资贸易效应的实证［J/OL］．统计与决策，2020（3）：97~99.

③ 谭赛．对外直接投资、逆向技术溢出与中国创新能力——基于中国与“一带一路”沿线不同类型国家的实证分析[J]．湖南科技大学学报（社会科学版），2019，22（3）：60~66.

④ 牛雄鹰，丁言乔．我国对外直接投资对“一带一路”沿线国家经济增长的影响——基于碳排放的中介作用[J]．西北师大学报（社会科学版），2019，56（3）：108~117.

⑤ 协天紫光，樊秀峰，黄光灿．东道国投资便利化建设对中国企业对外直接投资二元边际的影响[J]．世界经济研究，2020（4）：120~134，137.

的研究集中在影响因素的探讨上，东道国制度环境、汇率水平，市场寻求、技术寻求、资源寻求和出口拉动等都是影响对外直接空间分布的因素。

1.2.4.1 东道国制度环境对对外直接投资空间分布影响的研究

关于东道国制度环境影响对OFDI空间分布的效果，文献的研究结果并不一致。Buckley等（2007）认为中国的对外直接投资并不是风险规避型的，且与东道国的制度环境呈正相关关系[①]。罗伟和葛顺奇（2013）[②]、宗方宇等（2012）、陈岩等（2012）认为中国企业更愿意进入那些经济自由度较高，制度环境好的国家进行投资[③]。Daude and Stein（2008）进一步认为制度质量差其实是一种隐形的税收负担，会降低投资收益率，合约执行不到位也可能增加未来收益的不确定性。因此，对外直接投资应更多流向制度质量较好的国家和地区[④]。但是，Kolstad and Wiig（2012）发现，中国的资源寻求投资与东道国的体制环境呈反比[⑤]。蒋冠宏和蒋殿春（2012）也发现东道国的制度质量是影响中国的OFDI的重要因素，并且制度质量对资源寻求型投资有负向影响，且中国OFDI并不存在"制度接近性"。岳耀兴和范涛（2014）发现，中国的OFDI总体偏向与自身制度环境差距较大且制度环境较差的国家或地区，但与自身制度环境差距较小的国家更加吸引中国的市场规模和效率寻求型OFDI，且资源寻求型OFDI并没有明显的制度环境倾向。

此外，一些学者认为，该制度对中国的对外直接投资区位选择没有重大影响。如Cheung and Qian（2009）就没有发现东道国制度对中国OFDI

---

① Buckley P. J.，Clegg L J，Cross A R，et al. The determinants of Chinese outward foreign direct investment. Journal of International Business Studies. 2007，38（4）：499～518.

② 罗伟，葛顺奇．中国对外直接投资区位分布及其决定因素——基于水平型投资的研究[J]．经济学（季刊），2013（4）．

③ 陈岩，马利灵，钟昌标．中国对非洲投资决定因素：整合资源与制度视角的经验分析[J]．世界经济，2012（10）．

④ Daude，C. and Stein，E. The Quality of Institutions and Foreign Direct Investment. Economics & Politics，2008，19（3）：317～344.

⑤ KOLSTAD I，WIIG A. What determines Chinese outward FDI. Journal of World Business，2012，47（1）：26～34.

有显著影响。Asiedu and Lien (2011)[①], Hajzler (2014) 认为考察东道国制度质量与FDI流入的关系需要充分考虑东道国自然资源丰富程度的影响[②]。杨娇辉等(2016)则指出中国OFDI区位分布的所谓"制度风险偏好"并不是绝对的，当使用相对制度质量指标，并且控制东道国资本密集度与自然资源丰富程度的影响后，"制度风险偏好"消失，并呈现出与主流国际资本流动理论完全相符的风险规避特征[③]。而王琳和钱晓英(2016)发现发达国家的制度质量及其与中国的双边制度差距正向影响中国企业投资规模，双边制度差异的作用尚不明显；制度环境对中国在发达国家的市场、资源寻求型投资有显著积极影响，但对技术寻求型投资以及在发展中国家的市场、资源寻求型OFDI有消极影响[④]。

1.2.4.2 汇率因素对对外直接投资空间分布影响的研究

汇率影响OFDI空间分布的机制：汇率主要通过影响OFDI的方式有两种，一种是通过汇率水平的变化影响OFDI，另一种是通过汇率的波动变化影响OFDI。

首先，在汇率水平变化对OFDI影响的理论方面，就存在截然相反的两种观点。一种认为东道国货币相对于母国货币贬值会导致对外直接投资增加，主要从三个方面加以解释。第一个是Colehagen (1977) and Cushman (1985) 提出的相对生产成本效应——母国货币相对于东道国货币升值，会降低跨国企业在东道国的生产成本，增加企业利润，从而增加企业的对外直接投资[⑤]。第二个是Froot and Stein (1991) 的相对财富效应，母国货币升值，跨国企业以东道国货币计价的财富会增加，促进跨国企业的对外直接投资。第三个是Blonigen (1997), Buch and Kleinert (2008) 提

---

① Asiedu, E. and Lien, D., Democracy, Foreign Direct Investment and Natural Resources. Journal of International Economics. 2011, 84 (1): 99 ~ 111.

② Hajzler, C. Resource - based FDI and Expropriation in Developing Economies. Journal of International Economics. 2014, 92 (1): 124 ~ 146.

③ 杨娇辉，王伟，谭娜. 破解中国对外直接投资区位分布的"制度风险偏好"之谜[J]. 世界经济，2016，39 (11)：3 ~ 27.

④ 王琳，钱晓英. 制度环境、投资动机与中国OFDI区位分布——基于发达东道国和发展中东道国的对比研究[J]. 商业研究，2016 (2)：46 ~ 53.

⑤ Cushman DO. Real Exchange Rate Risk, Expectations, and the Level of Direct Investment. The Review of Economics and Statistics. 1985, 67 (2): 297 ~ 308.

出的企业专有资产理论——母国货币升值使跨国企业收购东道国企业专有资产的能力增强，从而增加了跨国企业的利润，导致更多的对外直接投资①。另一种观点认为东道国货币相对于母国货币升值会导致对外直接投资增加。Campa（1993）认为，东道国货币相对母国货币升值时，以母国货币表示的预期未来收益会增加，从而导致企业增加海外投资②。

其次，在汇率波动如何影响 OFDI 的理论研究方面，同样可以分为截然不同的两方面。一部分理论认为，汇率波动会增加企业对外投资水平。Cushman（1988）认为 OFDI 可以规避汇率波动的风险，跨国公司会选择直接在目标市场投资、生产及销售；Goldberg and kolstad（1995）、Sung and Lapan（2000）也认为跨国公司应该在全球多个地区保持生产力，熨平汇率波动对出口需求带来的冲击损失；Itagaki（1981）则认为汇率风险增加会刺激企业海外投资来对冲其资产负债表的空头头寸。另一部分研究认为，汇率波动会抑制对外投资水平。Dixit and Pindyck（1994）的实际期权理论认为，对外投资行为相当于企业拥有的一种期权，汇率的不确定性会对该期权的预期回报产生影响。汇率波动越大，这种期权的价值也越大，从而使得企业继续持有该期权，减少投资。Campa（1993）的投资收益风险规避理论认为汇率波动加剧时，预期未来利润水平难以确定，所以企业会选择观望，推迟投资。

关于汇率影响 OFDI 的实证检验方面，在研究日本 OFDI 与汇率因素时，Xing（2006）发现日元对人民币的双边真实汇率和日本对中国 OFDI 之间存在显著的正相关关系。Takagi and Shi（2011）将投资国扩大到亚洲 9 个国家，发现日元相对东道国货币升值时，日本对外投资会增加，而东道国货币自身汇率波动增加时，日本对外投资会增加。与他们不同，Kiyota and Urata（2004）发现东道国货币汇率相对于日元的波动会抑制日本的投资，东道国货币要保持灵活性来应对汇率风险。Schmidt and Broll（2009）发现美国全行业的 OFDI 与东道国汇率水平正相关，制造行业的 OFDI 与汇率波动的方差负相关，而东道国货币相对汇率波动增加会导致美

① Blonigen B. A. Firm - Specific Assets and the Link between Exchange Rates and Foreign Direct Investment. The American Economic Review, 1997, 87 (3): 447 ~ 465.

② Entry by Foreign Firms in the United States under Exchange Rate Uncertainty. The Review of Economics and Statistics. 75 (4): 614 ~ 622.

国的OFDI增加[①]。杨娇辉等（2017）发现，中国的OFDI存量随人民币相对于东道国货币升值而增加，货币升值的购买力增加正效应大于收益率降低的负效应。东道国货币相对于人民币汇率波动程度越高、相对于锚货币稳定度越低，中国的OFDI存量就越多[②]。

1.2.4.3 其他因素对对外直接投资空间分布影响的研究

Kleinert and Toubal（2010）发现，出口支持型FDI与水平生产型FDI存在显著的差异性，并且随着距离的增加，水平型FDI替代出口支持型FDI的可能性会增加，同时工资水平差异对两者均具有显著性影响。王方方和赵永亮（2013）则发现，贸易引致的OFDI对区位市场的制度环境较敏感；在投资固定成本要求较高的区位，企业更倾向于放弃直接贸易型OFDI而转向间接的贸易服务型OFDI；国家战略或资源型的央企OFDI对风险尤其是制度风险的敏感性低于利益导向型的地方企业[③]。

此外，张慧和黄建忠（2014）发现我国对外直接投资区位分布表现出明显的市场寻求、技术寻求、资源寻求和出口拉动的特征[④]。杜群阳和郑丹青（2015）发现，中国对非洲直接投资的空间分布与东道国的硬环境、城镇化、市场化有直接关系，与能源、市场规模的关系并不显著，这有效抨击了海外对于中国对非洲投资旨在资源掠夺的观点[⑤]。

1.2.5 关于“一带一路”与对外直接投资空间分布、重塑的研究

近几年，就“一带一路”背景下研究对外直接投资空间分布、重塑的文献比较少。

---

① Schmidt C. W. U. Broll. Real Exchange rate Uncertainty and US Foreign Direct Investment: an Empirical Analysis. Review of World Economics. 2009, 145（3）: 513～530.

② 杨娇辉，王伟，谭娜．破解中国对外直接投资区位分布的“制度风险偏好”之谜[J]．世界经济，2016，39（11）：3～27.

③ 王方方，赵永亮．中国对外直接投资区位分布——贸易引致型vs. 水平型[J]．世界经济研究，2013（7）：59～66，89.

④ 张慧，黄建忠．我国对外直接投资区位分布的影响因素分析——基于新经济地理理论的探讨[J]．国际商务（对外经济贸易大学学报），2014（5）：53～65.

⑤ 杜群阳，郑丹青．中国对非洲直接投资的空间分布及其影响因素研究[J]．地理科学，2015，35（4）：396～401.

刘文革、傅诗云和黄玉（2019）发现中国对“一带一路”投资的空间相关性显著，并将地缘政治风险分为暴力型与平和型，实证结果发现暴力型地缘政治风险与中国对外直接投资呈显著负相关，而平和型地缘政治风险的影响并不显著。①

丁志帆和孙根紧（2016）认为，中国对外直接投资空间格局重塑并非中国海外直接投资存量的重新配置，而是基于适度均衡化和差异化原则，通过不断改变投资增量的空间流向，来实现对外直接投资在世界范围内的区域投资再布局。这一过程面临着地缘政治风险、东道国认知风险、政策风险、市场风险、文化差异风险等诸多风险。因此，中国应从强化官方及民间国际交流、推进投资当地化等方面采取有效措施，推进对外直接投资世界空间格局重塑②。张述存（2017）发现，中国对“一带一路”沿线地区的直接投资整体上占比不高，因此他建议未来应本着适度分散和差异化的原则，一方面继续加强对欧美地区的学习型、技术导向型投资；另一方面充分借势“一带一路”展开对沿线国家的战略型、资源合作型投资，实现中国对外直接投资在全球范围内的布局优化。

1.2.6 对前述文献的评述

总体来看，经济学界对“一带一路”相关问题的研究相对不足。“一带一路”一直是历史、文化类学科的重要研究领域，其文献多集中在“一带一路”的界定、历史分期、路线及航线等方面的探索，而从国际经贸角度来研究的成果较少，仅有的研究也主要是关于中国沿海港口外贸史的研究，从“一带一路”战略的角度来探讨有关国家共建特别是探讨中国与其沿线国家经贸合作关系的研究成果较少。目前，研究“一带一路”与对外直接投资空间分布、重塑的文献鲜少，仅有一些文献都是关于地缘政治风险对 OFDI 空间分布的影响，通过经验分析以及部分宏观数据对中国对“一带一路”国家直接投资的空间重塑提供建议，未来可以对此进行进一

① 刘文革，傅诗云，黄玉．地缘政治风险与中国对外直接投资的空间分布——以“一带一路”沿线国家为例[J]．西部论坛，2019，29（1）：84～97.

② 丁志帆，孙根紧．“一带一路”背景下中国对外直接投资空间格局重塑[J]．四川师范大学学报（社会科学版），2016，43（2）：54～61.

步深入分析。

长期以来，受数学工具、计算机模拟技术等的限制，经济学对空间重塑现象的解释一直没有很好地模型化。无论是 Thunen（1826）的农业区位模型还是 Aloson（1964）的土地租金模型，都是给定经济活动中存在一个中心之后，再分析经济活动的空间特征，实际上都是在非均质空间下进行的分析，无法解释在均质空间中为什么会产生经济向中心集聚的现象。

新经济地理学家克鲁格曼荣获 2008 年度诺贝尔经济学奖后，空间研究再次成为人们关注的热点。之后，新经济地理学逐渐成为显学，它强调由规模经济和运费的相互作用产生的内在集聚力，以及由于某些生产要素的不可移动性等带来的与集聚力相反的作用力，二者对空间经济活动的影响，其研究内容主要集中在两个方面：其一是经济活动的空间重塑；其二是区域经济增长收敛的动态变化。

这就造成对空间进行的研究，逐渐形成了泾渭分明的两种思路：一种是侧重于空间最优分布和一般均衡理念的新古典主义研究方法；另一种则是遵循马克思主义辩证分析的历史地理唯物主义方法。前者专注于表面现象，而忽略了资本主义经济在空间上发展不平衡的内在本质，从报酬递增、空间聚集和路径依赖三个方面内容研究空间重塑问题[①]。而后者则运用一种本质性与系统性的方法，分析了剥夺性积累如何受变化的条件如市场交换、空间竞争、劳动的地理分工、垄断性的竞争、时间导致空间的湮火、物质基础设施、区域性的生产、尺度的生产、行政管理的领域系统、地缘政治学的影响，并对资本主义危机再发生趋势作出了回答。马克思主义经济地理学认为资本主义是社会组织的历史与地理的特殊形式，而资本积累和空间修补两者之间是一种辩证的关系，这就是“历史—地理唯物主义”分析方法的实质。

作为新古典主义研究方法的代表人物，克鲁格曼在吸收德国区位论关于空间集聚以及运输费用的理论的基础上，将 D-S 垄断竞争模型（Dixit

① 新经济地理学的报酬递增是指经济上互相联系的产业和经济活动，因为在空间位置上的相互接近性而带来的成本的节约，或由于规模经济带来的产业成本节约。空间聚集主要指产业或经济活动由于集聚所带来的成本节约而使产业或经济活动区域集中的现象。路径依赖主要是指由丁某个历史偶然性，将使某一区位在产业聚集方面获得一定的先发优势，这将形成某种经济活动的长期聚集过程。区域增长收敛的动态变化是新经济地理学关注的又一主题。

and Stiglitz，1977）应用于区域经济学领域，把空间经济思想引入正式的经济分析，并提出了产业集聚的“偶然性”和“路径依赖性”，建立了新经济地理学模型的基本框架（Paul Krugman，1991）。之后，M. Porter，M. Fujita，A. Venables，G. Ot taviano 等对新经济地理学基本模型做了进一步的拓展，将在信息技术和网络的外溢性影响下经济集聚产生的收益递增现象、规模经济和范围经济的涌现、空间的异质性、中心区域和外围区域的出现、报酬递增、运输费用、要素流动性等都纳入新经济地理学研究范围中，并出现了一批针对新经济地理学模型的实证研究。

新经济地理学认为，一体化经济对区域经济活动和财富的空间分布的影响将取决于市场规模效应的相对大小、运输成本的降低以及区域间劳动流动性的增强。很明显，空间在区位理论中是作为成本约束来考虑，它起到限制经济活动空间聚集的作用。然而，如果存在规模经济，公司就能够从空间聚集中获益，这样，作为成本来考虑的空间距离和作为规模经济收益的空间集聚必须重新综合评估。如果规模经济收益超过运输成本，公司在空间聚集的动力就强烈（Krugman 1991，1995）。于是，公司在一个存在地域需求差异和存在规模经济的大国市场安家落户常常是有利可图的（Krugman and Venables 1994，1995）。另外，在许多有天然港和通航河流的大城市，公司偶尔发现经营模式相近的公司空间聚集能够获益，于是一种自发聚集的进程就出现了（Krugman 1996，Fujita et al.，1999）。这个进程一旦开始外生，那么随着时间的累积性进化、调整和适应的机制的产生，这将可能产生新的经济均衡。由此可知，历史、地理甚至政策都将对这个进程产生决定性作用，从而影响生产成本、交易和信息成本。

在经典马克思主义经济理论体系中，空间虽然不是最为核心的概念，亦未做充分地展开研究，但马克思和恩格斯确曾对社会空间问题给予过特别的关注，并提出过一些极具穿透力的洞见。20 世纪下半叶，列斐伏尔、哈维、沃勒斯坦和卡斯特尔等新马克思主义者运用马克思主义的基本观点和方法，构建了以“空间生产”为核心的新的经济地理学理论体系，并将马克思历史唯物主义方法拓展为历史地理唯物主义方法，发展和丰富了马克思主义文献，从而为我们理解分析城乡关系、全球化、郊区化等当代社会经济的复杂变迁提供了全新的研究视角，亦为当代社会科学研究的整合与交融构建了公共平台。

在这些马克思主义学者看来，空间重塑是指把空间从僵硬的、刻板的、只是作为绝对的笛卡尔体系的范畴转化为辩证的、历史的、有生命力的范畴，是资本在地理分布的调整、修补和重组。也就是说，空间历史就是一个社会空间，它本身是各种社会经济活动的容器，同时又受各种社会经济活动的影响和刻画，带有特定时代的印记。资本主义的发展是一个涉及全球的地理问题，资本作为一个不断运动的社会过程，其根本逻辑便是寻求“空间修补（Spatial Fix）”的策略。通过“空间修补”，一方面资本主义通过其空间的扩张和地理的重构来解决其自身的矛盾和危机，另一方面是当资本膨胀到一定限度致使区域空间不能容纳时，就需要创造一个新空间。自始至终，来自于资本积累的连续的变革，将空间与区域结构置于不断增大的压力之下。在这个过程中，价值创造显示出它破坏性的一面，它要求消除有形空间以满足一般衡量抽象财富增长要求的尺度。资本转移实现全球化，利用资本主义发展的不平衡而导致的全球异质空间（空间碎片）以分散无产阶级的的力量。

通过考察资本积累和空间修补的关系，马克思主义经济地理学认为，资本主义有一种病态扩张逻辑，即资本为了维持利润需要向新市场扩张，这就意味着摒弃空间壁垒，而空间壁垒又是维持资本主义竞争优势的来源之一。正在消除的空间障碍给了资本主义利用空间差异的力量（Harvey 1989），诸如原材料的地方可得性、市场品味的地方差异、企业能力的地方差异、风险资本、科技诀窍、社会态度的地方差异和地方劳动力市场都变成了竞争优势的来源。由于资本主义地理空间的矛盾内嵌于资本主义制度里，政府可以通过地区空间的稳定与消解来对其进行干预，但是并不能消除资本主义系统的空间危机。

1.3 内容安排及技术路线

实际上，近年来发展中国家对外直接投资日益活跃。据商务部、国家统计局、国家外汇管理局所编的《中国对外直接投资统计公报》提供的资料，在“一带一路”倡议提出的2013年，中国对“一路一带”沿线国家及地区OFDI流量和存量金额分别达到126.4亿美元和720.2亿美元，占中国对外直接投资总额的比例分别为11.7%和10.9%，而在2020年，中国对"一带一路"沿线国家及地区对外直接投资流量和存量金额分别达到225.4亿美元和2007.9亿美元，占中国对外直接投资总额的比例分别为14.7%和7.8%，总量规模虽有增长，但占比明显偏少且其投资类型主要偏重资源和市场寻求型。

1.3.1 研究对象

经济学研究的对象，在时间、空间两个维度上有重大的差异。本书将系统整理前人有关空间和"一带一路"的认识，发掘空间在经济学研究中的价值。为此，本书从中国与亚欧大陆全体国家间经贸关系入手，以现有的经贸合作区［中国东盟自由贸易区（CEAFTA）、更紧密经贸关系安排（CEPA）、海峡两岸经济合作框架协议（ECFA）］为支点，结合中国有关亚欧大陆自贸区的各种探讨，从OFDI角度切入，较全面地分析了"一带一路"带来的各种投资机遇（如基础设施和互联互通建设等），进而结合中国当前对外投资格局的不足，比较深入探讨了"一带一路"对中国水平型、垂直型和逆向型OFDI的各种影响，达到优化我国OFDI空间分布的目的。

1.3.2 总体框架

1.3.2.1 "一带一路"倡议背景分析

本书探讨了当前新冠肺炎疫情所带来的经济危机的本质及其对世界经济发展的影响，探讨G20主要国家未来五年可能的经济发展趋势及其对国际直接投资流入流出的总体影响，分析其对"一带一路"倡议的利弊影响。

1.3.2.2 国际投资发展阶段理论（IDP）在中国31个省区市适用性及所处阶段分析

本书分别运用了人均GDP、净对外直接投资（NOI = OFDI - IFDI）等数据，从总体判断中国OFDI所处阶段及IDP在中国的适用性，探讨中国

IDP 异质性原因和体制基础。

本书认为，在国际直接投资的发展阶段，中国已经全面进入了邓宁IDP 理论的第三阶段，或者小泽辉智意义下的第三阶段，也即从大规模引进外商直接投资到利用血缘、地理和种族纽带，并首先在邻国进行直接投资的阶段。未来随着海外投资经验累积，血缘、地理和种族因素的重要性将下降，中国将开始迈向第四阶段，当前中国部分沿海省份已具明显升级特征，正在从以劳动力为导向的对外直接投资过渡到以技术为导向和贸易支持的对外直接投资。所以在“一带一路”空间重塑中，中国应积极发挥贸易与投资的相互引致作用，不断推进对外投资结构优化升级，使其从资源导向型和市场导向型向技术导向型和贸易支持型方向发展。

1.3.2.3 “一带一路”对中国 OFDI 空间分布影响研究

结合中国对外投资的发展前景和结构变化，逐个分析“一带一路”对水平型 OFDI、垂直型 OFDI 和逆向性 OFDI 空间分布的影响。

本书认为，在空间布局上，中国 OFDI 应首先利用其血缘、地理关系和民族关系布局在周边国家，并逐渐从邻国向其他发展中国家扩大，随着投资经验累积，未来中国还应在基本完成工业化较发达的发展中国家进行重点投资，将来条件成熟以后，再逐步向发达国家进行投资，以获得更高级的高端制造和现代服务技术。从“一带一路”视角去看，就是先发展与东盟、南亚、俄罗斯、蒙古国和中亚等国家和地区的投资，主要发展与其垂直一体化分工，而后再逐步向西亚和中东欧国家拓展，不断进行水平一体化分工，待经验积累充分以后，最后向欧盟发达国家开展对外直接投资，通过跨国并购，获取其先进技术。在当前美国重塑世界经济版图、大力与中国经济进行“科技脱钩”的背景下也只能这样去做。

1.3.2.4 人民币国际化推动中国 OFDI 空间分布优化的研究

在前面分析的基础上，本书还拟根据人民币近 10 年来在贸易结算、金融交易和价值储备等方面国际化取得的进展和汇率制度选择对 OFDI 区位分布的影响，深入探讨亚太再平衡背景下人民币国际化具体推进路径、措施、进展及其对 OFDI 空间分布的影响。

1.3.2.5 构建新型OFDI战略与外储管理体制创新

在亚太再平衡背景下，如何基于中国当前对外投资格局的不足（重发达国家轻发展中国家，重市场和资源寻求型，轻技术输出和战略资产寻求型，重沿海轻内陆等），研究如何发挥贸易与投资的相互引致效应，通过优化"一带一路"地区的产业和区位分布，重塑OFDI空间格局，改变外汇储备管理中过分偏重于欧美债权投资的现状，降低外汇储备积累速度，实现管理体制创新。

1.3.3 重点难点

1.3.3.1 重点

（1）新冠肺炎疫情危机的性质、引致原因及对中国经济影响的传导机制分析。为此，本书深入探讨了中国OFDI发展的宏观背景，全面分析了当前新冠肺炎疫情对我国OFDI向亚欧大陆各国扩展的有利和不利影响及其传导机制。

（2）"一带一路"对中国水平型、垂直型和逆向性对外投资空间分布的影响。为此，本书根据"投资发展路径"（IDP）理论，比较了中国与发达国家在OFDI的动机、进入方式、不同时期的区域与产业分布、对外投资区域多元化程度等方面的异同，深入研究了"一带一路"建设对中国水平型、垂直型和逆向性对外投资空间分布的影响。

（3）亚欧自贸区的探讨。"一带一路"的核心是形成互联互通的亚欧自贸区，本书根据各国经验和中国现有自贸区框架，探讨了如何分步建成上合组织国家间的自贸区建设、中国南亚自贸区、中国中东自贸区和中欧自贸区。在此基础上，本书还探讨了如何利用"一带一路"倡议，在中国与欧盟国家间形成一个囊括中国与印度、俄罗斯、欧盟在内的经济走廊，进而利用该走廊，构建新型国际经贸游戏规则，摆脱发达国家对中国的孤立化和封堵性措施影响的可能性。

（4）贸易和投资相互引致的研究。本书根据贸易与投资关系理论，结合中国自贸区建设的经验，探讨了如何形成贸易和投资"两条腿走路"的合作框架，进而利用 OFDI 推动我国贸易的增长，形成贸易与投资良性互动的局面。

(5)“一带一路”倡议对于企业跨国经营的影响。例如基础设施和互联互通建设对跨国经营企业有何微观影响？带来的投资机会有多少？投资风险有哪些？传导机制是什么？如何据此趋利避害、优化 OFDI 的空间分布等。

1.3.3.2 难点

(1) 对外直接投资总体模型的构建。在 IDP 理论中，目前除人均收入外，尚没有一致认可的 OFDI 总体相关研究模型。许多研究者已经对区位因素、贸易条件、政策行为和技术水平等几个核心因素展开实证研究，并得出关于对外直接投资与特定变量对应关系的成果。这些研究在严谨性上有争议，甚至可能是错误的（彭刚、苑生龙，2013）①，必须重新构建新的统一研究框架。

(2) 如何基于不完全传递理论，分析生产分割、价值链重组和汇率制度选择对 OFDI 空间分布的影响。如垂直专业化分工能否影响到 OFDI 空间分布，如果能，其影响程度将如何测算等；如何在新兴市场危机背景下，根据“一带一路”建设构建国际投资主权信用风险的评估和预警指标体系。

(3) 大国经贸关系处理和国际经贸游戏规则建立问题。如何恰当地处理好中国与俄罗斯、印度等大国间的经贸关系，形成中国—印度—俄罗斯—欧洲的经济走廊，从而构建新型国际经贸游戏规则。

(4) 企业 OFDI 投资风险与防范问题。如何深入理解企业 OFDI 过程中政治风险、汇率风险、经营风险的因子构成、影响因素以及作用机理，并在此基础上构建对外直接投资风险防范与管理体系。

1.3.4 主要目标

运用马克思主义经济学方法和新经济地理学的研究成果，进而根据

① 彭刚，苑生龙．对外直接投资发展周期定位与总体模型——人均样本下的中国特征及国际比较[J]．经济学动态，2013 (2)：60~66.

"一带一路"倡议对我国OFDI空间分布的影响，重新建构中国的OFDI空间重塑问题，具体包括：

1.3.4.1 空间重塑、技术创新、资本积累

根据生产分割、垂直专业化、外包和价值链重整等新的国际分工趋势，逐步改变我国OFDI重发达国家，轻发展中国家；重沿海轻内陆；重市场和资源寻求型，轻战略资产寻求型和技术输出型等特征，推动东道国产业和区位重组，推动我国技术创新和资本积累，进而通过"矩阵重构策略（scalar-restructuring strategies）"重构我国跨国公司全球化的扩大再生产体系。

1.3.4.2 收益增加、空间集聚与路径依赖

关于新经济地理学的空间重塑的研究大部分集中在报酬递增、空间聚集和路径依赖三个方面。本书将结合上述研究成果以及近年来面临"三期叠加"，中国经济进入"新常态"，而"一带一路"沿线国家及地区（如印度、印度尼西亚、越南等）经济出现明显加速等趋势，探讨如何通过投资和贸易的相互引致作用，构建亚欧大陆统一自贸区的可行性。

1.3.5 研究思路、观点和方法

1.3.5.1 基本思路

本书在对涉及空间，尤其是"一带一路"文献进行梳理的基础上，详细比较了新经济地理学和马克思主义经济地理学的异同，运用历史地理唯物主义方法论，通过规范分析与实证分析相结合，对这两大研究体系进行了比较分析。为此，本书结合了IDP理论及当前一些热点问题，如主权债务危机、新兴市场经济危机和新冠肺炎疫情危机的性质原因、预警机制探讨等，深入探讨了在亚太再平衡和人民币国际化背景下，"一带一路"对中国OFDI空间分布的影响及其传导机制，进而在此基础上，研究了OFDI如何推动产业和技术升级，实现外储优化和体制创新等问题（见图1.1）。

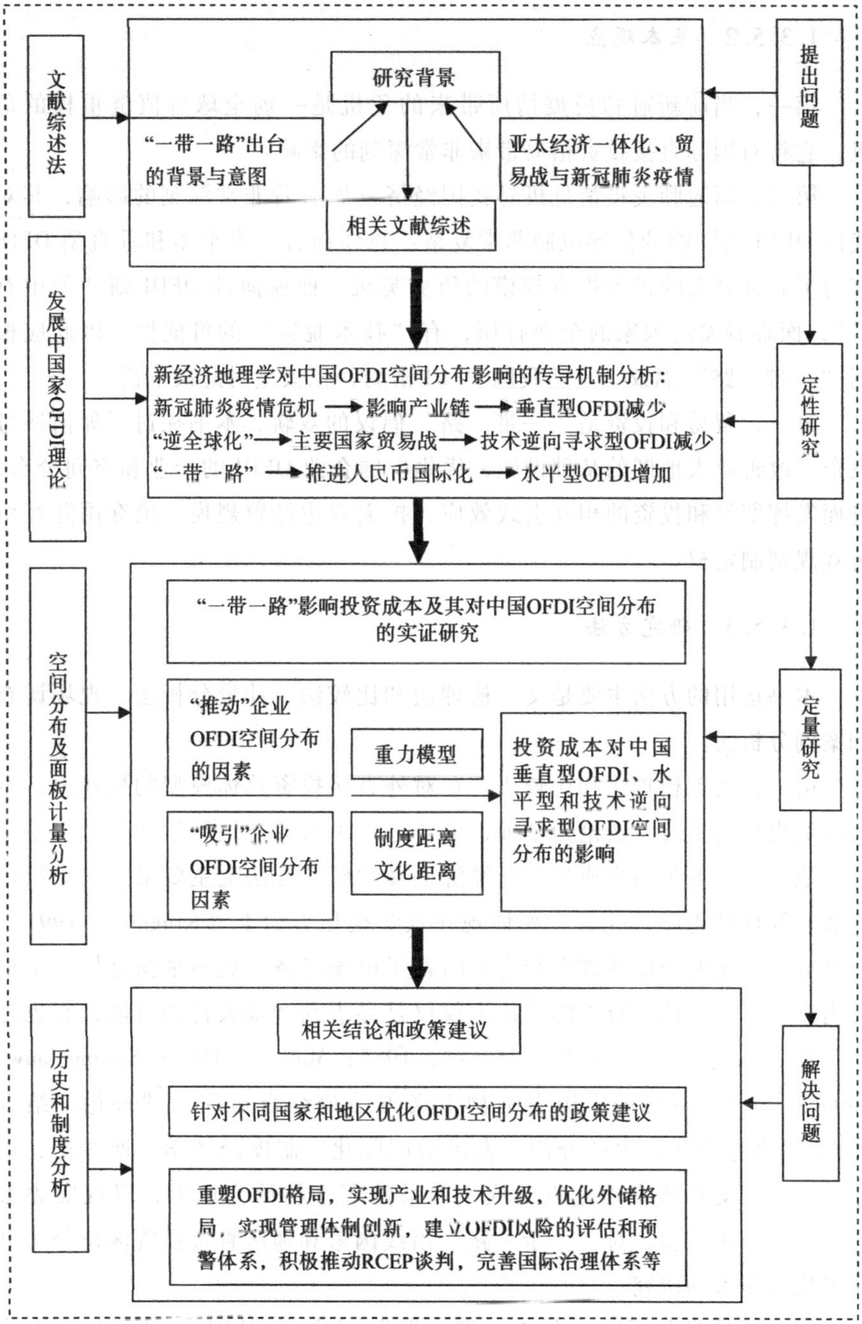
文献综述法
发展中国家OFDI理论
空间分布及面板计量分析
历史和制度分析
研究背景
"一带一路"出台的背景与意图
亚太经济一体化、贸易战与新冠肺炎疫情
相关文献综述
新经济地理学对中国OFDI空间分布影响的传导机制分析：
新冠肺炎疫情危机→影响产业链→垂直型OFDI减少
"逆全球化"→主要国家贸易战→技术逆向寻求型OFDI减少
"一带一路"→推进人民币国际化→水平型OFDI增加
"一带一路"影响投资成本及其对中国OFDI空间分布的实证研究
"推动"企业OFDI空间分布的因素
"吸引"企业OFDI空间分布因素
重力模型
制度距离
文化距离
投资成本对中国垂直型OFDI、水平型和技术逆向寻求型OFDI空间分布的影响
相关结论和政策建议
针对不同国家和地区优化OFDI空间分布的政策建议
重塑OFDI格局，实现产业和技术升级，优化外储格局，实现管理体制创新，建立OFDI风险的评估和预警体系，积极推动RCEP谈判，完善国际治理体系等
提出问题
定性研究
定量研究
解决问题

图1.1 本书研究框架

1.3.5.2 基本观点

第一，当前新冠肺炎疫情所带来的危机是一场全球价值链重构的危机，它将对国际直接投资格局带来非常深刻的影响。

第二，新冠肺炎疫情危机对我国经济发展有着非常深刻的影响，其对我国 OFDI 的影响的传导机制非常复杂：总体而言，水平型和垂直型 OFDI 获得了非常难得的扩大投资规模的历史契机；而逆向性 OFDI 则"危中有机"，面临着发达国家的全面打压，有"技术脱钩"的可能性，因此应根据"一带一路"倡议，重塑我国 OFDI 格局，积极应对此次危机。

第三，贸易和投资是"一带一路"倡议的双轨，本书探讨了如何通过投资，改善亚太地区的基础设施，优化中国企业 OFDI 的产业和空间分布，进而发挥贸易和投资的相互引致效应，扩大双边经贸规模，抢夺国际经贸游戏规则制定权。

1.3.5.3 研究方法

本书运用的方法主要是文献梳理法和比较法、计量分析法、现场调查和案例分析法。

第一，文献梳理法和比较法。在对外直接投资总体模型的构建上，本书以历史唯物主义方法论为基础，综合运用了新经济地理学和马克思主义经济地理学等各种研究成果。新经济地理学研究方法上主要采用产业组织论和非线性动力学理论，主要体现在数学模型方面上（Krugman，1991）。而马克思主义的经济地理学则将空间置于市场经济发展不平衡这样一个框架内进行研究，认为资本的转移不仅仅是寻求利润最大化的可能，它也是一种生产关系的空间调整（Harvey，1982；Massey，1984；Swyngedouw，2000）。为此，本书运用历史唯物主义方法论综合运用上述理论，结合 IDP、垂直专业化、生产分割、人民币国际化、制度经济学、博弈论、信息经济学、交易成本理论以及成本收益法等多种研究成果，以现实为参照，对比历史经验，对"一带一路"沿线国家和地区直接投资区位分布进行了比较深入的研究。

第二，计量分析法。在"一带一路"对中国 OFDI 空间分布的影响等问题上，将进行定性定量相结合的研究方法。为此，本书结合重力模型、产业组织理论成果，把规范与实证、数理推论和空间 Probit 面板计量实证分析结合起来，系统讨论了新冠肺炎疫情危机的影响及此前新兴市场危机的实质、诱因及其对“一带一路”和中国 OFDI 空间分布的影响等问题。

第三，现场调查和案例分析法。关于企业 OFDI 投资风险与防范问题，本书运用现场调查和案例分析法。针对企业 OFDI 过程中的各种政治、汇率和经营风险，本书运用了网络、电话和访谈调查法，进行典型个案分析，并结合资产定价模型、风险价值模型、人工智能模型和马尔科夫链等分析方法，深入分析了各种风险的因子构成、影响因素以及作用机理，并在此基础上构建对外投资的主权违约风险的评估方法和预警模型。

1.4 创新之处和不足之处

1.4.1 研究观点创新

第一，本书结合当前新冠肺炎疫情所带来的经济危机，比较深刻地分析了新冠肺炎疫情对世界经济发展的影响，尤其是对全球直接投资及其全球价值链的影响。本书发现，全球直接投资在 2015～2019 年持续大跌后，新冠肺炎疫情使全球直接投资继续下跌，2020 年全球对外直接投资额大幅下降 39.3%，创造了 2003 年以来新低。但就全球价值链来讲，创新型国家遭遇冲击最大，其次是资源型国家、制造型国家，像中国这样制造业体系完整的国家受到的冲击相对较小。

第二，本书结合国际投资发展阶段理论（IDP），对中国 31 个省区市适用性及所处阶段进行了初步分析。中国在国际直接投资发展阶段方面，已经基本渡过了邓宁 IDP 理论的第三阶段，或者小泽辉智意义下第三阶段从输入 FDI 到输出 FDI 的转型阶段，正在往第四阶段方向发展，正从劳动力导向的 FDI 向技术导向、贸易支持型 FDI 过渡。

1.4.2 研究视角创新

第一，本书基本做到了宏观、中观和微观分析相结合，并在此基础上，分成国家层面、企业层面和中介层面，对我国OFDI的空间重塑提供了一些政策建议。

第二，本书虽然主要研究对外直接投资空间重塑问题，但并不仅限于将研究视角局限于OFDI中，而是把它放置于如何与"一带一路"沿线国家和地区建立全面经贸关系这个更广阔的视角进行研究。

1.4.3 研究方法创新

第一，比较好地运用了多种定性分析和定量分析相结合的研究方法。本书运用计量经济学的方法，结合修正的重力模型，研究空间集聚、产业和市场关联、规模经济、汇率制度选择和价值链重组等方面，对OFDI空间分布的影响进行了比较深入的探讨。

第二，本书在理论分析和对现状进行了大量的描述性分析的基础上，通过选取相关指标，获取了众多的中国对"一带一路"沿线国家和地区直接投资的行业数据和微观数据，设置空间计量经济学模型，使用Ward系统聚类法将经济制度距离分为高低两组，并将"一带一路"沿线国家分成投资潜力成熟型国家、投资潜力待开发型国家和投资潜力成长型国家三种类型，控制行业和时间固定效应，进行了大量基准回归分析、拓展性分析和稳健性检验等环节的实证分析。

1.4.4 不足之处

第一，由于经费效用比问题，在数据收集方面，仅购买了2015年以前的中国工业企业数据库，这就导致本研究不能对2015年以后的中国工业企业数据和对外投资企业名录进行匹配，无法根据最新的微观数据，把握最新趋势，对中国在"一带一路"沿线国家和地区直接投资按照产业类型水平型OFDI、垂直型OFDI和混合型OFDI的布局进行深入分析。考虑许久之后，为弥补此缺陷，本书决定通过使用美国传统基金会（The Heritage Foundation）提供的中国对外投资追踪数据（China - global - investment - tracker）来补足2015年之后的数据，这就是本书第5章要对中国在“一带一路”沿线国家和地区直接投资进行大量描述性分析的主要原因。

第二，本书曾打算结合IDP、新经济地理学、马克思主义经济地理学等最新成果，构建一个统一的OFDI模型。但限于理论水平限制，本书虽然做了很多努力，也涉猎了IDP、贸易和投资关系、区位选择理论、汇率制度选择、期权理论、空间计量经济学等成果，比较过新经济地理学与马克思主义经济地理学的差距，但未能构建出一个有很强的解释力模型，并对新经济地理学与新马克思主义经济地理学进行了全面的比较分析。

第三，在第7章的微观数据分析中，本书将企业对外直接投资分为“水平型OFDI”“垂直型OFDI”和“混合型OFDI”三种类型，其中可能会包含“技术逆向寻求型OFDI”，而这是本书曾经计划研究的，但本书未对其进行专门区分，只有留待将来进行专门研究了。

第2章 理论基础：发展中国家对外直接投资理论

与国际投资形势发展相适应，20世纪80年代以前的文献对OFDI空间分布的解释主要基于发达国家研究对发展中国家的垂直式OFDI空间分布的。其间虽也有Markusen（1992）和Venables（1998）等认识到随着发展中国家OFDI逐年上升的现状，开始建立一些水平一体化模型来分析影响FDI的不同因素对市场寻求型FDI的影响，然而，这种解释主要基于小岛清比较优势理论上的。

2.1 发展中国家对外直接投资理论

对于发展中国家对外直接投资，最早开展研究的主要有Wells（1983），Lall（1983），Cantwell and Tolentino（1993），Ozawa（1992）等人，我们对此进行一些介绍。

2.1.1 发展中国家对外直接投资动机

从一体化类型来看，跨国经营企业可以在投资母国与东道国之间建立水平一体化、垂直一体化和混合一体化三种类型的空间结构。当跨国经营企业决定在东道国建立分支机构，生产产成品所需的中间产品或原材料时，这种经营结构通常被称为垂直一体化（vertical integration），这种一体化既可以向产业链上游行业趋近，也可以向产业链下游行业或最终消费者方向趋近。前者通常被称为后向一体化，例如中石油到中亚地区设立原油开采企业，然后将份额油拉回国内冶炼厂进行精炼和销售，这种垂直一体化并不仅限于寻求资源，还包括在东道国将经营范围向后面延伸至零部件等生产活动。而当跨国经营企业沿着产业下游进行布局，在东道国设立靠近最终消费者市场分支机构时，后向一体化就发生了。例如上汽集团在东南亚地区设立销售公司，将国内生产的名爵牌汽车卖出去的经营活动。跨国经营企业进行垂直一体化的动机都是希望获取规模经济和国际专业化分工的收益，现实中由于东道国对本地含量等方面的限制，更常见的垂直一体化多是后向一体化。

如果当跨国经营企业在东道国设立子公司，生产与投资母国相同或相近的产品时，这种经营结构就被称为水平一体化（horizontal integration）。水平一体化的目的主要是为了规避高额关税以及各种非关税壁垒，同时也为了更加靠近东道国消费者，以对产品进行本土化改造。例如，德国大众汽车在中国设立的两家合资公司，生产的产品虽基本与其本土相同，但为了迎合中国消费者对后排空间的要求，往往需要进行加长轴距的技术处理。

如果当跨国经营企业在东道国设立子公司，生产的产品与母公司原有产品结构并无产业链上直接或间接的关系时，这种经营结构就被称为混合一体化（conglomerate integration）。例如以住宅产业化为使命的万科集团，2017年携手厚朴资本、高瓴资本和中国银行，出资90.6亿美元，收购了新加坡全球物流地产集团79%的股权，高调进入物流行业，这就是一种在主营业务之外，寻求新生长点，实现公司长远稳定发展的经营战略。

企业进行跨国经营并不是随意进行的，其空间结构之所以呈现为垂直一体化、水平一体化或混合一体化，主要是基于其总体经营战略和它对东道国市场预期利润与风险而言。

第一，就其总体经营战略而言，发展中国家企业对外直接投资的区位战略类型主要有三种：市场导向型、资源导向型以及技术导向型。（1）市场导向型的区位选择主要是规避贸易保护和贸易壁垒，开辟新的市场，尽管伴随着经济全球化，国家间经济交流越来越频繁，但是近年来随着美国单边贸易保护主义的兴起，关税、配额以及非关税等贸易壁垒仍然限制了发展中国家的对外贸易，同时国内市场很多产品都面临着市场饱和、生产过剩等现象，市场需求正在下降，通过外国直接投资将产品转移到国外，可以找到生存之道。这不仅能够解决生产过剩的现象，而且还可以拓展市场。(2) 资源寻求型的海外直接投资主要目的是寻求国内稀缺的资源，维护原料来源的稳定性，一些使用进口原料的企业为了规避国际原料市场供应和价格变化带给企业的不利影响，往往考虑在原材料生产国生产该产品。(3) 鉴于大多数发展中国家企业技术水平较为落后，因此技术导向型空间结构应运而生，技术导向型是发展中国家通过参股、控股或购买发达国家企业，学习和引进高新技术，以避开国内市场过于激烈的竞争，并在进行本土化之后，推向市场，提高自己的竞争力。这种类型的直接投资又被叫做"逆向"技术寻求对外投资。

第二，就其对预期利润的寻求而言，一般认为，在考虑过经营风险之后，对外直接投资一般会从预期利润率低的投资母国流向预期利润率高的东道国，这种对于预期利润率的寻求也是企业跨国经营的最直接动机。尽管企业跨国经营中要考虑的因素很多，诸如贸易限制、投资限制、市场需求条件、劳动力成本和运输成本等，但都是在利润寻求动机下派生出来的因素。因此，发展中国家跨国经营企业对外直接投资的动机主要有两个方面，需求动机和成本动机。

在进行对外直接投资时，需求动机主要包括：(1) 吸收新的需求来源。对利润的追求促使跨国经营企业不断寻找新的市场和需求来源，当跨国经营企业对国外分销能力不满意时，通常会先设立一个国外营销部，而后才会建立制造工厂，来实现不能完全依靠出口来维持的国外新需求；或者当跨国经营企业意识到东道国存在不同的消费偏好和设计类型时，这种动机就会非常强烈，促使他们制订出新的营销计划，来到国外直接投资。(2) 市场竞争的加剧也会影响企业跨国经营决策。当一个公司由于激烈的竞争，发展遇到瓶颈时，或者没有太大的竞争，但在本国的市场份额已接近极限时，该企业就会考虑进入有需求潜力和超额利润的国外市场。(3) 产能过剩。当一些跨国经营企业在本国出现产能过剩时，如果它还希望继续保持高速发展，就会到海外设立新的工厂，让剩余产能发挥作用，实现资源优化配置。(4) 模仿效应。看到其他企业在国外市场取得巨额收益后，跨国经营企业可能也会模仿着来到东道国市场上，设立子公司，利用垄断优势，攫取巨额利润。(5) 复制战略。当一个跨国公司因具有先进的技术优势获得国内的比较优势，那么它也可以在别国发挥该优势，而且这种国际化确实是比较容易复制的。

而成本动机则主要包括：（1）利用国外的原材料。获取关键原材料是企业实施跨国经营的最初动因，尤其是在初级产品加工行业，这就导致资源禀赋或气候条件等供给方面的自然优势往往影响着企业跨国经营的区位分布。（2）利用国外的生产要素。各国间的劳动力和土地成本通常会有很大的不同，当母国生产要素价格不断上升时，跨国经营企业就会把部分或全部生产链放在国外，以降低经营成本。（3）从规模经济中充分受益。跨国经营企业试图为其主导产品拓展新的市场领域，目的是获取规模经济收益，提高投资收益和股东财富。（4）利用外国技术。跨国经营企业竞相在国外建厂或购买国外已建成的工厂来学习国外的技术，这些技术接着又会在全球子公司普及以完善生产程序。（5）对汇率变动作出反应。当企业觉察到某种外币会贬值时，它也许会考虑对该国进行直接投资，这样可以相对降低之前的费用支出。（6）应对贸易限制。政府通常实行进口限制，因为向其他国家进口太多商品会损害当地就业。而对外直接投资能够促进就业，因此也能规避政府对于贸易的限制。（7）追求运输成本的节约也会影响跨国经营企业的空间布局。特别是对那些运输成本占产品价值的比例比较高的行业而言，例如，木材加工、钢铁、有色金属和初级化工产品行业，当原材料的运输成本远远超过把制成品运往最终消费市场的成本时，跨国经营企业一般会将生产厂设置在靠近原材料的地方，而不是接近于消费市场。但是对于那些运输制成品要远比运输原材料成本要高的行业来说，例如软饮料行业，跨国经营企业就会在接近最终消费者的地方设立工厂，在那里生产并把产品销售给消费者。而当运输成本只占企业生产成本一小部分时，企业在空间布局时则会考虑劳动力和其他投入要素的可获得性和成本，例如服装、玩具、箱包等轻纺产业和电子业总是设立在制造成本最低的地方。

第三，就企业经营中遇到的风险而言，也是经常存在的，一般说来高收益就意味着高风险，低风险也就意味着低收益，二者总是正相关的。评价企业对外直接投资议案需要建立一个三维的分析框架：（1）政治风险。政治风险分析的目的在于评估政治稳定性，此风险要素的评价标准包括政治制度成熟性，政权稳定性，政府治国能力与效率，执政者对公共事务的处理能力及其效率，腐败程度，国内冲突，宗教和民族紧张局势，外交及保持国际形象及反抗外来侵略等方面。(2) 金融风险。金融风险分析的目的在于考察东道国融资还债方面的能力，包括：债务及其占 GDP 的比例，债务违约情况及汇率稳定性等情况。(3) 经济风险。经济风险分析的目的在于考察东道国现在经济的优势与劣势，包括其 GDP 增长率、人均 GDP、通货膨胀率和失业率。

跨国经营企业在进行国家风险分析的时候，可以借助一些比较成熟的报告进行分析。首先是美国纽约国际报告集团编制的《世界各国风险指南》(ICRG)，该风险分析指标体系分为政治、金融和经济三部分，其中政治因素分析占 50%，即 100 分，后两项各占 25%，即各占 50 分，分数愈高表示风险愈低，该指南提供了 130 多个国家的政治、经济、金融指标，每月发表一次。其次是美国商业和环境信息研究所 (BERI) 定期发布的弗兰德斯指数报告，以及针对每个国家/地区发布的弗兰德斯指数。该指数是三个定性和定量评级系统的总和。其中，量化评级系统着重于评估一个国家解决其外债的能力，包括在四个方面的得分：外汇收入、外国债券金额、外汇储备、政府融资能力；而定性评级系统侧重检查国家的经济管理能力、外债结构和主要控制国家的外汇、政府腐败的程度和义务的放弃以及政府处理外债问题的措施。弗兰德斯指数的评级体系包括三个指数系列：政府风险指数、商业环境指数和社会政治环境指数，其权重分别为 50%、25% 和 25%。最后是每年秋天《欧洲货币》(*Euromoney*) 杂志发布的《欧洲货币国家风险评级量表》，重点关注反映该国在国际金融市场中的形象和地位的指数。此外，日本债券研究所每年也会定期发布国家风险分析结果，以使日本投资者了解每个国家的风险状况。

当然，国家风险分析需要具体问题具体分析。例如旅游企业在分析国家风险时，主要考虑的是这个国家旅游资源的稀缺性和独特性，而不是投资环境的优劣与否。因此通常被认为投资环境较差的阿富汗，可能会获得旅游企业的投资，因为分析阿富汗国家的综合风险没有太大的实际意义，巴米扬大佛的独特性才是吸引直接投资的关键，较恶劣的投资环境并不会影响旅游者。与此相反，以色列通常被认为投资环境优秀，但对旅游业而言，则可能不是较好的投资国家，因为以色列民族和宗教局势比较紧张。所以对于不同的产业而言，考察某一个特定因素，而不是国家的综合风险，可能是更合适的。

总体来看，随着世界经济的发展，发展中国家对外直接投资理论可以概括为三个方面：投资优势理论、投资动机理论和东道国影响理论。首先，投资优势理论，研究的视角主要是把发达国家的垄断优势论向发展中国家移植，所以早期的研究主要集中在垄断理论上，随着发展中国家 OFDI 的不断增加，目前主要集中在比较优势理论和特有优势理论方面，例如 Wells（1983），Lall（1983），Cantwell and Tolentino（1993），Ozawa（1992）等。其次，关于投资动机方面，早期研究主要集中在获取高额垄断利润，或为了绕过各种贸易壁垒而进入东道国市场，目前主要集中在资源和要素不平衡理论和投资诱发组合理论方面。最后，针对国际直接投资对东道国的福利影响方面，目前的研究主要集中在对外直接投资的溢出效应等方面。

2.1.2 发展中国家投资优势理论

关于对外直接投资的优势研究方面，学术界早期的研究就是照搬发达国家 OFDI 理论，从最初的“垄断优势”，逐渐转向“比较优势”，直到 20 世纪 70 年代后期，结合发展中国家实际提出的各种“特有优势”理论后，才有了真正的发展中国家 OFDI 理论。但在研究发达国家的 OFDI 时，早期的研究通常是建立在绝对或综合优势理论基础上的。例如 Hymer（1960）[①] 的垄断优势理论强调，外国直接投资者应具有垄断优势，这是获得超额利润的必要条件。邓宁（1977 年）认为，外国直接投资需要三个基本要素：所有权，内部化和区位。然而 Kijima Kojima（1978）提出的边际产业扩张理论却认为，各个国家和地区的不同部门可以通过国际分工中的比较优势而进行对外直接投资，降低成本，获取更高的收益。而且该理论也认为，一些产业虽然在母国巨大的竞争下已经失去了比较优势，但这些产业可能在发展较为落后的国家中仍具有一定的比较优势，可以获得超额收益。

与此类似，关于对外投资理论，早期的发展中国家 OFDI 理论认为，

---

① HYMER S H. The international operation of national firms: a study of direct foreign investment. Cambridge, MA: MIT Press, 1960.

发展中国家跨国经营企业 OFDI 也是基于某种独特的所有权优势，这些优势在本质上与发达国家别无二致，但在形式和来源上不同。发展中国家跨国公司的优势主要源自于小规模、劳动密集且灵活的生产工艺，或者根据当地生产和市场改造外国技术和设计的能力，以及对经济发展的不确定性的把握能力和对不透明的市场制度环境且低效的政策法规的适应能力。

2.1.2.1 小规模技术理论

第二次世界大战后，大多数关于发达国家的国际直接投资的理论研究得到相同的结论，即一个国家选择对外投资是因为具有国家垄断技术和规模经济。但与之相悖的是，与发达国家相比，即使在技术和生产规模不利的情况下，发展中国家也可以实现对外投资的现象。于是，在 1977 年，美国经济学家 L. T. Wells 在题为"发展中国家的企业国际化"的文章中创造性地提出了"小规模技术理论"。1983 年，Wells 又出版了《第三世界跨国公司》一书，更详细地补充论证了小规模技术理论。这些文献通过结合产品生命周期理论以及生产折衷理论，系统地论证了发展中国家跨国公司竞争优势究竟是如何产生的，并从技术角度详尽分析了发展中国家的对外直接投资。

小规模技术理论本身独特的地方，就是发展中国家选择对外投资时，不仅能够充分发挥本身具有的比较优势，还能够与投资国当地的市场相融合，更好地适应市场，而不仅凭借原有的垄断技术优势来占有市场，这也说明经济不发达的国家也可以选择对外投资，并且完全有可能取得成功。

Wells 认为，一个发展中国家的跨国公司通过其所有权优势占取市场份额的主要原因是小规模的生产模式、劳动力成本优势以及独特的工艺技术，而不是高新技术水平以及规模经济。这种优势主要表现在：第一，发展中国家可用的劳动密集型小规模生产技术可以适应小微市场，而且这种特点可以满足国家市场的低需求特点，使国内公司可以在国际市场上获得竞争优势。在大多数情况下，因为发展中国家的市场相对较小，所以主要采用"小作坊"式的生产方法，充分利用廉价劳动力这一成本优势，这使得发展中国家具有发达国家不具有的市场竞争优势。随着全球市场份额的增长，发展中国家企业更有可能进行直接对外投资，而且较小的劳动密集型产业可以采取新的产品和技术模式来应对市场竞争。第二，因为发展中国家具有劳动力成本低、资源丰富、市场潜力大等独有竞争优势，这就为发展中国家企业提供了在发达国家进行 OFDI 的机会。与发达国家企业相比，高质量的产品和低廉的价格是发展中国家竞争的决定性优势，而发达国家企业则具有很高的研发和营销能力。为了降低生产成本，发展中国家企业通常不会在营销和广告上花费很多，这样发展中国家的公司就拥有可服务于小型市场的生产技术。这些技术是低成本、灵活且劳动密集型的，它们特别适合于小批量生产，并可以满足低收入国家最终产品市场的需求。

小规模技术理论不仅丰富了国际直接投资理论，而且鉴于它可为技术和管理不佳、经营和生产规模较小的中小型企业提供有关国际业务战略的理论指导，故而它通常被认为是发展中国家 OFDI 研究的先驱之作。Wells 的贡献在于为发展中国家的技术水平较为落后、生产规模较小的小型企业进行对外直接投资提供了充分的理论依据，进一步解释了发展中国家在对外投资中如何实现其竞争优势。

当然，这种理论也有一些不足的方面。Wells 曾表示，他提出小规模技术这一“特殊优势”只不过是在利用“降级技术”生产发达国家达到了成熟阶段的产品。但他认为，发展中国家企业的竞争优势只能局限在小规模生产技术的继承和使用上，这可能会造成误导，造成“强者恒强，弱者恒弱”的局面，导致发展中国家在国际价值链体系中永远处于边缘地带和产品生命周期的最后阶段，从而形成对于发达国家的产品和技术的永久依赖性。而且这一理论无法解释发展中国家某些高科技企业对发达国家逆向 OFDI 的原因和现在发展中国家之间直接投资不断增长的局面。

2.1.2.2 技术地方化理论

英国经济学家拉尔（Sanjaya Lall）在 1983 年专著《新跨国公司——第三世界企业的发展》（*New multinationals: the Third World business development*）中，通过深入比较印度和其他国家的跨国公司在竞争优势和投资动机方面的差别后指出，尽管发展中国家的一些跨国公司技术相对落后，生产规模较小，但发展中国家的跨国企业能够开展 OFDI 是因为这些企业学会吸收和消化国外本土的技术和创新，并且与自身的比较优势进行相互融合。

所谓技术本地化，是指发展中国家一些技术相对落后的跨国公司可以部分消化、吸收和转化国外先进技术，然后使该技术和通过该技术生产的产品与自己的国家特定的国情更加兼容。拉尔认为，发展中国家企业使用外国技术的过程包含了本地的创新活动，这些创新又为企业带来了新的竞争优势，从而为发展中国家OFDI奠定了基础。

那么，如何实现技术地方化呢？拉尔认为，主要体现在以下三点：

第一，关于技术水平和发展环境。由于发展中国家在技术水平、工业化目标和市场规模等方面与发达国家存在较大差异，因此发展中国家企业在这几个方面可能更具优势。这些优势包括：少用特殊设备的能力，可以强化本地低水平要素的替代能力；子公司较低的专业化程度，可以降低本地市场对规模经济的要求；机械设备高通用性，可以加快子公司产品的调整速度。这样，OFDI就成为发展中国家企业利用基于技术模仿和改造的专有优势的一种选择。

第二，发展中国家的企业对外投资时，引进技术不应限于基本的"复制"，而应结合进口国家的进口技术和产品的要求，进行"本地化"转型，从而使他们的产品可以更好地满足东道国及周边国家或地区的市场需求，获得市场。一般说来，发展中国家企业的比较优势主要集中在：可以通过利用本身的小规模市场和生产条件模仿和改造技术的能力；在低水平的研发和低水平的知识基础上模仿和革新发达国家生产线的能力；使用现代方法来改进旧技术和过时技术的能力。这些模仿和革新的技术在很大程度上主要隐藏在员工的技能和经验中，而不是体现在专利或商标上。

第三，在不同的文化习俗、市场特征和其他因素共同作用下，发展中国家企业即便通常不具有技术优势，但当东道国市场很大并且消费者的偏好和购买力如此不同时，发展中国家企业也能拥有一定的市场份额。这是由于东道国市场降低成本的需要，从而使一些印度公司可以开发出能适应多个种族、语言和文化的产品出来；同时一些发展中国家企业通常还具有针对国内法律体系不完善和政府管理体系低下而探索出来的公司治理结构，这使他们具有更强的适应外部环境的能力。

与小规模技术理论相比，拉尔认为，尽管发展中国家跨国公司的技术特征具有小规模、使用标准技术和劳动密集型技术的特点，但该技术的形成包括企业内部的创新活动，因此发展中国家企业向发达国家引进技术不是被动模仿和复制，而是转型、消化和创新，是根据当地情况对技术的本地化改造。正是这种创新活动，才使发展中国家企业在当地市场和周边国家的市场具有竞争优势，这是其国际竞争优势的根本原因。

拉尔的技术本地化理论仍然假设发展中国家企业需要通过引进发达国家的先进技术，进行地方化改造以后，才能形成自己的竞争优势。他强调，公司引进技术后的创新过程，即发展中国家吸收国外技术，不是被动模仿，而是创新过程的本土化。这就从微观层面上证明了发展中国家企业在进入国际市场方面具有比较优势，符合实际情况。从而使发展中国家OFDI的理论研究达到了一个全新的水平。

该理论的局限性在于，拉尔对发展中国家创新活动的介绍过于粗糙，没有详细的内容说明，只是提供简单的理论框架。实际上，技术的吸收、整合和创新是一个非常复杂的过程，究竟是什么因素导致了技术的地方化和发展中国家企业在国际竞争中的成功，拉尔并没有给出一个令人信服的解释。

2.1.2.3 动态比较优势投资理论

日本学者小泽辉智（Tenitorno Ozawa，1992）经过不断的对比研究，提出了动态比较优势投资理论。类似于Dunning（1978），他认为发展中国家应将经济发展、比较优势和对外直接投资整合在一起，并通过选择适当的对外直接投资模式来发挥自己的优势。发展中国家如果想要实现经济转型，那么就必须将对外投资模式的选择与工业化战略相融合，使经济发展、比较优势和对外直接投资三个因素充分结合起来。

小泽智辉认为，发展中国家OFDI也是要通过吸引外商直接投资才能实现向海外投资转型的，但这个转型路径可以分为四个阶段：第一阶段是不断扩大吸引外商直接投资规模；第二阶段是外国资本持续流入，本国开始出现对外直接投资；第三阶段是从劳动力导向的贸易支持型OFDI向技术支持型的OFDI过渡；第四阶段是资本密集型的IFDI和资本导向型OFDI交叉发展阶段。

小泽智辉提出发展中国家的OFDI应与国家工业化战略相结合，其理论的优点是，不仅强调发展中国家在不同发展阶段，要以不同方式参与国际直接投资，而且根据动态变化原则，提出以比较优势的动态变化为基础，以出口导向为条件，适时转变国际直接投资方式。这实际上是对垄断优势理论、投资发展周期理论、产业选择理论和比较优势理论的一大新折中，它进一步丰富了发展中国家 OFDI 理论。

2.1.2.4 过度资本积累论

资本积累作为经济学领域的热点问题，迄今依旧在被国内外学者不断研究。在《资本论》中，马克思曾花了巨大篇幅来讨论资本积累的问题，他详尽地揭示了资本主义社会中资本积累的一般规律和历史趋势的本质，提出了已被大家公认的"两个必然"结论。第二次世界大战结束后，随着经济复苏和发展，以美欧日为代表的发达资本主义国家积累了大量国内资本，但由于国内市场的饱和，过量的资本没能获得更多的利润，于是转而寻求到外国投资，这就是所谓的发达国家的"资本盈余型跨国直接投资"，但发展中国家完全不同，发展中国家资本积累不足，没有盈余，而且其国内建设资金普遍短缺。

在这样一种背景下，发展中国家是如何进行对外直接投资的呢？1980年，苏联学者阿·勃利兹诺伊利（A. Briznoyli）在借鉴刘易斯"二元经济模型"的基础上，提出了"过度资本积累理论"，并将其应用于国际直接投资领域。

传统的"二元经济模型"有三个基本假设：第一，不发达经济被划分为现代工业部门和传统农业和手工业部门，前者具有先进管理和生产技术，后者则只有落后技术。第二，具有无限数量的充足劳动力，且现代工业部门增加的资本积累可以吸收传统部门的剩余劳动力。第三，工资水平给定不变，这样只要现代工业部门没有吸收完传统部门的剩余劳动力，全社会工资水平就不会随着劳动生产率的提高而增加。

勃利兹诺伊利认为，刘易斯的"二元经济模型"没有考察国际经济关系，是一个"封闭型"模型。相对而言，刘易斯第一个假设是正确的，但第二、第三个假设条件与实际不符。他指出，由于技术水平和劳动生产率的巨大差异，以及两个部门成员经济行为的巨大差异，现代工业部门与传统部门之间的联系已大大削弱。这样，在经济增长过程中，传统部门无法对现代工业部门提供的经济机会做出快速反应，现代工业部门吸收传统部门剩余劳动力的能力也受到限制，从而导致该国劳动力供应不足。这就导致现代工业部门供不应求和传统部门供过于求状况并存，也造成部门之间的鸿沟进一步拉大，并形成一种恶性循环：现代工业部门的生产率迅速提高，工人收入增加，而传统部门的生产率和收入却停滞不前或放缓，最终的结果是国内市场出现结构性供过于求和“资本过度积累”，因此开放市场成为必然选择。

当然，该理论也有一定的缺陷和不足。它仅解释了发展中国家在遇到“双重经济结构”发展瓶颈时OFDI的可能性，而没有解释发展中国家企业OFDI的动机和具体的投资方式。

2.1.2.5 制度适应性理论

这种理论认为，除了生产灵活、劳动力价格低廉、节约资本（或资源）外，发展中国家企业还拥有许多发达国家跨国公司所不具备的、与母国政治经济社会制度相关的所有权优势。例如，在不确定经营环境下进行跨国经营的能力，因为发展中国家通常都存在着如下问题：政府行政效率低下，政策透明度低，经济调控能力较差，腐败丛生；市场体系不完善，某些产业存在垄断和管制，资本市场发展滞后；社会信用体系缺失，交易成本很高，经济波动风险较大；法律制度不健全，有法不依，执法不严；种族、民族或宗教关系错纵复杂，内部或外部冲突时有发生。尽管通过政府提供海外风险担保和购买商业保险可以减轻部分损失，但并不能抵消发达国家跨国公司OFDI所面临的所有风险。又如，种族专有的知识也是发展中国家跨国公司的一种所有权优势。企业早期投资经常发生在与本国具有相似文化背景的国家，或者与东道国特定的少数人群有民族或家族联系的国家。当一个国家在国外有大量的本种族人群时，他们非常熟悉当地市场需求和机会，这不但节约了大量的信息搜集成本和市场进入成本，而且还有利于降低投资风险。此外，种族专用的加工工艺和产品信息也使发展中国家企业比竞争者拥有垄断优势，因此大多数种族产品通常由发展中国家当地企业生产。

总体来看，这些传统的发展中国家OFDI理论，主要强调了发展中国家企业自身特有的所有权优势，强调发展中国家在吸收国外先进技术的基础上进行消化、吸收、创新，认为只有当技术、管理经验积累到一定程度时，本土企业才能具备OFDI的竞争优势。因此发展中国家跨国经营企业在全球生产网络下，应更加注重吸收或引进外来技术，这样在一定程度上可以提升自身的竞争优势，通过技术积累和创新在某些方面可以实现赶超，发挥产业链和母国政策在OFDI中的推动作用。

2.1.3 发展中国家投资动因理论

20世纪80年代中后期以来，学术界在研究发展中国家对外直接投资的动因方面有了一定的突破，逐步形成了发展中国家投资动因理论。

2.1.3.1 投资诱发要素组合理论或综合动因理论

像小规模理论和技术地方化理论等传统的发展中国家对外直接投资理论，他们大部分内容都是研究发展中国家跨国公司利用自己的所有权优势在比母国经济发展水平低的国家所进行的资源和劳动密集型产业的投资。但是，在技术和服务密集型产业中，与发达国家跨国公司相比，来自新兴市场国家的跨国公司似乎并不具备强大的所有权优势，但它们依然能够成为国际直接投资的重要参与者。

针对这种现象，20世纪80年代后期到90年代初期，经济学家们不但考虑了母国专有优势对国际直接投资的推动作用，而且还兼顾到了东道国专有优势对国际直接投资的拉动作用。

一些学者为此提出了"投资诱发要素组合"理论来解释这种现象，其主要论点是：OFDI是投资直接诱发要素和间接诱发要素的共同作用的结果。但什么是直接诱发要素和间接诱发因素呢？直接诱发因素是指每个国家在不同种类的生产要素上所具有的相对优势，这些要素来源于劳动力、资本、技术、管理及信息知识等；而间接诱发要素，则是指像东道国国内的经济政策、法规、投资环境及宏观经济等政策环境。直接诱发要素是企业OFDI的内在动力，其目的是充分利用母国和东道国在劳动力、资本、技术、管理及信息方面的要素禀赋，实现优势互补。间接诱发因素是企业OFDI的外在条件，目的是充分利用母国和东道国有利的政策环境，例如母国鼓励对外直接投资的各种政策措施、东道国良好的投资环境和外资优惠政策。当技术上的相对优势存在于投资国时，那么该条件可以诱发跨国经营企业进行OFDI，并通过这种方式将要素转移到东道国市场。反之，当这种技术的相对优势存在于东道国时，那么这时投资母国就没有对应的直接收益，而是需要通过利用东道国的要素优势来实现自身的利益。

一般而言，直接诱发要素是 OFDI 的主要诱发因素，因为 OFDI 本身就是技术、资本、管理和信息等生产要素的跨国流动。然而，直接激励措施并不能完全解释外国直接投资的成因。尤其是对大多数发展中国家企业而言，在资金、技术等直接诱发要素方面往往并不处于优势地位，其对外直接投资在很大程度上是间接诱发要素作用的结果。从这个意义上讲，投资诱发要素组合理论为发展中国家 OFDI 提供了新的理论支持。

投资诱发要素组合理论创新之处在于试图从新的角度阐释 OFDI 的动因和条件，强调间接诱发要素（包括经济政策、法规、投资环境以及宏观经济）对 OFDI 所起的重要作用。投资诱发要素组合理论进一步认为，间接诱发要素成为了发展中国家进行 OFDI 的重要驱动力，在当前全球 OFDI 中发挥着越来越重要的作用。以往理论都仅从直接诱发要素单方面来解释 OFDI 的产生，这就导致了研究结论不够全面。

2.1.3.2 竞争优势发展阶段理论

哈佛大学的迈克尔·波特教授（Michael Porter，1990）提出了竞争优势发展阶段理论，该理论的主要内容是将一个国家参与竞争的阶段划分为四个不同阶段来进行分析。第一个阶段是要素驱动阶段，处于这一阶段的投资国，它们仅仅是从基本的生产要素中获得对外投资的竞争优势。并且这些国家比较关注和在意全球经济周期以及国际汇率的变动，以便可以及时采取应对措施，减少损失，所以这些国家的可持续生产力增长的基础一般比较薄弱。第二个阶段是投资驱动阶段，处于该阶段的国家的竞争优势主要来源于投资企业产生这种投资行为的企图和实力。而且这些国家经过大规模的投资让经济增长实现从初级发展阶段推向更高层次的阶段。但是处于第二阶段的投资国家的经济基础仍然不是很强，经不起市场波动的打击。第三阶段是创新驱动阶段，公司由于其高水平的技能和先进的生产技术而获得了成本优势。这些公司最初仅在国内提供服务，但是在健康的经济环境中，它们已经开始在全球范围内竞争。在此阶段，公司具有技术优势和产品多样化的能力，并且能够抵抗宏观经济波动。第四阶段是财富驱动阶段，处于这一阶段的国家削弱了投资和创新的动机，其促进经济发展的目的在于维持财富。此阶段的明显特征是企业选择扩大投资的条件是确认投资环境是处于一个低风险状态，以此可以通过扩张投资带来更多的并购。波特认为，在国际竞争中，一个国家的竞争优势是不断变化的，而国内企业的激烈竞争增强将会迫使国内企业向境外扩张①。所以，尽管波特的竞争优势发展理论并不属于发展中国家 OFDI 理论，但其内容还是较为充分地说明了直接投资行为的产生，丰富了该理论体系。

2.1.3.3 跨国公司全球战略理论

1980 年以来，随着博弈论的兴起，有关跨国公司全球发展战略动机的 OFDI 理论应运而生。所谓跨国公司全球战略，就是指跨国经营企业通过在全球范围内协调和分配企业的内外部资源，包括分配投资、计划生产，制定销售服务和技术研发等活动，来实现企业效益最大化长期目标的一种战略。与基于国家竞争策略的投资不同的是，基于全球战略的投资寻求全球范围内的最大利润，而不是暂时的损益得失。

从形成背景看，跨国公司的全球战略理论是国际贸易与投资自由化、金融开放化和生产一体化、运输便利化以及计算机网络化发展的产物。在某种意义上说，跨国公司的全球战略通过对各项资源的跨国界配置、协调和管理，实现采购、生产、研发、营销、财务五个"一体化"，真正实现专业化生产，充分发挥资源的协同效应，增强抗风险能力和国际竞争力，这其实否定了原来的大而全、小而全的国际生产模式。

这一理论的创新性在于从微观角度出发，分析企业 OFDI 和生产活动，强调其全球性、整体性和协同性，使对跨国公司投资行为的分析不再局限于东道国利益的最大化，使之更加贴近实际，并在一定程度上可以解释研发全球化、公司跨国并购和建立全球战略联盟等行为。

2.1.3.4 跨国公司企业资源观理论

20 世纪 80 年代以来，随着资源环境与可持续发展问题的凸现，企业资源观理论也随之兴起。与传统经济学不同，企业资源观主要从资源而不是从产品的角度来分析企业的资源定位、资源与业绩、战略选择及竞争优势。

企业资源观理论认为，企业之间的竞争实际上是资源的竞争，不同的

① 迈克尔·波特．国家竞争优势［M］．李明轩，邱如美，译．北京：华夏出版社，2002.

资源对企业竞争优势的发挥所产生的作用各不相同。

巴尼（Barney Jay，1991）将资源分为三大类：物质资源、人力资源和组织资源，而能成为企业持续竞争优势源泉所在的资源必须同时具备四个特性：稀缺性、价值性、不可替代性和不完全模仿性[①]。

在此基础上，费海（John Fahy，2001）提出了跨国公司全球持续竞争优势（global sustainable competitive advantage）理论[②]。他认为，资源是跨国企业进行国际竞争的核心。在此，资源不仅包括企业资源，还包括国别资源（country specific resources）。而国别资源是由基本国别资源和高级国别资源构成的。其中前者既包括地理位置、气候、自然资源等天赋资源，还包括劳动力成本、资本、汇率、税负水平等随时间改变的资源；而高级国别资源，则由需要长期持续投资产生的自然资源和教育体系、技术与组织能力、通信和基础设施以及劳动生产率水平等高级要素组成。费海认为，在跨国经营中，高级国别资源比基本国别资源更加重要，因为前者内嵌于经济的、文化的和制度的环境中，跨国扩散缓慢，它们不是天赋的资源，但却是长期持续投资的结果，是一国制度和经济环境的产物，不能即时调整，很难跨国扩散。所以，在吸引FDI过程中，劳动力成本等资源虽能产生短期优势，技术、基础设施和教育体系等不易模仿的高级国别资源却更为重要，它可帮助国家获取更大的FDI份额。

后来，彭（Mike W. Peng，2004）还研究了企业的重要资源——能力在跨国公司的母公司和国外分支机构之间的双向流动问题[③]。他认为，跨国公司之所以存在是因为在企业内部比通过外部市场更能有效迁移和发掘知识资产。然而，人们总是强调总部如何向分支机构提供能力和知识资产；却没发现跨国公司的能力流动是双向的，母公司可以向分支机构提供能力，分支机构也能够向母公司提供能力，从而增加跨国公司的企业优势。

① Barney, Jay. Firm Resources and Sustained Competitve Advantage", Journal of Management, 1991, 17 (1): 99 ~ 120.

② Fahy, John. A Resource – based Analysis of Sustainable Competitive Advantage in a Global Environment", International Business Review, 2002 (11): 57 ~ 78.

③ Peng, Mike W. Revision of an Article Prepared for the Journal of Management Special Tssue on The Resource – Based View of the Firm, Ten Years After, 2001.

2.1.3.5 其他发展中国家对外直接投资动因理论

Wells（1986）指出发展中国家OFDI的主要动因是通过接近市场，节约运输成本，降低劳动力和原材料成本。

Teece，D. L，（1986）较早地提出发展中国家企业OFDI的动因是获取补偿性资源及特定资产产出的提高，从而建立自身竞争优势。

Tenitorno Ozawa（1992）认为各国OFDI的动因是提升本国经济竞争力，发展中国家跨国经营企业应把OFDI与推动本国经济增长和国家工业化战略结合起来。

Lecraw（1993）发现，发展中国家的直接投资实际上是国内市场在国际上的延伸，其主要动因是获取发达国家的技术或管理技能。Lecraw对1986～1990年的印度尼西亚企业的FDI行为进行了深入考察，他发现这些企业进行OFDI主要：第一是作为企业在国内市场经营的国际延伸，即经营延伸型（operations－extending）；第二是为了获取别国的技术或管理技能方面的优势，从而促进母公司的产品出口，即出口提高型（export－extending），因此前者的经营目标市场为与国内相类似的其他发展中国家市场，而后者的东道国往往为发达国家。为此，Lecraw认为，基于出口提高型的OFDI使外国子公司可以及时地向母公司转移国外的先进技术，从而使国内母公司能持续提高出口绩效。

穆恩和罗伊（1993，2001）提出不均衡理论，认为资源和要素方面的不均衡导致发展中国家向发达国家进行OFDI。

P. Deng（2004）认为，中国OFDI的主要动因是获得战略性资源，尤其是获取发达国家的技术或管理能力等。

总体来看，在发展中国家对外投资的动因分析中，政府发挥着重要的作用。不仅母国政府往往以财政补贴、低息贷款、对外经济合作以及投资保险等方式推动本国企业OFDI，实现跨国经营，东道国政府也往往以优惠的政策、互惠性的贸易和投资协定来吸引发展中国家企业在本国FDI。

虽然波特的国家竞争优势理论提供了一种分析跨国公司行为的理论视角，但其“钻石模型”对政府作用还是重视不够。事实上，发展中国家政府在企业的OFDI过程中发挥着非常重要的作用。从某种意义上说，跨国公司的所有权优势其实是建立在国家专有优势基础上的。如前所述，国家专有优势不仅源自于自然资源禀赋、劳动力特性、文化和经济因素等，还包括通过许可、原始设备制造商（OEM）或合资企业等形式吸引 OFDI 的政府政策，低成本融资、海外并购所需外汇储备的供给及其国际经济合作关系等，这些国家专有优势在某种程度上减缓了本国企业 OFDI 的所有权劣势。此外，国家专有优势还体现在一系列推动企业自主创新的政策，如增强公司收购外国资产的能力，促进国内技术的开发和利用，鼓励企业学习和采取更有效的组织模式等。以及为了鼓励本国企业到某境外进行 OFDI 所出台的一系列相关优惠政策，包括补贴、低息贷款以及投资风险保险等。这些优惠政策降低了企业投资风险，减少了海外投资成本，增加了海外投资利润。因此，为了创造独特的战略优势，跨国企业管理人员必须综合运用国家专有优势和企业专有优势，才能在国际竞争中立于不败之地。

2.1.4 发展中国家投资对东道国经济影响的理论

基于外国直接投资对东道国经济的影响，迄今为止，大多数研究都集中在外国直接投资对东道国的积极影响上，形成了外国直接投资的溢出效应的理论。Macdougall（1960）在研究外国投资对东道国经济状况的影响时首先提出了“溢出效应”的概念。他认为，FDI 会给东道国带来额外的福利效应。后来的学者对其“溢出效应”这个概念不断进行了延伸。Meier（1976）认为，溢出效应主要来源于 FDI 的外部效应。后来，Magnus Bromstrom（1996）将 FDI 的溢出效应定义为引起东道国技术进步并促进了东道国劳动生产率提高的国际公司的进入或参与。当跨国公司无法获取其全部收益时，FDI 就会对东道国产生正的外部效应，促使东道国加快技术进步，提升劳动生产率。

与发达国家跨国公司不同，发展中国家跨国公司没有所有权优势，通常通过合资、与外国公司合作、进出口贸易或 OFDI，获得必要的知识，接受溢出反应，尤其是在全球生产网络下，它们可以与其他公司实现资源共享，从而提高自己的技术和生产率。

2.1.4.1 内向国际化理论

跨国公司在本国投资也是 OFDI 的一个驱动因素。正如前面小泽智辉所述，发展中国家的OFDI是比较优势动态变化的结果，而全球各国经济发展水平是呈阶梯型分布的，发展中国家应通过吸引发达国家跨国公司FDI，通过消化、吸收、创新，得到技术与知识，增强自身比较优势，研发新的产品，促进产业发展，从而成为OFDI输出国。

随着比较优势动态变化，发展中国家从引进外资到对外投资，一共要经历四个发展阶段。在第一阶段，发展中国家要接受外商直接投资，获得国外技术，而不是对外直接投资。在第二阶段，通过对国外技术消化、吸收和创新，比较优势得到加强和发展，该国从引进外资逐步转向对外直接投资。在第三阶段，从以劳动力为导向的OFDI向以技术为导向的OFDI转变。在第四阶段，该国资本大进大出，既是资本密集型FDI的接受国，又是资本导向型OFDI的输出国。

动态比较优势理论之所以成为逆向国际化理论，就在于它从国内企业比较优势的动态转变入手，详尽地刻画了企业国际化进程。在这个转变过程中，外国企业的跨国合并，或与国内公司的合作，建立合资企业是至关重要的一个环节，它不仅创造了规模经济和范围经济，而且还向国内公司转让了知识、技术、专业技能和管理知识，这样随着国内企业国际竞争力的提高，弥补了比较劣势，就为国内企业进行OFDI准备了物质基础和技术积淀。

2.1.4.2　资源基础论与L－L－L范式

资源基础论认为，国际化是发展中国家跨国经营企业获取其所缺乏的技术、品牌和管理等人力资本战略资源，缩短技术鸿沟的有效途径。这个理论与Dunning提出的国际生产折衷理论（OLI）相似，所有权优势被资源基础论定义为优越的专有资源或管理能力等可以在国际竞争中使用的企业专有资源。与OLI模型不同的是，资源基础论不仅把跨国企业的成功归因于对优质专有资源的利用，而且还归因于有效率地引进和整合专有知识。鉴于发展中国家的研发投资很低，且与发达国家之间存在着显著的技术差距。为了迅速赶上产业内的领军企业，发展中国家跨国企业更多应通过组织革新而非通过技术革新来实现这一国际化进程。

L－L－L范式则认为，发展中国家跨国经营企业的早期国际化并不专注于固有所有权的利益，而是通过与外部环境的联系（Linkage，第一个

L）获得这种利益。发展中国家跨国经营企业并不专注于自身的垄断资源，它侧重于如何通过联盟这种杠杆（Leverage，第二个L）更好地利用资源，借助于设立国际合资企业或合伙企业，来获得国际化战略所需要的风险管理和技术。在此过程中，发展中国家跨国经营企业必须通过频繁的循环学习（Learning，第三个L），不断完善自身的国际化战略，并通过外部联系进一步促进专有资源的使用。

随后学者们进行了更多的研究，通常认为由于发达国家的资源相对不足，所以发展中国家企业在发达国家OFDI，主要应通过填补市场空白和降低资源不平衡而影响东道国，因此发展中国家企业可以弥补发达国家某些特定市场的不足，起到一定的补充作用。但是总体来说，关于这个问题的研究仍处于不成熟时期，尚没有得出公认的学术成果。

2.2　国际投资发展阶段理论

自20世纪80年代中期以来，对发展中国家OFDI已显示出加速增长的局面。特别是在亚洲一些新兴工业国家和地区，其OFDI不仅增速快，而且涉足发达国家的高科技产业，成为全球市场上的强大竞争对手，那么如何解释这种现象呢？

2.2.1　技术积累和技术创新产业升级理论

Pav（1987）首先提出了“技术积累”理论。Cantwell and Tolentino（1990）在其基础上加以发展，提出了“产业技术创新升级”理论。他们从技术积累的角度出发，动态化地说明了新兴市场OFDI活动。Cantwell和Tolentino认为，新兴市场在技术创新方面的优势是其独特的学习经验和组织能力，随着技术的累积效应发挥，新兴市场OFDI总额将不断加速增长。

为此，Cantwell and Tolentino提出了两个基本假设：（1）新兴市场产业结构的升级，说明了新兴市场企业技术能力的稳定提高，这种技术能力的提高是一个不断积累的结果。（2）新兴市场企业技术能力的提高与其OFDI的增长是直接相关的。现有的技术能力水平是影响其国际生产活动的决定因素，同时也影响新兴市场企业 OFDI 的形式和增速。他们认为技术积累具有促进经济发展的作用，技术创新是一国产业发展的根本动力，新兴市场在技术创新方面的优势是其特有的学习经验和组织能力，所以随着技术累积效应的发挥，新兴市场 OFDI 不仅总量增长，而且速度加快、时间提前。基于以上两个假设，该理论的基本结论是，OFDI 在新兴市场的产业和地理分布会随着时间推移而逐渐变化，并且是可预测的。

根据 Cantwell and Tolentino 的研究，跨国公司在新兴市场的 OFDI 遵循以下发展顺序：首先是在周边国家进行 OFDI，充分利用种族和血缘联系；其次随着 OFDI 经验的积累，种族因素重要性不断下降，OFDI 逐步从周边国家向其他发展中国家扩展；最后，在经验积累的基础之上，为获取更先进的复杂制造业技术开始向发达国家 OFDI。新兴市场企业的技术创新虽然主要是掌握和开发现有的生产技术，但通过技术积累，最终还是能与发达国家跨国公司在高科技领域一较短长。

由此可见，Cantwell and Tolentino 的"产业技术创新升级"理论是以技术积累驱动为内在驱动力，基于地域扩展。为此，Cantwell and Tolentino 还详细讨论了新兴市场 OFDI 的路线图。这就是说，在地域上，新兴市场 OFDI 应从周边邻国开始，之后逐步转向其他发展中国家，进而转向发达国家；在产业上，由传统产业到高新技术产业，OFDI 逐步从低级阶段向高级阶段发展——从资源依赖型投资转变为技术依赖型投资。

在此基础上，Cantwell and Tolentino 进一步指出。第一，新兴市场产业结构的进一步升级和企业产业技术的不断升级是两者之间相互促进和不断累积的结果。第二，新兴市场企业 OFDI 活动与其无形资产、信贷和管理能力呈正相关，一国企业上述能力往往在一定程度上决定了企业 OFDI 规模与增长速度。为此，Cantwell and Tolentino 认为一国企业的核心竞争力是它的技术和专有资产质量，技术创新不仅能从微观上促使企业规模扩大，而且能促进国家经济发展。新兴市场企业虽然通常不具备充足的财力、物力、人力，但通过技术创新，可以学习发达国家跨国公司经验来对现有的技术进行开发，所以新兴市场 OFDI 的地理分布与产业分布是随着时间的推移而逐渐变化的，并且这种变化是可以预知的。

总之，"技术积累和技术创新产业升级理论"以技术积累为内在驱动力，以地域扩展为基础。对新兴市场企业来说，技术学习与积累非常重要，因为这是它们OFDI的决定性因素。随着技术不断积累，OFDI产业不断升级，逐步从资源依赖型向技术依赖型发展，且其构成与地区分布的变化密切相关。在此，Cantwell and Tolentino反复强调了新兴市场企业的技术创新与累积的重要意义，这一理论对于新兴市场通过OFDI来加强技术创新与积累，进而为如何提升一国产业结构、加强其国际竞争力的实现提出了诸多原则性指导意见。鉴于其比较全面地解释了20世纪80年代以后新兴工业化国家和地区OFDI的现象，Cantwell and Tolentino受到了发展经济学界的高度评价。

2.2.2 投资发展周期理论

该理论由英国经济学家邓宁（John H. Dunning）在20世纪80年代初期提出，Dunning（1981）旨在进一步发展和完善其先前提出的OLI理论，从动态的角度解释了发展中国家OFDI的行为。在这篇文章中，Dunning对1967～1978年67个国家的FDI流量、OFDI流量与人均GDP之间的关系进行了实证分析，得出结论：一个国家OFDI与该国经济发展水平密切相关。也就是说，一个国家OFDI规模大小，直接取决于该国的人均GNP高低。这是由于处于不同经济发展阶段的国家，企业所有权优势(o－ownership)、内部化优势（i－internalization）和区位优势（l－location）都有较大差别，从而对直接投资流量产生重大影响。

为此，Dunning按照人均GNP高低将经济发展分为四个阶段，不同阶段的国家在OFDI中拥有的地位也不同。

（1）第一阶段是最贫穷的发展中国家（LDC），其人均GNP一般都低于400美元。这些国家的FDI很少，OFDI基本为零。因此，这些国家的净外国直接投资（NOI）多为负数。

（2）第二阶段是人均GNP在400美元至2000美元之间的发展中国家。随着国内投资环境的改善，FDI越来越多，但这些国家的OFDI处在刚起步阶段，维持在较低水平。因此在这个阶段，NOI仍为负值，且负值趋于增加。

（3）第三阶段是人均GNP在2000美元至4750美元的中等收入国家。这些国家的OFDI增长迅速，其发展速度可能超过FDI，不过在绝对金额上，流入的FDI还是明显超过流出的OFDI，所以这些国家的NOI仍然为负，但数量正在减少。

(4) 第四阶段是人均国民生产总值超过4750美元的高收入国家。这些国家不仅流出的OFDI速度高于引进的FDI增速，而且金额开始大大超过后者。因此，NOI为正，且呈逐步扩大的趋势。

投资发展周期理论（IDP理论）以人均GNP作为衡量一个国家的驱动力和外国直接投资能力的指标。这在一定程度上反映了国际投资活动的规律性发展趋势，即经济实力最强、生产力最高的国家，经常是资本输出最多、OFDI最活跃的国家。但是，该理论仅使用人均GNP这种单一指标将经济发展阶段与外国直接投资水平区分开来，这就不可避免地具有局限性，也与当前国际投资实践不相吻合。

2.2.3 国际直接投资的两阶段理论

自20世纪90年代中期以来，国内学者采取了各种方法来研究中国对发展中国家的OFDI，并试图将发达国家的理论与中国的OFDI实践相结合。陆明宏（1998）、聂名华（2000）和陈建南（2000）[①] 陆续讨论了发展中国家的OFDI理论，并对相关理论进行了评论。冼国明、杨锐（1998）[②] 通过进一步研究分析表明，中国在向发展中国家OFDI之前应该从发达国家学习OFDI的经验。聂名华（2000）[③] 认为，中国的人力资本和技术资本在国际竞争中具有比较优势，从而促进了中国企业OFDI。在产业和地区选择上，邢玉静（2002）指出，OFDI应考虑我国的产业结构，先从第二产业着手，再从第一、第三产业中选择优势行业启动。杨建清（2007）[④] 认为我国OFDI的区位选择首先应结合我国OFDI实践。孙建中（2000）提出综合优势理论，认为综合优势表现为OFDI动机的多极化、差

① 陈建南．发展中国家对外直接投资理论述评[J]．经济学动态，2001（2）：65～67.

② 冼国明，杨锐．技术累积、竞争策略与发展中国家对外直接投资[J]．经济研究，1998（11）：57～64.

③ 聂名华．发展中国家对外直接投资理论述评[J]．经济学动态，2000（3）：67～69.

④ 杨建清．银行业对外直接投资决定因素理论与实证研究：一个文献综述[J]．商场现代化，2007（25）：260～261.

别优势的多元化以及发展空间的多角化。鲁桐（2003）把我国OFDI的优势概括为四种，分别是：基于中国低劳动力的成本优势、基于高速增长的市场优势、基于模仿创新的后发优势以及基于技术的实用性和地方化的适应性技术优势。邢建国（2003）[①] 认为我国OFDI依赖有效资本，而有效资本具有适用于某些发达国家特定市场的特定功能，因此可为我国OFDI提供一种合理模仿路径，首先是获取垄断利润，进入东道国市场；其次是降低交易费用，获得低廉劳动力；最后是新兴市场为了取得补偿性资源，获取发达国家的技术或管理技能而OFDI。

综合上述学者看法，发展中国家企业在OFDI的过程中，总是要经历"经验获得阶段"和"利润摄取阶段"两个阶段。其中第一阶段是探索、学习和模仿的阶段，发展中国家企业总是希望在一定的时期内，获得有关信息，积累经验。对于第二阶段，企业希望其时间无限延续，以获取最大利润。

一般说来，两个阶段的时间长短与企业自身的状况紧密相关。不同发展水平的企业在开展对外OFDI时处于两种不同的状态，要么处于优势状态，要么处于劣势状态。优势状态是指企业的总体经营能力强于东道国企业的一般水平，因此进行OFDI时，企业只需熟悉东道国市场运作的方式，就能适应当地市场，所以第一阶段会相对较短，而后就可以进入第二阶段，通过追加投资、充分发挥规模经济优势，在竞争中获得超额利润。劣势状态是指企业的总体经营能力弱于东道国企业的一般水平，处于该种状态的企业进行OFDI时，不仅要熟悉东道国市场运作的方式，更要学习与积累经验，提高自己的总体经营能力，追赶国际先进企业，保证自己不会轻易被"踢出局"。所以这种企业第一阶段就会被大大延长，甚至有可能还要"交学费"，即仅获微利甚至利润为负，但是与高手比剑，自己成长得也更快，由于长期参与更高水平的国际市场竞争，因此对弱势状态企业而言，OFDI对企业竞争力的提高作用要大大超过进出口或国际技术转让，而且这种OFDI对发展中国家企业的长远发展是有益的，有助于其长期国际竞争力的提高，所以即使在短期内必须付"学费"，发展中国家企业也应该积极对发达国家开展OFDI。

① 邢建国．中国企业FDI研究：理论模型与政策思路［D］．上海：复旦大学，2003.

除上述理论外，近年来还有一些研究者从不同的角度，就发展中国家OFDI的某一个方面进行论述，进而形成了诸如市场控制理论、国家利益优先取得论、提高公司形象论、风险分散理论、企业管理理论、规模经济理论等理论。这些理论的共同特征就是各自强调某种单一因素对发展中国家OFDI的影响，分析较简单，缺乏系统性，不足以解释复杂的OFDI实践活动。

总体来看，随着发展中国家OFDI规模的扩大，越来越多的学者转向研究新兴市场跨国经营企业，也取得了许多成就。尽管这些成果不免带有发达国家OFDI理论的痕迹，而且水平不一，但对发展中国家（尤其是中国）的实践还是有一定的指导作用。同时，我们也有必要认识到，随着经济全球化进程的推进，发展中国家OFDI理论随着国际直接投资的发展，也将会越来越完善。对中国学者来讲，建立有中国特色的新时代跨国公司理论已责无旁贷。

2.2.4 IDP理论在中国的适用性及所处阶段分析

2.2.4.1 投资发展路径（IDP）理论

投资发展路径理论（IDP）是折衷理论（OLI）的一个扩展，1981年Dunning基于1967~1975年67个国家和地区的所有权优势、地理位置优势、内部化优势、人均国民生产总值和净外国投资等数据，提出了投资发展路径理论（IDP）。根据IDP理论，一国的国际投资状况与其国民生产总值（GNP）有关，因为和人均有关，所以还会受到人口规模影响。一个国家的国际投资状况与其发展水平有关，与人口规模有关，可以用人均国民生产总值来衡量。

在对1967~1975年各个国家的NOI数据进行平均后，Dunning于1971年选择了人均67个国家和地区的GNP，以绘制最原始的"J"形曲线。目前的"J"形曲线代表了1971年不同国家的不同发展阶段，并且是横截面数据，如图2.1所示。

经过对这个曲线的具体分析，Dunning提出了最初的四个阶段理论：

在第一阶段，由于公司没有所有权的优势或没有通过诸如少数民族的

直接投资流量（1967~1975年平均值）和人均国民收入之间的关系

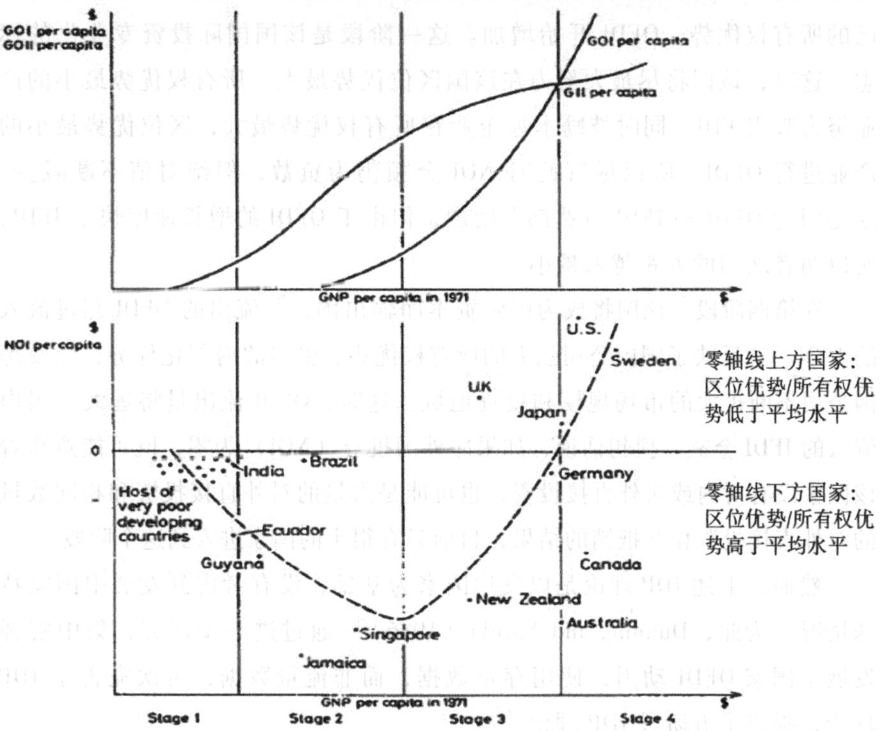

注：本图主要用于解释投资动机，这条线不能解释投资流量规模，也不能进行统计估计。

图 2.1　“J” 形曲线

投资和出口等方式，因此无法开展成规模的 OFDI。同时，由于国内市场狭小，基础设施不完善，也不具备成熟的商业和法律架构，没有足够的地理优势来吸引更多的 FDI 进入东道国并建立相应的分支机构，所以该国的 IFDI 和 OFDI 都很少，净外国直接投资 NOI 很小，且为负数。

在第二阶段，随着服务于市场的成本降低以及国内市场的扩大，对内直接投资可能会更有利可图，并能够吸引 FDI 流入。这时的投资旨在利用国内廉价且丰富的非熟练和半熟练工人，资金将迅速流入高效的劳动力市场。当然流入的 FDI 一般都会受到投资环境、适当的法律和业务结构等区位优势的影响。因此在此阶段，IFDI 开始上升，而 OFDI 仍然很小，净 FDI 的 NOI 仍为负值，但绝对值在不断增加。

在第三阶段，随着该国竞争力提升，人均 FDI 净流入量开始下降，国外跨国公司的所有权主导地位有所削弱，当地企业开始利用 FDI 来提升自己的所有权优势，OFDI 开始增加。这一阶段是该国国际投资专业化的标志，这时，该国将尽最大努力在该国区位优势最大、所有权优势最小的产业努力吸引 FDI，同时鼓励本地企业在所有权优势最大，区位优势最小的产业进行 OFDI。所以尽管此时 NOI 金额仍为负数，但绝对值不断减少。这是因为 OFDI 和 IFDI 虽然都在增加，但由于 OFDI 的增长速度快于 IFDI，所以两者之间的差距越来越小。

在第四阶段，该国将成为国际资本净输出国，其流出的 OFDI 超过流入的 IFDI。这反映了国内公司强大的所有权优势、更多的内部化优势，以及跨国公司不断扩大的市场规模和投资地域。这时，OFDI 流出量将远大于国内流入的 IFDI 金额。换句话说，如果净外国投资（NOI）为零，既可能意味着该国家没有对内或对外直接投资，也可能是大量的对外直接投资和相同数量的对外直接投资相互抵销的结果，目前只有很少的国家进入到这个阶段。

然而，上述 IDP 理论是以发达国家为基础，没有考虑到发展中国家特殊情况。为此，Dunning and Narula（1986）① 通过进一步研究，集中解释发展中国家 OFDI 动因，使用存量数据，而非流量数据，再次完善了 IDP 理论，提出了五阶段 IDP 理论。

与前述四阶段 IDP 理论一样，在第一阶段，OFDI 和 IFDI 很少，国外企业更倾向于以进出口形式而非投资形式进入该国。而第二阶段在前述理论上有所界定，定义为 IFDI 上升而 OFDI 极小的阶段。第三阶段进一步解释为：IFDI 增速减缓而 OFDI 增速加快的阶段。第四阶段则是一国 OFDI 规模大于或等于 IFDI，并且 OFDI 增速仍然保持超过 IFDI 的增速的阶段。第五阶段基本与原有理论相同，NOI 会逐渐下降，NOI 在零附近正负波动，达到平衡状态。

在 Dunning 的基础上，不少学者进一步对五阶段 IDP 理论进行补充论述。陈涛涛等（2012）认为，在第一阶段，一国经济处于初级阶段，人均 GDP 很低，市场需求不足，缺乏足够的区位优势来吸引 FDI，企业也不具备所有权优势以开展 OFDI。Carmen 等（2013）则将这个阶段归纳为经济

① Dunning J. H. The investment development cycle revisited [J]. Weltwirtschaftliches Archiv, 1986, 122 (4): 667.

极度不发达阶段。

在第二阶段，新兴工业化国家通过提高自身的区位优势来增加对FDI的吸引力，从而产生负的NOI金额，且NOI绝对值不断增加，这时产业内贸易逐渐增加，但FDI规模仍较小。此时，NOI负值不断扩大，且FDI增速大于GDP增速（Buckley等①，1998；Dunning等，2010；陈涛涛等②，2012；Carmen等③，2013）。

在第三阶段，随着国家的技术进步，人力资本提高和国内市场扩大，一国对IFDI的吸引变得越来越大，并开始产生了基于创新和国际化分工的资本输出，虽然NOI仍为负数但其绝对值开始减少。此时创新成为驱动因素，产业内贸易和资本流出入均有所增加（Buckley等，1998；Dunning等，2010；Carmen等④，2013）。

在第四阶段，国内企业不仅在国内具备竞争优势，在国际上也有突出的比较优势，基本形成以知识密集型和服务密集型为特征的知识型经济，存在大量的产业内贸易和相互间投资。此时，流入的IFDI和流出的OFDI规模均很大，但OFDI经常大于IFDI，该国终于成为净资本输出国（Dunning等，2010；陈涛涛等，2012）。

第五阶段，大部分国家都能够拥有更多资本和所有权优势，投资收益率也很高，此时，该国不仅有高流量的IFDI和OFDI，还有稳定的IFDI和OFDI存量，NOI水平围绕零上下波动（Dunning等，2010；陈涛涛等，2012；Carmen等，2013）。

图2.2比较详尽地描绘了五阶段IDP理论，该图也被学术界称为新“J”形曲线图（Dunning等，2010）。该曲线不仅可以描述特定国家/地区的时间序列数据，还可以描述按国家/地区组织的横截面数据。

① Buckley P. J., Kasson M. The future of multinational enterprise [M]. London, UK: MacMillan Press, 1998.

② 陈涛涛，张建平，陈晓．投资发展路径（IDP）理论的发展与评述[J]．南开经济研究，2012（5）：123～137.

③ Stoian, Carmen. Extending Dunning's Investment Development Path: The role of home country institutional determinants in explaining outward foreign direct investment [J]. International Business Review, 2013, 22 (3): 615～637.

④ Stoian, Carmen. Extending Dunning's Investment Development Path: The role of home country institutional determinants in explaining outward foreign direct investment [J]. International Business Review, 2013, 22 (3): 615～637.

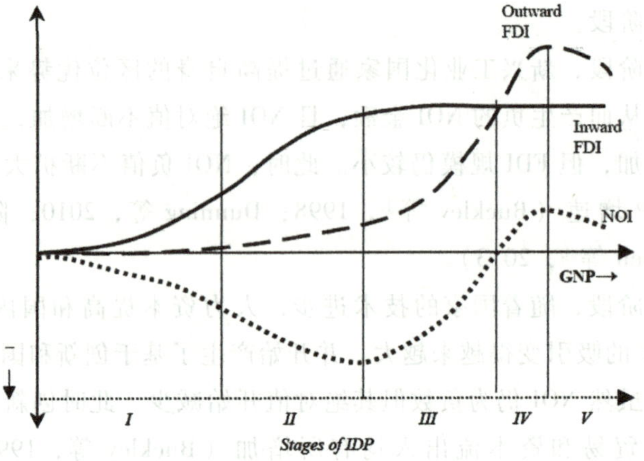

图 2.2 五阶段的"J"形曲线

纵观 IDP 理论的整体发展背景，可以总结一下：最初，Dunning (1981) 的四阶段 IDP 理论主要基于思想创新，使用的数据非常简单，仅选择了 1971 年的国家 GNP 和 NOI 横截面数据，并使用散点图分析方法分析了 67 个国家，从而得到最初的"J"形曲线图。而 Dunning and Narula (1986) 在对数据进行进一步修订，并集中于对发展中国家 FDI 存量数据进行分类之后，得出新的"J"形曲线图，将 IDP 理论扩展到了五个阶段。之后一些学者，例如 Buckley and Castro（1998），基于邓宁的思想，使用统计方面的方法进行了进一步的实证研究，以填补 IDP 理论在实证方面的空白，这吸引了无数学者跟风，他们试图使用不同国家的截面数据和时间序列，用不同的实证模型对 IDP 理论进行验证。随着研究的不断深入，关于 IDP 理论的研究也进入了新的阶段，一些学者正从国家层面到地区层面来验证 IDP 理论，还有许多学者在研究影响 GNP 与 NOI 之间联系的变动因素，以此更深层次地探讨它们之间的内在联系。

2.2.4.2 IDP 理论在中国 31 个省区市适用性及所处阶段分析

为了使 31 个省、自治区及直辖市之间的阶段划分具有可比性，本书根据 IDP 理论，重点分析了各省份的 NOI，由于缺少各省份的存量数据，所以我们采用的计算方法是 2003～2017 年各省份 OFDI 流量减去各省份 IFDI 流量。再者，根据 Narula and Dunning（2010）的理论，"J"形曲线图既能解释一国的时间序列模型，也能解释某国某一年的截面数据模型，因此，要连续地分析各省发展阶段历程，应当将“J”形曲线图和散点图分析结合起来。由于我国改革开放取得的巨大成绩，改革开放40年以来，中国人均GDP年均增速高达9%，各省份人均GDP随着时间的变化呈现持续增加的趋势，也就是说，“J”形曲线图上的人均GDP横轴，不但可以近似地表示此节点某一省份的人均GDP，同样也可以代表时间序列。

关于数据来源，2003～2017年中国对外非金融类直接投资流量数据来源于各年份的《中国对外直接投资统计公报》，实际利用外商对外直接资额则是来源于商务部网站、各省市统计局年鉴以及Wind数据库。除西藏自治区由于缺失对外非金融类直接投资数据，故本书主要分析了全国30个省区市的IDP理论中的所处阶段。这样对NOI与人均GDP的关系使用统计软件作散点图分析，绘制了包含30个省区市2003～2017年的折线图，如图2.3所示。

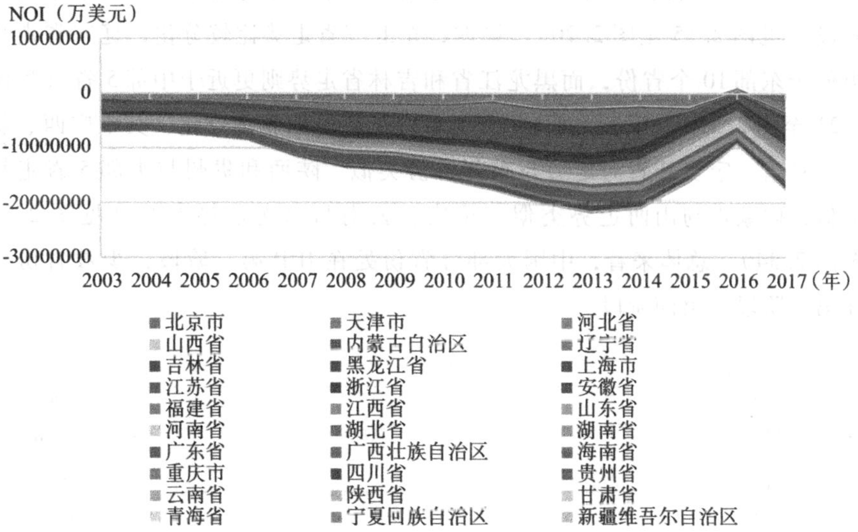

图 2.3　2003～2017 年各省市净对外投资（NOI）额

由图2.3可看到，2003～2017年全国各省市的对外直接资额呈现出“J”形曲线图的大致形状，各地区虽略有差异，但基本都在步入IDP投资理论的第三阶段。

当然，Dunning（1981）的原意是做截面图，看看各国人均GDP和

NOI（净对外直接投资）之间的对应关系。然而，这张截面图不是太理想，绝大部分省份基本都挤在一起，看不出什么差别。但分地区看，还是有如下特点。第一，从2003年开始，全国NOI出现不断减少趋势，且从2014年起NOI转负为正，这表明中国已经转型成为净对外直接投资国家，中国出现了IDP第三阶段向第四阶段发展的趋势。2018~2019年，由于国内外均加强了中国OFDI的管制，中国NOI再次逆转，出现了向第三阶段回归的现象（见图2.4）。这也说明了中国仍然不是一个稳定的净资本输出国家。第二，东部地区除海南外，其他10个省份都体现出与全国类似的走势，即从2003年起，NOI负值不断缩小，在2015年前后，甚至转负为正，出现了初步的从IDP第三阶段向第四阶段演化的趋势，不过这个趋势也同全国一样，不是那么稳定，由于国内外对OFDI管制的加强，这些东部省份在2016年后，也出现了NOI值再次逆转，转正为负的现象（见图2.5至图2.14）。第三，中部地区6省除山西外，其他5省仍然处在IDP第二阶段，即NOI负值不断扩大阶段，这表明中部六省仍处于FDI资本净流入阶段（见图2.15至图2.20）。第四，东北三省走势比较分化，辽宁省走势类似于东部10个省份，而黑龙江省和吉林省走势则更近于中部5省（见图2.21至图2.23）。第五，西部11个省份走势更加非常分化，其中广西、新疆、甘肃、宁夏和青海走势与东部省份类似，陕西和贵州与中部5省走势类似，内蒙古与山西走势类似，重庆、云南与海南走势类似（见图2.24至图2.34）。总体来看，中国大部分省份处在IDP第三阶段，少数省份处在第二阶段或第四阶段。

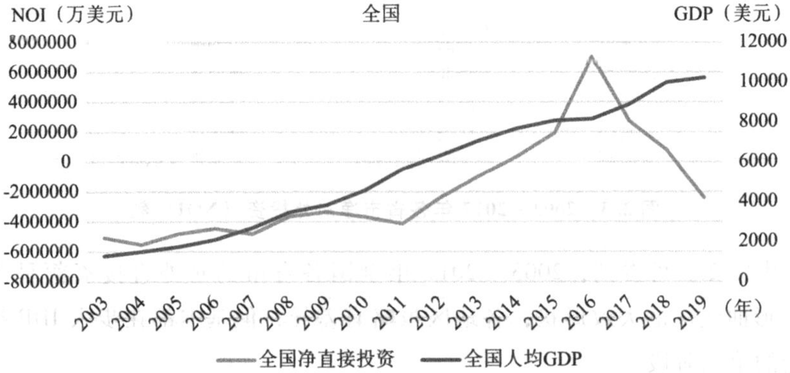

图2.4　全国人均GDP与NOI对应关系时间序列图

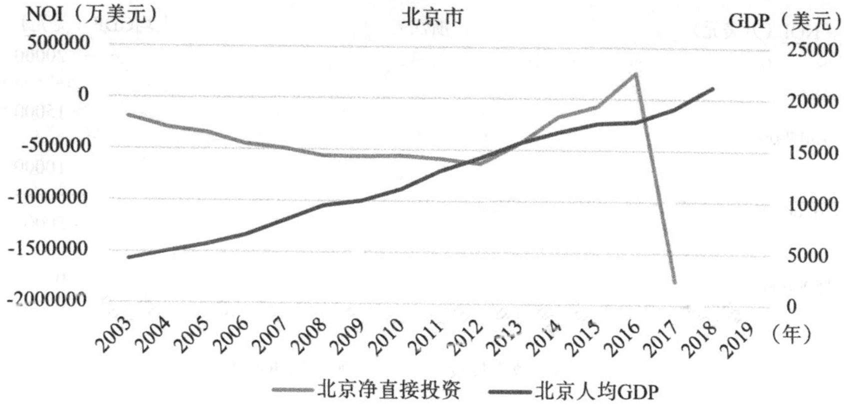

图 2.5　北京市人均 GDP 与 NOI 对应关系时间序列图

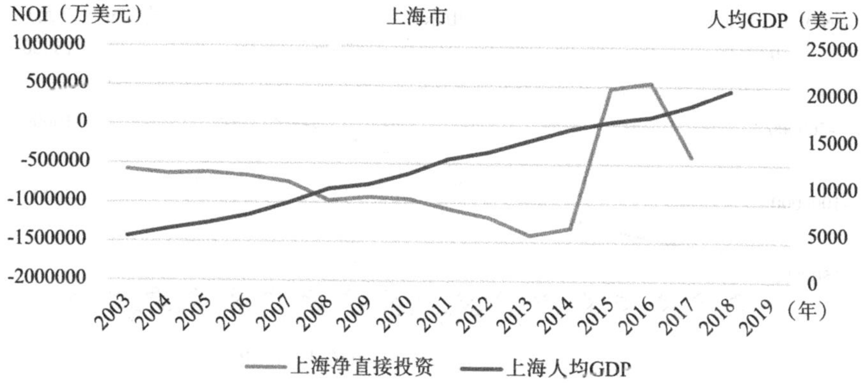

图 2.6　上海市人均 GDP 与 NOI 对应关系时间序列图

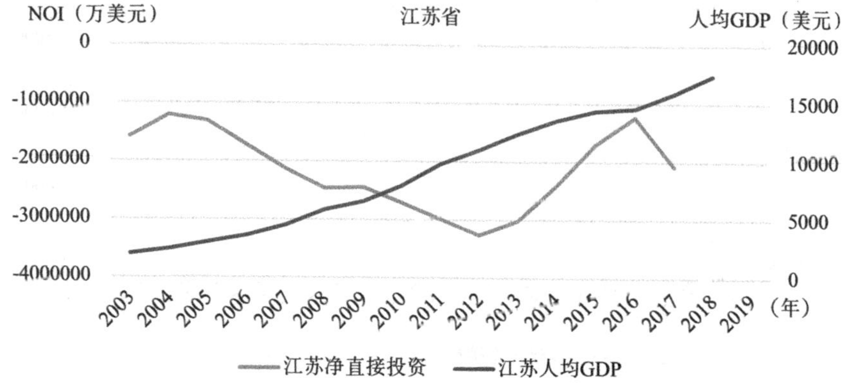

图 2.7　江苏省人均 GDP 与 NOI 对应关系时间序列图

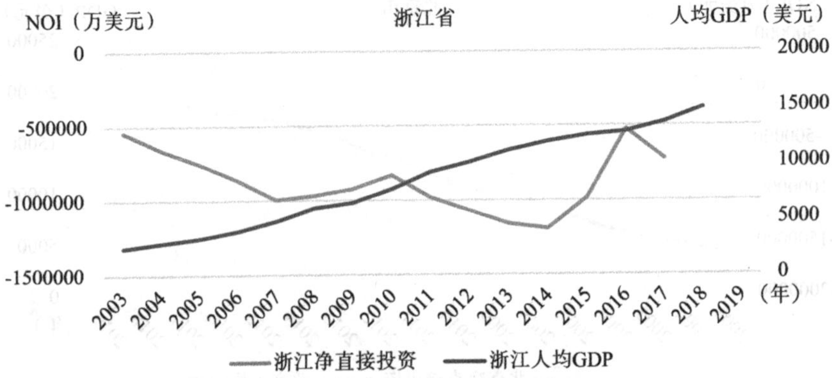

图 2.8　浙江省人均 GDP 与 NOI 对应关系时间序列图

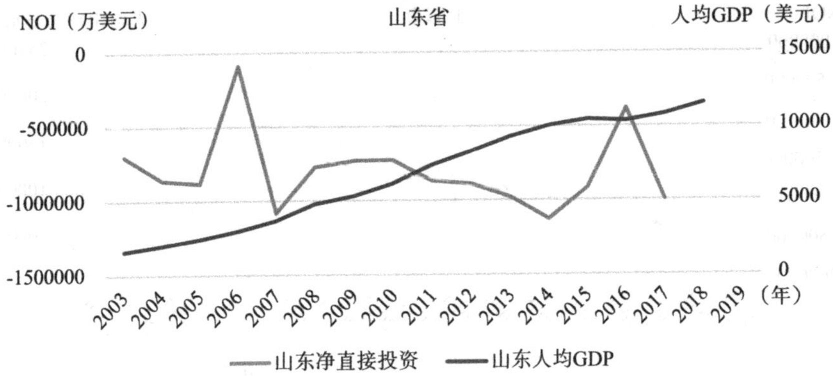

图 2.9　山东省人均 GDP 与 NOI 对应关系时间序列图

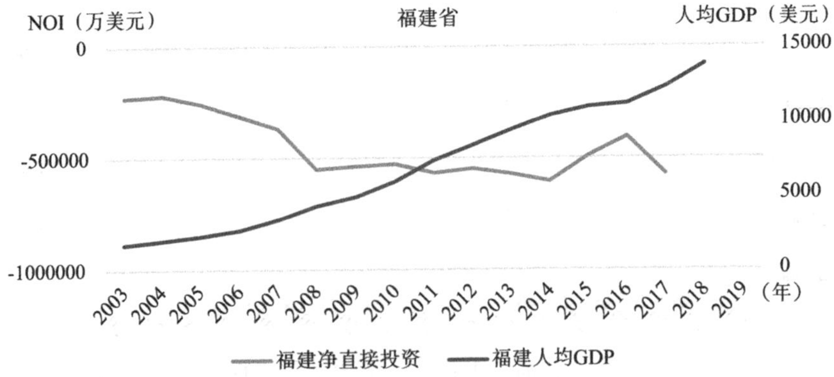

图 2.10　福建省人均 GDP 与 NOI 对应关系时间序列图

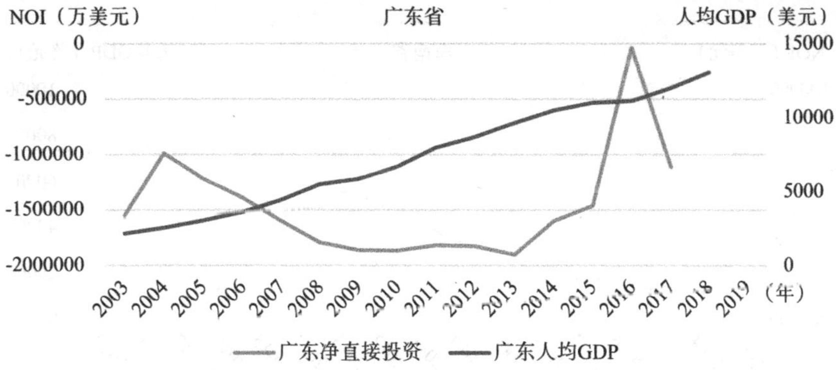

图 2.11　广东省人均 GDP 与 NOI 对应关系时间序列图

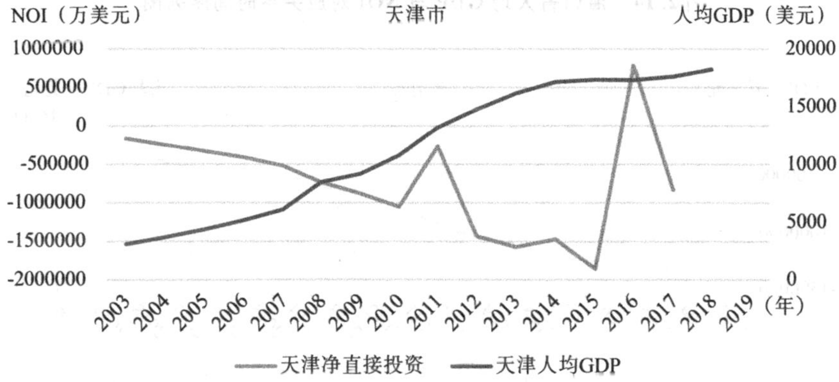

图 2.12　天津市人均 GDP 与 NOI 对应关系时间序列图

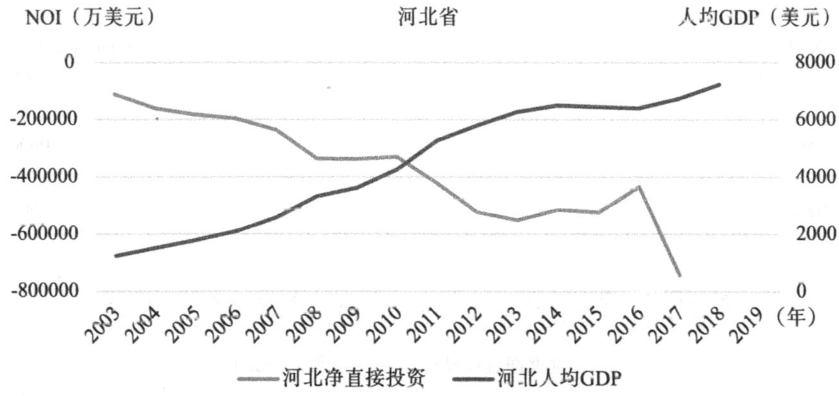

图 2.13　河北省人均 GDP 与 NOI 对应关系时间序列图

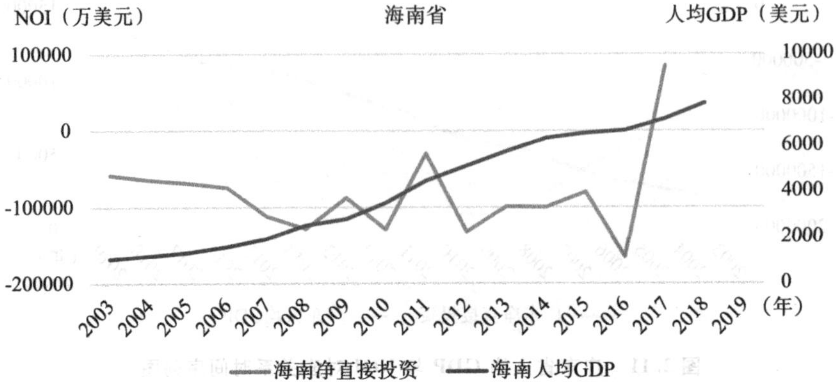

图 2.14　海南省人均 GDP 与 NOI 对应关系时间序列图

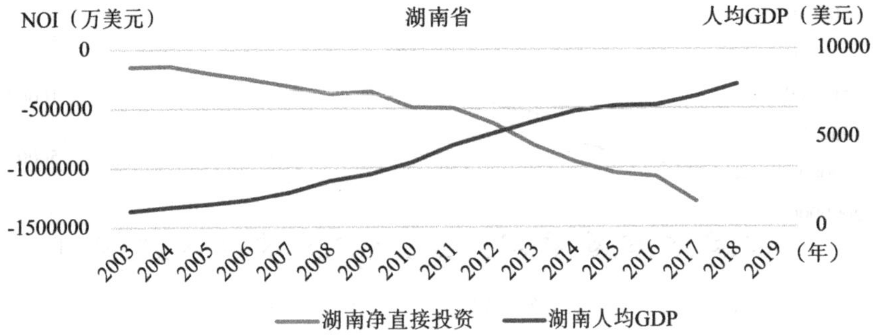

图 2.15　湖南省人均 GDP 与 NOI 对应关系时间序列图

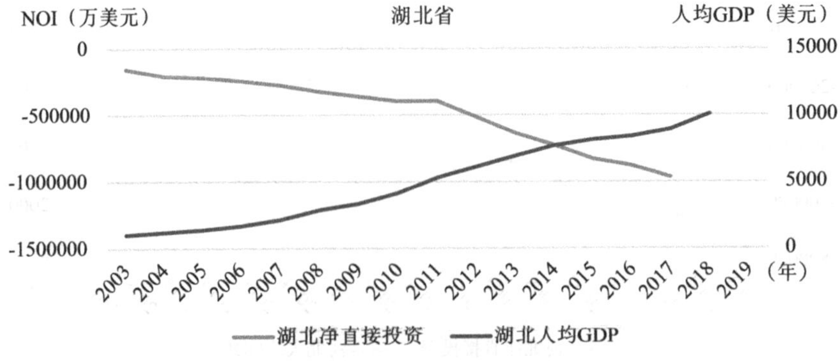

图 2.16　湖北省人均 GDP 与 NOI 对应关系时间序列图

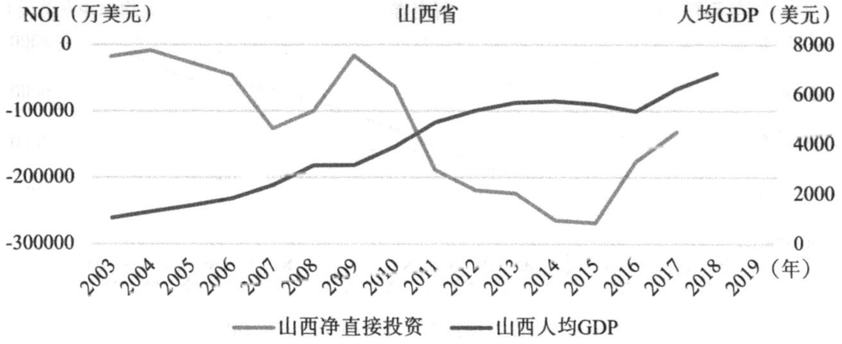

图 2.17 山西省人均 GDP 与 NOI 对应关系时间序列图

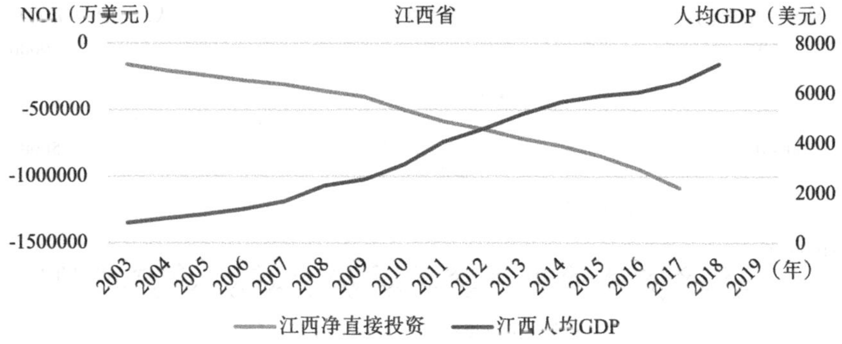

图 2.18 江西省人均 GDP 与 NOI 对应关系时间序列图

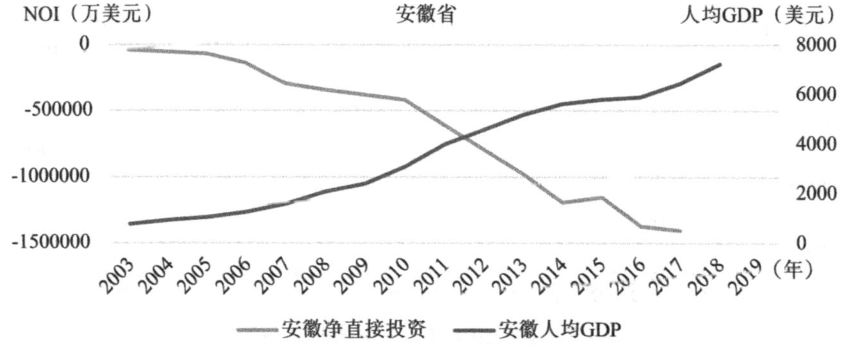

图 2.19 安徽省人均 GDP 与 NOI 对应关系时间序列图

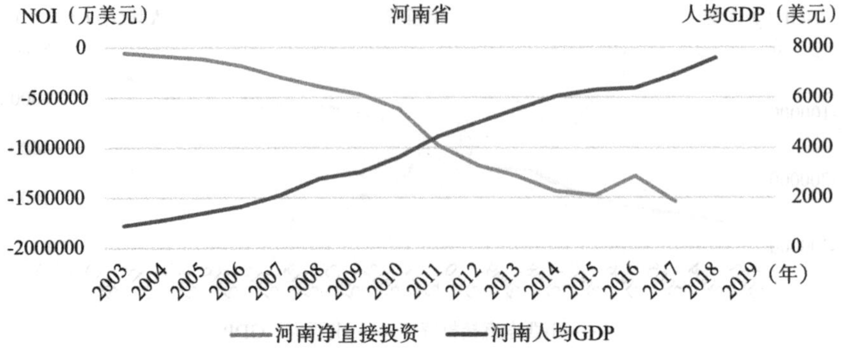

图 2.20　河南省人均 GDP 与 NOI 对应关系时间序列图

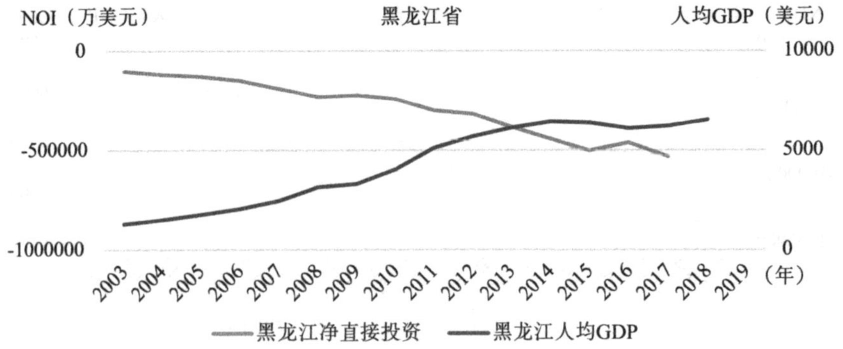

图 2.21　黑龙江省人均 GDP 与 NOI 对应关系时间序列图

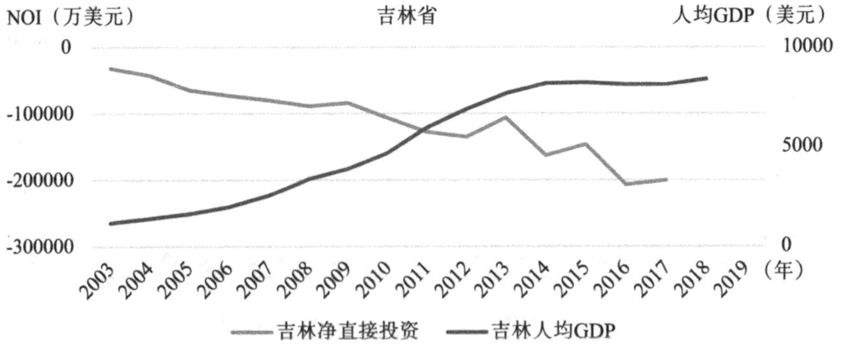

图 2.22　吉林省人均 GDP 与 NOI 对应关系时间序列图

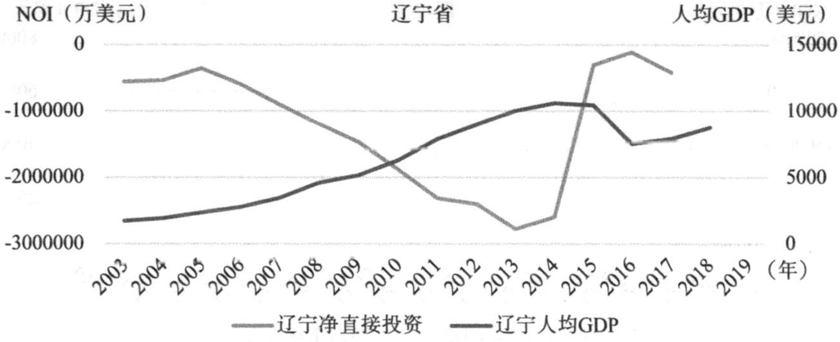

图 2.23　辽宁省人均 GDP 与 NOI 对应关系时间序列图

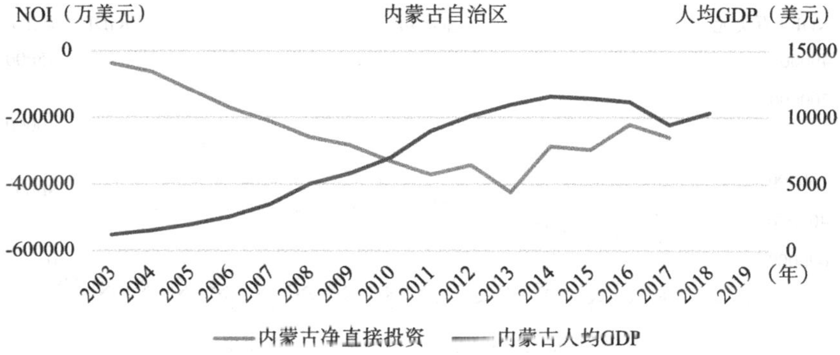

图 2.24　内蒙古自治区人均 GDP 与 NOI 对应关系时间序列图

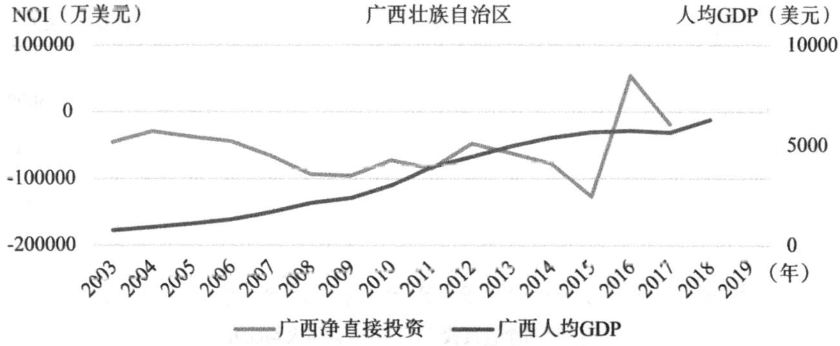

图 2.25　广西壮族自治区人均 GDP 与 NOI 对应关系时间序列图

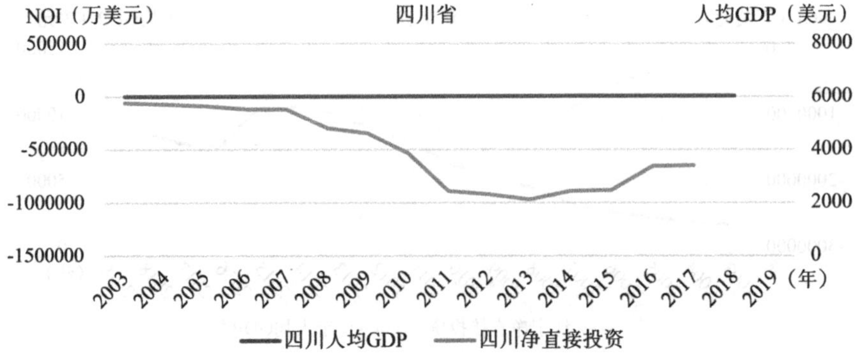

图 2.26　四川省人均 GDP 与 NOI 对应关系时间序列图

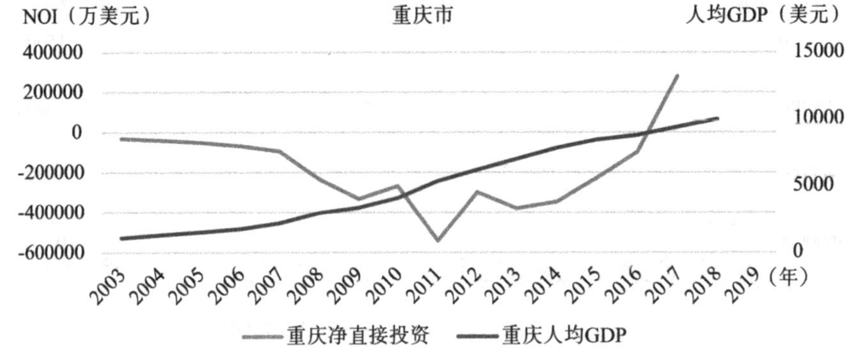

图 2.27　重庆市人均 GDP 与 NOI 对应关系时间序列图

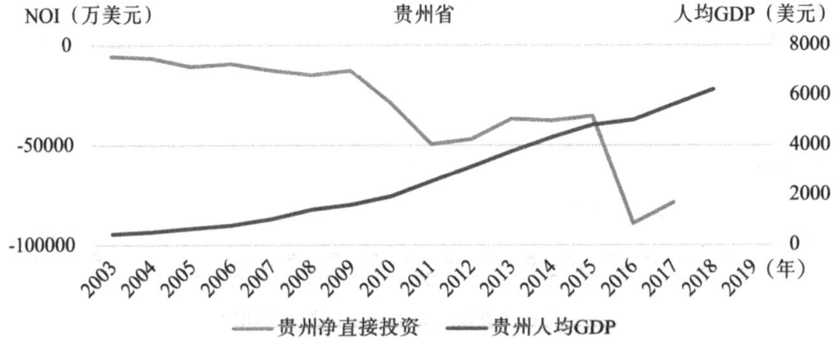

图 2.28　贵州省人均 GDP 与 NOI 对应关系时间序列图

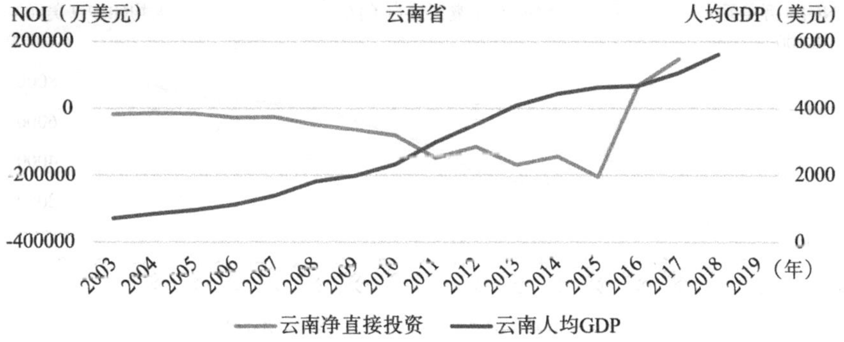

图 2.29　云南省人均 GDP 与 NOI 对应关系时间序列图

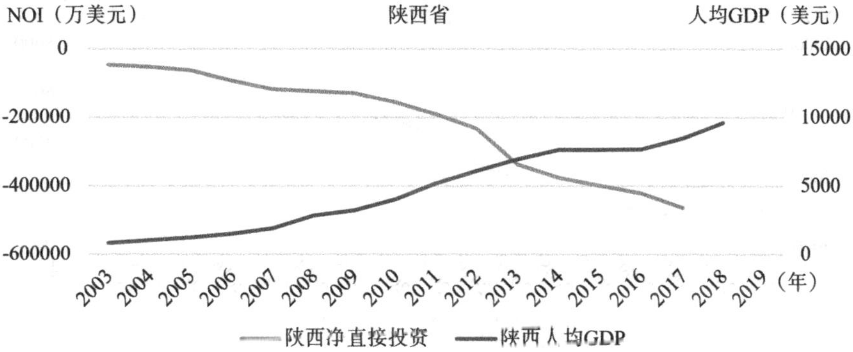

图 2.30　陕西省人均 GDP 与 NOI 对应关系时间序列图

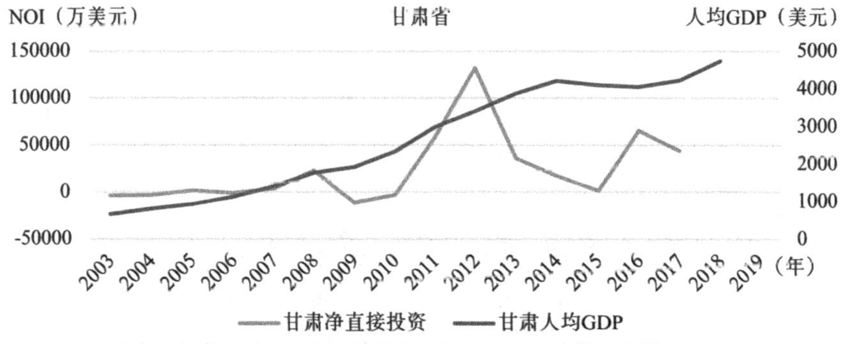

图 2.31　甘肃省人均 GDP 与 NOI 对应关系时间序列图

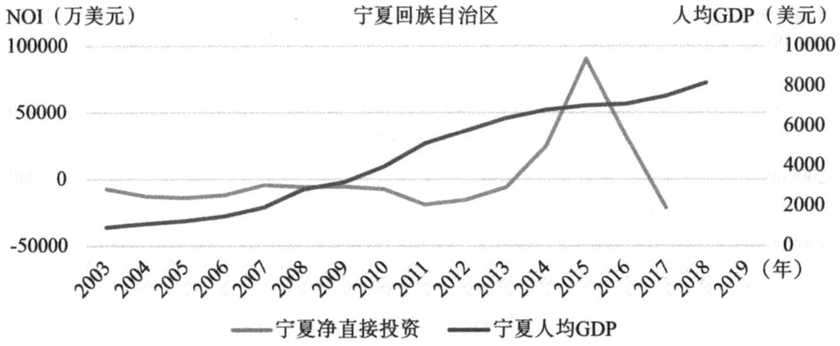

图 2.32　宁夏回族自治区人均 GDP 与 NOI 对应关系时间序列图

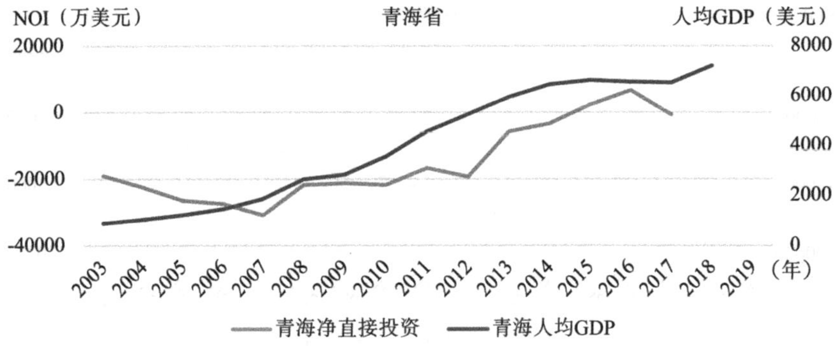

图 2.33　青海省人均 GDP 与 NOI 对应关系时间序列图

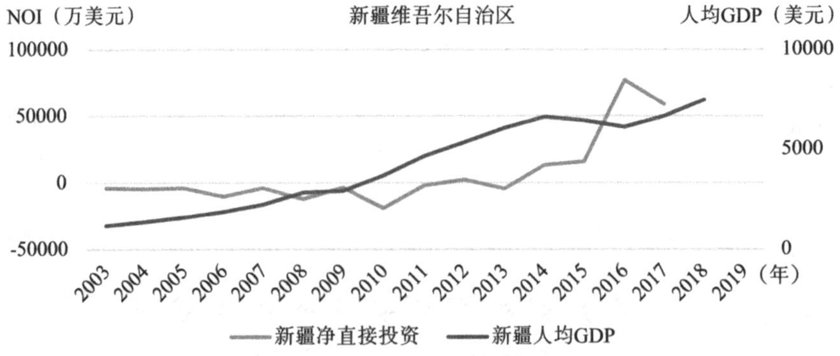

图 2.34　新疆维吾尔自治区人均 GDP 与 NOI 对应关系时间序列图

2.3　贸易和投资关系及相互引致的研究

作为世界范围内资源配置的两种重要方式，国际贸易与国际直接投资也是一国参与国际经济的两种主要形式，共同构成一国对外经贸活动的基本内容。其中国际贸易表现为商品的跨国流动，国际直接投资则表现为资本的输出。随着经济全球化的深入发展，国际贸易与国际投资之间的关系日益复杂。一国宏观层面的贸易和投资政策往往相互制约，中观层面的贸易和投资则在发展中互相融合，而以跨国公司为主体的微观企业在选择“走出去”的方式时，也面临着国际贸易和投资战略的选择，所有这些都引发了对国际贸易与国际直接投资关系的进一步思考与探索。一般说来，国际贸易与国际直接投资的关系主要经历了替代关系、互补关系和权变关系三个阶段。

2.3.1　国际贸易与国际直接投资的替代关系

罗伯特·蒙代尔（Robert Mundell，1957）是第一位研究国际贸易与国际投资关系的经济学家。他根据 Heckscher - Ohlin 的“2 ×2 ×2”的新古典贸易模型，推导出了国际贸易与资本流动之间的替代关系。其结论是：国际贸易的障碍促进了资本流动，而资本流动的限制又促进了国际贸易，因此国际贸易和资本流动之间具有相互替代的关系。这里需要说明的是，本处研究的是“投资阻碍”与“贸易产生”的关系，不同于后来学者所研究的“投资产生”对贸易的替代关系。换句话说，蒙代尔的研究是关于无法发生 OFDI 的贸易影响，而不是关于 OFDI 发生后的贸易影响。因此蒙代尔的替代关系可以被称为“错误的替代关系”，并且与一般意义上的替代关系区分开来。

蒙代尔使用标准的国际贸易模型来描述贸易与投资关系的两个极端：禁止投资如何刺激贸易以及禁止贸易如何刺激投资。对于商品的国际流动的问题，蒙代尔实际上是使用要素比例理论解释商品的国际流动，并使用资本边际产量的差异来描述资本的国际流动。在某些情况下，贸易壁垒会导致国际资本流动或直接投资，因为它们会影响两国之间的资本边际回报率。而所谓的关税引致的投资一般指的是此类投资，其目的是绕过关税壁垒，以克服贸易壁垒对资本效率的抵消作用。蒙代尔认为，关税引致投资表现为投资对贸易的替代，而且与没有引致投资的关税相比，增加投资确实对福利产生了积极影响。

但是随后学者们研究发现，关税引致的投资将导致福利损失，这和自由贸易状态下的贸易不同。第一，如果发展出一个没有比较优势的进口替代部门，关税增加引致的投资将减少贸易量，由此产生的贸易福利损失将大于投资引起的福利增加（约翰逊，1967 年）。第二，如果关税增加引致的投资并没有发展出具有竞争力的出口部门，同时使贸易条件恶化，则关税增加引致的投资所引起的资本扩张将导致福利损失，以及结果导致“悲惨增长”（Bagwati，1973）。第三，鉴于该国税收和外国资本收益的提取的影响，当该国对进口替代部门提供了关税的保护，同时流入资本所产生的边际产品又被作为资本利润而支付给外国投资者时，产量的增加和收入水平的增加将不可避免地导致福利损失并导致“悲惨增长”。

但是，如果资本流入国的经济处于就业短缺条件时，这时的关税增加引致投资并不会减少贸易量，根据贸易条件的公式可知，贸易量不会减少时，贸易条件也不会产生恶化，同时还会引发就业效应。而且随着时间的变化，贸易和投资将相互替代并达到平衡（李荣林，2002[①]；李海龙，2017）[②]。之后 Vernon（1966）[③] 首次提出的产品生命周期理论分析了国际贸易与外国投资之间的关系。Vernon（1966）认为，在产品开发阶段，由于技术还不成熟，所以产品主要表现为技术密集型，要由高科技人力进行设计和开发。随着技术的成熟和生产工艺的不断改进，产品的生产趋向于逐步编程，简化和扩大规模。这时，制造该产品的好处就从技术要素转向劳动要素，并且该行业也开始从技术行业发展到劳动密集型行业。换句话说，发达国家开始直接在发展中国家进行投资。此时，外国直接投资的增

---

① 李荣林．国际贸易与直接投资的关系：文献综述[J]．世界经济，2002（4）：44～46.

② 李海龙．对外直接投资（OFDI）的出口效应研究：文献综述[J]．南京财经大学学报，2017（2）：26～35.

③ VERNON R.，WELLS L. T. International trade and international investment in the product life cycle[J]. Quarterly Journal of Economics，1966，81（2）：190～207.

加已经取代了获得国际资本的国家的原始进口需求。简而言之，外国直接投资与国际贸易具有相互作用。

Buckley and Casson[①] 首次指出，OFDI 对出口贸易具有替代作用，但从内部化理论出发，这种替代会随着外部交易成本的增加而减少。Dunning（1980）根据自己提出的国际折衷生产理论框架，认为跨国公司到底选择出口贸易还是直接投资，这在很大程度上取决于所有权优势、内部优势和区位优势三种优势的分布。跨国公司在进行 OFDI 时，可以获得区位优势，但在同时具备所有权优势和内部化优势的前提下，公司就会倾向于对东道国进行 OFDI，此时就表现为 FDI 对出口贸易的替代效应。

另外，关于这个问题的实证研究，研究者们发现"关税投资"的实践中验证了 Mundell（1957）的贸易与投资之间的替代关系。Adler，Stevens（1974）and Gruber（1962）通过对美国跨国公司进行的实证分析，发现跨国公司销售额（替代 FDI）和美国出口额反向变动，也就是说，投资和贸易关系是互斥的。格鲁伯更是认为这种替代效应的大小因投资行业而异，相对而言，在技术密集型产业中替代效应更为明显。Belderbos and Sleuwaegen 分析了日本 OFDI 的影响，结果发现，在日本和欧洲之间存在贸易壁垒（贸易关税）的前提下，双边贸易受到阻碍，跨国公司的选择策略就是绕开壁垒，从贸易转向直接投资，故而显示出相互替代关系。

就中国而言，有人认为 FDI 可以替代中国的进口贸易。例如，姚元（2007）的一项实证研究发现，FDI 主要对中国的进口贸易具有替代效应，尤其发生在我国的东部一带。

2.3.2　国际贸易与国际直接投资的互补关系

当贸易壁垒产生投资时，如果资本不是流入进口替代部门，而是主要流入出口部门时，国际投资和贸易之间的关系就不再是替代关系而是互补关系。在此情况下，资本流动将导致进一步的国际分工和专业生产，从而

① Buckley P. J.，Kasson M. The future of multinational enterprise [M]. London，UK：MacMillan Press，1976.

扩大贸易规模。Kemp（1966），Jones（1967），Markuson 等（1983）使用一系列高度简化的非要素比例模型描述了资本流动与商品贸易之间的互补关系。Antras and Caballero（2007）基于 Mundell（1957）模型，通过放宽假设条件，同样证明了商品贸易与国际投资之间的互补关系。然而，Markuson 等做的模型比较简单，没有详细的实证的过程，导致最后得到的结论缺乏普遍性。

为此，日本经济学家小岛清（Kiyoshi Kojima，1984）提出了边际产业扩张理论（也称为比较优势理论），令人信服地证明了 OFDI 和出口之间存在着互补关系。

小岛清认为，日本应结合自己的国情，认真地筛选出一批在国内已经处于比较劣势地位或即将处于被淘汰边缘的边际产业进行排序，依序进行 OFDI。在此，小岛清从讨论两国之间生产可能边界的扩大和总贸易量的增加入手，间接地研究了 OFDI 与出口之间的关系。他发现，一方面，投资母国将其自身的比较劣势产业转移出去，也可能会变成东道国的比较优势产业，因此可利用东道国这些比较优势产业来增加产量和扩大出口。另一方面，投资母国可利用投资利润来补充和发展自己的比较优势产业并扩大出口。鉴于这种 OFDI 不仅实现了产业的国际转移，而且促进了双边贸易的发展，所以又被称为贸易导向型投资。如今小岛清的理论不仅已成为日式 OFDI 的代表理论，而且被提升到国家战略高度。

不过对发展中国家而言，这种 OFDI 并不属于边际产业投资，而是在贸易壁垒下发生的投资。而且对发展中国家而言，即便是发达国家淘汰的落后产业，也有可能是高新技术产业，他们还需要达到一定的门槛值，才有可能消化、吸收得了这种产业转移带来的技术。在这种条件下，由于资本的流动不是由关税引起的，所以主要流入出口部门，投资和贸易之间将表现为一种互补关系。OFDI 将导致更深层次的国际分工和专业化生产，并扩大出口规模。

之后，Markuson and Svensson（1985）① 通过采用要素比例模型，阐明了商品交易和资本流动之间的关系。他们指出，出口和 OFDI 之间的关系

① Markuson, James R. and Lars E. O. Svensson (1985): "Trade in Goods and Factor With International Differences in Technology." International Economic Review, Vol. 26, No. 1, pp. 175 ~ 192.

到底是是替代还是补充，取决于贸易要素和非贸易要素是“合作”还是“非合作”。当两者协调一致时，商品贸易和资本流动就会相互促进并显示出互补关系；当两者“非合作”时，出口和 OFDI 之间就呈现出替代关系。Markuson and Svensson（1985）不仅探讨了资本流动与出口贸易之间的互补性，还对垄断、外部规模经济、技术差异、对生产征税和要素市场的扭曲等五个影响因素进行了进一步分析。他们的基本分析思路是：两国之间的技术差异等因素会造成彼此之间的要素生产率和要素价格存在差异，而这些差异又决定了商品交易和要素流动的方向。当商品交易是由某种因素引起的，并且交易产品生产所必需的交易要素和非交易要素相互配合时，商品交易就会不可避免地促进非交易要素的流动，从而促进了贸易和要素流动，从而使商品交易与要素流动呈现互补性。在此分析中，由各种因素引起的要素价格差异仍然起着最重要的作用。当劳动力是贸易要素而资本是非贸易要素时，双方之间的合作就呈现为边际劳动生产率相对较高和资本生产效率相对较低，就会同时导致劳动密集型商品和资本要素流出的现象。

随着世界经济形势不断变化，由政府主导的国家之间经济竞争形式开始出现。Aizenman and Noy（2009）指出，从国际政治经济学角度看，一国贸易开放程度的提高会增加金融抑制的成本，并最终导致金融自由化，这在某种程度上也说明了出口和国际资本流动之间的互补关系。

在实证研究中，Weiss and Lipsey（1981）[①] 研究了跨国子公司的销售对美国出口贸易量的影响，结果发现，美国在各个国家和行业的投资与美国出口贸易均显示出互补的效果。Klein and Goldberg（1998）研究了拉丁美洲和东南亚国家的进出口贸易与美国和日本的直接投资之间的关系，发现双边贸易和资本流动是互补的。习彦平（2005）结合相关系数分析和定性分析，从定性和定量两个层面分析了中国出口贸易和外国直接投资的影响，结果表明，两者之间存在重要的互补关系。张英武（2007）、钱小英等（2001）使用引力模型，利用外国直接投资和中国省内相应的国际贸易进行了实证分析，得出的结论是外国直接投资和对外贸易在中国有着明显

① Kravis, IB and RE Lipsey. The Location of Overseas Production and Production for Export by US Multinational Firms [J]. Journal of International Economics, 1981 (12): 201 ~223.

的互补关系。杨茵（2000）、梁琦等（2004）根据国家数据分析了1980~2001年中国的对外贸易和外国直接投资，发现两者的互补效应远大于替代效应。刘畅和吴国伟（2008）从环渤海地区的外国直接投资与对外贸易的关系着眼，从国际贸易和国际直接投资之间的影响入手，发现就整体贸易影响而言，这是两个互补的影响。胡在勇（2006）通过研究表明，外国直接投资对中国出口贸易的促进作用大于对进口贸易的促进作用。刘洪平（2014）将中国的外国投资地区划分为东部、中部、西部地区，使用从2002~2011年外国直接投资和进出口贸易数据的组合，结果发现，每个省份外国直接投资对出口贸易都有积极影响。此外，张小蒂（2001）、李勤（2004）和李国荣（2006）等也发现，外国直接投资不仅扩大了中国出口贸易的规模，而且改善了出口商品的结构。

就OFDI与出口之间的关系而言，在理论研究方面，蔡锐、刘泉（2004）① 基于小岛清的边际产业扩张理论，认为中国向非发达国家的投资目的是将国内一些诸如加工制造、简单装配等即将失去成本优势的劳动密集型产业进行跨国转移，然后使用1990~1999年外国直接投资和进出口的时间序列数据进行验证，最后发现外国直接投资促进了出口。杨建荣（2005）试图从理论上将外国投资与对外贸易进行理论整合。在经验研究方面，郭家祥（2012）从实证角度考察了OFDI对外贸的影响，结果发现它具有牵引作用。张如庆（2005）基于中国1982~2002年的对外直接投资与出口时间序列数据，使用协整回归、误差修正模型与Granger检验进行研究，也得到了OFDI促进出口的结论。之后，张应武（2007）收集了2000~2004年中国对72国的直接投资面板数据，通过取平均值的做法将其"压缩"为截面数据，并使用贸易引力模型，同样得到了OFDI促进出口的结论。类似地，项本武（2005）② 基于中国2000~2006年对50国的直接投资数据，使用面板协整与误差修正模型，得到对外直接投资可以显著大幅地促进出口的结论。张纪凤、黄萍（2013）结合我国OFDI与出口贸易的现实情况，利用2004~2010年我国与35个国家的面板数据进行了混合回归模型分析，表明我国OFDI对出口贸易存在明显的促进作用，且

① 蔡锐，刘泉. 中国的国际直接投资与贸易是互补的吗？——基于小岛清"边际产业理论"的实证分析[J]. 世界经济研究，2004（8）：64~70.

② 项本武. 对外直接投资的理论解释：一个文献综述[J]. 湖北社会科学，2005（4）：74~76.

无论是发达国家还是发展中国家，这种促进效应都存在。陈立敏（2010）[①]基于中国2003~2007年对26国的OFDI流量与存量数据，使用单变量模型和GLS、固定效应模型、随机效应模型进行回归估计，也得到对外投资促进出口的结论。此外，还有周昕和牛蕊（2012）、张春萍（2012）、刘再起和谢润德（2014）、刘晓光等（2014）、蒋冠宏和蒋殿春（2014）通过扩大样本数据进行研究，尽管这些模型设定与估计方法存在诸多差异，但这些文献除发现OFDI对出口贸易的影响效应存在一些"国别差异"外，都基本一致地支持促进效应的成立。

不过就OFDI与中国的进口贸易之间的关系，却有两种不同的观点。一种观点认为，外国直接投资促进了中国的进口贸易（王辉、郭宪光，2007；胡恒松、李荣健，2016）。例如李琴（2004）表明，OFDI促进了外商投资公司进口的增加，因为它会促进了中间产品的进口，这反过来又引致了相关企业的进口，从而对外国企业的进口作出了贡献。胡在勇（2006）经过对进出口双重角度的分析，认为OFDI既对出口贸易有很强的促进作用，同时也对进口贸易有较大的促进作用。姚利民与余凯丽（2016）曾就日本、中国和美国OFDI贸易效应进行对比分析，结果发现美国OFDI能让其贸易的附加值得到提升，而日本以及中国的OFDI与贸易附加值通常是互补的。

2.3.3 国际贸易与国际直接投资的权变关系

20世纪80年代以来，随着国际经济形势的不断变化，学者们继续研究和分析外国直接投资与国际贸易之间的关系，虽然研究的方法各有不同，但是结论却日趋相似。也就是说，国际贸易和投资两者之间的关系取决于国家和行业等各种因素，有可能互补，也有可能替代，它们之间是偶然的"权变"关系，也就是"视具体情境而变化"的关系。换句话说，贸易与投资之间的关系是不确定的，要根据具体情况，才能确定是替代的还是互补的关系。

① 陈立敏．贸易创造还是贸易替代——对外直接投资与对外贸易关系的研究综述[J]．国际贸易问题，2010（4）：122~128.

如前所述，Markuson and Svensson（1985）指出商品贸易和要素流动之间，到底表现为替代性还是互补性，依赖于贸易和非贸易要素之间是“合作的”还是“非合作的”。随着理论不断发展，Baggati（1987）and Dinopoulos（1991）[①] 从政治经济学的角度研究了贸易与投资的关系，他们称不是为了绕过关税壁垒而是为了化解潜在的贸易保护威胁而进行的投资为“补偿投资”。补偿投资描述的是贸易与投资之间的一种跨时期关系，即厂商从一个时期利润最大化角度看投资虽然会带来损失，但投资本身会降低不确定性，减少在下一个时期东道国政府采取贸易保护主义的可能性，因此从贸易和投资的相互联系的角度看会实现第二期的利润最大化（李荣林，2002）。这种理论模型对于80年代中期日本大规模对美国增加OFDI的现象作了解释。在此，贸易与投资之间的关系不仅取决于要素价格和实际贸易壁垒之类的纯粹经济因素，而且在不同利益集团之间的博弈也进行贸易和投资之间的替代和互补联系，其实这就是所谓的补偿投资（Bhagwati，1987[②]）。注意补偿投资不同于关税增加引致投资。前者由于对第一期损失的补偿在可以预见的第二期改善，因而将这种投资称为补偿投资。后者则是为了绕过关税而用投资来替代出口，而补偿投资的目的在于减少东道国采取保护措施的可能性，是为了化解关税，因此是一种化解关税投资（tariff - defusing investment）。这是从政治经济学分析的角度来解释贸易和投资之间的关系。

Dinopoulos 等（1986，1989，1991）还从寡头竞争和企业水平的角度对补偿性投资进行了深度研究，并研究了出口国企业如何利用补偿性投资消除潜在的保护威胁。Bhagwati 等（1992）[③] 考虑了上述发现，并认为补偿性投资可能由多种原因触发，例如，彼此间进行贸易保护的各种措施、

---

① Dinopoulos，Elias. Quid Pro Quo Foreign Investment［J］. Economics and Politics，1989，I（2）：145 ~ 160.

② Bhagwati，Jagdish N.，Richard A. Brecher，Elias Dinopoulos and T. N. Srinivasan. Quid Pro Quo Foreign Investment and Welfare：A Political Economy Theoretical Model［J］. Journal of Development Economics，October，1987（27）：127 ~ 138.

③ Bhagwati，Jagdish N.，Elias Din opoulos and Kar - Yiu Kong. Quid Pro Quo Foreign Investment［J］. American Economic Review，May，1992：186 ~ 190.

威胁及由此而产生的种种努力都会产生补偿性投资。Helpman（1984）① 认为，由于市场之间要素禀赋的价格差异和市场互补性，垂直型 OFDI 和出口贸易是互补的，但水平型 OFDI 和出口贸易则是权变的：如果要在当地生产和销售以满足投资东道国市场需求时，就会使水平型 OFDI 与出口贸易为互补关系；如果不要在当地生产和销售以满足投资东道国市场需求时，就会使水平型 OFDI 与出口贸易之间为替代关系。

Bergsten 等（1980）认为，贸易和投资之间的可替代性或互补性与国际化程度有关。他们发现，在美国投资的各个行业中，投资水平较低的行业随着投资水平的提高而扩大了出口规模，一旦 OFDI 超过一定水平，便增加了出口，而且投资的促进作用逐渐消失。Gray（1998）认为，贸易和投资之间的替代或互补关系与 OFDI 的动机和类型有关。Ries（2001）认为，贸易与投资之间的替代性或互补性关系与 OFDI 的类型有关。Blonden（2001）认为，贸易与投资之间是相辅相成的，其替代性或互补性关系与投资的短期或长期影响有关。Svenson（2004）认为，贸易与投资之间的替代或互补与所涉及的产业分类精细化程度有关。

在实证分析上，Pfaffermayr（1994），Jun and Singh（1996），戴志敏和罗希晨（2006）通过研究引资国进出口和 FDI 之间的关系，发现绝大多数国家的进出口和 FDI 都存在格兰杰因果关系，存在相互性。Jun and Singh（1996）② 认为，由于在不同国家有不同表现，国际贸易与 OFDI 之间的关系尚不能得出明确的结论。

王应新（2003）指出，不仅不同的投资区域，而且不同的投资行业也会影响 OFDI 对进出口贸易的影响。而高丰和高悦（2006）使用误差校正模型后发现，OFDI 对加工贸易的进出口具有明显的促进作用，但在一般贸易中尚不明晰。

张如庆（2005）使用协整分析、因果分析等计量方法进行了研究，结果发现，OFDI 和进出口之间存在单向因果关系，后者对前者有直接影响，而前者对后者只有轻微影响，但两者之间存在长期平衡。

① Helpman, E.. A Simple Theory of International Trade with Multinational Corporations [J]. Journal of Political Economy, 1984, 92 (3): 451 ~471.

② KOGUT B, SINGH H. The effect of national culture on the choice of entry mode [J]. Journal of International Business Studies, 1996, 19 (3): 411 ~432.

张春萍（2012）[①] 通过面板数据分析发现，针对不同类型的国家，中国 OFDI 产生的贸易创造效应的程度有所变化。Wang Sheng（2014）[②] 的一项研究也发现了类似的差异。

姜冠宏和蒋殿春（2014）使用数据匹配的方法，获得了中国1498家外国直接投资公司的控制数据来研究 OFDI 的出口效应，结果发现，外国投资与公司出口之间存在倒"U"形关系。其中，OFDI 在高收入国家的出口效应更为明显，反之，在其他中等收入和低收入国家中，这种出口效应则难以理解。从产业类型上看，具有最明显的出口效应的是商业服务业。

王恕立与向姣姣（2014）[③] 认为，中国的 OFDI 可能对进出口贸易产生明显的创造性影响，而且对进口的影响要大于出口创造。同时从不同的经济类型进行抽样回归分析，针对不同的国家，OFDI 的进出口贸易效应存在一些很明显的国家差异。

程中海和袁凯彬（2015）发现，中国对高收入国家的能源直接投资是进口的替代选择，反之，对非高收入国家的能源直接投资是进口的促进效应。此外，他们还发现，中国的能源 OFDI 总的来说以垂直分割生产型投资为主，其中对高收入国家的能源垂直型投资表现显著，对于中低收入国家，则通常同时具备水平以及垂直型两类特点。

杨平丽和张建民（2016）[④] 发现，无论反映何种形式的进出口贸易，国内公司通过增加 OFDI，始终可以提高其自身的出口水平，但对进口水平没有明显影响。总体而言，OFDI 能够提高母国的进出口贸易水平；而对于分样本的实证分析，其结果和总样本的实证分析结果相同，但投向发展中国家的商贸服务类、技术研发类、当地生产类和资源开发类的直接贸易效应均不显著。

---

① 张春萍．中国对外直接投资的贸易效应研究[J]．数量经济技术经济研究，2012（6）：74～85.

② 王胜，田涛，谢润德．中国对外直接投资的贸易效应研究[J]．世界经济研究，2014（10）：80～86.

③ 王恕立，向姣姣．创造效应还是替代效应——中国 OFDI 对进出口贸易的影响机制研究[J]．世界经济研究，2014（6）：66～72，89.

④ 杨平丽，张建民．对外直接投资对企业进出口贸易的影响——来自中国工业企业的证据[J]．亚太经济，2016（5）：113～119.

2.3.4　对贸易与投资关系演变路径的解读与展望

总之，国际贸易与OFDI之间关系研究从分歧到交叉再到融合，主要经历了替代关系阶段、互补关系阶段和权变关系三个阶段。

第一，传统的国际贸易理论假设资本不能在国家之间自由流动，因此传统的贸易理论和 OFDI 理论是相互割裂的。在传统的理论分析框架下，国际资本流动将使要素价格趋于平稳，并失去国际贸易的基础，因此，如同蒙代尔的研究显示，贸易和投资之间关系表现为替代关系，这也对应于贸易理论与投资理论之间的差异。

第二，虽然弗农的产品生命周期理论属于替代关系类别，但这个理论将贸易、直接投资和公司成长之间的关系融合了，并将贸易理论和投资理论纳入了一个综合的分析框架，交叉关系的实现就成为可能了。小岛清的边际产业扩张理论更是反映了贸易理论和投资理论的融合，使得贸易和投资之间呈现为互补关系，并体现出贸易理论与投资理论的交叉。

最后，国际贸易与国际直接投资的权变关系是 20 世纪 80 年代以后发展的。这段时期出现了将纵向一体化和横向一体化的 OFDI 理论融入国际贸易理论分析框架的趋势。贸易理论与投资理论相融合，形成贸易投资一体化理论。贸易与投资的权变关系和贸易理论与投资理论的融合相对应。

鉴于国际贸易理论在国际投资理论出现之前就已经存在，而“贸易创造”也比“投资创造”出现得更早，所以贸易与投资之间的互补关系实际上就是国际投资的贸易创造效应。与其说“贸易创造”表现为国际贸易的加法效应，不如说“投资创造”表现为国际投资的乘数效应，因为投资往往存在“溢出效应”。随着贸易和投资一体化理论的发展和完善，以及经济全球化的不断深入，从贸易创造向投资创造的转变将是大势所趋。

国际贸易与外国直接投资密切相关。一方面，OFDI 可以替代并促进贸易；另一方面，贸易政策的变化在一定宏观条件下又将引致 OFDI。当一国的跨国公司进行 OFDI 时，必然会对本国的对外贸易产生如下的贸易效应①。

① 李东阳．国际直接投资与经济发展［M］．北京：经济科学出版社，2002：134.

（1）出口引致效应。

即由于对外直接投资而导致的原材料、零部件或设备等出口的增加现象。这是因为跨国公司筹建海外生产基地，有必要从投资国进口工厂建设所需的各种生产设备和生产所需的原材料及零件，例如作为初始投资的设施输出和原材料、零件等中间投入的输出，从而增加投资国的出口。例如前述小岛清式的边际产业投资就会引起出口引致效应。

（2）出口替代效应。

即由于对外直接投资而导致出口减少的现象。当跨国公司采用蒙代尔式“替代型”OFDI时，由于贸易障碍的存在，海外分公司就会将原出口型产业通过OFDI的方式转移到国外，替代了本国该产业的出口，从而导致产品在当地销售并被出口到第三国，引起总公司出口的减少。

（3）反向进口效应。

即由于OFDI而导致进口增加的现象。当国外生产成本更低时，跨国公司就会通过OFDI的方式将某产品的生产基地转移到国外，海外分公司在当地生产的产品进而返销到投资国，引起投资国进口增加。

（4）进口转移效应。

即由于对外直接投资而导致进口减少的现象。当跨国公司将需进口原材料的产品的生产基地转移到国外时，就会出现对生产所需的进口中间投入品的需求减少现象，从而引起投资国的进口减少。

当然，一国OFDI对其贸易的影响并非由一种效应决定，而是由四种贸易效应综合决定的。国际直接投资类型的不同，投资项目所处阶段的不同，各种贸易效应的强弱会出现明显的不同。

根据国际直接投资的动因，国际直接投资可以分为市场导向型投资、资源导向型投资、效率导向型投资和优惠政策导向型投资。

市场导向型投资是指跨国公司为了追求规模经济效益、扩大原有市场、拓展新市场和克服贸易障碍等而进行的对外直接投资。这种直接投资的出口替代效应和反向进口效应就会比较强，出口引致效应和进口转移效应就会比较弱。

资源导向型投资是指跨国公司为了从国外获取稳定而廉价的生产要素资源、降低生产成本，进而增强产品竞争力、提高经济效益而进行的对外直接投资。当跨国公司采用这种方式OFDI时，为了攫取国外廉价的自然资源、人力资源，获得技术与品牌资源，其出口引致效应和进口转移效应就会比较强，出口替代效应和反向进口效应就会比较弱。

效率导向型投资是指为利用各国在生产要素、经济体制、文化传统和政府政策等方面的差异，在全球范围内配置资源，进而降低生产成本，获得规模经济效益而进行 OFDI。当跨国公司为了降低产品成本，追求规模经济效益时，其出口替代效应和反向进口效应就会比较强，出口引致效应和进口转移效应就会比较弱。

优惠政策导向型投资是指企业为了享有东道国的优惠政策而进行 OFDI。东道国的优惠政策主要包括税收优惠政策、融资优惠政策、土地使用优惠政策等，这些优惠政策大大降低了企业的生产经营成本，为企业奠定了市场竞争的优势。当跨国公司追求国外优惠政策时，其出口替代效应和进口转移效应就会比较强，出口引致效应和反向进口效应就会比较弱（见表 2.1）。

表 2.1　　　　不同动因下国际直接投资的贸易效应强弱

国际投资动因	出口替代效应	反向进口效应	出口引致效应	进口转移效应
市场导向型投资	强	强	弱	弱
资源导向型投资	弱	弱	强	强
效率导向型投资	强	强	弱	弱
优惠政策导向型投资	强	弱	弱	强

资料来源：《中国对外贸易概论》，东北财经大学出版社 2015 年版，第 12 章。

第3章 “一带一路”倡议的背景分析、进展与挑战

回顾历史，我们看到“一带一路”倡议的提出与整个亚太地区贸易投资自由化进程有着密切的联系，为此，我们先来回顾一下亚太地区的经济一体化进程。

3.1 背景分析：亚太自贸区的不同方向发展：FTAAP、TPP与RCEP

与欧洲地区相比，亚太地区经济一体化进程显得松散、自发。虽然亚太经合组织（APEC）在亚太地区的经济一体化中发挥的作用越来越重大，例如，1994年确定的“茂物目标”指出了到2020年亚太地区经济一体化的方向，但亚洲金融危机之后，东亚地区一体化呈现为明显的“轮轴－辐条”结构，即东盟一体化以及围绕东盟的中、日、韩一体化均已取得显著进展，而对东亚地区具有举足轻重影响的三个核心大国的中日韩自由贸易区（FTA）谈判却是步履蹒跚，因为从2002年我国提出这一自贸区以来，这三个国家在2012年开始就自由贸易协定进行协商已有10年的时间，而现在又谈判了8年，依旧没有取得突破性进展，未来很长一段时间内仍可能会停留在谈判阶段。

3.1.1　从 APEC 到亚太自贸区

回首 1989 年，地区主义浪潮此起彼伏。从 1989 年 1 月开始，澳大利亚总理霍克（Hawk）就在访问韩国时，提议举行亚太国家部长级会议。第一次亚太经济合作部长级会议最终于当年 11 月在堪培拉举行，当时各国对于 APEC 运作机制尚无明确规划。直至 1991 年《汉城宣言》才确定了 APEC 的三大支柱分别是贸易投资自由化、便利化和经济技术合作。之后 APEC 发展迎来两大拐点：一是 1993 年举行了第一次非正式领导会议。二是 1994 年在印尼茂物通过了 APEC 经济合作的最重要构想——茂物目标。根据该目标，发达国家和发展中国家将分别在 2010 年和 2020 年实现亚太地区的贸易和投资自由化。自此，APEC 机制开始具有一定的实质性合作内容，并且在海关程序、标准和一致化、商务人员流动、电子商务等贸易便利化领域基本实现了降低交易成本的目标①。

之所以如此，就在于 APEC 确立的几大原则必然造成集体行动困难和搭便车弊端。第一，协商一致原则必然使“茂物目标”的实现更多取决于其“木桶中的短板”——最落后成员的步伐；第二，开放性原则导致区外成员免费搭便车，以致内部成员丧失积极性；第三，渐进性原则导致 APEC 贸易投资自由化议题推进缓慢，已经无法如期实现茂物目标了；第四，自主自愿的原则使 APEC 行动落实效果远低于预期。

目前茂物目标时间节点已过，APEC 下一阶段的目标还不明确，各成员方沉迷于组建自己的次区域经贸集团，与发展中国家有关的“发展”和经济技术合作等框架经常被有意识忽略，这必将导致实现“客观目标”的途径越来越模糊。

其实发现出问题不是问题，最重要的是找到对应的措施来解决发现的问题，以此推动 APEC 前进。国家主席习近平曾强调，走保护主义、单边主义的老路，不仅解决不了问题，还会加剧世界经济的不确定性，自我封闭只会失去世界，最终也会失去自己。②

---

① 宫占奎，黄春媛 . APEC 进程 25 周年：回顾与展望[J]. 亚太经济，2014（2）.

② 国家主席习近平 2018 年 11 月 17 日在巴布亚新几内亚莫尔斯比港“太平洋探索者号”邮轮上举行的 APEC 工商领导人峰会上的主旨演讲。

实际上，直到2014年北京首脑峰会，APEC区域合作才有了新的进展。APEC北京会议目标是"共同建设面向未来的亚太伙伴关系"，其主题是深化区域经济一体化，进一步促进经济改革，鼓励科技创新以及增加基础设施建设投入，实现互联互通，其重心是启动亚太自由贸易区（FTA-AP）谈判。从某种程度上来讲，北京会议再次高举"开放的区域主义"大旗，使APEC贸易投资自由化目标重回正轨。有学者开始认为，保持APEC的开放性才是FTAAP的核心活力所在。① 基础设施和互联互通可能是APEC北京会议第三个主题，但与前两个主题也存在类似的困难。

展望未来，鉴于"开放区域主义"的原则较为全面地考虑到了APEC不同经济体发展水平存在的实际差距，以致彼此之间对贸易和投资的自由化接受程度大相径庭。在21个成员经济体中，人均GDP从不足1000美元到六七万美元的经济体都有，这就导致APEC经济一体化无法一蹴而就，也不能搞"一刀切"。因此对于亚太地区一体化，必须持有开放包容的态度。一方面要认识到，部分成员之间提前建立一些自由贸易区，是由于暂时无法推进整个亚太地区的经济一体化，从局部入手有利于促进整个亚太地区贸易投资自由化的实现；另一方面，对于某些经济体，也要推动他们在实行区域经济一体化过程中继续遵循APEC的开放和包容原则，摒弃封闭的区域主义做法，为未来亚太经济一体化奠定基础。

目前亚太地区有两个大型区域贸易协议，一个是CPTPP，已于2018年底正式生效；另一个是区域全面经济伙伴关系协定（RCEP），也在2020年11月签署协议，目前处在落实推进阶段，二者都应坚持开放包容的原则，为亚太地区经济一体化添砖加瓦。

3.1.2 从TPP到CPTPP

TPP发轫于2006年5月28日成立的"跨太平洋战略经济伙伴关系协定（TPSEP）"，其最初成员仅限于智利、新西兰、新加坡、文莱四个太平洋沿岸的小型经济体。

---

① Peter A Petri, Ali Abdul - Raheem. "Can RCEP and the TPP be Pathways to FTAAP?", https://ssrn.com/abstract=2513893. 2014.

签订该协议的成员国根据此协议要求，每个成员国应该在2015年之前取消所有商品的关税，并在原产地规则、技术性贸易壁垒、知识产权、贸易救济、动植物检疫、政府采购、竞争政策、劳工标准、环境标准、金融服务与投资条款等方面取得明显的进展。由于参与国家少、规模小，相较于世界贸易组织（WTO）和APEC而言，TPSEP是一个更高效、开放、高“质量”的自贸协定。这其实也暗示了之后美国的参与并不是毫无缘由。

在此之前，由于美国专注于促进克林顿政府领导下的多边贸易谈判，但1997年的亚洲金融危机凸显了地区自救行动的必要性。同时，在1999年WTO西雅图部长会议上，美国和欧盟在农业补贴和劳工标准方面一直争执不下，这就强化了美国在WTO之外寻求新的贸易自由化谈判平台的动机。进入21世纪后，美国在与智利、新加坡、澳大利亚谈判双边FTA协定时，逐渐认识到TPSEP自贸协定的价值所在。于是2008年2月，美国正式宣布加入TPSEP相关谈判。在其影响下，澳大利亚和秘鲁随后也宣布加入TPSEP谈判。此后，美国开始全方位主导谈判，并于2011年11月在美国夏威夷檀香山举行的APEC领导人峰会上，将TPSEP更名为跨太平洋伙伴关系协定（Trans－Pacific Partnership，简称TPP），不断吸纳新成员加入谈判。

从全球角度看，TPP自由贸易区曾是全球FTA谈判的样板，为区域经济一体化带来重大的影响。根据国际货币基金组织（IMF）的统计，按2016年的价格计算，宣布参加谈判的12个成员国，其GDP之和达到28.98万亿美元，占世界GDP的38.3%，是欧盟的1.76倍。如果这个自由贸易区最终得以实现，它将成为世界上最具影响力的区域经济一体化组织。

在一体化方面，自美国领导谈判以来，TPP一直致力于在会员国中促进零关税，几乎所有的服务贸易都是开放的，并且在会员国之间进行跨境投资的限制也已大大降低，同时还对诸如知识产权保护、劳工和环境保护等敏感领域进行谈判，这就决定了TPP谈判的高标准。

毫无疑问，美国参与加强与领导TPP谈判，旨在通过实施“亚太区再平衡”战略，保持美国在亚太地区的持久影响力和与亚洲盟友之间的战略关系。在这种情况下，奥巴马政府连任后，进一步加大努力推动TPP协议的谈判进程，以使谈判能够尽快完成，美国国会能够批准该协议的生效。

因此，在协商协议条款时，美国政府对日本汽车零部件进行大幅减税，以换取日本农产品市场的更大开放，最终与各方达成了高水平的知识产权保护条款。最后，TPP 于 2015 年结束谈判，并于 2016 年初由所有 12 个成员国正式签署。

但是，美国国内政治决策程序却并未能如奥巴马所愿，美国国会虽于 2015 年 6 月批准了奥巴马政府的贸易促进授权（TPA），但并未授权其签署 TPP 协议以及对毒品和劳工标准的知识产权保护谈判权力。由于在环境标准方面存在明显差异，两党约定，在 2016 年即总统大选之年，美国国会不应全力讨论 TPP 协议，最终导致国会无法完成 TPP 法案的表决。

自那以来，特别是特朗普上台以来，美国对 TPP 问题的态度急转直下。2017 年初，特朗普上任伊始，就宣布美国退出 TPP 协议，致使奥巴马的所有努力付之东流。根据之前签署的协议，TPP 协议必须得到 6 个及以上成员国的认可才能生效，并且这些成员国的 GDP 总量必须占总 GDP 的 85% 以上。也就是说，美国退出意味着 TPP 的死亡，因为仅美国 GDP 便占所有成员国总数的 60%。

然而，对于 TPP 寄予厚望的日本并不死心，在其努力下，小幅修改了美国退出之前的协议条款①。最后，日本顺利推动了 TPP 其余 11 个成员国的合作，将其更名为 CPTPP 协议，并于 2018 年 3 月正式运行。虽然 CPTPP 现有 11 个成员国的 GDP 之和仅占世界 GDP 的 13.6%，与原先的 TPP 相比，世界贸易的份额下降了近一半，但跨境知识产权保护等大多数条款仍然得以保留。同时，CPTP 还将美国主导 TPP 谈判时要求的某些条款全部打包在附录中。这就给美国将来重新加入 CPTPP 协议留下了足够的缓冲空间②。

总体来看，从加入 APEC 到退出 TPP 这个谈判平台，处处体现了美国本国利益至上的实用主义立场。最初美国新经济领先世界，克林顿政府重视发挥 APEC 的作用，目的是确保美国在亚太地区经济合作中处于主导地位，后来布什政府大力建立各种自由贸易区以及奥巴马政府将注意力转向

① Fergusson, Ian F. Trans - Pacific Partnership Agreement [J/OL]. CRS Report for Congress, Congressional Research Service, 2011. https://fas.org/sg/crs/row/R40502.pdf.

② Goodman, Matthew P. From TPP to CPTPP [J/OL]. Center for Strategic and International Studies, 20180413. https://www.csis.org/analysis/tpp-cptpp.

TPP自由贸易协议的谈判，其原因都是为了主导国际经贸游戏规则的制定权，在亚太地区达成更符合美国利益的新世纪区域经济一体化协定。

基于此，有学者认为，鉴于TPP具有FTA所不具备的跨度大、网络化、质量高、开放性、及时性等长处，美国参加TPP的原因主要有四个。第一，建立"跨太平洋自由贸易区"的新模式，为建立更大的"美国式"亚太自由贸易区（FTAAP）奠定基础。第二，将TPP确立为美国区域贸易协议的新模式，并进一步提高标准，获得溢价。第三，与东亚竞争，全力扭转东亚一体化排斥美国的不利局面。第四，利用TPP作为通向FTAAP的桥梁，以实现美国在亚太地区的战略布局①。一些学者还从关键力量关系方面分析了美国建立TPP的意图及其对亚太经济一体化规则制定的影响，认为美国主导TPP谈判的实质就是对中国崛起的直接遏制，是对中国与东亚各国间建立与APEC平行的各类自由贸易安排的针锋相对，因此才会不遗余力推动TPP谈判。还有学者认为，经济干预是美国重返亚洲的重要体现，其主要途径是美国实施新的自由贸易区战略。这些年东盟10国建立的排除美国的"10+1""10+3"和"10+6"合作机制，使美国决定尽快建立由自己领导的经贸合作区。因此，美国主导TPP谈判的目的就是实现其"重返亚洲"战略，并阻碍中国在东亚的经济布局②。也有学者认为，美国在东亚的经济战略是美国亚太战略的重要组成部分。美国一直试图淡化东亚地区的概念，并在可能的情况下将东亚纳入亚太合作框架，以防止出现欧盟这样强大的竞争对手。特别是美国希望通过TPP来遏制中国在东亚的经济影响，而中国需要做出更多回应③。

然而，奥巴马政府最终功败垂成，TPP最终也变形成为CPTPP，其根本原因是美国这些年制造业"空心化"及其所带来的国内政治博弈，当然TPP对于美国的中小企业与广大劳工阶层的利益顾及不够也是其夭折的一个原因。不过，由于民主党总统拜登上台，美国在将来重返TPP也不是不可能的事情。

---

① 陆建人．美国加入TPP的动因分析[J]．国际贸易问题，2011（1）：43～52.

② 刘重力，杨宏．美国重返亚洲对中国东亚地区FTA战略的影响——基于TPP合作视角的分析[J]．东北亚论坛，2012（5）：48～58.

③ 全毅．TPP对东亚区域经济合作的影响：中美对话语权的争夺[J]．亚太经济，2012（5）：12～18.

3.1.3 从东盟共同体到 RCEP

APEC 在应对亚洲金融危机中的低效不仅使美国开始转向 TPP，也使在危机中受打击最重的东盟国家思考要携起手来，实现内部的一体化。东盟共同体就是这种背景下的产物。所以总的来说，东盟共同体是一个实体组织，所有东盟国家都参与国际交流，并基于共同利益和地区身份捍卫盟国的权力和利益。2015 年 12 月 31 日，东盟领导人根据愿景文件《东盟 2025：携手前行》确定了政治安全社区、经济社区、社会和文化社区以及东盟社区的三个支柱。宣布成立东盟经济共同体的最终目标是使 10 个东盟国家能够实施贸易和投资自由化，并实现劳动力、资本和技术的自由流动。

其实早在 1992 年，东盟就提议建立一个自由贸易区，而且在它建立之后，还计划通过促进贸易自由化来提高区域合作和经济一体化的水平，以增强东盟的综合实力。随着全球经济发展，尤其是 20 世纪末的亚洲金融危机之后，各国认识到，只有在政治、经济、安全、社会和文化领域加强合作，建立区域应对外部冲击的多种机制，才能保证区域的安全、稳定与发展。于是建立一个类似于欧盟的"东盟共同体"的设想便应运而生。

2003 年 10 月，第九届东盟首脑会议发表了《东盟第二协约宣言》，宣布将于 2020 年建成东盟共同体，其三大支柱分别是"安全共同体""经济共同体"和"社会文化共同体"。这标志着东盟将从较为松散的以经济合作为主的地区联盟转变为全面的、密切的、一体化的区域性组织。为进一步推进东盟一体化建设，2004 年 11 月，第十届东盟首脑会议通过了为期 6 年的《万象行动纲领》《东盟安全共同体行动纲领》和《东盟社会文化共同体行动纲领》，并正式将制订《东盟宪章》列为东盟的一个目标，为东盟共同体建设寻求法律保障。2007 年 1 月，第 12 届东盟峰会决定提前到 2015 年实现安全共同体、经济共同体、社会文化共同体的建立。

截至当前，东盟共同体共有 10 个成员，面积之和约 450 万平方公里，占世界陆地面积的比例为 3%；2019 年人口约 6.54 亿，占全球的比例为 8.7%；GDP 为 3.11 万亿美元，占全球的比例为 3.6%。但东盟本身缺乏一个天然的轴心国，论人口，印度尼西亚和菲律宾最多；论 GDP 规模，印度尼西亚、泰国为大；论人均收入，新加坡、文莱等小国为高，哪个国家都没有绝对的优势，单靠东盟实力，是不足以推动整个亚太地区一体化的。

其实真正推动太平洋西海岸一体化的组织是区域全面经济伙伴关系（RCEP）。由于囊括中国、日本、韩国、印度①、澳大利亚、新西兰和东盟10国（印度尼西亚、马来西亚、菲律宾、泰国、新加坡、文莱、柬埔寨、老挝、缅甸、越南）16个成员国，2019年其人口之和约36.2亿，占全球的比例为48.2%，GDP之和约28.8亿美元，占全球的比例为33.2%，影响力远超全面与进步跨太平洋伙伴关系协定（CPTPP）等自贸安排，达成后将成为全球涵盖人口最多、最具发展潜力的区域自贸协定，也将进一步促进亚太地区产业和价值链的融合，为本地区经济一体化注入强劲动力。

实际上东盟在建成东盟经济共同体的同时，就在大力打造"10+1""10+3""10+6"等多种FTA安排，筹建RCEP。其中原因：第一，亚太区域一体化存在明显短板。APEC提出的建设FTAAP缺乏具体行动，而TPP、CPTPP和亚太经合自贸区则没有涵盖所有的东盟国家，建立RCEP可以巩固和发展东盟在亚太区域合作中的主导作用，这一主导作用可以应对TPP和中日韩自贸区带来的新变化，进一步建立更加密切的东盟经济关系，提升凝聚力和国际地位。第二，东盟与中日韩的贸易投资合作规模在持续扩大。目前中国是东盟最大的贸易伙伴、最重要的资本来源之一和最重要的工程承包国家，东盟也从2020年起成为中国最大的贸易伙伴，彼此之间经贸合作关系日益紧密。第三，东盟力推RCEP，它可以整合和优化东盟与中日韩等6个国家之间的自由贸易协定，改变当前过度规则和混乱行动的状态。实际上，亚洲的区域一体化进程是世界上最复杂的。一直以来，亚洲面临着一个矛盾现象，即双边FTA数量在全球最多，却缺乏统一的自贸安排。虽然各方研究都承认亚洲区域一体化带来的效益最大，但由于各国在政治、经济、外交、文化，乃至历史认知上的巨大差异而难以实现。RCEP为最终建成一个高质量的亚洲自贸区提供了可能性。

中国愿意加入RCEP主要基于三个方面的原因：第一，RCEP有利于提高本区域的经济一体化程度，这种一体化的发展有利于本地区稳定和繁

① 印度由于国内反对，2020年11月并未签署RCEP，即便如此，整体上已经签署了RCEP的15个成员国人口达到了22.7亿，GDP达到了25.8万亿美元，基本都占全球的30%左右，仍然是世界上最大的自由贸易区。

荣。第二，RCEP组建符合中国实施的"睦邻、安邻、富邻"的外交政策，符合中国主张的由东盟在地区合作中发挥主导作用。第三，RCEP组建具有可行性，已有5个"10+1"FTA的基础，而且在准入方面没有像TPP那样设置过高的标准。李克强总理在新加坡出席第二次RCEP领导人会议时表示，RCEP是基于WTO规则基础上更高水平自贸协定的区域合作协议，在当前贸易保护主义、单边主义抬头的背景下，这一协定的达成，有利于区域各国向世界发出积极信号。

从筹建过程看，RCEP都是由东盟规划和推动的。2011年2月26日，在东盟经济部长会议上产生了组建区域全面经济伙伴关系的草案，并在2011年东盟峰会上正式批准了RCEP。2012年8月底召开的东盟"10+6"经济部长会议原则上同意组建RCEP，会后货物贸易工作组、服务工作组和投资工作组先后启动。2012年11月20日，在柬埔寨金边举行的东盟"10+6"领导人峰会上，正式启动这一覆盖16个国家的自贸区建设进程。2013年5月，RCEP第一轮谈判在文莱举行。到2020年4月20日已经举行了29轮谈判，东盟"10+6"就货物、服务、投资协议框架及制度规定等RCEP涉及的一系列议题进行了密集磋商，还就加速推进扩大市场准入和印度重返RCEP谈判等广泛地交换了意见。

RCEP之所以能够在八年左右时间内取得突破，第一就在于有基础。此前成员国所签署的一系列中小型FTA，例如东盟—澳新FTA、中国—新加坡FTA等的谈判及其成果，为RCEP谈判奠定基础，降低了RCEP成员国之间斡旋难度，这些早期收获更让成员国尝到了甜头，使各方对深化区域经济一体化合作有更热切的期待。第二就在于危机意识。面对特朗普"美国优先"政策引发的贸易战逆流，引发人们对全球贸易秩序"生死存亡"的疑惧，使各国变得愿意妥协，他们正凝聚起共识：要保护自由贸易秩序，将全球经济拉回发展轨道。第三与中国的努力密不可分。在RCEP 8年多谈判过程中，中国不仅积极"促谈、促合、促成"，还开始采取负面清单方式开展自贸区谈判，结束了与东盟、新加坡、智利、新西兰等经济体的自贸协定升级谈判，推动议定书生效。

当然，RCEP的参与方以亚洲发展中国家为主，其标准是根据发展中国家的实际情况制定的，与TPP和CPTPP相比并不算高，主要以减免货物贸易和服务贸易关税、降低市场准入门槛为主，但它不包括任何严格的劳动或环境标准，表现出了更大的灵活性，充分体现了参与方发展诉求的最大公约数，也为今后朝着更高水平升级留有空间。

展望未来，从涵盖范围来看，建立亚太自贸区仍是亚太地区经济一体化的最终方向。"茂物目标"已于2020年到期，目前APEC成员正在抓紧制定2020年之后亚太地区经济一体化方案。该方案将指明未来较长时期亚太地区经济一体化方向。中国始终支持亚太自贸区建设。2014年北京主办的第二十二次APEC领导人非正式会议确定启动亚太自贸区进程。APEC应该按照其规划的路线图积极推动亚太自贸区建设。在2016年APEC领导人利马峰会上，习近平主席重申亚太地区应该坚持推进亚太自贸区建设，表明中国对亚太地区经济一体化的坚定支持。①

3.1.4 "一带一路"倡议的动因与中国关于亚太一体化的构想

综合前文内容，我国提出"一带一路"倡议的动因主要有以下几点。

第一，积极应对美国的"亚太再平衡"战略及发达国家组建CPTPP、TTIP带来的外部压力。随着中美关系的本质正在发生重大的改变，美国决策者认为过去几十年对华战略是失败的，正在从把中国作为"利益攸关方"转向列为"挑战其战略利益"的主要对手，对华政策也从"战略接触"转向"全方位围堵"，美国社会反华势力全面高涨，社会情绪正从"厌华""亲华"并存转向"全面厌华惧华"，2018年中美贸易战爆发表明双方关系正从"短期的争端"走向"长期的软对抗"，美国对华经济战略从"规则约束"转向"重塑世界经济版图"，其发动贸易战的目的不仅是极限施压，而且是推动中美两大经济体彻底分离和全球产业链的重构。由于现有国际社会规则对发展中国家不利，中国方面提出新的主张也没有办法付诸实施，我们就提出了"一带一路"倡议，并建立了亚投行的平台，目前亚投行的参与国越来越多。世界重回大国竞争时代，中美关系正走向"新冷战"。

第二，依托"一带一路"建设，通过参与RCEP谈判，深化APEC合

① 详见2016年11月在秘鲁利马举行亚太经合组织工商领导人峰会上，国家主席习近平发表的题为《深化伙伴关系，增强发展动力》的主旨演讲。

作，发挥中国在国际区域合作中的积极作用，推进世界区域经济的协调与配合，开创了中国主导的全球区域经济合作的新起点。

第三，通过“一带一路”建设，利用新一轮国际产业转移带来的新机遇，优化区域开放格局，提升中国开放型经济发展的质量。

第四，通过推进“一带一路”建设，可以扩大对外开放、拓展发展空间、加快实现中国发展的转型与升级，通过合作共建，让其他国家从中国的发展与合作中获得发展的新动力。因此，“一带一路”倡议不是只着眼于中国自身发展，而是使中国的发展成为世界发展的机会。

实际上，“一带一路”是一个跨越区域的开放框架，从地域上看，“一带一路”建设的范围从亚欧大陆到非洲，甚至更远，都有广阔的发展空间，从其内涵来看，这也是一个动态的发展过程，其内容可以不断进行调整和丰富，设施联通、贸易畅通和资金融通的目的是政策沟通和人心相通，而政策沟通和人心相通了，人员、货物、资金和其他生产要素就能实现顺通，资金也能流入和流出，产业布局也就能更加合理。从这个意义上讲，“一带一路”建设必然会推动中国与领国关系的重大转变，推动“命运共同体”的建设。

从推动“一带一路”倡议的可能性看，存在以下几点扩大对“一带一路”沿线投资的可能性。

第一，经济实力。截至目前，我国拥有3万多亿美元外汇储备和2.6万亿美元对外直接投资存量，作为世界上第二大债权国，我国国际收支净头寸超过2万亿美元，中国国内冗余的资金现在也缺少一个好的投向。过去中国的资金大体有两个去向：一是到发达国家购买先进产能和技术，但2016年之后这条路基本被堵死了，二是投往包括印度、南非、巴西、俄罗斯等金砖国家，但总体来讲，现在的金砖国家经济互补性也不强，而且鉴于当前发达国家长期推行零利率和负利率，外汇储备投资收益非常低迷，所以开展“一带一路”建设正是顺应国家走新型大国和平、合作与发展承诺的要求，成为了更有效地利用外汇储备的一个途径，长期来看增加了中国的利益。

第二，技术基础。我国掌握了大规模基建技术，例如高铁技术、无人机技术、北斗定位等，可以为“一带一路”沿线国家和地区提供技术支持。

第三，“一带一路”沿线国家和地区都具有强烈的基础设施融资需求，但普遍缺乏资金，而“一带一路”倡议带来了优势互补，中国恰好能为沿线国家和地区提供一部分的资金和技术。据亚洲开发银行2017年2月发布的《满足亚洲基础设施建设需求》报告显示，亚洲发展中国家若继续保持现有增长势头、消除贫困以及应对气候变化挑战，2016～2030年，其基础设施建设需投资26万亿美元，即每年1.7万亿美元。在不考虑气候变化减缓及适应成本的情况下，需投资22.6万亿美元，即每年1.5万亿美元。据亚洲开发银行测算，当前亚太地区每年基础设施建设投资预计为8810亿美元，而基础设施投资的缺口（也就是投资需求与当前投资水平的差异）相当于该地区2016～2020年预期GDP的2.4%，而目前世界银行和亚洲开发银行每年只能满足200亿美元左右的资金需求，因此“一带一路”沿线国家在投融资方面与中国一拍即合。

需要强调的是，“一带一路”倡议遵循的原则是开放、包容、均衡、普惠、互利共赢，这和APEC与RCEP的合作方式有着较强的一致性，为彼此间的理念相融奠定了良好条件。根据2014年APEC会议主题“共建面向未来的亚太伙伴关系”确定的五大议题，我们可以看出“一带一路”倡议与“后茂物”时代的APEC有着多方面的共融共通性。在此基础上，“后茂物”时代的APEC合作、RCEP协定签署和“一带一路”倡议还应共同倡导“伙伴关系”和“命运共同体”新理念，使其成为引领多成员区域经济合作的核心指导原则。“伙伴关系”和“命运共同体”是互为因果的关系，这既是对当前区域经济一体化合作发展新形势和新特点的高度总结，也是基于现实和面向未来的理性选择。这两大新理念的核心要素是“开放、包容、共赢”，即以深化对内开放和扩大对外开放为导向，防止区域经济合作的封闭化和碎片化；以合作为动力，共同搭建平台，共同制定规则；以共享为目标，倡导平等参与，分享发展成果①。

3.1.4.1 全方位互联互通合作

在经济全球化推动下，APEC各成员的生产、销售网络已形成相互交

① 刘晨阳，王晓燕．“后茂物”时代的APEC进程与“一带一路”建设[J]．亚太经济，2018(4)．

织、高度依存的格局。同时，全球金融危机的爆发也暴露出各成员经济结构的深层次问题。如何在"后茂物"时代找到新的合作突破口、提升合作层次，已经成为各成员共同的利益诉求。2014 年 APEC 北京会议通过的《APEC 互联互通蓝图》涵盖硬件基础设施建设、机制衔接以及人员与社会交往等诸多领域，这无疑是一条有效的路径。其中在硬件基础设施方面，APEC 应重点加强交通、能源、电信等领域基础设施建设互联互通合作，促进融资渠道的多元化。在机制衔接方面，应大力推进贸易投资便利化、供应链连接、标准一致化和规制融合等。在人员与社会交往方面，APEC 应便利商务人员跨境流动、跨境教育、旅游和医疗服务合作等。这些全方位互联互通合作和以"五通（政策沟通、设施联通、贸易畅通、资金融通、民心相通）"为主体的"一带一路"建设无疑有着密切的内在联系。这些合作不仅有助于拉近各方在物理空间和制度空间上的距离，深化双边和区域层面的贸易投资合作，同时也可以促进各方更好地融入区域生产网络体系，提升区域经济合作的质量与实效，并形成新的经济增长点。我国应充分发挥自身优势，积极推出"中国方案"，力争成为亚太地区乃至全球范围内全方位互联互通合作的引领者。

3.1.4.2 创新与改革

创新与改革是世界共识，在"后茂物"时代，APEC 应推动各成员在该领域形成更加广泛的共识，明确长期合作目标，并尽快制定完整的、具有可操作性的合作框架。同时，APEC 应鼓励各成员不断提高创新能力，继续推进 APEC 已开展的相关领域的合作，以获得更多的实质性成果，同时应保持开放性，将一些新的合作领域逐步纳入其中。就具体领域而言，互联网和数字经济、结构与规制改革、城镇化等应成为 APEC 推动的重点。事实上，在"一带一路"合作中，互联网和数字经济、物联网经济等已经融入设施联通、贸易畅通和资金融通等多个合作领域，未来也有着广阔的发展空间。

3.1.4.3 促进可持续和包容性增长

任何区域经济合作的目标都是促进本地区经济的增长和民众福利水平的提高，"后茂物"时代的 APEC 合作应将可持续和包容性增长作为长期推进的支柱领域。事实上，“一带一路”倡议的核心目标也是共同打造开放、包容、均衡、普惠的区域经济合作架构，与 APEC 推进该领域的合作有着极高的一致性。从具体合作内容来看，该领域可涵盖 APEC 传统的经济技术合作，并有所拓展。其中，可持续增长的具体合作议题包括能源安全、环境保护、应对气候变化等。包容性增长可涉及的具体合作议题包括增强企业社会责任、加强人力资源开发、支持中小微企业发展、扶助弱势群体等。

3.1.4.4　全球经济治理

当前全球经济治理体系的合理性与运行效率受到国际社会的高度关注。APEC 作为世界上最大的区域经济合作组织，应全力维护和发展开放型世界经济，为全球经济治理贡献更多的公共产品。具体而言，APEC 应采取更具实效性的措施支持 WTO 多边贸易体制的发展，并进一步全面加强与 IMF、World Bank、G20、欧盟、亚洲基础设施投资银行等组织的协调与合作，努力推动在全球范围内形成增长联动、利益融合的开放发展格局。“一带一路”倡议是迄今为止我国为国际社会提供的最重要的一项公共产品之一，这一宏伟的合作框架将在全球经济治理层面发挥多方面的重要作用，也会和 APEC 合作产生越来越多的交集。“一带一路”倡议的核心目标是促进经济要素有序自由流动、资源高效配置和市场深度融合，推动沿线各国实现经济政策协调，共同打造开放、包容、均衡、普惠的区域经济合作架构，这与 APEC 和 RCEP 合作的导向高度一致。此外，“一带一路”倡议已明确的重点合作领域包括基础设施、贸易、产业投资、能源资源，这些领域在 APEC 和 RCEP 合作框架下均有所涉及。因此，“一带一路”倡议和 APEC、RCEP 完全可以实现相辅相成、相互促进的效果。从区域的角度看，中国可以更好地利用 RCEP 整合亚太地区价值链、供应链，服务于中国国内供给侧改革，朝着高质量发展和更高层次的开放新格局不断迈进，我国“一带一路”倡议也将被注入新动力。对于其他区域合作伙伴而言，则拥有更多元的市场选择，可挖掘更多合作潜力。

3.1.4.5　非传统安全合作

APEC 框架下的安全议题合作是在亚太地区不断遭受各种非传统安全

威胁的冲击过程中，成员之间经过观念交锋与融合而形成的合作。该领域的合作超越了传统意义上的地区政治安全的范畴，具有低敏感度的特征，并未对 APEC 非约束性经济合作论坛组织的属性造成冲击。因此，在"后茂物"时代，APEC 开展非传统安全合作的必要性依然会延续，而且对亚太区域经济一体化的深入发展具有重要的意义①。在"一带一路"倡议中，粮食安全、防灾减灾、卫生防疫等领域也比较容易凝聚各方的共识，有条件成为各方未来深化合作的新领域。

但是，"一带一路"并不仅限于区域经济一体化的范畴，它不是经济一体化，不需要让渡任何主权，也不会衍生军事意义的战略存在②，其合作框架明显有别于寻求内部合作机制的 TPP 和 RCEP，显得更为开放、多元和灵活，因此，随着全球贸易保护主义的抬头，如果 RCEP 和 CPTPP 都无法为实现亚太自由贸易区（FTAAP）提供基石，那么"一带一路"倡议或将成为可行的替代方案。

从中国的角度来看，"一带一路"倡议是全新的国际关系模式，强调中国与邻国通过构建区域核心竞争力实现共同发展和共同繁荣。这尽管受到古代丝绸之路历史概念的启示，"一带一路"的终端都指向欧洲，但倡议本身更凸显了中国对邻近周边地区的重视和以积极有为的举措强化周边外交的意愿。中国作为负责任的大国，更应积极地发挥主动性，并将自己与周边国家的利益紧紧结合在一起，为"一带一路"倡议的顺利实施提供安全、稳定的环境。

3.2 进展

2013 年以来，中国秉持"共商、共建、共享"原则，推动"一带一路"倡议的建设并取得显著成效，一批具有标志性的早期成果开始显现，参与各国对"一带一路"倡议的认同感和参与度不断增强。

---

① 刘晨阳，王晓燕．"后茂物"时代的 APEC 进程与"一带一路"建设[J]．亚太经济，2018（4）：5～11.

② 时殷弘．"一带一路"：祈愿审慎[J]．世界经济与政治，2015（7）：151～154.

3.2.1 政策沟通

政策沟通是共建“一带一路”的重要保障，是携手共建行动的重要先导。自 2013 年提出“一带一路”倡议以来，在以和平合作、开放包容、互学互鉴、互利共赢为核心的丝路精神指引下，“一带一路”倡议持续凝聚国际合作共识，在国际社会形成了共建“一带一路”的良好氛围。正如习近平主席所言，我们推进“一带一路”建设不会重复地缘博弈的老套路，而将开创合作共赢的新模式；不会形成破坏稳定的小集团，而将建设和谐共存的大家庭。① 目前“一带一路”倡议的国际影响力日益提高，与相关国际组织的规划对接工作不断推进。

3.2.1.1 共建“一带一路”倡议载入国际组织重要文件

共建“一带一路”倡议及其核心理念已写入联合国、二十国集团、亚太经合组织、上海合作组织以及其他区域组织等有关文件中。2016 年 11 月，联合国 193 个会员国协商一致通过决议，要求国际社会为“一带一路”建设加强区域经济合作，提供安全保障环境。2017 年 3 月，联合国安理会通过了第 2344 号决议，首次载人“人类命运共同体”理念。

3.2.1.2 签署共建“一带一路”政府间合作文件的国家和国际组织数量逐年增加

在共建“一带一路”框架下，各参与方本着求同存异原则，协商制定经济合作规划和措施。截至 2021 年底，中国已与 147 个国家和 32 个国际组织签署了 200 多份共建“一带一路”合作文件。另外，中国还与 8 个国家建立了贸易畅通工作组，与 40 个国家建立了投资合作工作组，与 22 个国家建立了电子商务合作机制，与 14 个国家建立了服务贸易合作机制，与 14 个国家签署了第三方市场的合作文件。共建“一带一路”国家已由亚欧延伸至非洲、拉美、南太平洋等区域。

① 国家主席习近平 2017 年 5 月 14 日在出席“一带一路”国际合作高峰论坛时的主旨演讲，新华网。

3.2.1.3 共建"一带一路"专业领域对接合作有序推进

中国与埃及等8国共同发起《"一带一路"数字经济国际合作倡议》，与16个国家签署加强数字丝绸之路建设合作文件，与49个国家和地区签署85份标准化合作协议，并发布了《阿斯塔纳"一带一路"税收合作倡议》《"一带一路"建设海上合作设想》等文件，还与49个沿线国家联合发布《关于进一步推进"一带一路"国家知识产权务实合作的联合声明》，组织召开"一带一路"法治合作国际论坛和"一带一路"能源部长会议，建立了国际商事法庭和"一站式"国际商事纠纷多元化解决机制。

3.2.2 设施联通

设施联通是共建"一带一路"的优先方向。根据2017年5月国家发改委发布的《共建"一带一路"：理念、实践与中国的贡献》，"六廊六路多国多港"是共建"一带一路"的主体框架，为各国参与"一带一路"合作提供了清晰的导向。"六廊"指的是打通六大国际经济合作走廊，包括新亚欧大陆桥、中蒙俄、中国—中亚—西亚、中国—中南半岛、中巴和孟中印缅经济走廊。"六路"指的是畅通六大路网，推动铁路、公路、港口、航空运输、管道、空间综合信息网络等为核心的全方位、多层次、复合型基础设施网络互联互通。"多国"是指选取若干重要国家作为合作重点。"多港"是指构建若干海上支点港口。

在各方共同努力下，"六廊六路多国多港"互联互通架构基本形成，一大批合作项目落地生根，全方位、多层次、复合型基础设施网络正在加快形成。

3.2.2.1 经济走廊建设是推进"一带一路"建设的重要内容

近年来，国际经济合作走廊和通道建设取得明显进展，六大经济走廊将相关60多个发展中国家和地区列为中国对外交往的优先和重点对象，不仅将充满经济活力的东亚经济圈与发达的欧洲经济圈联系在一起，更畅通了连接波斯湾、地中海和波罗的海的合作通道，为构建高效畅通的欧亚大市场创造了可能。

第一，新亚欧大陆桥经济走廊。新亚欧大陆桥由中国东部沿海向西延伸，经中国西北地区和中亚、俄罗斯抵达中东欧。它是连接中国与欧洲经济圈的核心通道，比西伯利亚大陆桥缩短了路上运距2000～5000公里，比海运距离缩短了上万公里。《推动共建丝绸之路经济带和21世纪海上丝绸之路的愿景与行动》中将新亚欧大陆桥经济走廊建设放在六大经济走廊之首，足见其重要性。

新亚欧大陆桥经济走廊区域合作日益深入，将开放包容、互利共赢的伙伴关系提升到新的水平，有力推动了亚欧两大洲经济贸易交流。截至2018年7月，中国已经与新亚欧大陆桥经济走廊沿线21个国家签订了“一带一路”合作备忘录。中国和中东欧“16+1”合作水平逐年提升。《中国—中东欧国家合作布达佩斯纲要》和《中国—中东欧国家合作索菲亚纲要》对外发布，中欧互联互通平台和欧洲投资计划框架下的务实合作有序推进。匈塞铁路塞尔维亚境内贝旧段开工。中国西部—西欧国际公路（中国西部—哈萨克斯坦—俄罗斯—西欧）基本建成。

新亚欧大陆桥经济走廊最突出的建设成果当属中欧班列的开通和运营。《中欧班列建设发展规划（2016～2020）》于2016年印发，2017年4月，包括中国在内的7国签署了深化中欧班列合作协议，该协议被纳入首届“一带一路”国际合作高峰论坛成果清单。中国、白俄罗斯、俄罗斯等七国铁路部门还成立了中欧班列运输联合工作组，中欧班列机制化建设取得显著进展。自2011年重庆首趟“渝新欧”班列开行，到现在累计开行了3万多列，连通了中国62个城市和欧洲23个国家的180个城市，铺行的路线达到78条。开行的质量大幅度提升，基本实现双向运输平衡，而且重箱率已经达到88%，运输货物多达5万多种。2021年中欧班铁开行1.5万列，发送货物146万标准箱，分别同比增长22%和29%，连续两年开行破万列，促进了沿线国家经济发展。

第二，中蒙俄经济走廊。中蒙俄三国积极推动经济走廊工作机制的构建。2016年6月正式签署了《中蒙俄经济走廊规划纲要》，这是“一带一路”框架下第一个多边合作规划纲要，实现了经济走廊规划落地。2018年，三国签署《关于建立中蒙俄经济走廊联合推进机制的谅解备忘录》，进一步完善了三方合作工作机制。2018年4月9日，中国和蒙古国签署了产能合作和关于建设跨境经济合作区的合作文件，2018年5月，中国与欧亚经济联盟正式签署经贸合作协定，进一步推动"一带一路"建设与欧亚经济联盟对接。

中蒙俄经济走廊在基础设施互联互通建设方面，形成了以铁路、公路和边境口岸为主体的跨国基础设施联通网络。

铁路建设方面：中俄之间，同江—下列宁斯阔耶界河铁路桥中方侧工程已于2018年10月完工；滨洲铁路完成电气化改造，与俄罗斯西伯利亚大铁路相连；中俄企业联合体基本完成莫斯科至喀山高铁项目初步设计，其中第一标段建设项目获得俄政府拨款2000亿卢布（约30亿美元）；贝阿干线和跨西伯利亚大铁路改造也获得拨款200亿卢布（约3.03亿美元）。中蒙之间，白阿铁路、长白铁路如期转线贯通。策克口岸跨境铁路通道项目已于2016年5月26日正式开工建设，为将来策克口岸贸易量大幅度提升奠定了坚实的基础。

公路建设方面，中蒙俄三国签署并核准的《关于沿亚洲公路网国际道路运输政府间协定》正式生效，并组织开展了三国卡车试运行活动。已建成中国境内与蒙古相连的四条公路，黑河—布拉戈维申斯克界河公路桥建设进展顺利，乌兰巴托新国际机场高速公路于2018年10月全线贯通。2019年，中俄黑河公路桥、同江铁路大桥合龙通车。

此外，《策克口岸总体规划》编制完成；乌力吉公路口岸开始全面建设。中蒙俄（二连浩特）跨境陆缆系统已建成。

不过，贯穿中蒙俄经济走廊的主要交通基础设施通道为二连浩特（中）—扎门乌德（蒙）—乌兰巴托（蒙）—乌兰乌德（俄），其铁路、公路设施均存在等级较低、运能不足的问题，三国的合作力度落后于发展形势的需要。

在产能合作方面，中国企业早已率先开展与俄罗斯的合作。中俄原油管道二线正式投入运营，管道输油量达到每年3000万吨；亚马尔液化天然气项目于2018年7月开始向中国供应液化天然气；中俄东线天然气管道建设已于2019年建成通气。2021年12月中俄还拟建第二条天然气管道，代号"西伯利亚力量-2"，该管道将经蒙古国进入中国。

产业园区建设方面，各类平台稳步建设：满洲里综合保税区、中俄互市贸易区都已全封闭运营，其中满洲里综合保税区已协议引进项目17项；二连浩特—扎门乌德跨境经济合作区还在建设基础设施；满洲里、二连浩特边民互市分别于2016年6月、9月运行；策克、满都拉互市贸易区正在建设中。

第三，中国—中亚—西亚经济走廊。中国—中亚—西亚经济走廊东起中国，向西经中亚至阿拉伯半岛，是丝绸之路经济带的重要组成部分。该条经济走廊由新疆出发，抵达波斯湾、地中海沿岸和阿拉伯半岛，主要涉及中亚5国（哈萨克斯坦、吉尔吉斯斯坦、塔吉克斯坦、乌兹别克斯坦、土库曼斯坦）、伊朗、土耳其等国。

该走廊在能源合作、道路互联互通、经贸与产能合作等领域合作不断加深。

能源方面，中哈石油管道顺利运行。截至2019年底，该管道累计向中国输送原油1.4亿吨，成为中国三大陆上能源战略通道中第一个建成投用且输油量达亿吨的跨国管道。与此同时，截至2020年3月底，中哈天然气管道累计向中国供气近2000亿立方米。中国—中亚天然气管道网逐步成型，管道分为4条线路，目前，A、B、C三线已经通气投产，D线正在铺设中。预计修建完成后，每年从中亚国家输送到国内的天然气可以提升至每年650亿立方米，约占中国同期消费总量的15%以上，惠及中国27个省、自治区、直辖市和香港特别行政区。

道路互联互通方面，中国与哈萨克斯坦、乌兹别克斯坦、土耳其等国的双边国际道路运输协定，以及中巴哈吉、中哈俄、中吉乌等多边国际道路运输协议或协定相继签署，中亚、西亚地区基础设施建设不断完善。截至目前中亚班列开行已达28条，中亚班列可以将哈萨克斯坦小麦直接运输到中哈（连云港）物流中心，换装海运出口。据哈萨克斯坦国家铁路货物运输公司统计，2018年，哈铁货物运输公司共运输集装箱46.6万标箱。其中，过境哈萨克斯坦中欧班列占集装箱班列总数的30%。据预测，2025年哈萨克斯坦过境集装箱有望增加至166万标准箱，哈萨克斯坦已成欧亚运输通道上的重要国家。

产能合作方面，作为中国同外国建立的首个跨境边境合作中心，中哈霍尔果斯国际边境合作中心进入发展的"黄金期"。2018年合作中心游客人数达到122.2万人次，较上年增长8%。2020年上半年，合作中心出入人数超过200万人次。中国与哈萨克斯坦签订了270亿美元的重点项目清单，成立了20亿美元的中哈产能合作基金。中国—沙特阿拉伯投资合作论坛围绕共建“一带一路”倡议与沙特阿拉伯“2030 愿景”进行产业对接，签署的合作协议总价值超过 280 亿美元。中国与伊朗发挥在各领域的独特优势，加强涵盖道路、基础设施、能源等领域的对接合作。

第四，中国—中南半岛经济走廊。中国—中南半岛经济走廊以泛亚铁路网、亚洲公路网、陆港网的东南亚地区交通物流基础设施为依托，自昆明、南宁，以沿线经济中心城市和口岸为节点，连通中国、越南、老挝、缅甸、泰国、柬埔寨、马来西亚等国家抵达新加坡，是连接中国和东南亚、南亚地区的陆海经济带。

该走廊在基础设施互联互通、跨境经济合作区建设等方面取得积极进展。中国—东盟信息港已于 2015 年 9 月在南宁正式挂牌；中老缅泰澜沧江—湄公河国际航道二期整治前期工作业已启动。昆曼公路全线贯通，雅万高铁处于全面施工阶段；中缅铁路的中国国内段进展顺利，昆明至大理段已开通运营，大理至瑞丽段正加快建设；泛亚铁路东线国内段昆玉河准轨铁路在数年前也实现通车运营；中老铁路、中泰铁路等项目稳步推进。中老铁路是中老经济走廊的重要依托，同时也是泛亚铁路的中线部分，该铁路于 2016 年 12 月全面开工，目前全线土建工程总体过半，沿线综合开发提上议程。

值得注意的是，陆海新通道的建设已成为中国—中南半岛经济走廊的重要抓手。陆海新通道是中新互联互通框架下的国际物流新通道，于 2017 年 9 月开通；其目的地已覆盖全球 92 个国家和地区的 234 个港口；其中，国内成员已扩展到青海省、新疆维吾尔自治区、云南省、宁夏回族自治区等 8 省区市；截至 2020 年上半年，“陆海新通道”三种物流组织形式均已实现常态化开行，累计开行国际铁海运班列 1966 列，已从开行之初的每周一班加密至每天双向对开。未来，构建统筹协调机制、完善沿线基础设施、拓展国际合作等方面的顶层设计将进一步加强。

跨境经济合作区建设也加速推进。中国—中南半岛经济走廊在矿业、工程机械、农业、建筑等领域展开了密切合作。2018 年，20 家境外合作区通过商务部确认考核，其中 1/3 的合作区位于东南亚，主要集中在泰国、柬埔寨、越南等国。目前，中国在东南亚沿线建设的海外园区正在向更加多元化和高级化方向发展，投资领域已经从传统的能源、矿产、建筑向新能源、制造业和科技合作等新领域转变。磨憨—磨丁经济合作区和赛色塔综合开发区的建设稳步推进，其中赛色塔综合开发区已引入企业107家，企业投资额超过10亿美元，2022年还将启动三期建设，全部投产后预计每年总产值超过18亿美元，创造1万个就业岗位。

总体来看，该走廊前期在基础设施互联互通、跨境经济合作区建设等方面取得积极进展，中国—东盟（10+1）合作机制、澜湄合作机制、大湄公河次区域经济合作（GMS）发挥的积极作用越来越明显。2017年下半年之后，经济走廊进入重点区域、重点领域建设阶段，由多方合作细分到双方合作。中国和老挝率先开始共同探索发展模式，中老经济走廊合作建设开始启动，泰国“东部经济走廊”与“一带一路”倡议加快对接，中国与柬老缅越泰（CLMVT）经济合作稳步推进。

第五，中巴经济走廊。中巴经济走廊是共建“一带一路”的旗舰项目。起点在喀什，终点在巴基斯坦瓜达尔港，在空间范围上包括中国新疆维吾尔自治区和巴基斯坦全境，是一条包括公路、铁路、油气和光缆通道在内的贸易走廊。该走廊以能源、交通基础设施、产业园区合作、瓜达尔港为重点的合作布局确定实施。中国与巴基斯坦组建了中巴经济走廊联合合作委员会，建立了定期会晤机制。作为“一带一路”倡议的先行先试项目，中巴经济走廊已确定的瓜达尔港、交通基础设施、能源和产业合作四大合作领域中，已经有10个项目完工，12个项目在建。一批项目顺利推进，瓜达尔港疏港公路、白沙瓦至卡拉奇高速公路（苏库尔至木尔坦段）、喀喇昆仑公路升级改造二期（哈维连—塔科特段）、拉合尔轨道交通橙线、卡西姆港1320兆瓦电站等重点项目开工建设，部分项目已发挥效益。2016年11月，瓜达尔港正式通航，该港有助于中国能源安全。2018年7月，中巴跨境光缆开通，这将推动中巴两国信息互联互通建设。中巴经济走廊正在开启第三方合作，更多国家已经或有意愿参与其中。

第六，孟中印缅经济走廊。孟中印缅四方在联合工作组框架下共同推进走廊建设，在机制和制度建设、基础设施互联互通、贸易和产业园区合作、国际金融开放合作、人文交流与民生合作等方面研究拟定并规划了一批重点项目。中缅两国共同成立了中缅经济走廊联合委员会，中缅铁路昆明至大理段已开通运营，大理至瑞丽段正加快建设；昆明开通了与仰光、内比都、曼德勒的航线，芒市与曼德勒的航线已于2019年1月开通。2018年10月，签署木姐—曼德勒铁路项目可行性研究备忘录，相关工作已陆续开展，这条铁路是中缅铁路缅甸境内起始段，也是中缅经济走廊骨架支撑。2018 年 11 月签署的皎漂深水港项目框架协议，标志着双方合作进入新的阶段。印度方面，由中国投资的古吉拉特邦特变电工电力产业园正式投产、马哈拉斯特拉邦福田汽车产业园破土动工，园区合作已成为中印经贸合作的亮点之一。孟加拉国方面，2016 年中国领导人访孟期间，中孟双方签署了27 个合作协议和谅解备忘录，涵盖了贸易投资、海洋经济、路桥建设、电力能源、海事合作、通信技术等国民经济各个领域。孟加拉国吉大港卡纳普里河底隧道在顺利推进中。

总体而言，新亚欧大陆桥经济走廊历史最久，陆上铁路货运——中欧班列已打造出了品牌；中蒙俄经济走廊涉及地区顶层设计出台早、政治互信不断提高，口岸建设和能源合作是其特色，未来将向规则统一化方向发展；中国—中亚—西亚地区多山，基础设施建设项目以隧道为主，产业园区建设是亮点；中巴经济走廊起步早，进展快，22 个早期项目中已经有 10 个项目完工，能源合作成效明显；孟中印缅经济走廊虽取得了部分早期成果，中缅经济走廊也有"后来赶上"的发展势头，但整体来看建设进度落后于预期，推进相对较为缓慢，是六大经济走廊中建设进展最缓慢的一条。

3.2.2.2 基础设施互联互通水平大幅提升

"道路通，百业兴"，基础设施投入不足是发展中国家经济发展的瓶颈，加快设施联通建设是共建"一带一路"的关键领域和核心内容。

第一，铁路合作。以中老铁路、中泰铁路、匈塞铁路、雅万高铁等合作项目为重点的区际、洲际铁路网络建设取得重大进展。泛亚铁路东线、巴基斯坦一号铁路干线升级改造、中吉乌铁路等项目正积极推进前期研究，中国—尼泊尔跨境铁路已完成预可行性研究。中欧班列初步探索形成了多国协作的国际班列运行机制。中国、白俄罗斯、德国、哈萨克斯坦、蒙古国、波兰和俄罗斯 7 国铁路公司签署了《关于深化中欧班列合作协议》。截至 2022 年 1 月底，中欧班列累计开行突破 5 万列，运输货物超 455 万标箱，货值达 2400 亿美元，通达欧洲 23 个国家 180 个城市，为推动"一带一路"高质量发展作出了积极贡献。其中，2018 年一年开行 6363 列，超过前几年开行数之和，基本实现"去一回一"，通达境外 15 个国家 50 个城市。2019 年中欧班列开行又进一步增加到 8225 列，同比增长

29%，发运72.5万标箱，同比增长34%，运送货物超过110万标箱，综合重箱率达到94%，平均查验率和通关时间下降了50%（见图3.1）。

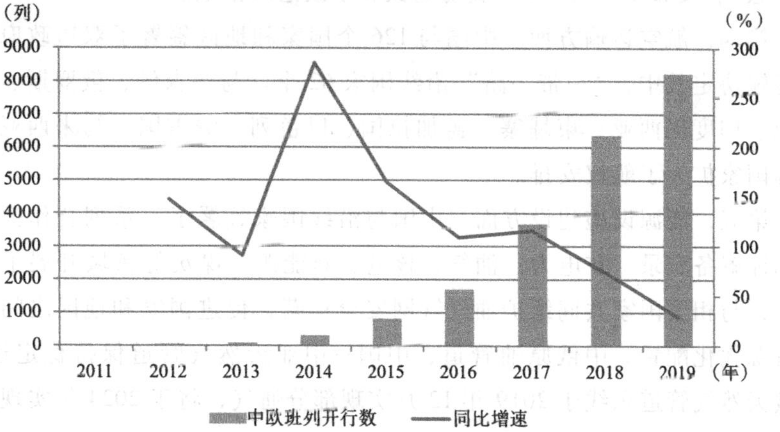

图3.1 中欧班列开行情况

中欧班列的优势和弱点都很明显。其优势主要是速度快，只需15~20天就可以到达欧洲。对于保质期短或需要时效性的商品来说，中欧班列是很好的选择，其冷链系统做得相当好。同时，中欧班列的弱点也比较明显，即成本高，约为海运费用的三倍左右。总的来讲，中欧班列可以与海运形成良好的优势互补关系，即海运运大宗商品，中欧班列运电子产品、农产品、水产品等，大大密切了中国城市和欧亚大陆其他国家之间的经济联系。

第二，公路合作方面。中蒙俄、中吉乌、中俄（大连—新西伯利亚）、中越国际道路直达运输试运行活动先后成功举办。2018年2月，中吉乌国际道路运输实现常态化运行。中越北仑河公路二桥建成通车。中国正式加入《国际公路运输公约》（TIR公约）。中国与15个沿线国家签署了包括《上海合作组织成员国政府间国际道路运输便利化协定》在内的18个双多边国际运输便利化协定。《大湄公河次区域便利货物及人员跨境运输协定》实施取得积极进展。

第三，港口合作方面。巴基斯坦瓜达尔港开通集装箱定期班轮航线，起步区配套设施已完工，吸引30多家企业入园。斯里兰卡汉班托塔港经济特区已完成园区产业定位、概念规划等前期工作。希腊比雷埃夫斯港建成重要中转枢纽，三期港口建设即将完工。阿拉伯联合酋长国哈利法港二期集装箱码头已于2018年12月正式开港。中国与47个沿线国家签署了38个双边协定和区域海运协定。中国宁波航交所不断完善"海上丝绸之路航运指数"，发布了"16+1"贸易指数和宁波港口指数。

第四，航空运输方面。中国与126个国家和地区签署了双边政府间航空运输协定其中，"一带一路"沿线国家62个。与卢森堡、俄罗斯、亚美尼亚、印度尼西亚、柬埔寨、孟加拉国、以色列、蒙古国、马来西亚、埃及等国家扩大了航权安排。

第五，能源设施建设方面。中国与沿线国家签署了一系列合作框架协议和谅解备忘录，在电力、油气、核电、新能源、煤炭等领域开展了广泛合作，与相关国家共同维护油气管网安全运营，促进国家和地区之间的能源资源优化配置。中俄原油管道、中国—中亚天然气管道保持稳定运营，中俄天然气管道东线于2019年12月实现部分通气，将于2024年实现全线通气。中缅油气管道已全线贯通。

第六，通讯设施建设方面。中缅、中巴、中吉、中俄跨境光缆信息通道建设取得明显进展。中国与国际电信联盟签署《关于加强"一带一路"框架下电信和信息网络领域合作的意向书》。与吉尔吉斯斯坦、塔吉克斯坦、阿富汗签署丝路光缆合作协议，实质性启动了丝路光缆项目。

3.2.3 贸易畅通

贸易畅通是共建"一带一路"的重要内容。共建"一带一路"倡议提出以来，我国与"一带一路"沿线国家和地区贸易规模持续扩大，促进了沿线国家和地区贸易投资自由化、便利化，合作成效显著。

3.2.3.1 贸易自由化、便利化水平不断提升

2017年5月首届"一带一路"国际合作高峰论坛以来，中国发起《推进"一带一路"贸易畅通合作倡议》，83个国家和国际组织积极参与。海关检验检疫合作不断深化，中国与沿线国家签署100多项合作文件，实现了50多种农产品食品检疫准入。中国与哈萨克斯坦、越南、蒙古等国相继开通了7条边境口岸农副产品快速通关"绿色通道"，推动开行"一带一路"中欧运邮班列，农产品通关时间缩短了90%。中国平均关税水平从加

入世界贸易组织时的15.3%降至目前的7.5%。中国与新加坡、巴基斯坦、格鲁吉亚等多个国家和地区签署或升级了自由贸易协定，与欧亚经济联盟签署经贸合作协定，与沿线国家的自由贸易区网络体系逐步形成。截至2021年，中国海关已经与21个经济体的47个国家（地区）签订了AEO互认安排，互认国家（地区）数量居全球首位，其中包括18个“一带一路”沿线国家，与我国25个部委系统对接、数据共享，提供货物申报、税费支付等16大类近600项企业服务事项。

3.2.3.2 贸易规模持续扩大

据中国海关统计，2013~2019年，我国与“一带一路”沿线国家和地区货物贸易总额累计超过44万亿元，折合7.3万亿美元，年均增长率达到6.1%，远高于我国同期货物贸易总额2.2%的年均增速。2020~2021年，中国与“一带一路”沿线国家货物贸易进出口总额近21万亿元，其中2021年达11.6万亿元，同比增长23.6%，占我国外贸总额的比重达29.7%。我国已经成为沿线25个国家最大的贸易伙伴。同时，中国与沿线国家和地区服务贸易由小到大、稳步发展。2018年，我国与“一带一路”沿线国家和地区服务进出口额达到1217亿美元，同比增长24.5%，占我国服务贸易总额的15.4%，比2017年高出1.3个百分点。世界银行研究组分析了共建“一带一路”倡议对71个潜在参与国的贸易影响，发现共建“一带一路”倡议将使参与国之间的贸易往来增加4.1%①。

3.2.3.3 贸易方式创新进程加快

跨境电子商务等新业态、新模式正成为推动贸易畅通的重要新生力量。2018年通过海关跨境电子商务管理平台零售进出口商品总额1347亿元，增长50%，其中出口561.2亿元，增长67%，进口785.8亿元，增长39.8%。“丝路电商”合作蓬勃兴起，中国与17个国家建立双边电子商务合作机制，在金砖国家等多边机制下形成电子商务合作文件，加快了企业对接和品牌培育的实质性步伐。

---

① Suprabha Baniya, Nadia Rocha, Michele Ruta. Trade Effects of the New Silk Road: A Gravity Analysis. World Bank Policy Research Working Paper 8694, January 2019.

3.2.4 资金融通

资金融通是共建"一带一路"的重要支撑。中国各类金融机构积极拓宽多样化融资渠道，不断探索创新投融资模式，为共建"一带一路"提供稳定、透明、高质量的资金支持。

3.2.4.1 金融互联互通不断深化

目前中国人民银行与7个"一带一路"沿线国家建立了人民币清算安排，与20多个"一带一路"沿线国家建立了双边本币互换安排，与27国核准了《"一带一路"融资指导原则》，与35个"一带一路"沿线国家的金融监管当局签署了合作文件，并与国际货币基金组织联合建立了能力建设中心，与多边开发机构开展的联合融资已累计投资超过100个项目，覆盖了70多个国家和地区。人民币国际支付、投资、交易、储备功能稳步提高，人民币国际化稳步推进，人民币跨境支付系统（CIPS）业务范围已覆盖60多个"一带一路"沿线国家和地区。截至目前已有11家中资银行在28个"一带一路"沿线国家设立76家一级机构，来自22个"一带一路"沿线国家的50家银行在中国设立7家法人银行、19家外国银行分行和34家代表处。2家中资证券公司在新加坡、老挝设立合资公司。

3.2.4.2 金融机构合作水平不断提升

我国政策性金融机构和商业银行还围绕构建长期、稳定、可持续、风险可控的多元化融资体系，为"一带一路"建设项目提供充足、安全的资金保障。截至2019年6月底，中国出口信用保险公司在沿线国家累计实现保额约7704亿美元，支付赔款约28.7亿美元；丝路基金实际出资额近100亿美元。目前中国银行、中国工商银行、中国农业银行、中国建设银行等中资银行与沿线国家建立了广泛的代理行关系。德国商业银行与中国工商银行签署合作谅解备忘录，成为首家加入"一带一路"银行合作常态化机制的德国银行，11家中资银行在28个"一带一路"沿线国家设立76家一级机构，同时还有来自22个"一带一路"沿线国家的近50家银行在中国开展业务，人民币跨境支付系统业务范围已经覆盖近40个"一带一路”沿线国家和地区。在共建“一带一路”中，上述金融机构充分发挥了覆盖面广、产品多元化等方面的优势。

3.2.4.3 多边金融合作支撑作用显现

中国财政部与阿根廷、俄罗斯、印度尼西亚、英国、新加坡等27国财政部核准了《“一带一路”融资指导原则》。根据这一指导原则，各国支持金融资源服务于相关国家和地区的实体经济发展，重点加大对基础设施互联互通、贸易投资、产能合作等领域的融资支持。中国人民银行与世界银行集团下属的国际金融公司、泛美开发银行、非洲开发银行和欧洲复兴开发银行等多边开发机构开展联合融资，设立“一带一路”财经发展研究中心。截至2018年底已累计投资100多个项目，覆盖70多个国家和地区。2017年11月，中国—中东欧银联体成立，成员包括中国、匈牙利、捷克、斯洛伐克、克罗地亚等14个国家的金融机构。2018年7月中国—阿拉伯国家银行联合体成立，2018年9月中非金融合作银行联合体成立，建立了中国与阿拉伯国家之间、中国与非洲国家之间的首个多边金融合作机制。截至2018年底，亚洲基础设施投资银行已从最初57个创始成员，发展到遍布各大洲的93个成员；累计批准贷款75亿美元，撬动其他投资近400亿美元，已批准的35个项目覆盖印度尼西亚、巴基斯坦、塔吉克斯坦、阿塞拜疆、阿曼、土耳其、埃及等13个国家。亚洲基础设施投资银行在履行自身宗旨使命的同时，也与其他多边开发银行一起成为助力共建“一带一路”的重要多边平台之一。2014年11月，中国政府宣布出资400亿美元成立丝路基金，2017年5月，中国政府宣布向丝路基金增资1000亿人民币。截至2018年底，丝路基金协议投资金额约110亿美元，实际出资金额约77亿美元，并出资20亿美元设立中哈产能合作基金。

3.2.4.4 探索新型国际投融资模式

近年来，各类创新金融产品不断推出，大大拓宽了共建“一带一路”的融资渠道。中国不断提高银行间债券市场对外开放程度，熊猫债作为我国面向境外发行主体开放的在中国境内发行的人民币计价债券，是支持“一带一路”融资需求的重要金融创新工具。2015年之后熊猫债迎来发行高峰，截至2019年底，未到期的存量熊猫债达154只，规模达2725.3亿元。中国进出口银行面向全球投资者发行20亿人民币"债券通"绿色金融债券，金砖国家新开发银行发行首单30亿人民币绿色金融债，支持绿色丝绸之路建设。丝路基金与欧洲投资基金共同投资的中欧共同投资基金于2018年7月开始实质性运作，该基金首期规模5亿欧元，投资期3年，有力促进了共建"一带一路"倡议与欧洲投资计划相对接。2017年，中国建立"一带一路"PPP工作机制，与联合国欧洲经济委员会签署合作谅解备忘录，共同推动PPP模式更好运用于"一带一路"建设合作项目。

3.2.4.5　金融市场体系建设日趋完善

"一带一路"沿线基础设施建设和产能合作潜力巨大，融资缺口亟待弥补，需要"一带一路"沿线国家不断深化长期稳定、互利共赢的金融合作关系。各国主权基金和投资基金发挥越来越重要的作用。证券期货交易所之间的股权、业务和技术合作稳步推进。2015年，上海证券交易所、德意志交易所集团、中国金融期货交易所共同出资成立中欧国际交易所。上海证券交易所与哈萨克斯坦阿斯塔纳国际金融中心管理局签署合作协议，将共同投资建设阿斯塔纳国际交易所。近年来，阿拉伯联合酋长国阿布扎比投资局、中国投资有限责任公司等主权财富基金对"一带一路"沿线国家主要新兴经济体投资规模显著增加。

3.2.5　民心相通

民心相通是共建"一带一路"的人文基础。"国之交在于民相亲，民相亲在于心相通"。"一带一路"始于民心相通，也终于民心相通。各国开展了形式多样、领域广泛的公共外交和文化交流，增进了相互理解和认同，为共建"一带一路"奠定了坚实的民意基础。

3.2.5.1　旅游合作逐步扩大

中国与多个国家共同举办旅游年，创办丝绸之路旅游市场推广联盟、海上丝绸之路旅游推广联盟、"万里茶道"国际旅游联盟等旅游合作机制。与57个"一带一路"沿线国家缔结了涵盖不同护照种类的互免签证协定，与15个国家达成19份简化签证手续的协定或安排。2019年中国出境旅游人数达1.55亿人次，增长3.3%，到中国旅游的外国游客人数达3188万人次，增长4.4%，新加坡、俄罗斯、马来西亚、菲律宾、缅甸、越南、蒙古等国成为中国主要客源市场。

3.2.5.2 教育培训成果丰富

中国还设立"丝绸之路"中国政府奖学金项目，香港、澳门特别行政区政府也分别设立了共建"一带一路"相关奖学金，并与24个"一带一路"沿线国家签署高等教育学历学位互认协议。2018年"一带一路"沿线国家和地区4.07万人接受中国政府奖学金来华留学，占奖学金生总数的65%。在54个"一带一路"沿线国家设有孔子学院153个、孔子课堂149个。中国科学院在"一带一路"沿线国家设立硕士、博士生奖学金和科技培训班，已培训5000余人次。

3.2.5.3 卫生健康合作不断深化

自首届"一带一路"国际合作高峰论坛召开以来，中国与蒙古国、阿富汗等国，世界卫生组织等国际组织，盖茨基金会等非政府组织相继签署了56个推动卫生健康合作的协议。2017年8月，"一带一路"暨健康丝绸之路高级别研讨会在北京召开，发布了《北京公报》。中国与澜沧江—湄公河流域国家开展艾滋病、疟疾、登革热、流感、结核病等防控合作，与中亚国家开展包虫病、鼠疫等人畜共患病防控合作，与西亚国家开展脊髓灰质炎等防控合作。中国先后在35个"一带一路"沿线国家建立了中医药海外中心，建设了43个中医药国际合作基地。2020年新冠肺炎疫情暴发后，俄罗斯、巴基斯坦、缅甸等国也在第一时间向中国捐赠医用口罩、防护服、大米等物资。此后，中国疫情缓解后，中国在力所能及范围内向他国伸出援手，不仅给意大利、伊朗、塞尔维亚、菲律宾等国送去急需的医疗物资，还及时分享疫情防控经验并派出医疗专家组，积极协助相关国家抗疫。据中国海关统计，2020年3~4月，中国全国共验放出口主要防疫物资价值712亿元。包括：口罩278亿只，防护服1.3亿件，新型冠状病毒检测试剂盒7341万人份，红外测温仪1257万件，呼吸机4.91万台，病员监护仪12.4万台，护日镜4363万副，外科手套8.54亿双。疫情肆虐之际，"一带一路"框架下的"健康丝绸之路"建设进一步凸显其重要意义。

3.2.5.4 救灾、援助与扶贫持续推进

首届"一带一路"国际合作高峰论坛以来，中国向"一带一路"沿线发展中国家提供20亿人民币紧急粮食援助，向南南合作援助基金增资10亿美元，在"一带一路"沿线国家和地区实施了100个"幸福家园"、100个"爱心助困"、100个"康复助医"等项目。开展援外文物合作保护和涉外联合考古，与6国开展了8个援外文物合作项目，与12国开展了15个联合考古项目。中国向老挝等国提供地震监测仪器设备，提高防震减灾能力。中国在柬埔寨、尼泊尔开展社会组织合作项目24个，助力改善当地民众生活。

3.2.5.5 文化交流形式多样

这些年中国与"一带一路"沿线国家和地区在科技交流、教育合作、文化旅游、绿色发展、对外援助等方面取得一系列成果，举办了多种艺术节、电影节、音乐节、文化节、文物展、图书展，合作开展了图书广博影视精品创作和互译互播。丝绸之路国际剧院、博物馆、艺术节、图书馆、美术馆联盟相继成立。中国与俄罗斯、尼泊尔、希腊、埃及、南非等国家共同举办文化年活动，形成了"丝路之旅""中非文化聚焦"等10余个文化交流品牌，打造了丝绸之路（敦煌）国际文化博览会、丝绸之路国际艺术节、海上丝绸之路国际艺术节等一批大型文化节会，在"一带一路"沿线国家设立了17个中国文化中心。中国与印度尼西亚、缅甸、塞尔维亚、新加坡、沙特阿拉伯等国签订了文化遗产合作文件。中国、哈萨克斯坦、吉尔吉斯斯坦"丝绸之路：长安—天山廊道的路网"联合申遗成功。在中国的推动下，"一带一路"沿线25国40家主流媒体组建了"一带一路"新闻合作联盟。2017年11月丝绸之路沿线民间组织通过了《丝绸之路沿线民间组织合作网络章程》和"北京共识"，宣布成立合作网络国际指导委员会和秘书处，标志着合作网络建设步入新阶段。目前合作网络成员达310多家，成为推动民间友好合作的重要平台。

3.2.6 产业合作

中国进一步放宽外资准入领域，营造高标准的国际营商环境，设立境外经贸合作区，共建“一带一路”支持开展多元化投资，为沿线国家加快发展提供新的动能。

3.2.6.1 中国与“一带一路”沿线国家和地区的双向直接投资平稳增长

中国连续发布实施了新的外商投资法、国务院稳外资20条、新版外资准入负面清单等一系列法规政策，持续优化营商环境，鼓励发展双向直接投资，推动形成普惠发展、共享发展的产业链、供应链、服务链、价值链。中国先后设立了面向全球开放的17个自由贸易试验区，并探索建设自由贸易港，吸引沿线国家和地区来中国投资。2019年中国引进外资1381.4亿美元，同比增长2.4%，其中“一带一路”沿线国家和地区实际投入金额84.2亿美元，增长30.6%；新设外资企业4.1万家，累计设立外资企业突破100万家，其中1亿美元以上外资项目数量834个，同比增长15.8%，其中，“一带一路”沿线国家和地区企业在中国新设企业5591家，增长24.8%。同时，中国企业也来到“一带一路”沿线国家和地区大力投资兴业，2013~2018年，中国企业对“一带一路”沿线国家和地区直接投资累计超过900亿美元。其中，2018年中国企业对“一带一路”沿线国家和地区实现非金融类直接投资156亿美元，同比增长8.9%，占同期总额的13.0%；2019年中国对“一带一路”沿线国家和地区非金融类直接投资150.4亿美元，占比进一步提高。世界银行研究表明，预计“一带一路”沿线国家和地区的外商直接投资总额将增加4.97%，其中，来自“一带一路”沿线国家和地区内部的外商直接投资增加4.36%，来自OECD国家的外商直接投资增加4.63%，来自非“一带一路”沿线国家和地区的外商直接投资增加5.75%[①]。

① Maggie Xiaoyang Chen, Chuanhao Lin. Foreign Investment across the Belt and Road Patterns, Determinants and Effects. World Bank Policy Research Working Paper 8607, October 2018.

3.2.6.2 "一带一路"沿线国家和地区成为我国对外工程承包的主要市场

近些年，我国企业还不断发展对外工程承包，"一带一路"沿线国家和地区成为我国对外工程承包的主战场。商务部数据显示，2019年，中国对外承包工程新签合同额2602.5亿美元，同比增长7.6%，完成营业额1729亿美元，同比增长2.3%；在"一带一路"沿线国家和地区新签对外承包工程合同额1548.9亿美元，占同期总额的59.5%，同比增长23.1%。在中国企业承揽的对外承包工程项目中，1亿美元以上项目506个，增长8.4%。这既为项目所在国及第三国创造了近80万个就业岗位，又带动中国设备材料出口超140亿美元。

2013~2019年，中国企业在"一带一路"沿线国家和地区新签对外承包工程合同额累计6436.6亿美元，完成营业额累计4180.7亿美元，分别占同期我国对外工程承包总额的40.6%和38.2%。从2017年开始，中国企业在"一带一路"沿线国家和地区的工程承包就占据了50%以上市场份额。其中2017年我国企业在"一带一路"沿线的61个国家新签对外承包工程项目合同7217份，新签合同额1443.2亿美元，占同期我国对外承包工程新签合同额的54.4%，同比增长14.5%；完成营业额855.3亿美元，占同期总额的50.7%，同比增长12.6%。2018年我国企业在"一带一路"沿线国家和地区新签对外承包工程项目合同7721份，新签合同额1257.8亿美元，占同期我国对外承包工程新签合同额的52%，同比下降12.8%；完成营业额893.3亿美元，占同期总额的52.8%，同比增长4.4%。2019年中国企业在"一带一路"沿线的62个国家新签对外承包工程项目合同6944份，新签合同额1548.9亿美元，占同期我国对外承包工程新签合同额的59.5%，同比增长23.1%；完成营业额979.8亿美元，占同期总额的56.7%，同比增长9.7%。主要经济指标呈稳步攀升态势。

3.2.6.3 国际产能合作和第三方市场合作稳步推进

沿线国家加快发展产生了国际产能合作的巨大市场需求，中国积极响应并与相关国家推进市场化、全方位的产能合作，促进"一带一路"沿线国家和地区实现产业结构升级、产业发展层次提升。目前中国已同哈萨克斯坦、埃及、埃塞俄比亚、巴西等40多个国家签署了产能合作文件，同东盟、非盟、拉美和加勒比国家共同体等区域组织进行合作对接，开展机制化产能合作。中国与法国、意大利、西班牙、日本、葡萄牙等国签署了第三方市场合作文件。共建“一带一路”致力于推动开放包容、务实有效的第三方市场合作，促进中国企业和各国企业优势互补，实现“1+1+1>3”的共赢。英国欣克利角核电等一批合作项目顺利落地，中国中车与德国西门子已经在一些重点项目上达成了三方合作共识。

3.2.6.4 合作园区蓬勃发展

为推动沿线国家借鉴中国改革开放以来的经验和做法，中国各类企业纷纷赶赴沿线国家共建合作园区，促进当地经济发展。2013～2018年我国在“一带一路”沿线的24个国家建立了82个境外经贸合作区，涉及36个国家，其中经商务部、财政部确认考核的“国家级境外经贸合作区”共有17个，涉及13个国家（见表3.1）。中国入区企业达4098家，总投资超过300亿美元，上缴东道国税费近22亿美元，带动东道国近30万人就业。中国—白俄罗斯工业园等成为双边合作的典范，中国—老挝跨境经济合作区、中哈霍尔果斯国际边境合作中心等一大批合作园区也在加快建设。中白工业园、中阿（阿拉伯联合酋长国）产能合作园区、中埃苏伊士经贸合作区等稳步推进。同时，中国还分别与哈萨克斯坦、老挝建立了中哈霍尔果斯国际边境合作中心、中老磨憨—磨丁经济合作区等跨境经济合作区。

信毅学术文库

表3.1 “一带一路”沿线经商务部、财政部确认考核的“国家级境外经贸合作区”具体名单

序号	国家级境外经贸合作区名称	境内实施企业名称	地理位置	建立时间
1	柬埔寨西哈努克港经济特区	江苏太湖柬埔寨国际经济合作区投资有限公司	柬埔寨西哈努克市	2008年2月
2	泰国泰中罗勇工业园	华立产业集团有限公司	泰国罗勇府（东部海岸安美德工业城）	2005年
3	越南龙江工业园	前江投资管理有限责任公司	越南西南部的前江省新福县	2007年11月

续表

序号	国家级境外经贸合作区名称	境内实施企业名称	地理位置	建立时间
4	巴基斯坦海尔—鲁巴经济区	海尔集团电器产业有限公司	巴基斯坦旁遮普省首府拉合尔市	2006年11月
5	埃及苏伊士经贸合作区	中非泰达投资股份有限公司	亚非欧三大洲金三角地带的埃及苏伊士湾西北经济区	2008年
6	俄罗斯乌苏里斯克经贸合作区	康吉国际投资有限公司	俄罗斯远东滨海边疆区乌苏里斯克市麦莱奥区（原苏联时期的西部工业区）市政大街5号	2006年
7	俄罗斯中俄托木斯克木材工贸合作区	中航林业有限公司	俄罗斯托木斯克州阿西诺地区和捷古里杰特地区及克麦罗沃州马林斯克地区	2011年7月
8	中俄（滨海边疆区）农业产业合作区	黑龙江东宁华信经济贸易有限责任公司	俄滨海边疆区的米哈伊尔区、霍罗尔区、波格拉尼奇内区三个行政区	2004年
9	俄罗斯龙跃林业经贸合作区	黑龙江省牡丹江龙跃经贸有限公司	俄罗斯犹太州的阿穆尔园区	2013年4月
10	匈牙利中欧商贸物流园	山东帝豪国际投资有限公司	匈牙利首都布达佩斯15区	2011年6月
11	吉尔吉斯斯坦亚洲之星农业产业合作区	商丘贵友食品有限公司	比什凯克市东60公里的楚河州楚河区伊斯克拉镇	
12	老挝万象赛色塔综合开发区	云南省海外投资有限公司	老挝首都万象市主城区东北方21公里处赛色塔县和赛塔尼县	2010年
13	乌兹别克斯坦"鹏盛"工业园	温州市金盛贸易有限公司	乌兹别克斯坦共和国锡尔河州	2003年3月

续表

序号	国家级境外经贸合作区名称	境内实施企业名称	地理位置	建立时间
14	中匈宝思德经贸合作区	烟台新益投资有限公司	匈牙利东北部包尔绍德州卡辛茨巴茨卡市	2007 年 11 月
15	中国·印度尼西亚经贸合作区	广西农垦集团有限责任公司	印尼首都雅加达东部 37 公里处贝卡西县境内的绿壤国际工业中心园区内	
16	中国印度尼西亚综合产业园区青山园区	上海鼎信投资（集团）有限公司	印尼中苏拉威西省 Morowali 县 Bahodopi 镇	2013 年 10 月
17	中国·印度尼西亚聚龙农业产业合作区	天津聚龙集团	印度尼西亚	2011 年

资料来源：商务部网站。

境外经贸合作区的建立为国际经贸合作带来了新机遇，诸多企业协同“走出去”，以点带面推进基础设施建设和产能合作，为共建“一带一路”创造了一系列“可视化成就”。如中白工业园致力于打造“一带一路”标杆工程，吸引了43家企业入驻园，协议投资总额达11亿美元。浙江前江投资管理有限公司投资兴建的龙江工业园搭建了中越经贸合作平台，2017年园区工业生产总值占当地工业产值的近1/3，创造了约1.5万个就业岗位，有效拉动了当地经济发展。江苏红豆集团在柬埔寨建设的西哈努克港经济特区，对当地经济贡献率超过50%，创造了约2万个就业岗位，树立了“一带一路”的样板工程。世界银行研究组的量化贸易模型结果显示，共建“一带一路”将使“发展中的东亚及太平洋国家”的国内生产总值平均增加2.6%至3.9%①。

产业园的建设是“一带一路”建设里最值得关注的重点之一。在国外建设中国企业成规模的产业园，在一定程度上借鉴了中国国内经济开发区的经验。产业园建设受到当地政府欢迎的主要原因：一是在带动当地的经济增长和拉动就业方面起到了非常大的作用；二是更有利于当地政府对外

① Franois de Soyres. The Growth and Welfare Effects of the Belt and Road Initiative on East Asia Pacific Countries. World Bank Group，October 2018，Number 4.

来人口的有效管理，避免冲突。对于当地政府来讲，中国企业在国外建设产业园的模式同样受欢迎。产业园的模式既使中国企业彼此之间可以优势互补、内部合作，也使中国企业在与当地政府打交道时更有底气，能争取到更多优惠政策。例如泰中罗勇工业园，这是一个由中国的华立集团与泰国的安美德集团共同投资、面向中国企业的工业园区，总体规划面积12平方公里，主要吸引汽车、机械、家电等制造业企业入园设厂，已吸引百余家中国企业入驻，带动中国企业累计在泰投资超过29亿美元，累计实现工业总产值超过100亿美元，为当地创造了3万多个就业岗位。该工业园能取得较大成功的主要原因：一是泰国的整体优势，如泰国的地理位置、对中国人比较友好、税收较低等；二是泰国的政策优势，如制造业无外资比例的限制、外资购地享有所有权、企业所得税最高减免13年等；三是土地价格低，且是永久的土地所有权；四是劳动力的价格便宜。当然，在泰国投资产业园也有一些劣势，主要体现在三个方面：一是物流成本高，二是没有中国这样完整的供应链，三是存在一定的风险，如泰国典型的城乡二元结构可能会带来比较尖锐的社会矛盾。

3.3 "一带一路"建设面临的主要挑战

鉴于"一带一路"沿线国家和地区的政治、经济、文化和法律制度存在巨大差异，"一带一路"建设虽为中国企业"走出去"提供了难得的契机，但"一带一路"倡议是一项长期、复杂而艰巨的系统工程，前无古人，推进其实施必然面临诸多不容忽视的风险和挑战，中国企业"走出去"时需要有强烈的风险防范意识，提高海外投资的利益保障能力，实现与当地社会、文化、法治的良性融合。

3.3.1 如何平衡国内改革与"一带一路"倡议之间的关系

供给侧改革的目的是要去产能，即把钢铁等低端产能给去掉。但"一带一路"建设早收清单都是以基础设施建设为先，主要就是这些产能，这就是说"一带一路"建设又给这些产能提供了发展空间。为此，我们既要坚持供给侧改革，引领市场发展趋势，促进经济结构转型升级，又要将之与“一带一路”建设平衡地相互促进地发展。“一带一路”建设给这些过剩产能提供了一定的缓冲地带，可以结合供给侧结构性改革，因地制宜逐步地改变我们的出口结构。从需求端来看，企业要迎合海外市场需求，提供适销对路的产品和服务，参与大众化的竞争。从供给端来看，企业更要引领市场潮流，具备独特的竞争优势，提供更超前的产品、服务和技术，特别是具有创造新需求的能力，这一点对于中国企业来说更为重要。在推进“一带一路”建设的过程中，中国企业要紧密结合中央政府提出的供给侧结构性改革，有意识地将发展方式从投资驱动向创新驱动转换，将产品服务从劳动密集型向科技密集型转变，真正发挥出引领市场、创造需求的作用。

3.3.2 “一带一路”沿线国家和地区的制度体制差异大，政局动荡不稳

“一带一路”倡议所涉国家大多是处于政治转型中的发展中国家，在制度体制上存在巨大差异，既有共产党领导的社会主义国家，也有实行西方式政党制度的资本主义国家，还有实行君主政体的阿拉伯国家等，特别是在东南亚、南亚、中亚和中东地区，许多国家国内政治形势复杂，政局变化频繁，政策变动性大，甚至内战冲突不断。不同党派之间的理念差别很大，一旦一个党派下台，就会改变过去的对外政策，这必将给我国在这些国家的投资带来巨大风险。

与西方跨国公司相比，中国企业有明显的“后发劣势”，大部分只能到投资环境差、风险高的国家和行业去寻找机会，有的市场看似空间巨大，实则有效需求不足，蕴含着极高的投资风险，而“一带一路”倡议实施中的基础设施建设投资大、周期长、收益慢，在很大程度上有赖于有关合作国家的政策稳定和对华关系状况。两者的矛盾增加了“一带一路”倡议实施中的政治风险。一些国家的政治势力还可能出于自身政治目的误解或歪曲“一带一路”倡议，借机煽动新的“中国威胁论”“中国扩张论”，蓄意阻挠“一带一路”建设。近年来，中国在利比亚、伊拉克、乌克兰、叙利亚等国家遭遇的投资困境和风险损失值得高度重视。因此，我们在具体实施“一带一路”倡议时必须对这些国家的政治格局、法律

环境等进行仔细研究，在投资之前做好风险应对的预案，将投资的风险降到最低。

3.3.3 经济发展不平衡，建设成本可能难以收回

“一带一路”联通亚欧非三大陆，连结太平洋和印度洋，包含了老牌欧洲发达国家和新兴发展中经济体，不同国家的经济发展水平和市场发育程度极为不同。有些国家法律法规比较健全，市场发育程度较高，经济环境相对稳定，为企业投资创造了便利条件；也有一些国家市场封闭，进入难度大，增加了企业投资评估的复杂性，制约了建设成果的合作共享。“一带一路”倡议从满足沿线国家的发展需求出发，降低了经济合作的门槛，一方面有利于“一带一路”沿线国家和企业的广泛参与，另一方面也可能造成参与国和企业主体在合作规则认知与收益分配方面的矛盾。此外，尽管中国在“一带一路”倡议实施中扮演着主要角色，并利用自身在资金、技术、人员等方面的优势，以优惠政策大力支持沿线有关项目建设，但中国单方面毕竟实力资源有限，也面临着摊子大、后劲不足等风险。

由此派生的一个问题就是，目前的建设可能存在的收回成本困难以及“滚雪球”效应。目前的“一带一路”建设侧重的还是经济，在经济领域中侧重的是基础设施建设，但基础设施建设是很难收回成本的，而且还会产生“滚雪球”效应。一般来讲，基础设施建设投入大，回收周期特别长，风险非常大，而且还有“滚雪球”效应。我们在这方面有很多教训，需要在“一带一路”建设过程之中时刻谨记：基础设施一定要慎重，要尊重市场规律，要坚持政治效益与经济效益相统一。

3.3.4 民族宗教矛盾复杂，非传统不安全因素突出

“一带一路”建设涵盖60多个国家和地区，涉及44亿人口，大多数国家民族众多，基督教、佛教、伊斯兰教、印度教等多元宗教信仰并存，一些宗教内部还存在不同教派，各民族宗教之间的历史纷争复杂，增加了沿线各国合作的难度。中东、中亚、东南亚等地区的国际恐怖主义、宗教

极端主义、民族分裂主义势力和跨国有组织犯罪活动猖獗，地区局势长期动荡不安。这些非传统不安全因素的凸显，恶化了当地投资环境，对“一带一路”倡议及沿线工程建设构成严峻挑战。

由此派生出的问题是中国在“一带一路”沿线国家和地区进行直接投资，推动基础设施建设时，所倚仗的知识和技术是否足够？

这是“一带一路”建设的一个痛点。“一带一路”沿线国家和地区的形势普遍非常复杂，我国对外直接投资起步较晚，企业不熟悉国际市场，缺乏海外投资经验，当地会计、律师、咨询等中介机构发展程度低、风险评估能力弱等问题比较突出。这些国家和地区的政治、经济、社会环境复杂多变，语言文化、商业规则、法律体系、行业标准等与国内截然不同，对企业的适应能力和管理水平提出更高的要求。这些年我们的企业“走出去”以后，因不懂当地的语言、技术规范、法律政策、政治生态而吃了不少亏，产生了很多的问题。中国政府一直在努力给这些企业提供相应的咨询服务，加强这方面的投入，中国与相关国家先后组建了“一带一路”智库合作联盟、丝路国际智库网络、高校智库联盟等。英国、日本、韩国、新加坡、哈萨克斯坦等国都建立了“一带一路”研究机构，举办了形式多样的论坛和研讨会。中外高校合作设立了“一带一路”研究中心、合作发展学院、联合培训中心等，为共建“一带一路”培养国际化人才。然而，在跟当地的企业、工人和政府打交道时，人才、知识、技术缺乏的问题仍然存在，中国企业大规模走出去和跨国经营管理、大范围国际拓展的经验也不足，在配合倡议实施的国际化专业人才的培养和相关核心技术的输出上还存在较大缺口，适应“一带一路”倡议长期推进和对外大开放所需要的国民文明法制素养、市场诚信意识等均有待提升。

3.3.5 如何应对“一带一路”沿线国家和地区发展后带来的竞争

中国一直在促进科技创新成果向“一带一路”沿线国家和地区转移，先后与“一带一路”沿线国家和地区签署了46个科技合作协定，启动了中国—东盟、中国—南亚等科技伙伴计划，与东盟、南亚、阿拉伯国家、中亚、中东欧共建了5个区域技术转移平台，发起成立了“一带一路”国际科学组织联盟。通过“一带一路”沿线国家青年科学家来中国从事短期科研工作以及培训"一带一路"沿线国家和地区科技和管理人员等方式，形成了多层次、多元化的科技人文交流机制。2018 年，中国接收 500 名"一带一路"沿线国家和地区青年科学家来华科研，培训科技管理人员逾 1200 人次。中国积极开展航天国际合作，推动中国北斗导航系统、卫星通讯系统和卫星气象遥感技术服务于"一带一路"沿线国家和地区建设。但是不可避免地存在一个问题，就是这些国家将来会不会与我国展开科技竞争，这是一个我们不得不慎重对待的战略性问题。目前，我们搞"一带一路"建设采取的是开放包容的态度，很大程度上把经济合作和政治关系区分开来。虽然我国不惧竞争，目前我国每年的研发投入超过 2 万亿人民币，研发强度也赶上了欧盟国家平均水平，据世界知识产权组织统计，2019 年中国申请的 PCT 专利为 59 万件，超过美国，首次跃居世界第一，"一带一路"沿线国家和地区中申请 PCT 专利最多的印度、以色列、俄罗斯、新加坡分别是 2052 件、2004 件、1090 件、1029 件，排名都在 12 ~ 22 名之间，但从长远来看，这些国家发展起来以后，可能就会成为中国强有力的竞争对手。这就要注意在开放包容的同时对有竞争关系的企业和国家要有所区别。

3.3.6 文化繁杂多样，存在因认知偏差导致误判的可能

无须否认，现在中国因素已经成为很多国家国内政治博弈的一个因素。中国提出"一带一路"倡议后，一些"一带一路"沿线国家和地区除了挑起领土、领海争端，担心中国主导海上新秩序外，还对中国的意图充满着疑虑。由于地理、历史、宗教、民族的差异，"一带一路"沿线国家和地区的文化文明丰富多元，既有中国、印度等东方传统国家，也有西方传统国家，既有俄罗斯、土耳其等欧亚国家，还有新加坡等东西文化交融的国家。国家不同的身份定位在某种程度上塑造国家对利益的认知，从而影响着国家行为和内外政策选择。而"一带一路"倡议涉及的领域广，沿线国家和地区在参与的广度和深度上因自身对利益的不同判定呈现出差异性。对中国意图的不信任与猜忌将成为"一带一路"倡议长期推进面临的重要风险。

虽然中国政府颁布了《推动共建丝绸之路经济带和 21 世纪海上丝绸

之路的愿景与行动》等政策文件，但“一带一路”倡议的长远规划还有待完善和细化，特别是有关制度设计和政策安排的谈判协商还面临诸多不确定性，与相关国家的对接与具体合作还没有全面展开。由于历史和现实的局限，中国政府在有效供给与推行国际公共产品的能力上和经验上还需要更多实践。我们自己也应对“一带一路”倡议作长远打算，至少要有 10 年、20 年规划。

第4章 国际直接投资形势发展及中国对“一带一路”沿线国家和地区直接投资

中国对“一带一路”沿线国家和地区直接投资起步较晚，实际上直到2007年才开始大规模直接投资。

4.1 全球对外直接投资发展回顾与展望

对外直接投资是近代资本主义生产国际化的产物，伴随着经济全球化的发展，传统的国际分工格局已逐渐从贸易主导转型为投资主导，对外直接投资成为世界经济发展的引擎和经济全球化的重要支柱。发达国家在这一领域一直占有主导地位，但近20年来，发展中国家对外直接投资不断增多，成为其中一支重要的生力军，而这必然又会对传统国际直接投资理论带来重要的影响。

4.1.1 21世纪以来全球对外直接投资回顾

从投资格局看，发达国家在国际直接投资领域一直占有主导地位，而发展中国家较大规模的OFDI始于20世纪70年代末。进入21世纪以来，国际直接投资发展总体进入调整阶段，而且在全球金融危机及其后脆弱的经济复苏影响下，进入高波动期。

从图4.1中可以看出，近20年来，全球对外直接投资大约经历了“M”形的双重顶式走势：先是21世纪初受网络泡沫破灭的影响，国际直接投资连续三年下降，到 2004 年开始回升，而后又经历了四年的上升阶段，并在 2007 年创造了对外直接投资最高纪录。接着在全球金融危机打击下，连续两年再次回落，2010 ~ 2011 年虽然连续两年回升，但之后在欧洲主权债务危机影响下，全球对外直接投资连续三年在低位盘整。2015 年终于摆脱主权债务危机影响，并创造了历史次高纪录，发达国家却又加强了对外资项目的审查，发展中国家还遭遇新兴市场经济危机，全球 OFDI 连年走低。2016 年全球对外直接投资下跌 9.7%，跌至 1.54 万亿美元。2017 年世界经济虽然出现了近年来难得的强劲复苏势头，但在美国税改影响下，跨国企业将大量海外收益汇回美国，导致全球 OFDI 只是微增了 3.7%，升至 1.6 万亿美元水平。2018 年，美国针对多国罕见地发动了大规模贸易战，其中尤以对中国为激烈，在其冲击下，全球经济遭受了剧烈打击，2018 年全球对外直接投资流量下跌 38.4%，自 2005 年之后再次跌至不到 1 万亿美元的水平。经过多轮谈判，中美贸易战终于有有熄火迹象，双方还在 2020 年初签订了第一阶段贸易协议，世界经济形势似乎有所好转，联合国贸发组织在最新出版的《2020 年世界投资报告》中发布初步统计数据也作出证实，2019 年全球 FDI 增长 33.2%，恢复到 2010 年前后 1.3 万亿美元的水平。但是，不幸的是，2020 年却又暴发了百年难得一遇的新冠肺炎疫情。总之，这些年全球对外直接投资真是命运多舛，一直没能回到 13 年前创造的历史最高水平，2020 年全球对外直接投资 7399 亿美元，比上年下降 44%，为 2005 年以来最低水平。

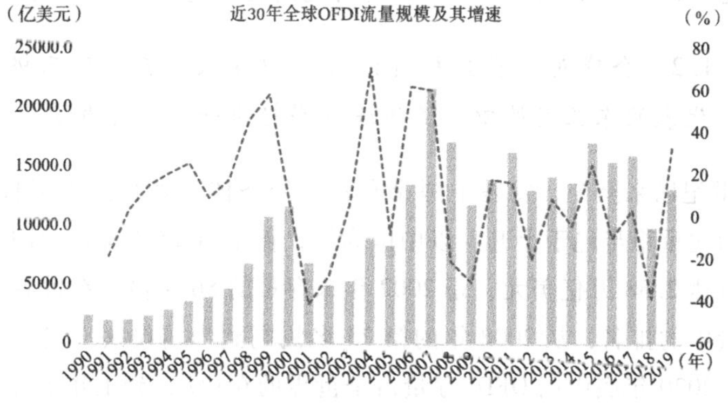

图 4.1　1990 ~ 2019 年全球对外直接投资规模及其增速

具体说来，当前国际直接投资具有如下特点。

4.1.1.1　全球对外直接投资增速下降

第一，增速出现明显下降。据联合国贸发会议计算，2010～2019年全球国际直接投资年均增速仅为-0.7%，不仅明显低于这一时期全球GDP年均3.1%的增幅和国际贸易年均2.7%的名义增幅；而且远低于1970～1979年年均13.6%、1980～1989年年均16.8%、1990～1999年年均17.9%和2000～2009年0.2%的增速，为联合国贸发会议开始统计全球国际直接投资以来最低速的十年①。

第二，国际直接投资震荡幅度加大。全球对外直接投资虽然在2007年创造了2.17万亿美元的历史纪录，但如前所述，其震荡幅度极大，最近十几年来一直在徘徊不前，总体增速是下降的。2007～2019年全球对外直接投资增速年均下降4.1%。

首先，从绝对规模上看，早在2007年全球对外直接投资就创造了2.17万亿美元的纪录，但2018年全球对外直接投资总额仅为9864亿美元，仅为2007年的45.4%，降至2005年以来的最低点，从2015年起，全球国际直接投资流量持续下降，2019年虽有33.2%的反弹力度，但该年流量规模也不过是2007年的60.5%，而且在新冠肺炎疫情的打击下，2020年全球FDI下跌44%，仅有7399亿美元，再创2005年以来新低，前景非常不乐观。

其次，从增速来看，在21世纪的前20年中，全球对外直接投资只有11年正增长，有9年负增长。最高增速出现在2004年，为70.9%，最低增速出现在2001年，为-41.3%，峰谷之间震幅达到112.2个百分点。

4.1.1.2　全球对外直接投资继续集中在欧、美、日三极的同时，以中国为代表的东亚发展中经济体逐步崛起为一支重要力量

21世纪以来至今，发展中国家和转轨经济体对外直接投资日渐增多，其所占的比重稳步趋于上升。以中国为例，截至2020年末，中国对外直接投资存量达2.58万亿美元，是2002年末存量的86.4倍，在世界对外直接投资存量中的排名，从2002年的第25名提高到当前仅次于美国和荷兰的第3位。2020年底中国OFDI存量占全世界的6.6%，较上年上升0.5个百

① UNCTAD, World Investment Report 2020, P.123, http://www.unctad.org.

分点，仍稳居全球前 3 名的位置①。从流量看，随着中国对外投资规模不断增大，在 2016 ~ 2018 年的连续 3 年间，中国 OFDI 流量占全球的比重均超过十分之一，虽然 2019 年中国占比回落至 8.9%，较上年下降 5.2 个百分点，但仍维持了世界前 4 位置（见图 4.2）。近 20 年中国 OFDI 迅速发展之势，不仅已成为一个举世瞩目的现象，而且也使发展中国家在国际直接投资中所处的地位与日俱增。

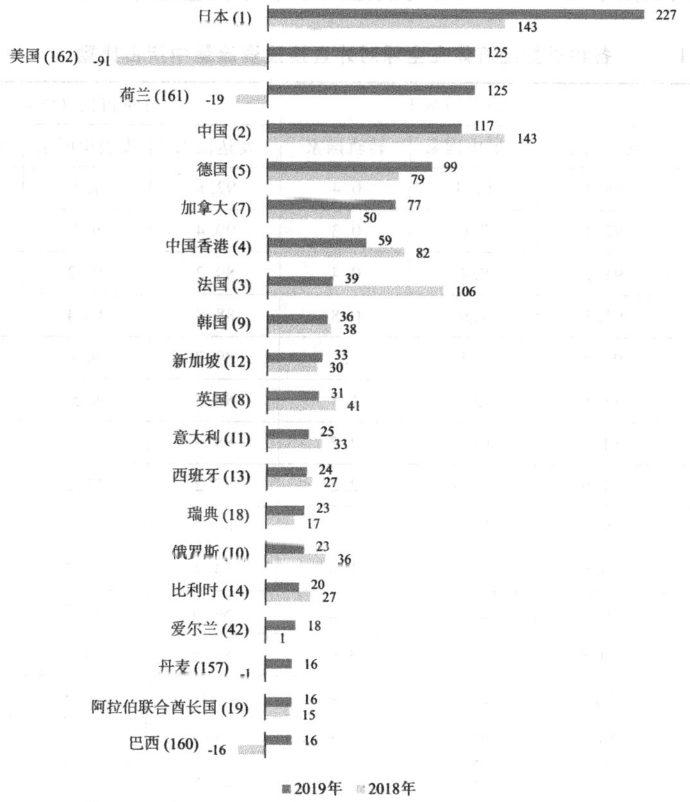

图 4.2 2018 ~ 2019 年全球对外直接外资流量居前 20 位的经济体

从地理分布来看，2000 ~ 2019 年，发达国家 OFDI 流量从 10718 亿美元减少到 9169 亿美元，年均增速 -0.8%；而发展中国家 OFDI 流量从 888

① 这两个占比是根据联合国贸发会议《2021 年世界投资报告》初步数据和中华人民共和国商务部、外汇管理局和国家统计局合编的《2021 年度中国对外直接投资统计公报》推算得来的。

亿美元增加到3731亿美元，年均增速7.9%；转轨经济体OFDI流量从22亿美元增加到238亿美元，年均增速11.2%。除发达国家增速低于全球平均增速外，其他经济体均明显高于全球平均增速。受此影响，各种类型经济体在全球对外直接投资流量中所占比重出现了明显变化。发达国家从92.1%下降到了69.8%，而发展中国家则从7.6%提高到了28.4%，转轨经济体从0.3%提高到了1.8%。另外2020年发展中国家占比50.9%，已高于发达国家的45.6%，大有与发达国家平分秋色之势（见表4.1）。

表4.1　各种类型经济体在全球对外直接投资流量中所占比重

年份（年）	流量占比（%）			存量占比（%）		
	发达国家	发展中国家	转轨国家	发达国家	发展中国家	转轨国家
1993	85.1	14.4	0.4	92.8	7.1	0.1
2000	92.1	7.6	0.3	90.4	9.3	0.3
2001	91.2	8.4	0.4	89.2	10.2	0.6
2002	91.3	7.9	0.8	88.8	10.4	0.9
2003	90.5	7.5	2	89.7	9.4	1
2004	85.8	12.6	1.5	89.5	9.5	1
2005	84.6	13.3	2.2	88.8	10	1.2
2006	82.9	14.8	2.2	87.2	11.2	1.6
2007	85	12.7	2.3	85.5	12.5	2
2008	80.5	16	3.5	84.4	14.2	1.4
2009	76.1	20.6	3.2	84.6	13.7	1.7
2010	70.8	25.6	3.6	83.5	14.7	1.8
2011	73.3	23.3	3.4	82	16.3	1.7
2012	70.1	27.4	2.5	81	17.4	1.6
2013	65.9	28.8	5.3	80.8	17.5	1.7
2014	62.1	32.6	5.3	79.3	19.3	1.5
2015	74.7	23.4	1.9	78	20.7	1.3
2016	71.5	26.8	1.6	77.1	21.5	1.4
2017	68.4	29.2	2.4	76.7	22	1.4
2018	54.1	42	3.8	74.8	23.9	1.3
2019	69.8	28.4	1.8	75.9	22.9	1.3

资料来源：联合国贸发会议，unctadstats。

虽然发达国家占比趋于下降，但发达国家在全球对外直接投资中仍占据主导地位。21 世纪初，发达国家在全球对外直接投资流量和存量所占的比例均高达 90% 以上，发展中国家和转轨国家加起来不到 10%，但之后随着后者对外直接投资持续高速发展，从 2003 年起，发达国家在全球对外直接投资中的占比开始出现明显下降，尤其是其流量占比，在 2004 年、2009 年、2013 年分别跌破 90%、80%、70% 三道大关，到 2020 年，发达国家流量占比仅为 45.6%，尽管如此，其存量占比仍超过 70%，这表明发达国家仍占据了全球 OFDI 主导地位。

从流量看，2019 年全球对外直接投资最多的 20 个经济体分别是日本、美国、荷兰、中国、德国、加拿大、中国香港、法国、韩国、新加坡、英国、意大利、西班牙、瑞典、俄罗斯、比利时、爱尔兰、丹麦、阿拉伯联合酋长国、巴西（见图 4.2），美国由于推行税改，海外投资很多被撤回，所以这两年其对外直接投资大国地位波动性较大。在前 10 名中，除中国、中国香港、韩国、新加坡外，都是发达经济体。这也就是说，在前 20 名中，发展中经济体和转轨经济体一共占据 7 席，发达经济体占据 13 席。而 2000 年对外直接投资最多的经济体分别是英国、法国、美国、比利时、荷兰、中国香港、西班牙、德国、加拿大、瑞士，除中国香港外，都是发达经济体。

从存量看，2019 年全球对外直接投资最多的 20 个经济体分别是美国、荷兰、中国、英国、日本、中国香港、德国、加拿大、法国、瑞士、新加坡、爱尔兰、比利时、西班牙、澳大利亚、意大利、塞浦路斯、韩国、瑞典、俄罗斯，其中前 12 名对外直接投资存量都超过了 1 万亿美元。其中除中国、中国香港、新加坡、韩国、俄罗斯等 4 个经济体外，全部属于发达经济体。

尤其值得提到的是，这十几年间，不仅中国、俄罗斯、巴西和印度等经济体在对外直接投资地位显著提高，而且中国香港、新加坡等自由港地位也在明显提高，这就导致“南南合作”型国际直接投资的增长逐渐成为近年来的重要趋势。在按东道国对内外资存量排序的前 10 对母国（地区）—东道国（地区）伙伴中，2005 年竟有 3 对来自发展中国家和地区，2005 年最大的双边外向 FDI 投资存量是英国对美国的投资，到 2018 年这对母国（地区）—东道国（地区）伙伴的排名已经退居第 6 位，而 1985 年相互间几乎没有

FDI的中国与中国香港，已经跃居成为全球最大的投资伙伴（见表4.2）①。

表4.2　按东道国对内外资存量排列的10对最大的母国（地区）—东道国（地区）伙伴　单位：亿美元

排名	母国（地区）	东道国（地区）	1985年	1995年	2005年	2018年
1	英国	美国	440	1160	2820	5051
2	中国香港	中国	—	1200	2420	10992
3	美国	英国	480	850	2340	8514
4	日本	美国	190	1050	1900	6193
5	德国	美国	150	460	1840	3291
6	美国	加拿大	490	830	1770	4023
7	荷兰	美国	370	650	1710	4871
8	中国	中国香港	3	280	1640	11004
9	加拿大	美国	170	460	1440	4485

资料来源：联合国贸发会议，《2019世界投资报告》，http：//www.unctad.org；美国商务部国民经济分析局，Direct Investment Position，2018－2019，http：//www.bea.gov；中国对外直接投资报告。

注："—"表示数据无法获得。

在这些发展中国家与地区中，最值得称道的是以中国为代表的东亚经济体。2002年中共十六大明确提出"走出去"战略，我国对外开放进入"引进来"和"走出去"并重阶段，对外投资步伐加快，2014年我国对外直接投资1231亿美元，双向直接投资首次接近平衡，2015～2018年，中国OFDI流量均超过IFDI流量，已经初步进入邓宁IDP理论的第四阶段，虽然2019年中国净对外直接投资（NOI）再次转为负数。2002～2018年，我国年均对外直接投资额750亿美元，为1982～2001年均投资额的43.3倍，其中2003～2016年OFDI流量连续14年保持增长。2019年，我国对外直接投资1171.2亿美元，规模为2000年的127.9倍，年均增长29.1%。

① 当然，发达国家之间的相互投资仍然是最主要的，学术界一般也把美欧日之间的投资叫做"大三角"格局。根据UNCTAD统计，在2018年OFDI存量中，主要国家投入发达国家的比例是：美国70.5%、荷兰78.2%、英国80%、德国83.1%、法国86%、瑞士80.3%、日本62.1%、加拿大52.8%、中国12.3%，所以在这样一种格局下，以中国—中国香港特区为代表发展中国家（地区）间的"南南合作"型FDI能够跃居前列，尤为难得。

除中国外，截至 2018 年中国香港、新加坡、韩国和中国台湾对外直接投资存量分别为 18701 亿美元、10211 亿美元、3876 亿美元和 3397 亿美元，比 2000 年分别增长 3.9 倍、17 倍、17 倍和 4.1 倍，年均增速分别为 9.3%、17.4%、17.4%、9.5%，整个东亚和东南亚发展中经济体在全球 OFDI 存量中的占比已从 2000 年的 7.8% 提高至 19.2%。而同期西欧从 46.7% 跌至 41.4%，北美从 36.2% 跌至 27.1%，如果加上日本，2019 年东亚在全球 OFDI 存量中的占比高达 23.2%，实际上已经成为与西欧、北美两个发达地区鼎足而立的世界三极之一。东亚经济体已经成为全球对外直接投资中一支不可忽视的新生力量。

4.1.1.3　产业结构不断升级，服务业逐渐成为对外直接投资的主要领域

从投资行业来看，外国直接投资的结构已开始由资本和劳动密集型产业转向技术密集型的制造业和服务业，由传统工业转向新兴工业。从跨国并购金额来看，在 2018 年跨国并购金额中，服务业合计流入量达到 4694 亿美元，占全球跨国并购流量的 57.6%，而 1990 年时，这一比重仅为 45.9%；从绿地投资宣布金额看，2018 年服务业对外直接投资 4735 亿美元，占全球绿地投资流量的 48.3%，而 2003 年时，这一比重仅为 26.9%。从存量看，20 世纪 70 年代初，世界各国有关服务业的对外投资仅占 25%，到 20 世纪 80 年代中期已增至 37% 以上，1990 年该比例上升为 49%，而 2017 年已上升到 52.5%。同时，第一产业占全世界对外直接投资存量的比例已由 1990 年的 9% 下降到 2018 年的 4.5%；而同期制造业也由 42% 微升至 43%。

20 世纪 90 年代服务业 OFDI 存量的 80% 以上投向了发达国家，尤其是金融、贸易等行业，主要分布在西欧和美国。与之对比，目前发达经济体占服务业 IFDI 存量约 73%，发展中经济体占 25%，独联体和中东欧转轨经济体占 2%。

从服务业对外直接投资的构成来看，2018 年新建投资行业主要集中在电力、煤气和供水、建筑服务业专业服务领域，三者占服务业新建投资流量的比重分别为 23.9%、23.4% 和 16.4%。此外，宾馆旅店和交通、仓储通信等两类服务也占据了重要的地位。从跨国并购来看，2018 年，专业服

务、金融、信息和通信服务占服务业跨国并购流量的比重分别为23.8%、23.1%和19.2%，此外，交通和仓储，电力、煤气和供水服务也占据了一个重要的比例。从增速看，2003~2018年，新建投资中增速最快的服务部门分别是建筑服务，电力、煤气和供水，教育服务，其年均增速分别为11.8%、10.5%和9.6%；2003~2019年，跨国并购中增速最快的服务部门分别是教育服务，专业和科技活动服务，电力、天煤气、蒸汽和空气净化服务，其年均增速分别为14.4%、10.7%和10.5%。

4.1.1.4 大型跨国公司主宰全球经济

进入21世纪后，跨国公司发展迅速，使对外直接投资活动变得日益活跃，跨国公司逐渐成为了对外投资活动的主要参与者。在从简单一体化转向复合一体化，并进一步转向全球一体化的过程中，跨国公司在加快资本流动速度的同时也增加了资本的流动总量。据联合国贸发会议统计，目前全球有8万个跨国公司，在世界各地开设的分公司、子公司达到81万家，在全球雇员总数达到7589.7万人，几乎相当于德国的人口总量，超过了除美国以外所有发达国家的全部就业人数。2018年全球跨国公司对外直接投资流量10142亿美元，存量31万亿美元，在境外形成的总资产110.5万亿美元，平均投资回报率6.4%，子公司销售收入27.2万亿美元，子公司所创造的增加值7.26万亿美元，占全球GDP总量的8.6%，子公司出口额5.2万亿美元，占全球货物与服务出口额的33%①。

在这些公司中，大型跨国公司更是起着主导作用，几乎主宰了世界经济。据《2019年世界投资报告》统计，全球最大的100家非金融跨国公司2018年总资产达到15.5万亿美元，其中国外资产92310亿美元，海外资产占比60%，占全球跨国公司海外资产的8.3%；总营业收入近9.4万亿美元，其中海外营收55870亿美元，占比60%，占全球跨国公司海外营收的20.5%；总雇员1748.8万人，海外员工961.1万人，占比55%，占全球跨国公司海外员工的12.6%。2018年研发投入最多的20家跨国公司合计研发支出2368亿美元，相当于中国2018年全社会研发支出的79.7%，占其营业收入的比重平均为10.5%。另据《财富》杂志统计，2019年全

① 联合国贸发会议，2019：《世界投资报告》，第20页，http://www.unctad.org.

球 500 强企业的总营业收入达到 32.7 万亿美元，利润更是达到了 2.15 万亿美元，平均净利润率为 6.6%，净资产收益率达到 12.1%。其中，营业规模最大的沃尔玛一家销售额达到 5144.05 亿美元，相当于 2018 年中国全社会消费品零售总额的 8.9%；盈利最多的沙特阿美公司一家利润为 1109.7 亿美元，相当于中国 2018 年规模以上工业企业利润总和的 11%①。

4.1.2 新冠肺炎疫情对全球对外直接投资发展的影响

2020 年伊始，一场百年未遇的大流行病“新冠肺炎”疫情迅速在多国蔓延开来，在不到 8 个月时间内，全世界累计确诊病例就超过 2000 万例，死亡人数超过 73 万②。受此影响，2020 年 3 月中下旬，美国标准普尔 500 指数在 20 来天的时间内史无前例地跌停 4 次，展现出迅猛的“去泡沫化”趋势。在全球经贸摩擦和疫情的双重冲击下，全球对外直接投资前景极其悲观。据联合国贸发会议预计，在全球价值链、供应链收缩和全球直接投资投资连年下跌的背景下，2020 年全球对外直接投资额将大概率继续下降 30% ~40%③。

毫无疑问，当前影响全球对外直接投资发展前景的因素主要有两个。

一个是新冠肺炎疫情的发展情况。截至 2022 年 3 月底，全球累计确诊 4.9 亿人次，死亡人口超过 610 万人。从累计确诊病例来看，目前已有美国、印度、巴西、法国、德国、英国、俄罗斯、意大利、韩国、土耳其、西班牙、越南 12 国超过 1000 万人次，世界上 12 个过亿人口大国中，除中国和尼日利亚低于 100 万人次，巴基斯坦、孟加拉国低于 200 万人次外，累计确诊病例均在 500 万人以上。从死亡人口来看，有 18 个国家死亡人口超过 10 万人，其中美国突破 100 万人。新冠肺炎疫情之严重可想而知，其对 FDI 的影响虽然主要集中于受疫情影响最严重的国家，但负面需求冲击

① FORTUNE, Top 500: 2019 Ranking of World's Largest Corporations, http://money.cnn.com/magazines/fortune.

② 本书引用的新冠肺炎疫情数据均来自美国约翰斯·霍普金斯大学发布的最新统计数据。

③ 据《2020 年世界投资报告》提供的最新数据，全世界对外直接投资额 2016 ~2019 年同比增速分别为 -9.7%、3.7%、-38.4% 和 33.2%，看似增跌年份各占一半，但 2019 年流量仅及 2015 年的 76.9%，相当于 2007 年流量的 60.5%。2020 年全球对外直接投资 7609 亿美元，再次暴跌 47%，仅及此前低谷年份 2005 年流量的 91.3%，只有创纪录年份 2007 年的 35.1%。

和供应链中断将影响其他国家的投资前景。

另一个因素就是近些年部分国家“逆全球化”所引发的经济不确定性。目前，以美国和欧盟为首的发达经济体都加强了对外国直接投资的审查和监管。特别是对中国，美国不仅将华为、海康威视、大华等100多家中国科技企业列入“实体清单”，对其进行不合理调查，而且还以窃取技术、盗取数据、威胁国内市场公平竞争等理由，限制腾讯、360等企业的经营活动，强买字节跳动公司子公司TikTok资产，对以中国企业为代表的外国投资者实行准入限制等。

其实，2020年以来不断披露出来的行业、企业等中观、微观层面数据已经揭示了新冠肺炎疫情对全球对外直接投资的影响。在联合国贸发会议评出的100家最大跨国公司中有超过三分之二公告了新冠肺炎疫情对其业务的影响。很多公司推迟了在受疫情影响地区的资本支出。截至2020年3月下旬，已有78%跨国公司发布了盈利预警，这将严重影响对外直接投资的资金来源。

受新冠肺炎疫情影响，最大的5000家跨国公司平均将2020年的利润预期下调了30%。受冲击最大的行业包括能源（-208%）、航空（-116%）、汽车及零部件（-44%）、酒店、餐饮和休闲（-41%）、可选消费品行业（-24%）以及基础材料（-20%）。同时发达经济体跨国公司预计下调35%，发展中经济体跨国公司和转轨经济体跨国公司预期平均分别下调20%和18%（见表4.3和表4.4）。

表4.3　2020年全球5000家最大跨国公司利润调整和资本支出情况（按行业）

部门/行业	利润预期调整公司数（家）	3月23日平均调整幅度（%）	3月4日平均调整幅度（%）	2019年各行业资本支出占比（%）
基础材料	483	-20	-13	8
可选消费品行业	810	-24	-16	16
航空	56	-116	-42	2
酒店、餐饮和休闲	125	-41	-21	2
基本消费品行业	447	-8	-4	6
能源业	289	-208	-13	20
医疗保健	216	-2	0	3

续表

部门/行业	利润预期调整公司数（家）	3月23日平均调整幅度（%）	3月4日平均调整幅度（%）	2019年各行业资本支出占比（%）
工业	910	-20	-9	14
汽车及零部件	169	-47	-44	9
技术	412	-7	-3	11
通信服务	125	-4	1	11
公用事业	220	-9	-5	10

资料来源：UNCTAD，Investment Policy Monitor No. 35.

表4.4　2020年全球最大5000家跨国公司利润调整和利润再投资占FDI比例情况（按地区）

地区/经济体	利润预期调整公司数（家）	3月23日平均调整幅度（%）	3月4日平均调整幅度（%）	2018年利润再投资占FDI比例（%）
发达经济体	2663	-35	-6	61
发展中经济体	1249	-20	-16	40
非洲	54	-11	-1	27
亚洲发展中经济体	1031	-21	-18	41
新加坡	20	-30	-30	—
泰国	36	-28	-15	72
韩国	149	-29	-20	22
马来西亚	35	-26	-20	—
中国	416	-21	-26	—
拉美与加勒比海地区	124	-14	-6	43
转轨经济体	40	-18	-10	93

资料来源：UNCTAD，Investment Policy Monitor No. 35.

就中国而言，未来对外直接投资形势将会比较严峻。实际上，在新冠肺炎疫情发生之前，中国对外投资已经出现了放缓的趋势。在2016年中国企业对外直接投资出现井喷之后，从2016年第二季度起，中国政府加强了对企业对外直接投资真实性、合规性的监管，控制对国外房地产、游戏、娱乐等非生产性直接投资，导致2017年我国对外直接投资同比下降19.3%。2018年中国对外直接投资1430.4亿美元，同比继续下降了

9.6%。虽然2020年初中美之间达成了第一阶段贸易协议，但中国对外投资环境并没有得到改善，欧美国家对于中国海外投资的审核和限制正变得日益严厉，2019年，中国非金融行业对外直接投资1171.2亿美元，同比又下降了9.8%。

短期来看，新冠肺炎疫情对中国企业海外投资会带来较大影响。虽然商务部、国家外汇管理局发布的统计数据显示，2020年1~6月，我国对外全行业直接投资3860.5亿元人民币，同比下降0.8%（折合549亿美元，同比下降4.4%）。其中，我国境内投资者共对全球159个国家和地区的4089家境外企业进行了非金融类直接投资，累计投资3621.4亿元人民币，同比下降0.7%（折合515亿美元，同比下降4.3%）。这个数据并没有发生较大的下降，但是由于2020年第一季度疫情主要集中在我国，而欧洲和美国则在2020年第二季度进入疫情高发期，所以后续负面影响不容低估。从过去的经验数据来看，上半年对外投资额一般占全年的比重约为40%，下半年更加关键。由于特朗普政府急于"重启经济"和2020年5月份以来的美国黑人维权运动的持续发展，2020年六七月份以来，欧美国家都出现了新冠肺炎疫情的"第二波"发展，这无疑将使2020年下半年对外投资合作业务受到一定影响。随着国外疫情的迅速发展，疫情对企业在海外经营的影响将很可能由间接转向直接。

长期来看，新冠肺炎疫情和贸易冲突可能会使中国经济以更可持续的国内循环为主，国内外双向循环互动的过程转变。正如2020年7月30日中共中央政治局会议指出的那样，当前经济形势仍然复杂严峻，不稳定性不确定性较大，我们遇到的很多问题是中长期的，必须从持久战的角度加以认识，加快形成以国内大循环为主体、国内国际双循环相互促进的新发展格局，建立疫情防控和经济社会发展工作中长期协调机制。这表明，疫情过后由于国内市场建设的需要，中国的经济可能会出现阶段性的"内向发展"，我国将适当收缩对外投入，暂缓经济"走出去"的步伐。而且我国进入经济"新常态"以后，"低增长、高杠杆"的现实也要求我们行稳致远，适当放缓OFDI步伐。近年来部分学者喜欢强调通过"走出去"，主动"打造自身的全球价值链"，改变被动"嵌入"的格局。然而现实是中国企业OFDI仍是点状形态，远未成链。所以在现阶段，中国企业海外投资的现实选择仍应是主动融入跨国公司的全球价值链，况且"融入”并不意味着低端，在这个过程中，企业如果能顺应形势，主动对接“一带一路”倡议，将更多的劳动密集型生产转移出去，挪出资源努力往价值链上方移动，这或许将是“双赢”的过程，虽然其间必然伴随着痛苦。

即便如此，这并不意味着政府可以放手不管，当企业跨国经营出现困难时，政府的扶持还是必要的，“走出去”企业也应积极抓住这种机会。例如，2020年1月底，中国人民银行等部门联合发布了《关于进一步强化金融支持防控新冠肺炎疫情的通知》，提出“对受疫情影响严重的企业到期还款困难的，可予以展期或续贷。通过适当下调贷款利率、增加信用贷款和中长期贷款等方式，支持相关企业战胜疫情灾害影响”。尽管上述规定主要是对境内受疫情冲击的企业发布的，但是跨国经营企业也可利用此类政策，与中资银行协商，争取更优惠的信贷和财税支持。

总之，展望未来，分析全球对外直接投资及其对中国的影响时，必须把握如下四个因素：首先，新冠肺炎疫情给全球经济弱势复苏势头增添了不确定性，疫情严重的发达国家OFDI可能大幅减少。其次，美国大选衍生出来的贸易摩擦、科技脱钩和外交争端以及地缘政治冲突等不确定性因素将对全球投资信心造成重大的负面冲击。再次，宏观经济下行风险加大将打击实体企业进行生产性投资的积极性，使本就下滑的绿地投资短期内难有起色。最后，投资政策环境恶化，不合理的限制性监管政策为全球投资蒙上阴影。

4.2　中国对“一带一路”沿线国家和地区投资回顾与展望

从投资规模上看，自2013年提出“一带一路”倡议以来，中国对“一带一路”沿线国家和地区直接投资的规模一直保持了较快的增长速度，具体来讲，呈现出如下特征。

4.2.1 投资规模呈现持续增长趋势

从流量看，据商务部、国家统计局、国家外汇管理局联合编制的《中国对外直接投资统计公报》统计，2003 年中国对"一带一路"沿线国家和地区对外直接投资金额仅 2.02 亿美元，到 2013 年这一金额飙升至 126.4 亿美元，年均增速 51.4%，比同期中国对外直接投资流量年均 43.8% 的增速快 7.6 个百分点，占中国对外直接投资流量的份额也从 7.1% 上升至 11.7%。

2013 年习近平主席提出"一带一路"倡议以来，2014 年中国对"一带一路"沿线国家和地区对外直接投资金额大幅攀升至 136.7 亿美元，2015 年又进一步增加到 189.3 亿美元。但自 2016 年第二季度起，由于国内外对直接投资的限制因素增多，中国对"一带一路"沿线国家和地区的直接投资并没有稳定趋势，其中 2016 年下滑了 19%，2017 年大幅反弹了 31.6%，2018 年又出现了 11.4% 的降幅。继 2019 年反弹 4.5% 后，2020 年，我国企业在"一带一路"沿线对 56 个国家直接投资 225.4 亿美元，同比增加 20.6%，占同期总额的 14.7%。尽管如此，2013 ~ 2020 年，中国对"一带一路"沿线国家投资流量年均增速仍然达到了 8.6%，比同期中国对外直接投资流量年均 5.2% 的增速快 3.4 个百分点，占中国对外直接投资流量的份额也从 11.7% 上升至 14.7%①。

从存量看，2003 年，我国对"一带一路"沿线国家和地区的直接投资存量为 13.2 亿美元，占我国对外直接投资存量的 4%，2013 年，我国对"一带一路"沿线国家和地区的直接投资存量上升到 720.2 亿美元，占当年中国海外直接投资总存量的 10.9%，年均增速 51.4%，远快于同期中国对外直接投资总存量增速。

自 2013 年提出"一带一路"倡议以来，中国对"一带一路"沿线国家和地区的直接投资存量虽然继续保持了较快的增速，但占中国对外直接投资总存量的比例却出现明显的下降。据统计，在 2013 ~ 2020 年，中国对

① 商务部、国家统计局、国家外汇管理局编：《2018 年度中国对外直接投资统计公报》，中国统计出版社 2019 年 9 月版，后文中的数据如不加说明均引自此。

“一带一路”沿线国家和地区年均 OFDI 存量保持了 15.8% 的增速，而同期中国 OFDI 总存量年均增幅却高达 21.5%，以致其占中国 OFDI 总存量比例逐步走低，2019 年占比只有 7.8%，比起高峰期，也就是习近平主席提出“一带一路”倡议的 2013 年低了 3.1 个百分点。其间理由，个人判断主要是“一带一路”沿线国家多为资本市场不发达国家，所以中国对其投资虽然流量金额增速很快，但存量金额却增值较慢。

尽管如此，2003～2020 年，中国对“一带一路”沿线国家和地区投资存量年均增速高达 34.4%，比同期中国对外直接投资流量年均 29.2% 的增速快 5.2 个百分点（见表 4.5）。

表 4.5　中国对“一带一路”沿线国家投资流量和存量情况

金额单位：亿美元

年份	中国对外直接投资流量	“一带一路”国家流量	年均增速（%）	占比（%）	中国对外直接投资存量	“一带一路”国家流量	年均增速（%）	占比（%）
2003	28.5	2	—	7.1	332	13.2	—	4
2004	55	3.8	89.5	7	448	19.5	47.6	4.3
2005	122.6	6.7	74.6	5.4	572	33.9	74.3	5.9
2006	211.6	11.9	78.6	5.6	906.3	52	53.3	5.7
2007	265.1	32.5	172.2	12.2	1179.3	96.1	84.8	8.1
2008	559.1	45.3	39.4	8.1	1939.7	148.4	54.5	7.7
2009	565.3	45.3	0	8	2457.5	200.7	35.2	8.2
2010	688.1	77.4	71	11.3	3172.7	290.3	44.6	9.1
2011	746.5	99.3	28.2	13.3	4247.8	412.3	42.1	9.7
2012	878	133.2	34.2	15.2	5319.4	567.6	37.6	10.7
2013	1078.4	126.4	-5.2	11.7	6604.8	720.2	26.9	10.9
2014	1231.2	136.6	8.1	11.1	8826.4	924.6	28.4	10.5
2015	1456.7	189.3	38.6	13	10978.6	1156.8	25.1	10.5
2016	1961.5	153.4	-19	7.8	13573.9	1328.9	14.9	9.8
2017	1582.9	201.8	31.6	12.7	18090.4	1584.6	19.2	8.8
2018	1430.4	178.8	-11.4	12.5	19822.7	1769.8	11.7	8.9
2019	1369.1	186.9	4.5	13.7	21988.8	1794.7	1.4	8.2

续表

年份	中国对外直接投资流量	“一带一路”国家流量	年均增速（%）	占比（%）	中国对外直接投资存量	“一带一路”国家流量	年均增速（%）	占比（%）
2020	1537.1	225.4	20.6	14.7	25806.6	2007.9	11.9	7.8
2009～2019年平均增速	26.4%	32%	—	—	29.2%	34.4%	—	—

资料来源：商务部、国家统计局、国家外汇管理局编，历年《中国对外直接投资公报》。

上述数据也表明，“一带一路”沿线国家和地区尚不是我国进行对外直接投资的主要目标，截至目前中国对其直接投资还比较有限。而且自2013年中国提出“一带一路”倡议以来，中国对“一带一路”沿线国家和地区投资存量还出现了占比下降的情况①。

4.2.2 投资增速呈现出逐年下滑、波动性加大的顺周期性特征

如表4.6和图4.3所示，我国对“一带一路”沿线国家直接投资流量增速变化呈现出逐年下滑、波动性不断增大的顺周期性特征。在2004～2007年间，我国对“一带一路”沿线国家直接投资迭创新高，其中2007年还创下了172.2%的历史最快增速。同时世界经济增速年均增长5.3%，其中2007年创造了5.6%的近47年新高，我国经济也创下了14.3%的新世纪最高②。受全球金融危机及经济危机打击，2009年我国对“一带一路”沿线国家直接投资增速几乎降低为零，其后虽有所反弹，但增速逐渐回落，呈“L”形发展趋势。这种趋势变化并未因2008年底推出的“四万亿”积极财政救市措施而得到扭转。经过2010～2012年3年短暂反弹后，在主权债务危机和新兴市场经济危机的接连打击下，2013年我国对“一带一路”沿线国家直接投资增速竟然变成了负增长。即便2013年大力推进“一带一路”倡议以来，我国对“一带一路”沿线国家直接投资增速也呈

① 本章观点和数据多来自2017年第5期《国际贸易》刊载的《中国对“一带一路”沿线国家投资现状与成因研究》一文。

② 详见IMF所编的《世界经济展望》报告及其数据库，中国金融出版社2016年10月出版。

下降态势。据商务部统计，在2016年我国OFDI总流量金额飙升34.7%的背景下，我国对“一带一路”沿线国家的直接投资还同比下降了19.3%，只有153.4亿美元，占同期我国对外直接投资总额1701.1亿美元的8.5%。2017~2019年，中国OFDI流量金额出现了连续三年的下跌趋势，2020年我国对外直接投资增速虽略有反弹，对“一带一路”沿线国家直接投资甚至连续两年增长，在2017年还出现过31.6%的增速，但也改变不了总体下滑的趋势。

总体说，这种增速变化与近10多年来世界经济持续低迷及我国经济进入“新常态”以后的走势密切相关，体现出增速逐步下滑、波动性明显加大的顺周期特征，只是这种波动性比我国对外直接投资总额增速的波动性还要大。

表4.6　中国对“一带一路”沿线国家直接投资流量增速与世界经济增速对应情况

年份	世界经济增速（%）	中国经济增速（%）	中国对外直接投资增速（%）	中国对“一带一路”国家直接投资增速（%）
2003	4.3	10	5.6	—
2004	5.4	10.2	93	89.5
2005	4.9	11.4	122.9	74.6
2006	5.5	12.7	72.6	78.6
2007	5.6	14.3	25.3	172.2
2008	3	9.7	110.9	39.4
2009	-0.1	9.4	1.1	0
2010	5.4	10.6	21.7	71
2011	4.3	9.5	8.5	28.2
2012	3.5	7.9	17.6	34.2
2013	3.5	7.8	22.8	-5.2
2014	3.6	7.3	14.2	8.1
2015	3.5	6.9	14.7	38.6
2016	3.4	6.7	34.7	-19
2017	3.8	6.8	-19.3	31.6
2018	3.6	6.6	-9.6	-11.4

续表

年份	世界经济增速（%）	中国经济增速（%）	中国对外直接投资增速（%）	中国对"一带一路"国家直接投资增速（%）
2019	3	6	-8.5	-1.4
2020	-3.1	2.2	12.3	20.6

资料来源：《中国对外直接投资统计公报》及 IMF 编《世界经济展望》数据库。

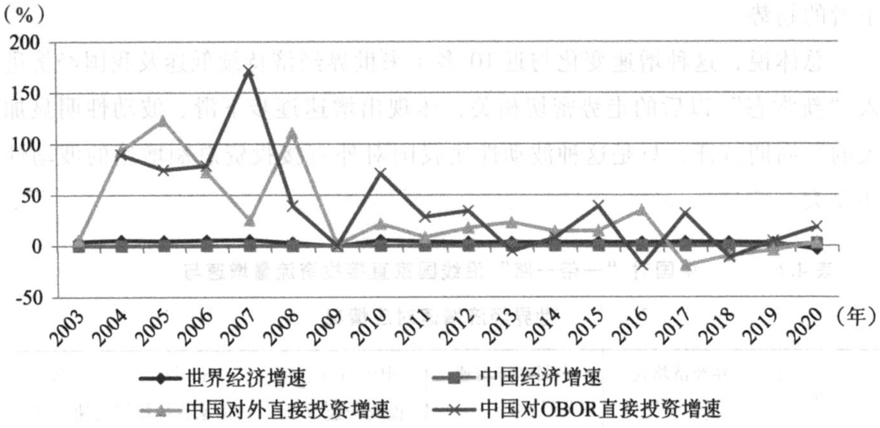

图 4.3　中国对"一带一路"沿线国家直接投资流量增速与世界经济增速对应情况

4.2.3　投资呈现出近邻化、集聚化发展趋势

中国在"一带一路"沿线国家 OFDI 的东道国数量在稳步上升，2015 年 10 月，中国在"一带一路"沿线国家 OFDI 的东道国数量为 49 个，2016 年 10 月增加为 51 个，到该年底数量又进一步增加为 53 个①，当前除不丹以外，中国对外直接投资已遍及"一带一路"沿线诸国和地区。但从空间分布上来看，近些年，我国对"一带一路"沿线国家和地区投资在空间分布上，呈现出近邻化、集聚化的特征。

如图 4.4 所示，我国对东盟、俄罗斯、蒙古国、中亚和南亚等邻近国家和地区直接投资流量和存量不仅金额持续攀升，2013～2019 年还有加速

① 数据来源：商务部 http://hzs.mofcom.gov.cn/article/date/201608/20160801383067.shtml.

趋势，而且其占我国对“一带一路”沿线国家和地区直接投资的比例也一直上升，个别年份占比甚至高达90%以上。这说明我国对“一带一路”沿线国家和地区 OFDI 呈现近邻化趋势，也在一定程度上说明中国对外直接投资仍处在小泽辉智意义下的第三阶段，也即从大规模引进外商直接投资到利用血缘、地理和种族纽带，并首先在邻国进行直接投资的阶段。

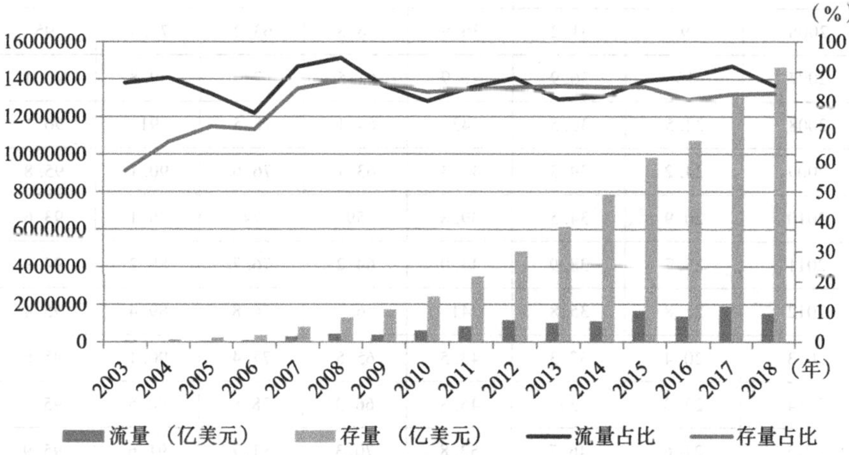

图4.4　中国对邻近国家和地区投资及其占“一带一路”比例

从具体国别来看，按照投资金额大小，2019年我国对“一带一路”沿线国家直接投资存量最多的10个国家分别是新加坡、俄罗斯、印度尼西亚、马来西亚、老挝、哈萨克斯坦、阿拉伯联合酋长国、柬埔寨、泰国、越南，我国对其直接投资存量都超过了50亿美元，基本都分布在东南亚、北亚、中东、中亚，除阿拉伯联合酋长国外，都是与我国山水相连或一衣带水的邻近国家和地区。据此，作者计算了首位国家集中度等一系列表示集聚度的指标（见表4.7）。结果发现，无论是首位国家集中度、前3名国家集中度、前5名国家集中度，还是前10名国家集中度、前15名国家集中度都基本随着时间序列的推进，呈现出比较明显的提高趋势，2013年以后这一趋势还得以强化，但在计算前20位、前30位国家集中度时，2013年来则出现集中度提升并不明显的现象，这说明我国对“一带一路”沿线国家直接投资具有集聚化特征，主要分布在前15名国家，其占比已稳步从本世纪初的55%左右提高到84%以上。

表 4.7　　中国对"一带一路"沿线国家直接投资集中度　　单位:%

年份	Top1 集中度	Top3 集中度	Top5 集中度	Top10 集中度	Top15 集中度	Top20 集中度	Top30 集中度
2003	12.5	21.3	29.6	51.6	54.8	58	95.9
2004	12	24.6	31.7	58.1	61.5	69.1	96.3
2005	9.6	27.5	34	60.9	68.2	76.2	96.4
2006	9	31.2	36.9	56.3	63.2	77.4	95
2007	15	36.9	42.9	61.5	77	89.8	96.4
2008	22.5	38.5	43	64.1	78.5	91	96.1
2009	24.2	39.3	44.3	63.1	76.6	90.1	95.8
2010	20.9	34.5	39.8	59	74	86.1	93.6
2011	25.7	38.9	43.9	64.2	76.7	88.2	94.9
2012	21.8	35.8	41	65	76.8	89.4	95.4
2013	20.4	37.3	43.5	65.5	77.4	90.1	95.6
2014	22.3	39	45.8	66.3	78.8	90.5	95.7
2015	27.6	46.7	52.8	70.3	81.7	91.6	95.9
2016	25.8	43.2	50.3	69	82.7	92	96.1
2017	28.7	44.5	51.9	70.4	84	91.9	96.4
2018	28.8	44.4	54	72	84.6	92.1	96.9
2019	29.1	44.6	53.5	73.2	84.1	91.1	96.5

资料来源：历年《中国对外直接投资公报》。

具体说来，这种集中度主要表现在对东盟国家直接投资持续增多，而对其他地区直接投资持平甚至下降的趋势。

在我国对"一带一路"沿线国家和地区 OFDI 中，东盟 10 国得到的投资最多。截至 2019 年，中国对东南亚地区直接投资流量和存量分别达到 130.2 亿美元和 1099.7 亿美元（见表 4.8 和表 4.9），占比分别为 69.2% 和 60.8%，比提出共建"21 世纪海上丝绸之路"的 2013 年分别提高了 12 个百分点和 11.5 个百分点，除菲律宾和文莱外，东盟成员国均进入我国对外直接投资前 15 位国家，呈现出日益集中的趋势。

表 4.8 中国对"一带一路"沿线国家和地区直接投资分地区流量占比 单位:%

年份	东盟 10 国	中亚 5 国和蒙古国	西亚 17 国	南亚 8 国	独联体 7 国	中东欧 17 国	总计
2003	59.1	5.2	11.1	5.8	15.4	3.4	100
2004	51.2	14.1	10.7	1.2	21.8	1.0	100
2005	23.6	24.2	18	2.6	30.8	0.8	100
2006	28.1	13.8	21.5	-4.2	39.2	1.6	100
2007	29.8	17.7	7.6	28.8	15.1	1	100
2008	54.9	19.8	4.6	10.9	9	0.8	100
2009	59.6	13.7	16.2	1.7	0.9	7.9	100
2010	56.9	10	14.2	5.4	5.4	8.1	100
2011	58.9	9	14.2	9.2	7.4	1.3	100
2012	45.8	32.1	10.9	3.3	6.8	1.1	100
2013	57.2	11.7	17.5	3.6	9.2	0.8	100
2014	57.2	7.7	15.6	11.1	6.9	1.5	100
2015	77.3	-12.4	12	6.1	16.1	0.9	100
2016	67.1	7.5	10.6	4.5	9.5	0.8	100
2017	67.9	10.8	5.8	5.2	8.4	1.9	100
2018	75.8	1.2	10.9	3.3	5.1	3.7	100
2019	69.2	3.6	15.4	9.6	-0.1	2.3	100

资料来源：历年《中国对外直接投资公报》。

蒙古国和中亚5国在2012年曾是我国对"一带一路"沿线国家直接投资第二集中的地区。2003年中国对上述国家直接投资流量和存量占我国对"一带一路"沿线国家的比例分别为5.2%和4.4%，到2013年这两个比例分别提高至11.7%和16.9%，但之后持续回落，到2019年，中国对上述国家直接投资流量和存量占比分别为3.6%和9.8%，占比比2013年分别下降了8.1个百分点和7.1个百分点，存量比例虽然仍维持了较高水平，但流量占比出现了巨幅下滑，2015年甚至呈总体撤资趋势。

表 4.9　中国对"一带一路"沿线国家直接投资分地区存量占比　单位:%

年份	东盟 10 国	中亚 5 国和蒙古国	西亚 17 国	南亚 8 国	独联体 7 国	中东欧 17 国	总计
2003	44.5	4.4	39.6	3.5	4.7	3.3	100
2004	49.5	7.5	30.4	3.1	6.9	2.6	100
2005	37	13.5	25.2	7.5	14.6	2.2	100
2006	33.9	14.5	23.6	4.4	18.9	4.7	100
2007	41.1	15.4	11.9	13	15.5	3.1	100
2008	43.7	19.1	10.1	11.7	13	2.4	100
2009	47.7	17.4	11.5	9.7	11.6	2.1	100
2010	49.4	15	13.3	9.1	10.2	3	100
2011	51.9	14.3	13.1	8.6	9.6	2.5	100
2012	49.7	19	12.4	7.4	9.2	2.3	100
2013	49.4	16.9	12.3	8	11.2	2.2	100
2014	51.4	15	12.2	9	10.4	2	100
2015	54.2	10.2	12.5	8.2	13.1	1.8	100
2016	55.3	10	15.1	7.4	10.9	1.3	100
2017	57.4	9.9	13.8	7.9	9.7	1.3	100
2018	59.2	10.4	13.6	6.5	8.9	1.4	100
2019	60.8	9.8	13.7	6.3	8	1.4	100

资料来源：历年《中国对外直接投资公报》。

南亚也曾是我国对"一带一路"沿线国家和地区直接投资比较集中的地区，但年度波动性比较大，总体呈下降趋势，2007 年是我国对南亚地区直接投资最多的时期，一度占到我国对"一带一路"沿线国家直接投资流量的 28.8%，占比非常高。2019 年我国对该地区直接投资流量、存量分别为 18 亿美元、112.5 亿美元，但占比分别仅为 9.6%、6.3%，较之 2013 年，流量投资占比虽提高了 6 个百分点，存量投资占比却下降了 1.7 个百分点。持续性仍有待观察。

西亚地区作为世界上油气资源最丰富的地区，长期来看是我国比较重视的投资地区，中国对其投资时点也比较早，2005 年之前中东地区一直是我国对"一带一路"沿线国家和地区投资最多的地区之一，仅次于东盟，但在多年徘徊后，2019 年中国对其直接投资流量占比为 15.4%，较 2013 年下降了 2.1 个百分点，较历史峰值 2006 年下降了 6.1 个百分点，存量也仅为13.7%，较2013年小幅提高了1.4个百分点。

除俄罗斯外，我国对独联体其他6国和中东欧国家投资一直比较少，2019年我国对其投资存量仅为43.4亿美元，占比2.4%，较之2003年的3.4%和2013年的2.9%，均有较明显的下滑，2018年我国对其直接投资流量为8.6亿美元，创下历史最高纪录，但2019年就下降到8亿美元，其持续性不得而知。

如果以习近平主席2013年提出“一带一路”倡议为考察点，我们来具体比较中国对“一带一路”沿线国家和地区直接投资地区分布情况，其中，直接投资流量和存量占比均有增加的地区仅有东盟10国，直接投资流量和存量占比均有下降的则有中亚5国和蒙古国、独联体7国，西亚18国流量占比下降，存量占比则略有提升，南亚8国、中东欧16国流量虽有明显增加，但其存量占比却持续下滑（见表4.8和表4.9）。这说明过去6年，中国对“一带一路”沿线国家和地区直接投资地区分布总体来说出现了一定的非邻国化趋势，但不是非常明显。

4.2.4　投资呈现出头部国家年度变动大、与大宗商品价格走势趋近的特征

近年来，我国对“一带一路”沿线国家和地区的投资还出现了头部国家不稳定、年度变动比较大、与大宗商品价格涨落保持较明显的一致性等顺经济周期性特征（见图4.5）。

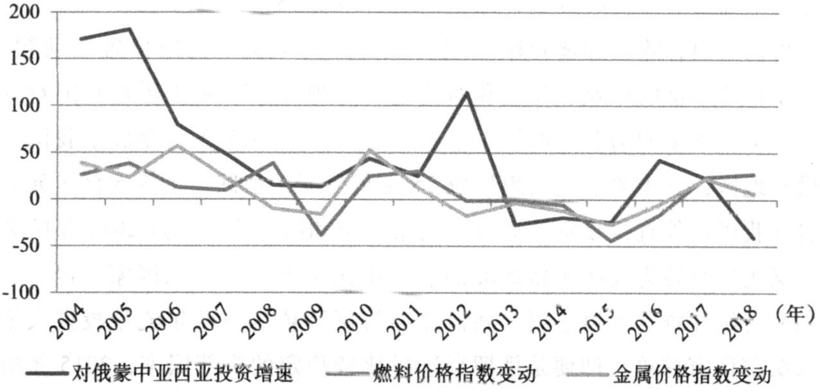

图4.5　中国对俄蒙中西亚等资源丰裕地区直接投资增速与大宗商品价格走势

作为自然资源丰裕地区，俄罗斯、西亚、蒙古国和中亚5国曾经是中国非常重视的投资地区，2003年中国对上述国家和地区直接投资流量和存量占我国对"一带一路"沿线国家和地区的比例分别为31.5%和48.7%，其后经历了两个高峰期，一是2005~2006年，二是2011~2013年，之后，随着大宗商品价格下跌，其占比日益缩减，到2019年流量和存量占比分别仅为16.9%和30.5%，比2013年分别下降了20.4个百分点和9个百分点，在有些国家已经出现了大规模撤资的现象。例如2019年中国在包括俄罗斯、乌兹别克斯坦和科威特等13个资源丰裕国家出现了撤资现象，占在"一带一路"沿线国家和地区投资的比例达到20%。

从流量看，在承接中国直接投资流量超过5亿美元的国家中，2013年分别是新加坡、印度尼西亚、俄罗斯、哈萨克斯坦、老挝、泰国、伊朗、马来西亚8个国家上榜；2014年分别是新加坡、印度尼西亚、老挝、巴基斯坦、泰国、阿拉伯联合酋长国、俄罗斯、伊朗、马来西亚、蒙古国10个国家上榜；2015年分别是新加坡、俄罗斯、印度尼西亚、阿拉伯联合酋长国、印度、土耳其、越南、老挝8个国家上榜；2016年分别是新加坡、以色列、马来西亚、印度尼西亚、俄罗斯、越南、泰国、巴基斯坦、柬埔寨9个国家上榜；2017年分别是新加坡、哈萨克、马来西亚、印度尼西亚、俄罗斯、老挝、泰国、越南、柬埔寨、巴基斯坦、阿拉伯联合酋长国、塞浦路斯12个国家上榜；2018年分别是新加坡、印度尼西亚、马来西亚、老挝、越南、阿拉伯联合酋长国、柬埔寨、泰国、俄罗斯、孟加拉国10个国家上榜；2019年分别是新加坡、印度尼西亚、越南、泰国、阿拉伯联合酋长国、老挝、马来西亚、伊拉克、哈萨克、柬埔寨、沙特阿拉伯、巴基斯坦、印度13个国家上榜。

可以看出，除新加坡和印度尼西亚外，其他头部国家位置变动频繁。例如在资源丰富的中亚、北亚和西亚地区，2012~2014年还是我国对外直接投资头部国家的哈萨克斯坦、蒙古国、伊朗，2015年则变成了我国主要的撤资地区，其中哈萨克斯坦撤资25.1亿美元，伊朗撤资5.5亿美元，分别名列我国对外直接投资总撤资榜的第2位和第4位，不过2017年哈萨克斯坦又迅速翻转为仅次于新加坡的引进中国资本第二多的国家，伊朗、蒙古国则持续撤资。而以色列、塞浦路斯等国则依靠一两年流量投资大增而进入头部国家榜单。即便是俄罗斯这样比较稳定的头部国家，2015年吸纳的中国直接投资流量还高达29.6亿美元，但连年下跌之后，到2019年中国对其撤资3.8亿美元，已滑出头部国家榜单。

从存量看，我国对“一带一路”沿线国家直接投资对象国也显现出一定的头部变化特征。除新加坡、印度尼西亚和俄罗斯超过100亿美元，稳居前三位之外，其他国家都有一定的位次变化。其中哈萨克斯坦在2013～2014年还是承接我国对外直接投资存量第3位的国家，但到2019年就滑落到第7位了，蒙古国也从2013年的第6位退到了2019年的第15位；而马来西亚则从2013年的第15位前进到了2019年的第5位，阿拉伯联合酋长国从2013年的第16位前进到了2019年的第6位，越南从2013年的第13位前进到了2019年的第9位。

总体看，我国对外直接投资具有非常明显的顺周期性，也即经济扩张时对资源丰裕国投资很多，而经济低迷时，则大幅减少对资源丰裕国投资，甚至表现为连续多年的大规模撤资，这种结构并不利于我国在“一带一路”沿线国家和地区获取稳定的资源供给。

值得提及的是，近年来中国对老挝、柬埔寨、缅甸等经济尚不发达邻国的直接投资有了较大增长，但对经济发展水平更高、制度环境也更为稳健的东欧诸国以及东盟中的泰国、菲律宾、越南直接投资的重视程度明显不够，而且这种重视程度则往往与上述国家投资环境呈反向关系。根据中国电子科学研究院2016年所编制的“丝路信息化指数”，“一带一路”沿线国家和地区总体得分均不高，6分以上的国家仅占7%，23%的国家得分介于5～6分，38%的国家得分介于4～5分，32%的国家得分介于3～4分，2%的国家得分不足3分。其中新加坡的得分最高，为7.05分；中国得分排名第三，为6.12分，低于新加坡及以色列；不丹的评分最低，仅为2.93分（见表4.10）。从地区分布来看，中东欧国家信息化投资环境最为成熟，平均得分在4.88分，但我国对其投资非常少。东南亚居其次，平均得分4.81，是我国对外投资分布最多的地区。独联体国家平均得分排名第三，但除俄罗斯外，我国对其直接投资都不多。中东和中亚国家虽普遍在能源资源方面具有强大保障能力，也是我国直接投资分布较集中的地区，但其平均得分分别为4.47和4.03。南亚国家平均值仅为3.62分，大多数国家在基础设施建设方面非常薄弱，但近几年我国对其投资却增长很快。不仅仅如此，据安永会计师事务所和Oxford Economics提供的数据，近半数“一带一路”沿线国家和地区风险指数位于极高风险区间，尤其是中东地区大部分国家和南亚、东南亚部分国家，独联体国家和蒙古国也大多位于高风险区域，只有沙特阿拉伯、阿拉伯联合酋长国、卡塔尔和中东欧国家处在低风险区域，但中国对其投资却不多。显然中国 OFDI 的空间布局不是太合理，有重塑的必要。

表 4.10　2018 年中国对"一带一路"沿线国家投资流量和存量最多 10 国的投资环境

排序	流量				存量			
	国家	2013 年流量（亿美元）	2019 年流量（亿美元）	丝路信息指数及排名	国家	2013 年存量（亿美元）	2019 年存量（亿美元）	丝路信息指数及排名
No. 1	新加坡	203	48.3	7.05（1）	新加坡	147.5	526.4	7.05（1）
No. 2	印度尼西亚	15.6	22.2	4.69（31）	印度尼西亚	46.6	151.3	4.69（31）
No. 3	越南	4.8	16.5	5.22（17）	俄罗斯	75.8	128	5.96（5）
No. 4	泰国	7.6	13.7	5.23（16）	老挝	27.7	82.5	3.17（62）
No. 5	阿拉伯联合酋长国	3	12.1	5.4（12）	马来西亚	16.7	79.2	6.11（4）
No. 6	老挝	7.8	11.5	3.17（62）	阿拉伯联合酋长国	15.1	76.4	5.4（12）
No. 7	马来西亚	6.2	11.1	6.11（4）	哈萨克斯坦	69.6	72.5	5.63（8）
No. 8	伊拉克	0.2	8.9	3.83（50）	泰国	24.7	71.9	5.23（16）
No. 9	哈萨克斯坦	10.2	7.9	5.63（8）	越南	21.7	70.7	5.22（17）
No. 10	柬埔寨	5	7.5	3.29（60）	柬埔寨	28.5	64.6	3.29（60）
No. 11	沙特阿拉伯	4.8	6.5	5.23（15）	巴基斯坦	23.4	50	3.95（46）
No. 12	巴基斯坦	1.6	5.6	3.95（46）	缅甸	35.7	41.3	3.68（53）
No. 13	印度	1.5	5.3	4.62（34）	以色列	0.3	37.8	6.18（2）
No. 14	孟加拉国	0.4	3.8	3.59（55）	印度	24.5	36.1	4.62（34）
No. 15	吉尔吉斯斯坦	0.7	2.2	3.71（52）	蒙古国	33.5	34.3	4.59（35）
No. 16	尼泊尔	0.4	2.1	3.03（65）	乌兹别克斯坦	2	32.5	4.16（43）
No. 17	以色列	0	1.9	6.18（2）	伊朗	28.5	30.6	4.76（29）
No. 18	白俄罗斯	0.3	1.8	5.02（19）	沙特阿拉伯	17.5	25.3	5.23（15）
No. 19	蒙古国	3.9	1.3	4.59（35）	塔吉克斯坦	6	19.5	3.36（59）
No. 20	匈牙利	0.3	1.2	5.69（7）	土耳其	6.4	18.7	4.9（24）

资料来源：历年《中国对外直接投资公报》、中国电子科学研究院 2016 年"信息化指数"。

4.3 中国对“一带一路”沿线国家和地区直接投资的主体特征

传统上，对外直接投资主体应该是以私人股份为主的跨国公司，其投资动机一般是发达国家相对于发展中国家的垂直型的“垄断优势”（Hymer，1960）和“边际产业扩张”（小岛清，1977）所致，但近年来，我国对外直接投资的主体并不是这样的。

4.3.1 “走出去”企业多为央企

从投资规模来看，中央级国有企业是中国对“一带一路”沿线国家和地区开展直接投资的主力军。如表 4.11 所示，截至 2019 年，各种类型中央级企业对“一带一路”沿线国家和地区进行了 233 个大型项目投资，占中国对“一带一路”沿线国家和地区大型项目数的 48.7%，宣布的投资金额为 1918.1 亿美元，占中国对“一带一路”沿线国家和地区大型项目直接投资总量的 64.5%。其中，隶属于国资委的 48 家央企共投资 200 个项目，投资量为 1757.6 亿美元，占比为 59.1%；中投公司投资 15 个项目，投资量为 75.4 亿美元，占比为 2.5%；而以四大国有银行为代表的金融央企投资 11 个项目，投资量为 31.3 亿美元，占 1.1%；其他央企都很低，国家外汇管理局投资了 4 个项目，投资量为 42.5 亿美元，中国中小企业协会投资了 2 个项目，投资金额为 7.4 亿美元，中央部委高校投资 1 个项目，合计投资量为 49.9 亿美元，合计占比 1.8%。实际上，这里还没有把 5 个由民企或地方国企主导、央企参股项目列进来，如果也列入统计，央企对“一带一路”沿线国家和地区直接投资还会更多。

表 4.11　各种类型央企对“一带一路”沿线国家和地区直接投资情况

央企类型	项目（个）	金额（亿美元）	项目占比（%）	金额占比（%）
国资委直属央企	200	1757.6	41.8	59.1
金融央企	11	31.3	2.3	1.1

续表

央企类型	项目（个）	金额（亿美元）	项目占比（%）	金额占比（%）
中投公司投资企业	15	75.4	3.1	2.5
国家外汇管理局投资企业	4	42.5	0.8	1.4
企业家协会投资企业	2	9.4	0.4	0.3
中央部委高校投资企业	1	1.9	0.3	0.1
央企合计	233	1918.1	48.7	64.5
对"一带一路"沿线国家及地区总投资	478	2972.2	100	100

资料来源：美国传统基金会（2020）。

表4.12也显示了央企对"一带一路"沿线国家和地区直接投资中的主导地位。在20个投资规模最大的企业中，央企一共占据了17个位次，民营企业占据了另外3个位次，其中规模最大的两家企业都是央企，它们分别是中石油集团和中石化工集团，投资规模分别为434.1亿美元和175.2亿美元，这也是对"一带一路"沿线国家和地区直接投资的企业中唯二破百亿美元的企业，其他上榜企业直接投资规模都超过了34亿美元。此外，还有中国铁建、中国中铁、中化集团、中国电投、中国移动、中国中车、中国机械工业集团、珠海振戎集团等一大批投资额超过20亿美元的央企都没有列入表4.12中。

表4.12　2006～2019年中国对"一带一路"沿线国家直接投资最多的企业排序

排序	企业名称	总金额（亿美元）	项目（个）	平均金额（亿美元）	行业
1	中石油集团	434.1	28	15.5	能源
2	中石化工集团	175.2	9	19.5	能源化工
3	万科	91.7	2	45.9	地产、物流
4	中国交通建设集团	83.2	12	6.9	能源、地产、物流、旅游、其他
5	阿里巴巴	82.6	19	4.3	科技
6	中国远洋运输	80.3	6	13.4	物流
7	中国投资公司	75.4	15	5	金属、能源

续表

排序	企业名称	总金额（亿美元）	项目（个）	平均金额（亿美元）	行业
8	中国电力建设集团有限公司	65.5	8	8.2	能源
9	中广核集团	60.6	2	30.3	能源
10	中信集团	53.2	9	5.9	能源、交通、金融
11	华能集团	52.6	3	17.5	能源
12	华电集团	52.4	7	7.5	能源
13	三峡集团	49.4	7	7.1	能源
14	国家电网	44.4	5	8.9	能源
15	国家外汇管理局	42.5	4	10.6	能源
16	中国冶金集团	41.9	6	7	金属
17	中国招商局集团	36.9	7	5.3	交通、物流
18	中国神华能源	35.9	5	7.2	能源
19	中国能源工程	34.5	6	5.8	能源
20	浙江恒逸能源	34.4	1	34.4	能源

资料来源：美国传统基金会（2020）。

4.3.2 地方企业不断增加，民营企业成为“走出去”主体

从时间推进来看，地方企业“走出去”的积极性逐渐提升。2005～2008年，只有北京和上海等部分地区的企业开始零星进行对“一带一路”沿线国家和地区OFDI。2010年起，浙江、广东、天津、河北、山东一些地方国企和民企开始纷纷“走出去”，如阿里巴巴、腾讯、复星、万达等，到2011年形成了第一个对“一带一路”沿线国家和地区投资的高峰。2012年以后，虽受新兴市场经济形势低迷影响，但在习近平主席提出“一带一路”倡议以后，地方企业对“一带一路”沿线国家和地区投资高潮不断，不仅仅是民企、地方国企，还有很多产业投资基金，如鼎晖资本、厚朴投资等，都在纷纷开展对外直接投资。

截至2019年，各类地方企业对“一带一路”沿线国家和地区大型投

资项目数量为245个，投资金额为1054.1亿美元，分别占中国对"一带一路"沿线国家和地区大型项目总量的51.3%和投资存量的35.5%。其中地方国企有75个项目，占比15.7%，投资存量306.5亿美元，占比10.3%；民营企业有150个项目，占比31.4%，投资存量663.8亿美元，占比22.3%；外资企业有6个项目，占比1.3%，投资存量15.3亿美元，占比0.5%；产业投资基金有6个项目，占比1.3%，投资存量30.3亿美元，占比1%；其他地方企业有8个项目，占比1.7%，投资存量38.2亿美元，占比1.3%（见表4.13）。

表4.13　各种类型地方企业对"一带一路"沿线国家和地区直接投资情况

地方企业类型	项目（个）	金额（亿美元）	项目占比（%）	金额占比（%）
地方国企	75	306.5	15.7	10.3
民营企业	150	663.8	31.4	22.3
外资企业	6	15.3	1.3	0.5
产业投资基金	6	30.3	1.3	1
其他地方企业	8	38.2	1.7	1.3
地方企业合计	245	1054.1	51.4	35.4
"一带一路"沿线总投资	478	2972.2	100	100

资料来源：美国传统基金会（2020）。

地方企业中最大的亮点就是民营企业的崛起。这些企业在2007年以前在"一带一路"沿线国家和地区基本没有直接投资，2008年以后民营企业开始对"一带一路"沿线国家和地区投资布局，但规模仍比较小，项目都不大，以试探性为主。2013年"一带一路"倡议提出后，民营企业对"一带一路"沿线国家和地区直接投资规模显著增大，甚至在2016年第二季度以来国内外政府不断加强对跨国并购审查，这种趋势也不曾扭转，2017~2018年民营企业对"一带一路"沿线国家和地区大型直接投资项目分别为29个、27个，超过了央企同期的21个、18个，投资金额分别为187.8亿美元和114.1亿美元，也超过了央企同期的128亿美元和103.6亿美元，虽然2019年央企强势逆转，投资了23个大型项目，投资金额为213.2亿美元，但民营企业也落后得不是太多，2019年投资了17个项目，投资金额为72.8亿美元。表4.13也在一定程度上凸显了民营企业的强势参与，事实上，除了万科、阿里集团、浙江恒逸能源外，还有腾讯、中润资源、华信、复星、华为、联合能源、海航集团等多家民营企业对"一带一路"沿线国家和地区直接投资金额都超过了15亿美元。

此外，有一些产业基金也在"一带一路"沿线国家和地区直接投资中扮演了重要的角色，例如厚朴投资、鼎晖资本、春华资本、中国民生投资、赛博特资本、高地基金、高瓴资本、浙江金科等，它们不仅在跨国并购中扮演着"穿针引线"的角色，为央企、地方国企和民营企业跨国并购提供过桥贷款，而且还经常亲自参与直接投资。可以说，如果没有这些产业投资基金参与，有些大宗直接投资很难达成，例如2017年11月，在万科集团收购新加坡全球物流地产79%股份一案中，如果没有厚朴投资、高瓴资本和中国银行参与进来，单靠万科集团可能很难筹措得到90.6亿美元的收购资金。

4.3.3 OFDI企业主要集中在东部省份，但开始出现了向沿边省份聚集的趋势

从全部对外直接投资企业的来源地分布看，全国各省份大体形成了五个梯队。其中北京对"一带一路"沿线国家和地区投资最多，截至2019年，北京投资了233个1亿美元以上的大项目，直接投资存量1846亿美元，构成了第一梯队，也是唯一超过千亿美元的独一梯队。

广东、上海、浙江、山东构成了第二梯队，其对"一带一路"沿线国家和地区直接投资都超过了100亿美元。其中广东投资了44个项目，投资存量392.6亿美元；上海投资了32个项目，投资存量144.1亿美元；浙江投资了35个项目，投资存量143.7亿美元；山东投资了29个项目，投资存量104.9亿美元。如果剔除掉央企，北京其实与这几个省市同属一档。

江苏、云南、广西、福建、海南、河北、天津、陕西、黑龙江构成了第三梯队，其对"一带一路"沿线国家和地区直接投资都超过了10亿美元。其中江苏投资了15个项目，投资存量50.6亿美元；云南投资了6个项目，投资存量35.2亿美元；广西投资了6个项目，投资存量26.6亿美元；福建投资了9个项目，投资存量26.5亿美元；海南投资了5个项目，投资存量25.6亿美元；河北投资了8个项目，投资存量19.7亿美元；天

津投资了5个项目，投资存量13.9亿美元；陕西投资了5个项目，投资存量13.7亿美元；黑龙江投资了3个项目，投资存量12.7亿美元。这个梯队中最突出的特点就是沿边省份比较多，如云南、广西、海南和黑龙江，这也从一个角度说明了"一带一路"正在使沿边省份成为对外开放和"走出去"的前沿地带。还需要指出的是，香港特区作为单独关税区，一般是不统计在"一带一路"对外直接投资省份中的，传统基金会数据表明，截至2019年香港特区对"一带一路"沿线国家和地区投资了10个项目，直接投资存量高达45.1亿美元，主要是招商局等驻港央企开展的对外投资，所以也可以纳入这个梯队中。

吉林、安徽、甘肃、江西、新疆、湖南、辽宁、内蒙古、重庆、贵州、宁夏、四川、湖北构成了第四梯队，其对"一带一路"沿线国家和地区都至少投资了1个大型项目，直接投资都超过了1亿美元。其中吉林投资了1个项目，投资存量9.3亿美元；安徽投资了5个项目，投资存量8.9亿美元；甘肃投资了4个项目，投资存量8.5亿美元；江西投资了4个项目，投资存量7.7亿美元；新疆投资了5个项目，投资存量7.5亿美元；湖南投资了4个项目，投资存量6.6亿美元；辽宁投资了2个项目，投资存量6.3亿美元；内蒙古投资了2个项目，投资存量4.6亿美元；重庆投资了2个项目，投资存量3.9亿美元；贵州投资了1个项目，投资存量2.5亿美元；宁夏投资了1个项目，投资存量2.4亿美元；四川投资了1个项目，投资存量1.7亿美元；湖北投资了1个项目，投资存量1.4亿美元。

河南、山西、青海、西藏因无大宗投资数据，排在第五梯队（见表4.14）。

表4.14　中国各类企业对"一带一路"沿线国家和地区投资情况　单位：亿美元

年份	2005	2006	2007	2008	2009	2010	2011	2012	2013	2014	2015	2016	2017	2018	2019
北京	46.9	84.5	69.4	172.9	194.9	81	110.2	73.6	185	105.4	150.6	123	133.3	109	206.3
上海	0	13	0	0	3.5	0	1.2	6.7	7.2	17.7	30	10.1	36.6	3	15.1
天津	0	0	0	0	2.8	0	0	0	5	2	0	0	1.1	0	3
河北	0	0	0	0	1.2	0	0	0	0	0	5.1	1.2	2.6	0	9.6
浙江	0	0	0	0	0	0	1.3	1.7	3.2	4.1	42.8	10	21.5	50.1	9

续表

年份	2005	2006	2007	2008	2009	2010	2011	2012	2013	2014	2015	2016	2017	2018	2019
广东	0	0	0	0	0	3	0	15.3	14.8	34.4	90.6	51.4	126.7	24.7	31.7
山东	0	0	0	0	0	3.9	21.2	2.2	9.1	11.6	1.9	7.8	7.1	28.9	11.2
江苏	0	0	0	0	3.2	0	0	0	0	2.8	24.2	3.8	5.9	3.6	7.1
福建	0	0	0	0	0	0	2	1	3.1	0	1.5	0	1	12.6	5.3
海南	0	0	0	0	0	0	5.3	0	0	5.3	4.7	0	10.3	0	0
广西	0	0	0	0	0	0	12.9	1	11.3	0	0	1.4	0	0	0
东部地区合计	46.9	97.5	69.4	172.9	205.6	87.9	154.1	101.5	238.7	183.3	351.4	208.7	346.1	231.9	298.3
辽宁	0	0	0	0	4.8	0	0	0	0	0	0	0	0	1.5	0
黑龙江	0	0	0	0	0	0	0	1.3	0	4.5	0	6.9	0	0	0
吉林	0	0	0	0	0	0	9.3	0	0	0	0	0	0	0	0
东北地区合计	0	0	0	0	4.8	0	9.3	1.3	0	4.5	0	6.9	0	1.5	0
山西	0	0	0	0	0	0	0	0	0	0	0	0	0	0	0
江西	0	0	0	0	0	0	0	0	0	0	1	0	1.7	5	0
安徽	0	0	0	0	0	0	0	3.2	0	0	3.1	1.2	0	0	1.4
湖北	0	0	0	0	0	0	0	0	0	0	0	0	0	1.4	0
湖南	0	0	0	0	0	0	2	0	0	0	0	4.6	0	0	0
河南	0	0	0	0	0	0	0	0	0	0	0	0	0	0	0
中部地区合计	0	0	0	0	0	0	2	3.2	0	0	4.1	5.8	1.7	6.4	1.4
四川	0	0	0	0	0	0	0	0	0	0	0	0	0	0	1.7
重庆	0	0	0	0	0	0	0	0	1	2.9	0	0	0	0	0
云南	0	0	0	0	0	5	0	0	0	1.3	1	0	1.6	26.3	0
贵州	0	0	0	0	0	0	0	0	0	0	0	0	2.5	0	0
西藏	0	0	0	0	0	0	0	0	0	0	0	0	0	0	0
内蒙古	0	0	0	0	0	1.8	0	0	0	0	0	0	0	2.8	0
陕西	0	0	0	0	0	0	0	0	0	4.3	2.5	2.4	0	3.1	1.4
甘肃	0	0	0	0	0	4.1	0	0	0	0	0	0	0	4.4	0

续表

年份	2005	2006	2007	2008	2009	2010	2011	2012	2013	2014	2015	2016	2017	2018	2019
宁夏	0	0	0	0	0	0	0	0	0	0	0	2.4	0	0	0
青海	0	0	0	0	0	0	0	0	0	0	0	0	0	0	0
新疆	0	0	0	2.5	0	1	0	3	0	1	0	0	0	0	0
香港	0	0	0	1.1	0	0	2.8	1.5	0	3.9	10.6	0	0	17.3	7.9
西部地区合计	0	0	0	2.5	0	11.9	0	3	1	9.5	3.5	4.8	4.1	36.6	3.1
合计	46.9	97.5	69.4	176.5	210.4	99.8	168.2	110.5	239.7	201.2	369.6	226.2	351.9	293.7	310.7

资料来源：美国传统基金会（2020）。

如果按照传统的东部地区、中部地区和西部地区以及东北地区的方法划分，那么从地区划分来看，东部 11 个省区市最多（把香港特区归入此类），对"一带一路"沿线国家和地区大型项目的投资存量为 2812.7 亿美元，占我国对"一带一路"沿线国家和地区直接投资总存量的 94.6%；西部 10 个省区市（青海、西藏没有大宗投资数据）合计投资为 106.6 亿美元，占比 3.6%；东北黑吉辽三省合计投资为 28.3 亿美元，占比 1%；中部五省最少（河南、山西没有大宗投资数据），只有 24.6 亿美元，占比 0.8%。由此可见，地方企业对"一带一路"沿线国家和地区的投资，最主要集中在东部地区，其次是沿边地区，中部地区既不占天时之优，也无地缘、亲缘等地利，所以对外直接投资总体非常少。

不过总体来说，由于国有企业特别是央企所占的对外直接投资比重较大，而其投资动机多是发展中国家之间的水平型的"小规模技术优势"（Wells，1977）"技术地方化"（Lall，1983）"技术累积"（Cantwell and Tolentino，1986）和"动态比较优势"（Ozawa，1996）所致。一般而言，高技术企业进行 OFDI 时，总是倾向于实行绿地投资，低技术企业则倾向于跨国并购。但国有企业进行 OFDI 时，一般多会选择跨国并购，原因是这类企业虽然适应于在不稳定的政治环境中经营，但鉴于其几乎可以无限制地从国有银行获取资金，这就决定了其在对外直接投资中过于追求政治和社会效益，而不注重经济效益。

4.4 中国对"一带一路"沿线国家和地区直接投资的产业特征

近年来，中国对"一带一路"沿线国家和地区直接投资在行业分布上，呈现出以资源寻求为主、逐步升级、逐步多元化的特征。

4.4.1 投资行业高度集中，但正逐步呈现产业升级特征

从具体行业构成来看，在中国对"一带一路"沿线国家和地区 OFDI 中，资源寻求型投资占据绝对主导地位，制造业和生产性服务业占比不断提高。据传统基金会统计，2005 ~2019 年中国对"一带一路"沿线国家和地区直接投资总金额为2972.2亿美元。其中能源开采业是第一大产业，投资项目168个，占比35.1%，投资总额1472.5亿美元，占比49.5%；第二位是交通设备制造业，投资项目57个，占比11.9%，投资金额329.8亿美元，占比11.1%；第三位是金属开采业，投资项目51个，占比10.7%，投资总额304.1亿美元，占比10.2%；第四位是地产业，投资项目55个，占比11.5%，投资总额195.3亿美元，占比6.6%。这四大产业合计项目占比69.2%，金额占比77.4%，构成了第一梯队。

物流业、科技业及其他行业构成了第二梯队。其中物流业项目15个，占比3.1%，投资金额137.5亿美元，占比4.6%；科技业项目27个，占比5.6%，投资金额107.1亿美元，占比3.6%；其他行业项目50个，占比10.7%，投资金额160亿美元，占比5.4%。

农业、健康业、化学、金融业、公用事业、旅游业、娱乐业7个行业的投资项目相对较少，合计才55个，占比11.5%，规模相对较小，均不到100亿美元，投资金额合计265.9亿美元，占比8.9%（见表4.15）。另据 Merger market 提供的数据，在2005 ~2016年，中国对"一带一路"沿线国家和地区跨国并购的行业分类数据中，排名前五名的行业分别是石油和天然气行业（386亿美元），制造业（145.3亿美元），金融服务（142.9亿美元），通信、媒体与科学（124.3亿美元），电力和能源（109.7亿美

元），表现出非常明显的资源寻求型特征，其中，资源类并购占比46.4%。

如果套用三次产业分类法，传统基金会所划分的十四个行业可以进行如下分类：第一产业包括能源开采业、金属开采业和农业三大行业，第二产业包括交通设备制造业、化学、其他行业（主要由服装、玩具等轻纺制造业组成，但必须剔除阿里、腾讯、京东、复星和海尔等家电业建立的消费者服务业以及厦门大学在马来西亚建立分校案，合计22个项目，共计96.1亿美元金额）和公用事业四个行业，其他七个行业构成第三产业。从此角度划分，在2005～2019年，中国对"一带一路"沿线国家和地区1亿美元以上的大宗直接投资中，第一产业合计233个项目，项目占比48.7%，投资金额1863.4亿美元，金额占比62.7%。第二产业合计92个项目，项目占比19.2%，投资金额429.6亿美元，金额占比14.4%。第三产业153个项目，项目占比32%，投资金额1863.4亿美元，金额占比22.9%，产业结构明显落后于当今世界对外投资主要集中于第二、第三产业的特征，体现了明显的资源寻求特征[①]。

尽管如此，中国对"一带一路"沿线国家和地区投资的行业结构还是呈现逐渐升级化特征。虽然在对"一带一路"沿线国家和地区直接投资中，第二产业、第三产业合计占比才37.3%，但其占比不断提升。其中2005～2012年，第二产业合计占比平均为16.5%，第三产业合计占比平均为15.4%。2013年"一带一路"倡议提出后，产业明显出现升级趋势。2013～2019年，第二产业合计占比平均为18.8%，第三产业合计占比平均为22.9%，双双呈现明显上升趋势。特别要提到的是2012年和2017～2019年，第一产业投资占比连续多年低于60%，其中2017年第一产业、第二产业和第三产业占比分别是28.2%、22.5%和49.3%，第三产业占比还首度赶上了世界平均水平，产业升级特征明显（见表4.16）。

① 根据UNCTAD所编《2019年世界投资报告》第9页所提供的数据，在2018年8160亿美元的跨国并购总金额中，初级产业、制造业、服务业金额分别为390亿美元、3070亿美元、4690亿美元，占比分别是4.8%、37.6%、57.5%；同时在2018年9810亿美元的绿地投资宣布总金额中，初级产业、制造业、服务业金额分别为410亿美元、4660亿美元、4730亿美元，占比分别是4.2%、47.5%、48.2%。

表4.15 中国对“一带一路”沿线国家和地区投资行业结构 单位：亿美元

年份	能源开采业	金属开采业	农业	交通设备制造业	化学	其他行业	公用事业	地产业	科技业	金融业	旅游业	娱乐业	物流业	健康业
2005	46.9	0	0	0	0	0	0	0	0	0	0	0	0	0
2006	64.2	9.4	0	9.7	0	1.2	0	13	0	0	0	0	0	0
2007	20.1	43.2	0	0	0	0	0	0	4.6	0	0	0	1.5	0
2008	90.6	21.6	2	61.2	0	0	0	0	0	0	1.1	0	0	0
2009	184.6	4.8	0	4.7	0	0	0	6	5	5.3	0	0	0	0
2010	45.9	21.4	14.4	1.5	1.9	4	0	5	3	1.7	0	0	1	0
2011	87.9	27.4	1	10.8	19.2	1.2	0	16.9	0	1	0	0	2.8	0
2012	35.6	22.8	0	7.2	0	2.3	0	16.7	12	10	0	2.4	1.5	0
2013	144.9	19.2	20.4	6.1	1.1	4.1	0	33.9	1.1	2	4.5	0	0	2.4
2014	129.7	11.9	15.6	2.9	0	7.3	0	9	14	3.2	0	0	7.6	0
2015	214.4	27	4.4	32	0	14.2	7.3	16.2	25	17	0	0	12.1	0
2016	117.5	4.1	19.4	11.2	0	12.4	1.4	18.5	2.5	11	18.6	1	8.6	0
2017	91.6	4.7	2.8	39.9	0	39.4	0	39.3	9.7	2.3	0	10.5	100.9	10.8
2018	68.2	58.3	5.1	66.5	5	48.9	0	11.8	16.8	6.9	0	3.7	1.5	1
2019	130.4	28.3	1.7	76.1	0	25	0	9	13.4	0	10.9	14.9	0	1
合计	1472.5	304.1	86.8	329.8	27.2	160	8.7	195.3	107.1	60.4	35.1	32.5	137.5	15.2

资料来源：美国传统基金会（2020）。

表4.16 中国对“一带一路”沿线国家和地区投资各行业占比情况 单位：%

年份	能源开采业	金属开采业	农业	交通设备制造业	化学	其他行业	公用事业	地产业	科技业	金融业	旅游业	娱乐业	物流业	健康业
2005	100	0	0	0	0	0	0	0	0	0	0	0	0	0
2006	65.8	9.6	0	9.9	0	1.3	0	13.4	0	0	0	0	0	0
2007	29	62.2	0	0	0	0	0	0	6.6	0	0	0	2.2	0
2008	51.3	12.2	1.2	34.7	0	0	0	0	0	0	0.6	0	0	0
2009	87.7	2.3	0	2.2	0	0	0	2.9	2.4	2.5	0	0	0	0
2010	46	21.4	14.4	1.5	1.9	4	0	5	3	1.8	0	0	1	0
2011	52.3	16.3	0.6	6.4	11.4	0.7	0	10	0	0.6	0	0	1.7	0

续表

年份	能源开采业	金属开采业	农业	交通设备制造业	化学	其他行业	公用事业	地产业	科技业	金融业	旅游业	娱乐业	物流业	健康业
2012	32.2	20.6	0	6.5	0	2.1	0	15.1	10.9	9	0	2.2	1.4	0
2013	60.5	8	8.5	2.5	0.5	1.7	0	14.1	0.5	0.8	1.9	0	0	1
2014	64.5	5.8	7.8	1.4	0	3.6	0	4.5	7	1.6	0	0	3.8	0
2015	58	7.3	1.2	8.7	0	3.8	2	4.4	6.8	4.6	0	0	3.2	0
2016	51.9	1.8	8.6	5	0	5.5	0.6	8.2	1.1	4.9	8.2	0.4	3.8	0
2017	26	1.3	0.8	11.3	0	11.2	0	11.2	2.8	0.7	0	3	28.7	3
2018	23.2	19.9	1.7	22.6	1.7	16.6	0	4	5.7	2.3	0	1.3	0.6	0.4
2019	42	9.1	0.5	24.5	0	8	0	2.9	4.3	0	3.5	4.8	0	0.4

资料来源：美国传统基金会（2020）。

4.4.2 投资虽呈多元化，但资源寻求特征明显，行业风险较集中

不仅如此，我国对"一带一路"沿线国家和地区直接投资还呈现明显的多元化特征。如表4.16所示，中国对"一带一路"沿线国家和地区投资是先从能源开采行业起步，2006年开始扩展到金属开采、交通设备制造、地产、其他行业（轻纺制造等），2007~2010年又拓展至农业、物流、旅游、化学、科技、金融等技术含量更高的行业，2012~2013年开始涉足娱乐、健康等服务业，2015年以后还涉足公用事业，呈现出从资源导向到资金密集型行业，进而升级到高科技和现代服务业的发展趋势。

这既反映了中国企业对"一带一路"沿线国家和地区的产业结构经历了一个逐步升级、逐步多元化的过程，同时也表明，中国对"一带一路"沿线国家和地区投资的动机首先就是资源的获取，比如石油、天然气、土地以及金属矿物；其次才是谋求当地丰富的劳动力资源和开拓东道国市场，比如对交通业、金属以及化学等制造行业的投资；最后才是寻求技术，优化要素配置，比如对金融和科技业的投资。

由于中国对"一带一路"沿线国家和地区的直接投资主要集中在能源、金属开采等初级产业，其投资风险就显得非常集中。虽然2018年来，中国对"一带一路"沿线国家和地区投资领域不断升级和多元化，开始延

伸到农业、交通、化学、其他工业、公用事业、地产、科技教育、金融、旅游、娱乐业等领域，其中第二产业和第三产业合计占比已提高到 50% 上下，但总体尚未形成规模。从某种意义上说，这种行业结构也是一把“双刃剑”：一方面，中国通过对外直接投资获取了大量的资源供给，这缓解了中国经济增长迅速导致的资源供不应求的问题，有利于中国的经济发展；另一方面，中国依赖于大规模并购活动获取的资源，会削弱国内进行产业结构升级的动力，使中国难以摆脱不合理的经济结构及落后的经济增长模式。同时随着 2015 年以来美联储频繁进行各种货币政策操作，连续四年加息和缩减资产负债表后，又连续两年进行降息和扩大资产负债表，进而在 2020 年新冠肺炎疫情暴发后，实行零利率和无限量化宽松货币政策以及中国经济进入新常态，这不仅使得对国际大宗商品价格需求出现了周期性的下滑，加重了其价格走软趋势，也使相关产业投资不断萎缩，并使东道国对我国资本的疑虑与摩擦不断加重，中国对外直接投资风险不断累积。

4.5 中国对“一带一路”沿线国家和地区直接投资失败项目的特征

由于东道国工业能力和自身的技术水平有限，中国企业大部分选择在发展中国家进行绿地投资，但是绿地投资的建设周期长、建设速度慢，所以对跨国企业的资金周转和营运经验要求较高，完成建设以后，跨国企业自身还面临市场开拓、经营管理受东道国的法律和惯例约束的限制。况且这些东道国大多国内的政治动荡，缺乏健全的法律体系，这就在很大程度上增加了长周期中企业面临的投资失败风险。就我国对“一带一路”沿线国家和地区大宗投资而言，存在着失败率偏高、东道国集中和行业集中等特征。

4.5.1 投资失败率总体偏高，但年度间呈现“W”形变化趋势

从横向比较看，据美国传统基金会统计，从 2005 ~ 2019 年，中国对

"一带一路"沿线国家和地区直接投资大宗失败项目合计88个，占我国同期对外直接投资失败总数的30.3%，投资失败金额1109亿美元，占比28.4%，高于"一带一路"沿线国家和地区直接投资占中国对外直接投资总流量的比重①。从纵向比较看，中国对"一带一路"沿线国家和地区大型项目投资经历了一个"W"形走势：2006年失败率最高，构成一个峰顶；之后迅速回落，到2008年跌至不足10%，构成第一个峰谷；跟着又是稳步回升，在2012～2014年回升到50%左右，构成第二个峰顶；2015年再次回落，到2016年构成第二个峰谷；之后再次回升，2019年失败金额占比创下75%的历史最高纪录，构成第三个峰顶（见表4.17）。

表4.17 中国各类企业对"一带一路"沿线国家和地区投资失败情况

年份	"一带一路"失败项目数（个）	总体投资失败项目数（个）	占比（%）	"一带一路"失败金额（亿美元）	总体投资失败金额（亿美元）	占比（%）
2005	0	1	0	0	180	0
2006	6	9	66.7	218.7	347.6	62.9
2007	5	11	45.5	73.6	146.1	50.4
2008	1	14	7.1	3	303.8	1
2009	3	18	16.7	22	371.7	5.9
2010	3	22	13.6	14.8	217.8	6.8
2011	5	25	20	61.7	376.6	16.4
2012	11	23	47.8	117.1	206.4	56.7
2013	5	17	29.4	70.5	176.8	39.9
2014	13	25	52	102.9	254.6	40.4
2015	9	23	39.1	91.6	322.1	28.4
2016	2	32	6.3	7.7	366.8	2.1
2017	9	30	30	49.9	190.4	26.2
2018	10	25	40	194.3	337.9	57.5
2019	6	15	40	81.2	108.2	75
合计	88	290	30.3	1109	3906.8	28.4

资料来源：美国传统基金会（2020）。

① 根据美国传统基金会提供的数据库，中国对"一带一路"沿线国家直接投资项目占比是29.2%，金额占比是24.7%。

4.5.2 投资失败区域主要分布在西亚和东南亚地区，但南亚地区上升很快

中国在“一带一路”沿线国家和地区投资失败的大型项目主要分布于中东和东盟地区。如表4.18所示，在2006~2019年，中国对中东地区投资失败金额最高，达到413.1亿美元；其次是东南亚地区，达到276.6亿美元；南亚排在第三，投资失败金额171.8亿美元，独联体七国排在第四，失败金额150亿美元。蒙古国和中亚以及中东欧地区投资失败相对较少，金额均不到80亿美元。

从国别来看，分布非常广泛，共在33个国家有投资失败的项目，在“一带一路”沿线国家中覆盖面超过50%。其中以色列最多，一共有7个，金额合计73.5亿美元；菲律宾其次，一共有6个，金额合计68.6亿美元；越南也有6个，金额合计34.4亿美元；伊朗虽然仅5个，但金额最高，合计259.3亿美元；俄罗斯5个，金额合计142.7亿美元；印度尼西亚5个，金额合计31.9亿美元；印度5个，金额合计26.3亿美元。其他失败较多的国家还有：巴基斯坦4个，金额合计50.2亿美元；缅甸4个，金额合计48.2亿美元；孟加拉国4个，金额合计35.3亿美元；蒙古国4个，金额合计23.7亿美元；伊拉克3个，金额合计27.7亿美元；马来西亚3个，金额合计54.4亿美元；沙特阿拉伯3个，金额合计9.3亿美元。

结合地区来看，东南亚投资失败项目最多，一共29宗，除文莱外，覆盖了东盟90%成员国。但中国企业在东南亚投资失败的项目平均金额相对较小，平均才9.5亿美元，又主要集中在菲律宾、越南、印度尼西亚、缅甸和马来西亚5国，柬埔寨有2个，新加坡、泰国、老挝各只有1个。主要原因是近年来，受美国“重返亚太”战略、东盟国家内部政局变动和南海争端等因素的影响。

西亚其次，一共有22个失败项目，主要分布在以色列、伊朗、伊拉克、沙特阿拉伯，叙利亚只有2个，土耳其、卡塔尔才1个，在西亚17国中，覆盖面只有41%，但是失败项目平均金额最高，每个项目平均失败金额为18.8亿美元，西亚部分区域呈现多文明交汇、多力量交织、安全形势复杂等特点，这就导致部分国家投资风险偏高，投资比较容易失败。

南亚虽位居第三，但自2011年以来，年年都有投资失败的项目，而且

从金额上看，近年来也有赶上西亚和东南亚的趋势。其失败项目一共17个，涉及金额171.8亿美元，每个项目平均失败金额为10.1亿美元，主要分布在印度、巴基斯坦、孟加拉国3国，此外斯里兰卡有2个，尼泊尔、阿富汗各有1个，除马尔代夫和不丹外，基本均有涉及，在8个南亚国家覆盖面高达75%。究其原因，就是有些国家对“一带一路”倡议有疑虑，有的国家政局不稳，投资环境不理想。

独联体7国投资失败项目一共有7个，主要分布在俄罗斯和乌克兰(1个)、格鲁吉亚（1个）3国，失败金额本来一直不高，但2018年5月，上海民营企业中国华信能源有限公司斥资91.8亿美元收购俄罗斯石油公司14.16%的股份一案失败，提高了基数，致使独联体7国总的投资失败金额高达150亿美元，每个项目平均失败金额为21.4亿美元，居各地区之首。

蒙古国和中亚5国投资失败项目一共有7个，主要分布在蒙古国、哈萨克斯坦（2个)、乌兹别克斯坦（1个）3国，土库曼斯坦、吉尔吉斯斯坦和塔吉克斯坦3国没有大宗投资失败项目发生，蒙古国和中亚5国失败金额也不大，只有57.2亿美元，每个项目平均失败金额为8.2亿美元。

在中东欧17国的投资失败项目也有6个，除波兰有2个，捷克、罗马尼亚、希腊和保加利亚各有1个，分布比较均匀。总失败金额为40.3亿美元，项均失败金额为6.7亿美元，均居各地区之末，不过考虑到中国企业在本地区投资也不多，所以总体投资风险不大也在正常之列。

表4.18　中国各类企业对“一带一路”沿线国家和地区投资失败分区域情况

单位：亿美元

年份	东南亚	蒙古国和中亚	西亚	南亚	独联体	中东欧
2006	19.8	13.9	160	—	25	—
2007	72.5	1.1	—	—	—	—
2008	3	—	—	—	—	—
2009	—	—	1.8	20.2	—	—
2010	8.6	—	6.2	—	—	—
2011	39.2	—	13	5	—	4.5
2012	11	21.2	67	16	—	1.9

续表

年份	东南亚	蒙古国和中亚	西亚	南亚	独联体	中东欧
2013	3.1	—	37.7	29.7	—	—
2014	23.3	18.5	32.1	7.7	—	21.3
2015	23.5	2.5	9.7	37.6	18.3	—
2016	—	—	4.6	3.1	—	—
2017	6.8	—	11.6	30.5	1	—
2018	49.1	—	6.3	20.6	105.7	12.6
2019	16.7	—	63.1	1.4	—	—
合计	276.6	57.2	413.1	171.8	150	40.3

资料来源：美国传统基金会（2020）。

4.5.3　投资失败行业结构主要集中在能源、交通和金属业

中国在“一带一路”沿线国家和地区投资失败的行业主要是能源开采业、交通设备制造业和金属开采业。如表4.19和表4.20所示，2006～2019年，中国在“一带一路”沿线国家和地区能源业投资失败项目有41个，占比46.6%，失败金额高达707.5亿美元，占比63.8%；交通设备制造业投资失败项目有16个，占比18.2%，失败金额高达106亿美元，占比9.6%；金属开采业投资失败项目有10个，占比11.4%，失败金额高达92.8亿美元，占比8.4%。此外，金融业投资失败项目有6个，占比6.8%，失败金额高达35.7亿美元，占比3.2%；房地产业投资失败项目有4个，占比4.5%，失败金额高达25亿美元，占比2.3%；娱乐、农业金额虽有40多亿美元，但只有一两个失败项目，不具代表性，旅游、科技、化工、物流、健康和公用事业等行业均不到20亿美元，可忽略不计。

从年度数据看，能源开采业和交通设备制造业的投资失败事件出现得最为频繁，基本上每年都有；金属开采业、金融业投资失败的频率也较高；房地产业最近三年也是连连发生失败案，都须加以重点研究。但科技、化工、娱乐、农业、旅游、科技、物流、健康和公用事业等投资失败比较少，只发生了一到两起，具有偶发性。

表 4.19 中国各类企业对"一带一路"沿线国家和地区投资失败分行业情况

单位：亿美元

年份	能源开采业	金属开采业	农业	交通设备制造业	科技业	旅游业	化工业	金融业	物流业	健康业	房地产业	公用事业	娱乐业
2006	200.8	17.9	—	—	—	—	—	—	—	—	—	—	—
2007	22.3	—	41.3	—	—	—	—	—	10	—	—	—	—
2008	—	—	—	—	3	—	—	—	—	—	—	—	—
2009	5.2	15	—	1.8	—	—	—	—	—	—	—	—	—
2010	—	8.6	—	6.2	—	—	—	—	—	—	—	—	—
2011	49	—	—	7.7	—	5	—	—	—	—	—	—	—
2012	102.1	1.7	—	13.3	—	—	—	—	—	—	—	—	—
2013	38.7	31.8	—	—	—	—	—	—	—	—	—	—	—
2014	46.9	8.9	—	12.4	—	12	18.5	4.2	—	—	—	—	—
2015	56.4	—	—	29.3	—	—	—	5.9	—	—	—	—	—
2016	—	—	—	3.1	—	—	—	4.6	—	—	—	—	—
2017	17.7	—	1.2	11.6	2.9	—	—	5.6	—	2.2	6.8	1.9	—
2018	147.9	8.9	—	20.6	—	—	—	15.4	—	—	1.5	—	—
2019	20.5	—	—	—	—	—	—	—	—	—	16.7	—	44
合计	707.5	92.8	42.5	106	5.9	17	18.5	35.7	10	2.2	25	1.9	44

资料来源：美国传统基金会（2020）。

表 4.20 中国各类企业对"一带一路"沿线国家和地区投资失败分行业情况

单位：宗

年份	能源开采业	金属开采业	农业	交通设备制造业	科技业	物流及旅游业	化工业	金融业	房地产业	公用事业	健康娱乐业
2005	1	0	0	0	0	0	0	0	0	0	0
2006	4	2	0	0	0	0	0	0	0	0	0
2007	3	0	1	1	0	1	0	0	0	1	0
2008	0	0	0	0	1	0	0	0	0	0	0
2009	1	1	0	1	0	0	0	0	0	0	0
2010	0	2	0	1	0	0	0	0	0	0	0
2011	2	0	0	1	0	1	0	0	0	0	0

续表

年份	能源开采业	金属开采业	农业	交通设备制造业	科技业	物流及旅游业	化工业	金融业	房地产业	公用事业	健康娱乐业
2012	6	1	0	3	0	0	0	0	0	0	0
2013	4	3	0	0	0	0	0	0	0	0	0
2014	5	0	0	3	0	0	1	1	0	0	0
2015	6	0	0	2	0	0	0	1	0	0	0
2016	0	0	0	1	0	0	0	1	0	0	0
2017	1	0	1	1	1	0	0	0	1	1	1
2018	5	1	0	1	0	0	0	2	1	0	1
2019	3	0	0	1	0	0	0	1	2	0	0
合计	41	10	2	16	2	2	1	6	4	2	2

资料来源：美国传统基金会（2020）。

第5章　中国对“一带一路”沿线国家和地区直接投资的区域分析

中国对“一带一路”沿线国家和地区直接投资起步较晚，实际上直到2007年才开始大规模直接投资。2013年“一带一路”倡议提出以后，中国对“一带一路”沿线国家和地区直接投资是否出现了加速趋势？存在哪些问题？如何进行重塑？本章将分为以下几个部分进行具体分析。

5.1　东南亚地区

东南亚地区位于亚洲东南部，交通地位突出，是地处亚洲与大洋洲、太平洋与印度洋之间的“十字路口”，包括中南半岛和马来群岛两大部分，面积约457万平方千米，人口约6.6亿人，2020年GDP合计30812亿美元，共有11个国家：越南、柬埔寨、老挝、缅甸、泰国、印度尼西亚、马来西亚、菲律宾、新加坡、文莱、东帝汶，除东帝汶外，其余10国都是东南亚国家联盟（简称“东盟”）成员。

东盟国家发展水平比较悬殊，人均GDP最高的新加坡是人均GDP最低的缅甸的近40倍。按照世界银行2020年的划分标准，2020年东盟人均GDP为4658美元，总体属于中等偏上收入地区。其中新加坡、文莱超过2万美元，属于高收入国家；马来西亚和泰国介于7000～11000美元，属于中等偏上收入国；印度尼西亚、菲律宾和越南三个人口大国均不足4000美元，属于中等偏下收入国；柬埔寨、老挝、缅甸则属于低收入国。

5.1.1　中国与东盟经贸合作概况

2003年中国与东盟建立战略伙伴关系以来，尤其是2013年10月习近平总书记在访问印度尼西亚提出与东盟共建“21世纪海上丝绸之路”倡议以来，双方政治互信不断加深，近年来双方在区域经济一体化建设方面发展比较快，务实合作成果丰硕，为本地区和平、稳定、发展与繁荣作出了重要贡献。自从2010年建成“中国—东盟自贸区”之后，双方在2015年又进行了自贸区升级谈判。除此之外，双方还进行了一系列的区域经济一体化制度合作，比如中国和东盟10国的“10+1”、中日韩和东盟10国的“10+3”、区域全面经济合作伙伴关系协定（RECP）以及东亚峰会这些合作框架，日前双方就这些安排达成了共识，努力在近两年内结束RECP谈判。同时，中国—东盟双方还有一些次区域的经济合作项目，例如中国—东盟东部增长区、澜沧江—湄公河这些次区域的经济制度安排，并在地方层面、企业层面，鼓励双方加强合作。

在上述机制推动下，双边经贸发展迅速，携手开创了双方经贸合作的“黄金十年”。据中国海关统计，2001~2019年，中国东盟双边贸易年均增速16.4%，比同期中国货物贸易进出口总额年均增速快2.6个百分点。2001年中国和东盟开始洽商建立自由贸易区时，双边贸易额仅为415.9亿美元，当时东盟仅为中国的第五大贸易伙伴。2021年在全球经济复苏推动下，中国和东盟双边贸易规模仍达到5.67万亿元人民币，同比增长19.8%，折合8795.5亿美元，比2001年增长了20.1倍，其中我国出口31255亿元人民币，同比增长17.7%，进口25489亿元人民币，同比增长14.7%。东盟已经成为了中国的第二大贸易伙伴、第三大出口国和第一大进口国，取代了美国对中国的经济地位，而中国则是东盟第一大贸易伙伴。从双边贸易差额看，中国对东盟已扭转了早期的贸易逆差，2011年后逐渐呈现为贸易顺差，并呈稳健增长态势。从具体国家看，印度尼西亚、马来西亚、菲律宾、新加坡、泰国、越南6国是我国最主要的贸易伙伴。2019年我国同上述6国双边贸易额合计6083亿美元，占中国对东盟双边贸易总额的94.8%。相对而言，2013年“一带一路”倡议提出以来，我国同越南、菲律宾的双边货物贸易增长较快，中国同泰国的双边贸易则发展比较平衡（见表5.1）。

表5.1　　中国与东盟双边贸易情况　　单位：亿美元

项目	2001年	2013年	2019年	2001~2019年年均增速（%）	2013~2019年年均增速（%）
双边贸易额	415.9	4436	6414.9	16.4	6.3
其中：中国出口	183.8	2440.4	3594.5	18	6.7
中国进口	232.1	1995.6	2820.3	14.9	5.9
其中：印度尼西亚	67.2	683.5	797	14.7	2.6
马来西亚	94.3	1060.8	1239.6	15.4	2.6
菲律宾	35.6	380.5	609.5	17.1	8.2
新加坡	109.2	759	899.4	12.4	2.9
泰国	70.5	712.4	917.5	15.3	4.3
越南	28.1	654.8	1620	25.3	16.3
双边贸易差额	-48.4	444.8	774.2	—	9.7
其中：印度尼西亚	-10.5	55.1	115.8	—	13.2
马来西亚	-29.8	-142.2	-197	11.1	5.6
菲律宾	-3.3	16.9	205.4	—	51.6
新加坡	6.6	157.7	195	20.7	3.6
泰国	-23.8	-58	-5.7	-7.6	-32.1
越南	7.9	316.9	337.4	23.2	1.1

资料来源：历年《中国海关统计》。

不仅如此，中国与东南亚国家山水相连、地缘相近、人文相亲，历史上就有着较为密切的人员往来。自21世纪初双方着手建设"中国—东盟自贸区"以来，双方服务贸易领域的市场开放水平和交流合作也取得了丰硕成果。据商务部统计，在2012年，中国出游东盟的游客达到了732万人次，是2002年的3.6倍，仅次于中国去欧盟旅游的游客人次，同时中国也是东盟的第二大游客来源国，在2013年，中国赴东盟的游客数首次超过1000万人次，除港澳台地区之外，大概占中国出国旅游总人数的1/3，东盟已成为中国游客最青睐的出境旅游目的地之一。2019年中国公民赴东盟旅游达3948.3多万人次，中国已超过欧盟，成为东盟的最大旅游客源国。在中国10大旅游对象国当中，东盟国家占据7个。与此同时，东盟国家赴中国旅游的公民数量也稳步增长。2012年东盟游客来华已达589万人次，为我国主要的游客来源地之一，2018年东盟来华游客增加到2540万人次，比2017年增长19.3%，比2012年增长3.3倍，年均增速27.6%，远超过同期中国公民出境旅游人数10.3%的年均增速①。2019年东盟来中国旅游的游客人数为2593.4万人次，约占中国入境游客总量的17.8%和外国来华游客总量的81.3%，双方游客互访总量则超过6500万人次，都保持了快速增长势头。

东盟国家于中国而言还是重要的劳务合作与海外承包工程市场。近年来，中国与东盟国家不断加强基础设施建设以及双方的互联互通合作，至2020年底，中国与东盟国家累计签订的承包工程合同额共计5294亿美元，累计完成营业额3348亿美元，其中，2020年签订的合同额是611亿美元，营业额为340亿美元，2021年1~7月中国在东盟国家承包工程新签合同额301.6亿美元，完成营业额152.2亿美元，分别占同期中国对外承包工程业务总额的24.5%和19.4%，至今还有一大批的航空、港口、铁路 、公路、桥梁、电力之类的基础设施建设项目正处于实施中。根据美国传统基金会的统计，2005~2019年，中国在东盟承包的大型工程项目有308个，涉及金额为1279.2亿美元，其中2013年以来签订了大型工程项目213个，合同金额为829.9亿美元，分别占比69.2%和64.9%，“一带一路”倡议加速了双方在工程承包领域的合作。从国别看，印度尼西亚最多，有69个项目，合同金额为291.4亿美元；其次是马来西亚，有52个项目，合同金额为257.8亿美元（见表5.2）。新加坡项目数虽居第三位，但项目平均规模较小，合同金额还不及老挝。从行业分布看，能源行业最集中，项目数和合同金额均超过40%；其次是交通业，项目数和合同金额均超过20%；再次是地产业和物流业（见表5.3）。

表5.2 中国在东南亚工程承包情况

国别	项目数（个）	总金额（亿美元）	平均规模（亿美元）	项目占比（%）	金额占比（%）
文莱	3	6.7	2.2	1	0.4
柬埔寨	23	68.7	3	7.5	5.4

① 文化和旅游部，《2019年文化和旅游发展统计公报》，文化和旅游部官网。

续表

国别	项目数（个）	总金额（亿美元）	平均规模（亿美元）	项目占比（%）	金额占比（%）
印度尼西亚	69	291.4	4.2	22.4	22.8
老挝	35	185.3	5.3	11.4	14.5
马来西亚	52	257.8	5	16.8	20.2
缅甸	15	30.6	2	4.9	2.4
菲律宾	20	86.6	4.3	6.5	6.8
新加坡	41	92.8	2.3	13.3	7.2
泰国	16	60.1	3.8	5.2	4.7
越南	34	199.2	5.9	11	15.6
合计	308	1279.2	4.2	100	100

资料来源：美国传统基金会（2020）。

表 5.3　　中国在东南亚工程承包情况

行业	项目（个）	总金额（亿美元）	平均规模（亿美元）	项目占比（%）	金额占比（%）
农业	4	25	6.3	1.3	2
化工业	9	30.4	3.4	3	2.4
能源业	126	626	5	41	48.8
娱乐业	1	1.6	1.6	0.3	0.1
健康业	1	1.1	1.1	0.3	0.1
物流业	21	94.3	4.5	6.8	7.4
其他行业	4	21.4	5.4	1.3	1.7
地产业	50	110.8	2.2	16.2	8.7
科技业	6	17.5	2.9	1.9	1.4
旅游业	6	15.8	2.6	1.9	1.2
交通业	72	319	4.4	23.4	24.9
公用事业	8	16.3	2	2.6	1.3
合计	308	1279.2	4.2	100	100

资料来源：美国传统基金会（2020）。

此外，双方其他互利合作成果也非常显著。双方在加工业、制造业、农业等很多领域正在洽谈或者建设一批大型的合作项目，为了融资更加便利，中国的金融机构设立了中国—东盟投资合作基金，为企业提供了信贷优惠等。在2009年和2011年，中国先后宣布给予东盟国家150亿美元和100亿美元的信贷支持，其中的优惠信贷多于100亿美元。在2017年，除了对丝路基金增加了1000亿元人民币投资之外，为了在资金方面支持包括东盟在内的“一带一路”沿线国家和地区，中国还支持金融机构设立人民币的国外基金项目，基金规模初步估计达到3000亿元人民币。我国国家开发银行为“一带一路”倡议的基础设施、产能合作、金融合作分别设立了1000亿元、1000亿元和500亿元的专项贷款，中国的进出口银行针对“一带一路”倡议设立了1000亿元的专项贷款和300亿元的基础设施专项贷款，并且和包括泰国进出口银行、马来西亚进出口银行在内的“亚洲进出口银行论坛”成员机构签订协议，用于开展转贷款和贸易融资等合作。2019年国家开发银行又与柬埔寨签署了公路、矿产、电力等领域项目贷款协议，为其提供资金支持。至今为止，前述的信贷合作进展顺利、效果良好，有力地支持了东盟国家经济和社会的发展。

5.1.2　中国与东盟国家双向直接投资情况

中国和东盟国家互相都是重要的投资伙伴，截至2019年底，中国与东盟双向投资额累计为2345.2亿美元，其中中国对东盟的直接投资存量是1099.7亿美元，大概占中国对外直接投资总存量的5%；东盟对中国直接投资累计为1245.4亿美元，约占中国实际利用外资总存量的3.9%。2019年，东盟在华新设立外商投资企业2148家，同比增加25.7%，占当年中国新设外商投资企业数的5.3%，实际投入外资金额78.8亿美元，同比增加37.8%，占当年全部实际投入外资金额的5.6%①。同时，2019年中国对东盟直接投资流量为130.1亿美元，同比下降4.9%，占当年中国对外直接投资流量总额的9.5%，截至2019年末，中国共在东盟设立直接投资企业超过5200家，雇用外方员工近43万人②，东盟已经超过欧盟、美国、澳大利亚、俄罗斯等，成为继中国香港、英属维尔京群岛、开曼群岛之后中国对外及对港澳台直接投资的第四大经济体。

① 商务部编：《2020年中国外资统计公报》，商务部外资司官网。

② 商务部，国家统计局，国家外汇管理局编．2018年中国对外直接投资统计公报［R］．北京：中国商务出版社．

中国对东盟的直接投资不但是中国对所有“一带一路”沿线国家和地区直接投资中最多的，而且规模大、增速快。如表 5.4 所示，2001～2019 年中国对东盟直接投资流量、存量年均增速分别为 34.9% 和 38.7%，而同期中国对外直接投资流量、存量年均增速分别为 34.1% 和 38.6%，前者分别高出了 0.8 个百分点和 0.1 个百分点，这使东盟在中国对外直接投资总量中的流量占比从 4.2% 提高至 9.5%，增长了 5.3 个百分点，存量占比从 1.8% 提高 5.0%，增长了 3.2 个百分点；东盟在中国对“一带一路”沿线国家和地区中直接投资总量中的流量占比从 59% 提高至 69.2%，增长了 10.5 个百分点，存量占比从 44.5% 提高至 60.8%，增长了 16.3 个百分点。

从流向国家看，中国对东盟国家的直接投资集中在新加坡、印度尼西亚，其中对新加坡直接投资最多，2019 年流量为 48.3 亿美元，存量为 526.4 亿美元，在对东盟国家直接投资中占比分别为 37.1% 和 47.9%；对印度尼西亚 2019 年直接投资流量为 22.2 亿美元，存量为 151.3 亿美元，在对东盟国家直接投资中占比分别为 17.1% 和 13.8%。此外，中国对马来西亚、越南、泰国、老挝和柬埔寨的投资规模也比较大。

从投资行业构成看，中国对东盟国家的直接投资主要集中于租赁和商务服务业、制造业、批发和零售业、采矿业、电热气水供应、农业生产、建筑业、交通运输和仓储业、房地产业、金融、科学研究和技术服务等行业。

表 5.4　　中国对东南亚国家投资概况

年份	流量金额（亿美元）	同比增速（%）	占中国对外直接投资比重（%）	占中国对“一带一路”沿线国家和地区直接投资比重（%）	存量金额（亿美元）	同比增速（%）	占中国对外直接投资比重（%）	占中国对“一带一路”沿线国家和地区直接投资比重（%）
2003	1.19	—	4.2	59.1	5.87	—	1.8	44.5
2004	1.96	64.7	3.6	51.2	9.66	64.6	2.2	49.6
2005	1.58	-19.4	1.3	23.6	12.56	30	2.2	37
2006	3.36	112.7	1.6	28.1	17.64	40.4	1.9	33.9
2007	9.68	188.1	3.7	29.8	39.54	124.1	3.4	41.1
2008	24.84	156.6	4.4	54.9	64.87	64.1	3.3	43.7

续表

年份	流量金额（亿美元）	同比增速（%）	占中国对外直接投资比重（%）	占中国对“一带一路”沿线国家和地区直接投资比重（%）	存量金额（亿美元）	同比增速（%）	占中国对外直接投资比重（%）	占中国对“一带一路”沿线国家和地区直接投资比重（%）
2009	26.98	8.6	4.8	59.6	95.79	47.7	3.9	47.7
2010	44.05	63.3	6.4	56.9	143.58	49.9	4.5	49.5
2011	59.05	34.1	7.9	59.5	214.69	49.5	5.1	52.1
2012	61.00	3.3	6.9	45.8	282.45	31.6	5.3	49.8
2013	72.69	19.2	6.7	57.5	356.77	26.3	5.4	49.5
2014	78.19	7.6	6.4	57.3	476.48	33.6	5.4	51.5
2015	146.38	87.2	10	77.3	628.16	31.8	5.7	54.3
2016	103.34	-29.4	5.3	67.4	717.02	14.1	5.3	54
2017	141.38	36.8	8.9	70.1	891.88	24.4	4.9	56.3
2018	136.83	-3.2	9.6	76.5	1030.25	15.5	5.2	58.2
2019	130.07	-4.9	9.5	69.2	1099.72	6.7	5	5
2003～2019年平均增速（%）	—	34.1	—	—	—	38.7	—	—

资料来源：商务部、国家统计局、国家外汇管理局编，历年《中国对外直接投资统计公报》。

从双向直接投资看，综合《世界投资报告》《中国外资统计公报》和《中国对外直接投资统计公报》披露的数据，2019年东盟对我国直接投资2148个项目，占中国引进外资项目数的5.3%，FDI实际流入额为78.8亿美元，同比增长37.8%，占中国实际流入FDI的比例为5.6%，占“一带一路”沿线国家对我国直接投资的比例为97%，东盟国家是“一带一路”沿线国家对我国直接投资的最主要来源。2019年，东盟投资行业前5位分别是制造业、房地产业、租赁和商务服务业、交通运输仓储和邮政业、批发和零售业；5个行业新设企业数占比67.6%，实际投入外资金额占比80%。1987～2018年，东盟累计流入中国的项目数为46056个，金额为1245.4亿美元，分别占中国同期引进外资的4.6%和3.9%，东盟资本是中国引进外资的重要来源。而2019年中国对东盟国家直接投资流量为130亿美元，占东盟国家当年FDI流入额1558亿美元的8.3%，存量为1099.7

亿美元，占东盟国家当年 FDI 流入存量 26882.8 亿美元的 4.1%。双向流量、存量占比都非常接近，双方互为重要的投资伙伴，未来仍有进一步扩大的可能。

5.1.3 中国对东盟大宗投资项目分析

中国对东盟国家直接投资不仅总量大、增长速度快，而且具有规模大的特点。根据美国传统基金会的统计，从 1 亿美元以上规模的大宗直接投资看，2006~2019 年中国对东盟直接投资 199 个，其中 2013 年 10 月"一带一路"倡议提出后的投资数为 133 个，总投资额为 1170 亿美元，每个投资项目平均金额为 5.88 亿美元，略低于中国对外直接投资每个 7.37 亿美元的平均规模，其中 10 亿美元以上投资 33 个，在发展中国家算是平均项目都比较大的。

从投资流向来看，如表 5.5 所示，印度尼西亚最多，共 45 个、总投资金额为 226.1 亿美元，平均每个投资项目规模为 5.02 亿美元，最大的投资项目为 2018 年 12 月，中国铁路工程集团出资 24 亿美元，收购了印尼铁路（Rail）40% 的股权。

新加坡排在第二位，共 44 个、总投资金额为 341.4 亿美元，平均每个投资项目规模为 7.76 亿美元，最大的投资项目是 2017 年 11 月，万科集团联合厚朴资本、高瓴资本及中国银行，出资 90.6 亿美元，收购了新加坡全球物流资本集团（Global Logistics Property）79% 的股权。

马来西亚排在第三位，共 34 个、总投资金额为 188.4 亿美元，平均每个投资项目规模为 5.54 亿美元，最大的投资项目是 2015 年 11 月，中广核集团出资 59.6 亿美元，收购了马来西亚能源企业爱德拉集团（Edra）100% 的股权。

老挝 16 个、总投资金额为 85.6 亿美元，平均每个投资项目规模为 5.35 亿美元，最大的投资项目是 2017 年 4 月，中国铁路总公司联合中国铁路工程集团，出资 23.7 亿美元，帮助老挝兴建铁路，并占据 70% 的股权。

柬埔寨 16 个、总投资金额为 77.1 亿美元，平均每个投资项目规模为 4.82 亿美元，最大的投资项目是 2019 年 3 月，中国交通建筑集团出资

19.5 亿美元，在柬埔寨兴建汽车厂。

越南 16 个、总投资金额为 58.8 亿美元，平均每个投资项目规模为 3.68 亿美元，最大的投资项目是 2015 年 6 月南方电力集团联合国家电力投资集团，合计出资 17.6 亿美元，在越南组建了一个叫作维纳康民（Vinacomin）的煤炭集团，其中南方电力集团占有 55% 的股权，国家电力投资集团占有 40% 的股权，当地企业占有剩下的股权。

泰国 14 个、总投资金额为 46.9 亿美元，平均每个投资项目规模为 3.35 亿美元，最大的投资项目是 2014 年 6 月，中移动出资 8.8 亿美元，收购了泰国电信企业真实公司（True Corp）18% 的股权。

缅甸 6 个、总投资金额为 64.2 亿美元，平均每个投资项目规模为 10.7 亿美元，最大的投资项目是 2016 年 4 月，珠海振戎集团出资 21 亿美元，收购了缅甸石油 70% 的股权。

菲律宾 6 个、总投资金额为 37.4 亿美元，平均每个投资项目规模为 6.23 亿美元，最大的投资项目是 2008 年 1 月，国家电网出资 15.8 亿美元，收购了菲律宾蒙特欧罗电网公司（Monto Oro Grid）40% 的股权。

文莱只有 1 个，投资规模为 34.4 亿美元，是 2014 年 12 月，浙江恒逸集团在文莱勘探开采石油。

表 5.5　　中国对东盟国家直接投资按国别分布情况

国别	项目数（个）	总金额（亿美元）	平均金额（亿美元）	项目占比（%）	金额占比（%）
文莱	1	34.4	34.4	0.6	3
柬埔寨	16	77.1	4.82	8	6.6
印度尼西亚	45	226.1	5.02	22.6	19.3
老挝	16	85.6	5.35	8	7.3
马来西亚	34	188.4	5.54	17.2	16.1
缅甸	6	64.2	10.7	3	5.5
菲律宾	6	37.4	6.23	3	3.2
新加坡	45	351.1	7.8	22.6	30
泰国	14	46.9	3.35	7	4
越南	16	58.8	3.68	8	5
合计	199	1170	5.88	100	100

资料来源：美国传统基金会（2020）。

从行业构成看，中国对东盟国家直接投资具有行业分布广泛的特点。如表5.6所示，能源行业最多，项目占比和金额占比分别是27.1%、35.3%。其次是交通设备制造业、地产业和金属业，相对而言地产业项目数多一些，但交通设备制造业金额则多一些。除上述4个行业、物流业及其他行业外，其他行业项目一般都不到10个，金额不超过100亿美元，其中化工业、公用事业各只有1个项目，金额不足10亿美元，旅游业、娱乐业也只有2~3个项目，金融业和科技业项目虽多一些，但总体投资规模均偏小。

表5.6　中国对东盟国家直接投资按行业分布情况

行业	项目（个）	总金额（亿美元）	平均金额（亿美元）	项目占比（%）	金额占比（%）
农业	6	12.9	2.15	3	1.1
化工业	1	1.1	1.1	0.5	0.1
能源业	54	413.2	7.65	27.1	35.3
娱乐业	3	16.9	5.63	1.5	1.4
金融业	5	33.1	6.62	2.5	2.8
物流业	6	108	18	3	9.2
金属业	26	132.8	5.11	13.1	11.4
其他行业	17	78	4.58	8.5	6.7
地产业	36	127.6	3.54	18.1	10.9
科技业	8	47	5.88	4	4
旅游业	2	17.9	8.95	1	1.5
交通设备制造业	34	174.2	5.12	17.1	15
公用事业	1	7.3	7.3	0.6	0.6
合计	199	1170	5.88	100	100

资料来源：美国传统基金会（2020）。

5.1.4　中国对东盟大宗投资失败项目分析

中国对东盟国家投资失败的项目也不少，而且行业分布比较广泛。据美国传统基金会统计，2006~2019年，共有29个项目失败，涉及金额276.6亿美元，其中规模超过10亿美元的项目有9个。2013年以后，中国对东盟地区直接投资失败项目也没有明显减少，2013 年之前是年均失败 2.3 个，年均失败金额 22.5 亿美元，其中 10 亿美元以上较大金额的失败项目 6 个；2014 年之后是年均 2.6 个，年均失败金额 23.9 亿美元，其中 10 亿美元以上较大金额的失败项目 3 个。

从行业分布看，能源业最多，项目和金额占比分别是 31% 和 43%，其次金属业和交通业，再次是地产业，农业、物流业和科技业也各有 1 个投资失败项目（见表 5.7）。

表 5.7　　中国对东盟国家直接投资失败项目按行业分布情况

行业	项目（个）	总金额（亿美元）	平均金额（亿美元）	项目占比（%）	金额占比（%）
农业	1	41.3	41.3	3.4	15
能源业	9	119	13.22	31	43
物流业	1	10	10	3.4	3.6
金属业	7	40.2	5.74	24.2	14.5
地产业	4	25	6.25	13.8	9
科技业	1	3	3	3.4	1.1
交通设备制造业	6	38.1	6.35	20.8	13.8
合计	29	276.6	9.54	100	100

资料来源：美国传统基金会（2020）。

从国别分布看，除文莱外，其他国家均有投资失败项目，其中菲律宾、越南和印度尼西亚最多，其次是缅甸、马来西亚、柬埔寨，新加坡、老挝和泰国也各有一个（见表 5.8）。

表 5.8　　中国对东盟国家直接投资失败项目按国别分布情况

国别	项目（个）	总金额（亿美元）	平均金额（亿美元）	项目占比（%）	金额占比（%）
文莱	0	0	0	0	0
柬埔寨	2	4.8	2.4	7	1.7
印度尼西亚	5	31.9	6.38	17.2	11.5
老挝	1	13.8	13.8	3.4	5
马来西亚	3	54.4	18.13	10.4	19.7
缅甸	4	48.2	12.05	13.8	17.4

续表

国别	项目（个）	总金额（亿美元）	平均金额（亿美元）	项目占比（%）	金额占比（%）
菲律宾	6	68.6	11.43	20.7	24.8
新加坡	1	17.5	17.5	3.4	6.3
泰国	1	3	3	3.4	1.1
越南	6	34.4	5.73	20.7	12.5
合计	29	276.6	9.54	100	100

资料来源：美国传统基金会（2020）。

5.1.5 中国对东盟投资空间合理性分析

综合前面分析，我们认为中国对东盟国家投资分布有明显不合理之处。从投资存量看，中国对新加坡、印度尼西亚和马来西亚投资存量虽然名列前三位，但占这三国吸引 FDI 存量的比例分别为 3.1%、6.5% 和 4.7%，其中新加坡还不到 5%，但新加坡和马来西亚营商环境相当优越，所以对这些国家的投资还有较大上升空间，未来仍可以大量增加。而老挝、柬埔寨和缅甸三国虽然营商环境欠佳，中国却对这些国家进行了不少的投资，中国对这三国 FDI 存量占这三国吸引 FDI 存量的比例也不低。此外，我国对泰国、越南和菲律宾的直接投资相对于其人口与经济实力，总体偏低（见表 5.9）。

表 5.9　　2019 年中国对东盟国家具体投资情况

国别	GDP（亿美元）	人口（万人）	人均 GDP（美元）	人文发展指数	营商环境得分及名次	该国吸引 FDI 存量（亿美元）	中国对该国 FDI 存量（亿美元）	中国对该国 FDI 存量/该国吸引 FDI 存量（%）
新加坡	3400	577	58902	0.935	86.2/2	16975.6	526.4	3.1
印度尼西亚	10596	27020	3922	0.707	69.6/73	2326.1	151.3	6.5
马来西亚	3383	3294	10270	0.804	81.5/12	1689.8	79.2	4.7
老挝	191	727	2626	0.604	50.8/154	99.3	82.5	83.1
柬埔寨	260	1568	1655	0.581	53.8/144	340.3	64.6	19

续表

国别	GDP（亿美元）	人口（万人）	人均 GDP（美元）	人文发展指数	营商环境得分及名次	该国吸引 FDI 存量（亿美元）	中国对该国 FDI 存量（亿美元）	中国对该国 FDI 存量/该国吸引 FDI 存量（%）
越南	3408	9741	3499	0.693	68.8/70	1611.1	70.7	4.4
泰国	5019	6980	7190	0.765	80.1/21	2544.1	71.9	2.8
缅甸	813	5320	1527	0.584	46.8/165	341.3	41.3	12.1
菲律宾	3622	10878	3330	0.712	62.8/95	879.9	6.6	0.8
文莱	120	46	26089	0.845	70.1/66	71.3	4.3	6

资料来源：世界银行、联合国统计署、联合国工业发展署人文指数；《联合国贸发会议世界投资报告》《世界银行营商环境报告》和《中国对外直接投资统计公报》。

在此，我们把中国对该国直接投资存量与该国吸引 FDI 存量之比作为一个重要的衡量指标，我们把其进行三等分：超过 10% 表明中国投资较集中，低于 5% 表明中国投资较少，介于 5% ~10%，表明中国对其投资量较合适。

如果我们结合上述比例以及世界银行营商环境报告评分，很容易看出中国对上述国家投资空间分布合理与否。从表 5.9 中可以看到，该比例最高三国分别是老挝（83.1%）、柬埔寨（19%）和缅甸（12.1%），均超过 10%，相对于其人口和人均 GDP，投资偏多了一些，尤其是老挝竟然超过 8 成，这使得中国投资过分集中，所以为降低投资风险，今后可以适度降低对老挝、柬埔寨和缅甸三国的投资，或者引入合作者和国际组织，共同发展对这三国的直接投资。而营商环境名列前三名的新加坡、马来西亚和泰国三国，我国对其直接投资占其吸引 FDI 的比重均低于 5%，所以今后我们应适当加大对这三国的投资，尤其是对泰国的投资。文莱、越南、印度尼西亚、菲律宾四国营商环境一般，受限于其人口和经济的单一性，中国对文莱直接投资难以有很大的提升空间，印度尼西亚和越南虽吸引了不少中国直接投资，但由于中国 FDI 占比不高，仍有一定的提升空间。

5.2 蒙古国和中亚五国

一般来讲，蒙古国和中亚五国不会被划分为一个地区，但鉴于其均为内陆国家，而且产业结构和贸易结构也较为相似，均为初级产品生产国和资源出口型国家，所以本书把它们列在一起。其中蒙古国作为东亚经济体，位于俄罗斯与中国交会处，其领土面积约为156万平方千米，人口约312万人，2021年GDP为151亿美元，人均GDP为4635美元，乌兰巴托是其首都和最大的城市。中亚五国，位于亚洲中部地区，地处亚欧大陆的结合部，位于俄罗斯、中国、印度等大国中间的地理位置，是“丝绸之路经济带”的重要合作伙伴和贯通亚欧大陆的交通枢纽，其面积之和约400万平方千米，人口共约7617万人，2019年GDP共约3207.5亿美元，包括哈萨克斯坦、吉尔吉斯斯坦、塔吉克斯坦、乌兹别克斯坦、土库曼斯坦五个国家，其中哈萨克斯坦人均GDP最高，2021年为10035美元；土库曼斯坦其次，2021年为7612美元；其他国家人均GDP不足2000美元。从人口看，乌兹别克斯坦最多，2021年为3491.5万人，哈萨克斯坦其次，2019年为1900万人，其他国家未超过1000万人。综合来看，在蒙古国和中亚地区，经济规模最大的国家依次是哈萨克斯坦、乌兹别克斯坦、土库曼斯坦、蒙古国、吉尔吉斯斯坦、塔吉克斯坦，但即便是经济实力最强的哈萨克斯坦，2021年GDP也才1908亿美元，位居世界第57位。

5.2.1 中国与蒙古国和中亚国家经贸合作概况

自20世纪90年代上海合作组织成立以来，我国与蒙古国和中亚各国关系不断向好，双边经贸发展迅速，2013年习近平主席提出“一带一路”倡议以来，蒙古国和中亚国家先一步与我国签订了相关合作协议，这一举措有力推动了中国和蒙古国、中亚国家深入开展“一带一路”产能合作，各个领域的合作不断取得丰硕成果，中国与蒙古国、中亚各国包括双边贸易、投资、工程承包和劳务在内的经贸合作呈良好发展态势，政治互信、互利合作、战略协调全面推进。

5.2.1.1 货物贸易发展概况

20世纪90年代以来，随着苏联经济体系的瓦解，我国逐步成为蒙古国和中亚各国最主要的贸易伙伴国之一，并促进了其经济的快速增长。根据中国海关提供的数据，在1998～2013年，双边贸易额从12亿美元快速提高到了562.3亿美元，上升了45.9倍，期间平均每年增速为19.8%。至今为止，中国不仅是蒙古国和中亚五国最重要的贸易伙伴之一，同时还是哈萨克斯坦的第一大进口国和第二大出口国、乌兹别克斯坦的第一大贸易国、土库曼斯坦的第一大外资国。同时，蒙古国作为中国北方邻国，是中国“一带一路”北线重要节点国家，截至2019年，中国已连续20年成为蒙古国第一大贸易伙伴。

自2014年开始，由于中国的产业结构变化、中亚国家的贸易结构变化以及在全球大宗商品价格走软背景下，我国自中亚各国主要进口产品价格下降等因素影响，中国同蒙古国及中亚各国双边贸易年均增速开始出现下滑，双方贸易额有所下降，其中中亚国家对中国的出口总额下降非常显著。据中国海关统计，中国与蒙古国及中亚五国双边贸易自2013年创造纪录以来，连续三年走低，2014年双边贸易额下降了6.9%，2015年下降了27.4%，2016年下降了8.8%，而2014～2016年进口更是分别下降了14.7%、27.7%和14.7%，到2016年中国自上述诸国的进口额仅及2013年规模的51.4%，降幅近半。甚至我国对上述国家的出口，也在2015年大跌27.2%后，2016年继续下跌了0.9%。

不过自2016年以来，由于“一带一路”各项倡议的推动作用，中国对蒙古国和中亚国家贸易快速恢复增长，其中我国出口已在2019年走出低谷，创造了新的历史纪录，自上述国家进口虽未创出新高，但到2019年也达到了2013年规模的87.5%的水平。

但分国别来看，中国与蒙古国、中亚各国的双边贸易额差别很明显。

中国在中亚地区最大的出口国和进口国、第二大贸易顺差来源国都是哈萨克斯坦。2019年中哈双边贸易额达到219.9亿美元，占中国对蒙古国及中亚国家总的对外贸易额的41.2%，其中中方出口127.3亿美元，进口92.6亿美元，享有贸易顺差34.7亿美元（见表5.10）。中国主要向哈萨克斯坦出口化工产品、机电产品、金属及其制成品，中国主要从哈萨克斯坦进口矿产、金属及其制品、化工产品、植物油、面粉、蜂蜜和肉类等。

土库曼斯坦则是中国在蒙古国和中亚地区的第二大贸易伙伴，中国在中亚地区最大的贸易逆差也来自土库曼斯坦。2019 年，中国从土库曼斯坦进口 86.9 亿美元，占中国从蒙古国、中亚国家进口总额的 32.5%，而同期我国对土库曼斯坦的出口仅 4.3 亿美元，以致中国对土库曼斯坦的贸易逆差高达 82.6 亿美元。中国向土库曼斯坦出口的商品有机械设备、钢铁、车辆及其零附件、电机电气、化学用品、医疗设备、建材涂料等，中国从土库曼斯坦进口的商品包含树胶树脂、天然气、贵金属、盐、棉花、蚕丝和动物毛。

蒙古国是我国第三大贸易伙伴，其情况大概类似于土库曼斯坦，蒙古国对我国出口多，进口少，是我国第二大贸易逆差国。2019 年中国对蒙古国出口 18.2 亿美元，进口 64.6 亿美元，中方贸易逆差 46.4 亿美元。实际上中国在蒙古国及中亚地区贸易整体出现逆差的主要原因就是由土库曼斯坦和蒙古国带来的，我国对其他四国均享有贸易顺差。

乌兹别克斯坦是我国在上述国家中的第四大贸易伙伴。2018 年，中国对乌兹别克斯坦出口额、进口额分别是 50.3 亿美元和 21.8 亿美元，中乌双边贸易额 72.1 亿美元，占我国对蒙古国和中亚五国贸易总额的 13.5%，这两年中乌双边贸易飞速增长，过去中乌双边贸易长期落后于中国对吉尔吉斯斯坦的贸易，但从 2018 年起中乌贸易额开始超越了中方与吉尔吉斯斯坦的双边贸易，成为中国在中亚地区的第三大贸易伙伴国，这主要是由于中国积极向乌兹别克斯坦分享中国市场的机遇，积极扩大双边贸易额。中国主要向乌兹别克斯坦出口电机和电器设备、机械设备、化工产品及其制品，中国主要从乌兹别克斯坦进口化工制品、天然气、黑色和有色金属。

吉尔吉斯斯坦和塔吉克斯坦分别是我国在中亚地区的第四、第五大贸易伙伴。2019 年我国对其外贸总额分别为 51 亿美元、16.7 亿美元。作为中亚经济实力较弱的两个国家，中国与其双边贸易额虽然维持了较快增长，但主要表现为中国对其出口多、进口少、中方享有巨额贸易顺差的特征。2019 年，我国对吉尔吉斯斯坦出口 50.4 亿美元，进口 0.7 亿美元，中方的贸易顺差高达 49.7 亿美元，在我国对蒙古国和中亚各国享有的贸易顺差中，我国和吉尔吉斯斯坦的贸易顺差额居第一位。中国向吉尔吉斯斯坦出口的主要商品为服装、鞋类、食品、化纤等，中国从吉尔吉斯斯坦进口的主要商品为贵金属、精矿、矿石、水果和蜂蜜等。塔吉克斯坦对我国进出口贸易虽没有这么悬殊，但每年向我国出口也不足1亿美元，进口却高达15.9亿美元，贸易逆差也高达15亿美元。中国向塔吉克斯坦出口的产品主要是纺织品、机械设备、建筑材料、电机电气、车辆及零配件、鞋类等。中国自塔吉克斯坦进口的主要产品是棉花、矿产品、生皮和皮革等。中吉、中塔双边贸易出现进出口发展极其不均衡这种情况均与这两国较低的人均收入有关。2019年吉尔吉斯斯坦、塔吉克斯坦人均GDP分别为1311美元、880美元，远低于其他四国。

表5.10　中国与蒙古国和中亚各国货物贸易情况　金额单位：亿美元

项目	1998年	2013年	2019年	1998~2019年年均增速（%）	2013~2019年年均增速（%）
双边贸易额	12	562.3	533.9	19.8	-0.9
其中：中国出口	5.2	256.9	266.5	20.6	0.6
中国进口	6.8	305.4	267.4	19.1	-2.2
其中：蒙古国	2.4	59.5	82.8	18.3	5.6
哈萨克斯坦	6.4	286	219.9	18.4	-4.3
吉尔吉斯斯坦	2.0	51.4	51.1	16.7	-0.1
土库曼斯坦	0.1	100.3	91.2	36.9	-1.6
塔吉克斯坦	0.2	19.6	16.7	23.7	-2.6
乌兹别克斯坦	0.9	45.5	72.2	23.3	8
双边贸易差额	-1.6	-48.5	-0.9	-2.7	-48.4
其中：蒙古国	-1.2	-10.6	-46.3	19.1	27.9
哈萨克斯坦	-2.3	-35.1	34.8	-213.9	—
吉尔吉斯斯坦	1.6	50.2	49.7	18.3	-0.1
土库曼斯坦	0	17.8	15	34.8	-2.8
塔吉克斯坦	0.1	-77.6	-82.6	-239.1	1
乌兹别克斯坦	0.2	6.8	28.5	25.4	27.1

资料来源：历年《中国海关统计》。

5.2.1.2 服务贸易发展概况

从服务贸易规模来看，蒙古国和中亚五国服务贸易规模较小，服务贸易规模最大的哈萨克斯坦，2018年其出口额、进口额也仅相当于中国的2.7%、2.3%。从贸易结构来看，这些国家都以运输服务和旅游服务为主。从运输服务贸易出口占比来看，中国占16%，吉尔吉斯斯坦占26.2%，蒙古国占32%，哈萨克斯坦占56.7%，塔吉克斯坦占76.2%；从旅游服务贸易出口占比来看，中国占14.9%，吉尔吉斯斯坦占53.3%，蒙古国占40.2%，哈萨克斯坦占32.1%，塔吉克斯坦占3.7%[①]。

鉴于相关资料缺乏，我们无法获知我国与蒙古国和中亚地区之间的服务贸易情况，但从上述资料可以判断，我国与蒙古国和中亚各国服务贸易主要集中在运输和旅游领域，这大体与当前正在建设的"中蒙俄""中国—中亚—西亚"走廊方向一致。目前中国已与哈萨克斯坦、乌兹别克斯坦等国签署了双边国际道路运输协定、多边国际道路运输协议，与蒙古国和中亚之间基础设施互联互通不断完善。中亚班列即是明证，所谓中亚班列，就是指自中国或经中国发往中亚五国以及西亚、南亚等国家的快速集装箱直达班列，列车编组不少于50车。目前中亚班列口岸有五个，分别是连接中亚、西亚的阿拉山口、霍尔果斯口岸，连接蒙古国的二连浩特口岸，以及连接南亚的山腰、凭祥口岸。中亚班列货物主要分为两类：一类是中国的进出口货物，中亚班列可以将蒙古国和中亚产品直接运输到连云港物流中心，换装海运出口；一类是经日本、韩国、东南亚等国过境中国的过境货物。目前中亚班列开行已达28条，据哈萨克斯坦国家铁路货物运输公司统计，2018年，中欧班列共运输集装箱46.6万标箱。其中，过境班列占比30%。

此外，这些年中国与"一带一路"沿线国家和地区在科技交流、教育合作、文化旅游等方面也取得一系列成果，举办了多种艺术节、文物展、图书展，形成了"丝路之旅"等10余个文化交流品牌，打造了丝绸之路（敦煌）国际文化博览会、丝绸之路国际艺术节等一批大型文化节会。中国还与蒙古国和中亚等国签订了文化遗产合作文件，中国、吉尔吉斯斯

① WTO，Trade Profile 2019，英文版，WTO网站。

坦、哈萨克斯坦的“丝绸之路：长安—天山廊道的路网”也一起成功申报了文化遗产。中哈霍尔果斯国际边境合作中心作为中国同外国建立的首个跨境边境合作中心，2018 年游客人数达到 122.2 万人次，比上年增长了 8%。

5.2.1.3 工程承包和劳务合作

蒙古国和中亚国家还是中国重要的海外承包工程市场和劳务合作市场。自 2013 年以来，在中亚有一大批互联互通的基础设施重点项目开工进行建设，带动了工程承包业务的迅速发展，一批境外合作区和产业园区也成为了中国企业走向中亚的重要窗口。2013～2020 年，中国在蒙古国和中亚国家合计签订对外工程承包金额 644.6 亿美元，其中 2020 年为 79.1 亿美元；同期完成营业额 457 亿美元，其中 2020 年完成 37.5 亿美元，以哈萨克斯坦和蒙古国为多。我国企业对外承包工程主要为一般建筑、交通运输建设、污水处理和电力工程建设等行业，一共占约 70%，所以有效提升了东道国的基础设施水平。

这几年，中国与蒙古国和中亚的基础设施建设和互联互通合作不断发展，根据美国传统基金会的统计，2005～2019 年，中国在蒙古国和中亚承包的大型工程项目 59 个，涉及金额 355.3 亿美元，其中 2013 年以来签订了 36 个大型工程项目，合同金额为 180.3 亿美元，分别占比 64.3% 和 50.7%，这显示“一带一路”倡议加速了双方在工程承包领域的合作。

从国别看，哈萨克斯坦最多，有 25 个项目，合同金额为 160.9 亿美元；其次是蒙古国和乌兹别克斯坦，有 10 个项目，合同金额分别为 27.6 亿美元和 47.6 亿美元。吉尔吉斯斯坦项目数虽居第三位，但项目平均规模较大，超过中国在哈萨克斯坦承包项目的平均规模（见表 5.11）。

表 5.11　　中国在蒙古国和中亚工程承包情况

国别	项目（个）	总金额（亿美元）	平均金额（亿美元）	项目占比（%）	金额占比（%）
蒙古国	10	27.6	2.76	16.9	7.8
哈萨克斯坦	25	160.9	6.44	42.4	45.3
吉尔吉斯斯坦	6	38.7	6.45	10.2	10.9
塔吉克斯坦	5	18.5	3.7	8.5	5.2

续表

国别	项目（个）	总金额（亿美元）	平均金额（亿美元）	项目占比（%）	金额占比（%）
土库曼斯坦	3	62	20.67	5.1	17.5
乌兹别克斯坦	10	47.6	4.76	16.9	13.3
合计	59	355.3	6.02	100	100

资料来源：美国传统基金会（2020）。

从行业分布看，能源业最集中，项目数和合同金额均超过40%；其次是交通业，项目数和合同金额均超过15%；再次是化工业和金属业（见表5.12）。

表5.12　中国在蒙古国和中亚工程承包情况

行业	项目（个）	总金额（亿美元）	平均金额（亿美元）	项目占比（%）	金额占比（%）
农业	2	4.2	2.1	3.4	1.2
化工业	6	44.6	7.43	10.2	12.6
能源业	28	210.2	7.51	47.5	59.2
金属业	6	27.5	4.58	10.2	7.7
其他行业	1	1.1	1.1	1.6	0.3
地产业	4	5.6	1.4	6.8	1.6
交通业	10	58.4	5.84	16.9	16.4
公用事业	2	3.7	1.85	3.4	1
合计	59	355.3	6.02	100	100

资料来源：美国传统基金会（2020）。

5.2.2　中国与蒙古国和中亚国家双向直接投资情况

近年来，中国对蒙古国和中亚五国投资发展的不断深入，双边贸易和投资都进入了新的发展阶段，贸易对投资的引导作用越来显著。中国在蒙古国、中亚国家的海外直接投资，加速了中国企业"走出去"的步伐，使中国企业在国外的产业分布更加广泛，产业链也更完善，配合国内供给侧结构性改革，"去产能"和"产业转移"的效果初步凸显。与此同时，有一批国际产能的合作投资项目设立于蒙古国和中亚国家，这对于蒙古国和中亚国家而言，弥补了多种产业空缺，优化了产业结构，促进了现代化工业体系的完善，并且降低了进口依存度。中蒙共建二连浩特—扎门乌德经济合作区，不仅可以促进两国经济的优势互补，还可以为贸易、投资以及人员往来提供方便，促进两国间的产业合作，同时推动两国边境地区的经济发展，并在上述过程中造福两国边境地区和人民。中国与蒙古国、中亚国家的产能合作推动了中国企业的技术创新、产品质量及服务水平、装备技术水平的不断提升，这有助于优化调整中国的经济结构和转型升级中国的制造业，使中国从传统贸易模式中的以产品输出为主转向以产业输出为主，这有益于提高中国制造业在周边国家或地区甚至全球价值链中的地位。

总体来看，中国对蒙古国和中亚五国出现了流量投资波动大、存量投资持续增加的特点。

从投资流量看，中国对蒙古国和中亚五国直接投资经历了一个迅速增加后再快速萎缩和大幅波动的过程。据《中国对外直接投资统计公报》的数据，2003～2012年，中国对蒙古国和中亚五国的直接投资大幅增长，期间直接投资额增长了405.6倍，年均增速94.9%，比同期中国对外直接投资平均增速快了48.5个百分点，也比同期中国对“一带一路”沿线国家直接投资增速快了35.6个百分点，以致中国对蒙古国和中亚五国直接投资占比迅速提高。2012年中国对蒙古国和中亚五国直接投资之和为42.8亿美元，其占中国对外直接投资总额的比例从2003年的0.1%大幅提高至2012年的4.9%，甚至2012年还一度占中国对“一带一路”沿线国家对外直接投资的32.1%。但是2013年习近平主席在中亚提出共建“丝绸之路经济带”倡议后，中国对蒙古国和中亚五国的直接投资却出现了大幅下降甚至全面撤资的现象①。2013年中国对蒙古国和中亚五国的直接投资额大跌近2/3，跌至14.9亿美元，2014年继续下跌29.2%，2015年甚至表现为撤资23.5亿美元，我国在六国中对三个国家进行了撤资，其中对哈萨克斯坦撤资25.1亿美元，仅次于卢森堡，为当年中国企业撤资第二多的国家；2015年对土库曼斯坦撤资额3.1亿美元，虽然小得多，但这个国家在近9年中竟有6年被我国撤资。2016～2017年，中国对蒙古国和中亚五国直接投资好不容易止跌回升，2017年达到22.3亿美元的历史次高点，接着就暴跌90%，2018年中国投资流量仅剩2.1亿美元，占中国对外直接投

① 刘振林，李任．跨国公司撤出中国的动因分析[J]．经济经纬，2016（2）．

资总额的比例跌到0.1%，2019年回升至6.6亿美元（见表5.13）。这种大起大落的根本原因就是资源寻求型直接投资的顺周期性，即资源价格上涨、前景好的时候，对其投资就不断增加，资源价格下跌、趋势突出时，对其投资就会大量萎缩，甚至撤资，这种投资布局不仅加大了投资风险，而且由于缺少逆向投资思维，很难真正从中获利，当然这也同当地投资环境有一定关系。

表5.13　　中国对蒙古国和中亚国家投资概况

年份	流量金额（亿美元）	同比增速（%）	占中国对外直接投资比重（%）	占中国对"一带一路"沿线国家和地区直接投资比重（%）	存量金额（亿美元）	同比增速（%）	占中国对外直接投资比重（%）	占中国对"一带一路"沿线国家和地区直接投资比重（%）
2003	0.11	—	0.4	5.2	0.58	—	0.2	4.4
2004	0.54	411.6	1	14.1	1.46	153.8	0.3	7.5
2005	1.62	200.5	1.3	24.2	4.56	212.3	0.8	13.4
2006	1.64	1.3	0.8	13.8	7.61	66.9	0.8	14.6
2007	5.74	249.6	2.2	17.7	14.73	93.6	1.2	15.3
2008	8.93	55.7	1.6	19.7	28.38	92.6	1.5	19.1
2009	6.22	-30.4	1.1	13.7	34.98	23.3	1.4	17.4
2010	7.74	24.5	1.1	10	43.53	24.5	1.4	15
2011	9.05	17	1.2	9.1	59.2	36	1.4	14.4
2012	42.81	373	4.9	32.1	107.78	82.1	2	19
2013	14.88	-65.2	1.4	11.8	122.47	13.6	1.9	17
2014	10.53	-29.2	0.9	7.7	138.56	13.1	1.6	15
2015	-23.49	-323	-1.6	-12.4	118.5	-14.5	1.1	10.2
2016	11.53	-149.1	0.6	7.5	129.83	9.6	1	9.8
2017	22.32	93.6	1.4	11.1	153.89	18.5	0.9	9.7
2018	2.1	-90.6	0.1	1.2	180.46	17.3	0.9	10.2
2019	6.6	214.2	0.5	3.5	176.54	-2.2	0.8	9.8
2003~2019年平均增速（%）	—	29.5	—	—	—	43	—	—

资料来源：商务部、国家统计局、国家外汇管理局编：《中国对外直接投资统计公报》。

从投资存量看，中国企业的变化没有这么高的波动性，显得相对稳定。2003～2019年中国对蒙古国和中亚五国直接投资存量从0.6亿美元大幅增加到176.5亿美元，年均增速为43%，这一增速比同期中国对外直接投资总存量年均增速和对“一带一路”沿线国家和地区直接投资存量增速分别高出13个和7.1个百分点，中国对蒙古国和中亚地区投资占总对外投资存量的比例和占中国对“一带一路”沿线国家和地区直接投资的比例分别由2003年的0.2%和4.4%提高到2019年的0.8%和9.8%，当然这并不是历史最高水平，最高水平出现在2012年，这两个比例分别为2%和19%。分国别看，虽然2014年以来至今一直在徘徊，但哈萨克斯坦还是我国在本地区最大的投资东道国，2019年中国对其投资存量为72.5亿美元，其次是蒙古国和乌兹别克斯坦，2019年中国对其直接投资存量分别为34.3亿美元和32.5亿美元，其他三国接受的投资存量相对较少，2019年中国对塔吉克斯坦、吉尔吉斯斯坦投资存量分别为19.5亿美元和15.5亿美元，土库曼斯坦才2.3亿美元。

作为邻国，中国与蒙古国和中亚五国彼此之间经济互补性强，相互之间的经贸活动既拓宽了中国与欧洲间进出口贸易渠道，也深化了相互之间的投资关系。2019年，蒙古国和哈萨克斯坦对我国直接投资分别为79万美元、1116万美元，合计占中国当年吸引外资的0.009%，其占比虽极低，但投资领域较广。截至2019年底哈萨克斯坦在我国投资总额约1.5亿美元，主要涉及物流运输、化工、食品加工等领域。2019年中国对蒙古国和中亚五国的直接投资为66084万美元，占其当年流入外资104.35亿美元的6.3%。截至2019年中国对蒙古国和中亚五国的投资存量为176.54亿美元，占其引进外资总存量2443.42亿美元的7.2%，虽然占比也不高，但在个别年份，例如2017年中国对蒙古国和中亚地区直接投资22.3亿美元，占当年蒙古国和中亚地区流入85.1亿美元FDI的26.2%，中国资本对于蒙古国和中亚五国来讲，还是发挥了中流砥柱的作用①。

当前的主要问题是缺少对中亚国家经济实力和资源禀赋的深入分析。投资在地区分布上不均衡，存在层次低、规模小、效益差等不足，而且这

① 具体数据参见商务部外资司所编《中国外资统计公报》2018年版和2019年版中的附表22，后面如不加说明，均引自于此。

些国家政策法律规范性有待改善，投资风险相对较大，且投资保障和优惠力度与经济实力呈反比。因此，我们应综合运用各种手段，促进经济技术对接，充分发挥沿边省份的区位优势，促进经贸与投资的有机结合，并通过对蒙古国和中亚地区的援助项目，加强技术输出，稳固开拓蒙古国和中亚市场，推进中国对中亚地区和蒙古国投资发展（见表5.13）。

5.2.3 中国对蒙古国和中亚国家大宗投资项目分析

从投资行业构成看，中国对蒙古国和中亚国家的直接投资主要集中于交通业和通讯业、石油资源的勘探和开采、钻井机械设备的维修、农业、化工业、食品加工业、教育、贸易、建筑、健康等许多领域，与此同时，中国投入了大量资金用于蒙古国、中亚五国的基础设施建设，特别是金属开采和能源方面。中国企业在蒙古国和中亚五国的投资主体所有制性质也由最初以国企为主，发展到现在的民营企业也参与其中，表现活跃。

根据美国传统基金会的统计，从1亿美元以上规模的大宗直接投资看，中国2006~2019年对蒙古国和中亚地区直接投资39个项目，其中2013年10月"一带一路"倡议提出后的投资项目数为20个，总投资额为273.9亿美元，每个项目平均投资金额为7.02亿美元，略低于中国对外直接投资每个7.37亿美元的平均规模，其中10亿美元以上的投资有7个，在发展中国家中算是项目平均规模比较大的。

从被投资项目数和规模来看，如表5.14所示，哈萨克斯坦最多，共19个，总投资额为198.5亿美元，平均每个投资项目规模为10.45亿美元，最大的投资项目为2013年7月，中国石油天然气集团出资52亿美元，收购了哈萨克斯坦的石油公司（KazMunaiGas National）8%的股权。

表5.14　中国对蒙古国和中亚国家直接投资按国别分布情况

国别	项目（个）	总金额（亿美元）	平均金额（亿美元）	项目占比（%）	金额占比（%）
蒙古国	8	46.6	5.83	20.5	17
哈萨克斯坦	19	198.5	10.45	48.7	72.5
吉尔吉斯斯坦	3	8.6	2.87	7.7	3.1
塔吉克斯坦	1	3	3	2.6	1.1

续表

国别	项目（个）	总金额（亿美元）	平均金额（亿美元）	项目占比（%）	金额占比（%）
土库曼斯坦	1	6	6	2.6	2.2
乌兹别克斯坦	7	11.2	1.6	17.9	4.1
合计	39	273.9	7.02	100	100

资料来源：美国传统基金会（2020）。

蒙古国其次，共8个，总投资额为46.6亿美元，平均每个投资项目规模为5.83亿美元，最大的投资项目是2015年5月，中润资源集团出资19.4亿美元投资金属业。

乌兹别克斯坦排在第三位，共7个，总投资额为11.2亿美元，平均每个投资项目规模为1.6亿美元，最大的投资项目是2018年11月，江苏恒远国际工程有限公司出资2亿美元投资地产业。

吉尔吉斯斯坦3个，总投资额为8.6亿美元，平均每个投资项目规模2.87亿美元，最大的投资项目是2014年2月，陕西煤化出资4.3亿美元投资能源业。

塔吉克斯坦和土库曼斯坦均为1个，总投资分别为3亿美元和6亿美元，平均每个投资项目规模分别为3亿美元和6亿美元。

从行业构成来看，中国对蒙古国和中亚地区国家直接投资具有行业高度集中的特点。如表5.15所示，能源业最多，项目和金额占比分别是59%、82.7%。其次是地产业和金属业，虽然项目数相近，但金属业投资金额多一些。除上述3个行业外，其他行业项目较少，金额不超过10亿美元，其中金融业只有1个项目，金额仅1.1亿美元，总体投资规模均偏小。

表5.15　中国对蒙古国和中亚国家直接投资按行业分布情况

行业	项目（个）	总金额（亿美元）	平均金额（亿美元）	项目占比（%）	金额占比（%）
能源业	23	226.4	9.84	59	82.7
金融业	1	1.1	1.1	2.6	0.4
金属业	6	27.4	4.57	15.4	10
其他行业	2	2.6	1.3	5.1	0.9
地产业	5	9.3	1.86	12.8	3.4
交通业	2	7.1	3.55	5.1	2.6
合计	39	273.9	7.02	100	100

资料来源：美国传统基金会（2020）。

5.2.4 中国对蒙古国和中亚国家大宗投资失败项目分析

中国对蒙古国和中亚国家大宗投资项目不多，失败投资项目也有，但行业分布比较集中。据美国传统基金会统计，2006~2019 年期间，共有 6 个项目失败，涉及金额 48.4 亿美元。2013 年以后，中国对蒙古国和中亚国家直接投资失败案例有所增加，2013 年之前是年均失败 0.67 个，年均失败金额 4.57 亿美元，其中 10 亿美元以上大宗项目 1 个；2014 年之后是年均 1 个，年均失败金额 10.5 亿美元，其中 10 亿美元较大金额的失败案例 1 个。

从行业分布看，仅分布在能源业和化工业，能源业较多，项目和金额占比分别是 83.3% 和 61.8%，化工业也有 1 个投资失败项目（见表 5.16）。

表 5.16　中国对蒙古国和中亚国家直接投资失败项目按行业分布情况

行业	项目（个）	总金额（亿美元）	平均金额（亿美元）	项目占比（%）	金额占比（%）
化工业	1	18.5	18.5	16.7	38.2
能源业	5	29.9	5.98	83.3	61.8
合计	6	48.4	8.07	100	100

资料来源：美国传统基金会（2020）。

从国别分布看，有 3 个国家均有投资失败项目，其中蒙古国较多，有 3 个。此外，哈萨克斯坦有 2 个，乌兹别克斯坦有 1 个（见表 5.17）。

表 5.17　中国对蒙古国和中亚国家直接投资失败项目按国别分布情况

国别	项目（个）	总金额（亿美元）	平均金额（亿美元）	项目占比（%）	金额占比（%）
蒙古国	3	14.9	4.97	50	30.8
哈萨克斯坦	2	32.4	16.2	33.3	66.9
乌兹别克斯坦	1	1.1	1.1	16.7	2.3
合计	6	48.4	8.07	100	100

资料来源：美国传统基金会（2020）。

5.2.5　中国对蒙古国和中亚国家投资空间合理性分析

综合前面分析，我们认为中国对蒙古国和中亚国家投资分布有明显不合理之处。从投资存量看，中国对哈萨克斯坦虽然名列第一，但占该国吸引FDI存量的比例不到5%，况且哈萨克斯坦营商环境较优越，所以对该国家的投资不够，未来仍可以大量增加。而塔吉克斯坦营商环境欠佳，中国却对其进行了不少投资，中国FDI占其吸引FDI存量的比例最高。此外，由于土库曼斯坦营商环境欠佳，故我国对该国直接投资较少，较为合理（见表5.18）。

表5.18　　2019年中国对蒙古国和中亚国家具体投资情况

国别	GDP（亿美元）	人口（万人）	人均GDP（美元）	人文发展指数	营商环境得分及名次	该国吸引FDI存量（亿美元）	中国对该国FDI存量（亿美元）	中国对该国FDI存量/该国吸引FDI存量（%）
蒙古国	130.38	312	4121	0.735	67.8/81	225.56	34.3	15.2
哈萨克斯坦	1705.39	1840	9812	0.817	79.6/25	1493.69	72.5	4.9
吉尔吉斯斯坦	3586	613	1281	0.674	67.8/80	55.9	15.5	27.7
塔吉克斯坦	75.2	911	826	0.656	61.3/106	30.73	19.5	63.5
土库曼斯坦	441.14	585	6966	0.71	45.0/170	381.78	2.3	0.6
乌兹别克斯坦	412.41	3236	1532	0.71	69.9/69	95.04	32.5	34.2

资料来源：世界银行、联合国统计署、联合国工业发展署人文指数；《联合国贸发会议世界投资报告》《世界银行营商环境报告》和《中国对外直接投资统计公报》。

在此，如果我们把中国对该国直接投资存量与该国吸引FDI存量之比作为一个重要的衡量指标的话，我们对其进行三等分：超过10%表明中国投资较集中，低于5%表明中国投资较少，介于5%～10%，表明中国对其投资量较合适。

如果我们结合上述比例以及世界银行营商环境报告评分，则很容易可以看出中国对上述国家投资空间分布合理与否。从表5.18中可以看到，该比例最高的四国分别是塔吉克斯坦（63.5%）、乌兹别克斯坦（34.2%）、吉尔吉斯斯坦（27.7%）和蒙古国（15.2%），均远远超过10%，相对于其人口和人均GDP，投资无疑偏多了一些，这使得中国投资过分集中，所以为降低投资风险计，今后可以适度降低对上述三国的投资，或者引入合作者和国际组织，共同进行对上述三国的开发。而营商环境名列第一位的哈萨克斯坦，我国对其直接投资占其吸引FDI的比重低于5%，所以今后我们应适当加大对该国的投资。蒙古国营商环境一般，受限于其人口和经济的单一性，中国对蒙古国的直接投资很难有很大的提升空间，这几年中国在蒙古国投资失败案最多，这也证明了其投资环境一般。哈萨克斯坦虽吸引了不少中国直接投资，但由于中国FDI占比不高，仍有较大的提升空间。

5.3 南亚地区

南亚指位于亚洲南部的喜马拉雅山脉中段、西段以南及印度洋之间的广大地区。它东濒孟加拉湾，西邻阿拉伯海，面积约495万平方千米，人口约18.4亿人，2020年GDP之和为46362亿美元，共8个国家，其中尼泊尔、阿富汗、不丹为内陆国，印度、巴基斯坦、孟加拉国为临海国，斯里兰卡、马尔代夫为岛国。从人均GDP看，除马尔代夫在1万美元、斯里兰卡在4000美元上下外，其他国家均不足3000美元，总体发展水平偏低。

2013年以来，随着"一带一路"倡议的提出和实施，中国与南亚国家和地区的经贸合作成为了中国向西开放发展战略的重要组成部分。南亚地处"一带一路"的中心区域，是陆海交汇处，并且南亚区域包含了依托国际大通道建设的"一带一路"倡议的两大经济走廊：中巴经济走廊、孟中印缅经济走廊，是"一带一路"倡议中重要的合作区域。近年来，中国与南亚国家和地区贸易规模持续扩大，经贸联系也越加紧密。

5.3.1 中国与南亚国家和地区经贸合作概况

南亚与中国山水相连，历来有着深层的经济、文化交流，不论从历史还是当前考虑，南亚国家和地区都有望在建设海上丝绸之路方面发挥重要作用。过去10年里，中国是南亚地区最大的贸易伙伴，在其他方面的合作也历史悠久。南亚国家和地区经济的重新定位、日益加快的工业化步伐、与日俱增的贸易额和随之而来对基础设施建设的迫切需求，使中国与南亚国家和地区之间的经济互补性越来越强。

在货物贸易领域，双边贸易规模不断扩大。据中国海关统计，1998~2019年中国与南亚国家和地区进出口总额不断扩大，1998年双边贸易额还仅为39.2亿美元，到2019年就扩大到1361.8亿美元（见表5.19），占中国与“一带一路”沿线国家和地区进出口总额的10.1%，年均增速为18.4%，比同期中国货物贸易平均增速快4.9个百分点。2013年习近平总书记提出“一带一路”倡议以来，面对国际贸易低迷的发展格局，中国与南亚国家和地区的双边贸易仍然保持了较快的发展局面，据中国海关统计，2013~2019年间，中国与南亚国家和地区的双边贸易额年均增长6%，明显高于同期中国货物贸易总额年均2.2%的增速。

但是中国与南亚国家和地区的贸易是非均衡的，层级非常分明，主要表现为“一大两中群小”的特点。所谓“一大”，就是指我国与印度的双边贸易情况，印度是我国在南亚国家和地区的最大贸易伙伴，2019年中印双边贸易额为928.1亿美元，占我国对南亚国家和地区贸易额的68.2%。所谓“两中”，就是指我国与巴基斯坦、孟加拉国的双边贸易情况，孟加拉国和巴基斯坦分别是我国在南亚国家和地区的第二大和第三大贸易伙伴，2019年中国与其双边贸易额分别是183.6亿美元和179.7亿美元，不过从增速来看，中孟贸易近年明显超过中巴贸易，2013年中孟双边贸易额还只有中巴贸易额的7成左右，2019年竟然实现了赶超。所谓“群小”，就是指其他国家与中国的贸易规模都比较小，除中国与斯里兰卡、尼泊尔双边贸易额超过了10亿美元外，其他国家都只有几亿美元，中国与不丹的双边贸易不仅起步晚，2000年才有贸易记录，而且年规模才1000万美元，几乎可以忽略不计。

中国与南亚国家和地区双边贸易还有一个共同点，就是中方对其出口金额明显大于进口金额，对区域所有成员全部享有贸易顺差。2019年中国对南亚国家和地区货物贸易出口金额为1148.6亿美元，进口金额为213.1亿美元，中国享有贸易顺差935.4亿美元。其中对印度出口金额为748.3亿美元，进口金额为179.9亿美元，中方享有贸易顺差568.4亿美元；对孟加拉国出口金额为173.3亿美元，进口金额为10.3亿美元，中方享有贸易顺差163亿美元；对巴基斯坦出口金额为161.7亿美元，进口金额为

18亿美元，中方享有贸易顺差143.7亿美元。此外，中国对斯里兰卡、尼泊尔等小国均长期保持着贸易顺差，成为世界经济史上的一个奇观。虽然印度在2003~2005年对我国贸易曾一度出现过顺差，但持续时间都不长，迄今对我国贸易逆差越拉越大。出现这种情况的原因可能同南亚国家发展开放型经济起步比中国晚、其出口产品对我国没有比较优势等有关。但也提醒我们，在实现"一带一路"贸易畅通过程中，要注意维持与当地国家的贸易平衡，以免矛盾激化。

表5.19　中国与南亚国家双边贸易情况

项目	1998年（亿美元）	2013年（亿美元）	2019年（亿美元）	1998~2019年年均增速（%）	2013~2019年年均增速（%）
双边贸易额	39.1	962.6	1361.7	18.4	6
其中：中国出口	25.8	752.5	1148.6	19.8	7.3
中国进口	13.3	210.1	213.1	14.1	0.2
其中：阿富汗	0.2	3.4	6.3	16.7	10.9
孟加拉国	6.9	103.1	183.6	16.9	10.1
不丹	0	0.2	0.1	—	-7.4
印度	19.2	654	928.1	20.3	6
马尔代夫	0	1	3.8	36.1	25.4
尼泊尔	0.7	22.5	15.2	15.6	-6.4
巴基斯坦	9.1	142.2	179.7	15.2	4
斯里兰卡	3	36.2	44.9	13.8	3.7
双边贸易差额	12.5	542.4	935.5	22.8	9.5
其中：阿富汗	0.2	3.2	5.7	16.3	10.2
孟加拉国	6.3	91	163	16.7	10.2
不丹	0	0.2	0.1	—	-7.6
印度	1.1	314.6	568.4	34.6	10.4
马尔代夫	0	1	3.2	36.1	21.8
尼泊尔	0.6	21.7	14.5	16.2	-6.5
巴基斯坦	1.3	78.2	143.7	24.9	10.7
斯里兰卡	3	32.5	36.9	12.9	2.1

资料来源：历年《中国海关统计》。

同时，南亚国家和地区的投资需求和基础设施建设需求量庞大，是中国进行外国工程承包合作的重要市场。近些年，中国和南亚国家和地区的基础设施建设和互联互通合作不断发展，2017年，中国企业在南亚国家和地区签订的基础设施建设合同额高达280亿美元，其中对南亚国家和地区的直接投资共有17亿美元。到2017年5月底为止，中国企业累计在南亚国家和地区签订的基础设施建设工程合同额高达2962.7亿美元，累计完成合同金额达到2040亿美元。目前，还有一大批公路、铁路、港口、航空、电力、桥梁等基础设施建设项目在实施。根据美国传统基金会的统计，2005~2019年中国在南亚国家和地区承包的大型工程项目为155个，涉及金额达860.5亿美元，其中2013年以来签订121个项目，合同金额为741.9亿美元，分别占比78%和90%，显示“一带一路”倡议加速了双方在工程承包领域的合作。

从国别看，巴基斯坦的项目数量最多，有42个项目，合同金额为333.4亿美元；其次是孟加拉国，有41个项目，合同金额为204.2亿美元（见表5.20）。斯里兰卡项目数虽居第三位，但项目平均金额较小，合同金额不及印度。

表5.20　中国在南亚国家和地区的工程承包按国别分类情况

国别	项目（个）	总金额（亿美元）	平均金额（亿美元）	项目占比（%）	金额占比（%）
印度	20	159.2	7.96	12.9	18.5
巴基斯坦	42	333.4	7.94	27.1	38.7
孟加拉国	41	204.2	4.98	26.5	23.7
阿富汗	1	2.1	2.1	0.6	0.3
尼泊尔	12	45.6	3.8	7.7	5.3
马尔代夫	6	14	2.33	3.9	1.6
斯里兰卡	33	102	3.09	21.3	12
合计	155	860.5	5.55	100	100

资料来源：美国传统基金会（2020）。

从行业分布看，能源业最集中，项目数接近40%，合同金额超过40%；其次是交通业，项目数和合同金额均超过20%；再次是地产业和科技业（见表5.21）。

表 5.21　　中国在南亚国家和地区的工程承包情况

行业	项目（个）	总金额（亿美元）	平均金额（亿美元）	项目占比（%）	金额占比（%）
农业	6	20	3.33	3.9	2.4
能源业	60	496.2	8.27	38.8	57.7
化工业	3	17.7	5.9	1.9	2.1
公用事业	7	15.1	2.16	4.5	1.8
物流业	3	6.6	2.2	1.9	0.8
金属业	3	4.5	1.5	1.9	0.5
地产业	13	46.6	3.58	8.5	5.4
科技业	9	16.7	1.86	5.8	2
旅游业	1	5.4	5.4	0.6	0.6
交通业	49	229.7	4.69	31.6	26.7
健康业	1	2	2	0.6	0.2
合计	155	860.5	5.55	100	100

资料来源：美国传统基金会（2020）。

5.3.2　中国与南亚国家和地区双向投资情况

中国对南亚国家和地区直接投资规模不算大，但增速快。如表 5.22 所示，2001～2019 年中国对南亚国家和地区直接投资流量、存量年均增速分别为 37% 和 41.1%，而同期中国对外直接投资流量、存量年均增速仅分别为 27.4% 和 30%，分别比上一年高出了 9.6 个百分点和 11.1 个百分点，这使中国对南亚国家和地区直接投资在中国对外直接投资总量中的占比稍微改变，流量占比从 0.4% 提高到 1.3%，存量占比从 0.1% 提高到 0.5%，分别提高了 0.9 个百分点和 0.4 个百分点；在中国对"一带一路"沿线国家和地区直接投资总量中的占比方面，流量占比从 5.8% 降低至 9.6%，提高了 3.8 个百分点，存量占比从 3.5% 提高至 6.3%，增长了 2.8 个百分点。

从国家分布看，中国对南亚国家和地区的直接投资主要分布于印度、巴基斯坦和孟加拉国三国，其中对印度的直接投资最多，2019 年直接投资流量为 5.35 亿美元，存量为 36.1 亿美元，在南亚国家和地区占比分别为 29.7% 和 32.1%；2019 年对巴基斯坦直接投资流量为 5.62 亿美元，存量为48亿美元，在南亚国家和地区占比分别为31.1%和42.7%，领先于印度。2019年对孟加拉国直接投资流量为3.75亿美元，存量为12.5亿美元，在南亚国家和地区占比分别为20.8%和11.1%。其他国家，如尼泊尔、斯里兰卡和阿富汗为第二梯队，2019年中国对这些国家的直接投资流量为0.24亿~2亿美元，存量约为5亿美元。

从中国对南亚国家和地区的投资行业来看，机械设备制造、批发零售、能源开采、纺织等行业是投资相对集中的行业，且中国对巴基斯坦和印度的直接投资不仅规模较大，而且投资领域涉及广，除纺织和制造业之外，还包含了信息产业、商贸服务业等高端领域，行业覆盖面广。

从双向直接投资角度看，2018年南亚7国①对中国直接投资为5076万美元，比上年（15976万美元）下降68.2%，其占中国引进外资总额的比例仅为0.037%；而2019年中国对南亚7国直接投资流量为18.03亿美元，存量为112.48亿美元，虽然也不多，但直接投资流量占南亚7国FDI流入额（559.22亿美元）的比例为3.2%，直接投资存量占南亚7国吸引FDI总存量（5219.58亿美元）的比例为2.2%，相对而言，中国资本对南亚7国要重要得多。

表5.22　　中国对南亚国家和地区投资概况

年份	流量金额（亿美元）	流量同比增速（%）	流量占中国对外直接投资比重（%）	流量占中国对“一带一路”沿线国家和地区直接投资比重（%）	存量金额（亿美元）	存量同比增速（%）	存量占中国对外直接投资比重（%）	存量占中国对“一带一路”沿线国家和地区直接投资比重（%）
2003	0.12	—	0.4	5.8	0.46	31.9	0.1	3.5
2004	0.04	-61.9	0.1	1.2	0.6	323.9	0.1	3.1
2005	0.17	282.5	0.1	2.6	2.55	-11.3	0.4	7.5
2006	-0.5	-395	-0.2	-4.2	2.26	451.5	0.2	4.4
2007	9.36	-1959.4	3.5	28.8	12.49	39.2	1.1	13
2008	4.95	-47.1	0.9	10.9	17.38	12.2	0.9	11.7

① 后文分析的对象均不包含“不丹”。

续表

年份	流量金额（亿美元）	流量同比增速（%）	流量占中国对外直接投资比重（%）	流量占中国对"一带一路"沿线国家和地区直接投资比重（%）	存量金额（亿美元）	存量同比增速（%）	存量占中国对外直接投资比重（%）	存量占中国对"一带一路"沿线国家和地区直接投资比重（%）
2009	0.79	-84.1	0.1	1.7	19.51	34.9	0.8	9.7
2010	4.17	429.5	0.6	5.4	26.33	34.8	0.8	9.1
2011	9.09	117.9	1.2	9.2	35.5	18.7	0.8	8.6
2012	4.41	-51.5	0.5	3.3	42.15	37.7	0.8	7.4
2013	4.63	4.9	0.4	3.7	58.06	43.4	0.9	8.1
2014	15.15	227.6	1.2	11.1	83.27	13.9	0.9	9
2015	11.5	-24.1	0.8	6.1	94.82	0.7	0.9	8.2
2016	6.93	-39.7	0.4	4.5	95.44	28	0.7	7.2
2017	10.87	56.8	0.7	5.4	122.19	-9.1	0.7	7.7
2018	6.08	-44	0.4	3.4	111.07	44.2	0.6	6.3
2019	18.03	196.3	1.3	9.6	112.48	1.3	0.5	6.3
2003~2019年平均增速(%)	—	37	—	—	—	41.1	—	—

资料来源：根据商务部、国家统计局、国家外汇管理局发布的《中国对外直接投资统计公报》相关数据绘制。

5.3.3 中国对南亚国家和地区大宗投资项目分析

从大宗投资看，中国对南亚国家和地区直接投资总量较大，增速较快。根据美国传统基金会的统计，从1亿美元以上的大宗直接投资看，2006~2019年中国对南亚直接投资项目为102个，其中2013年10月"一带一路"倡议提出后的投资项目为81个，总投资额为403.2亿美元，每个项目平均投资金额为4.98亿美元，略低于中国对外直接投资每个项目平均投资金额（7.37亿美元），其中10亿美元以上的投资项目为16个。

从投资流向来看，如表5.23所示，印度最多，共53个项目，总投资额为190.1亿美元，每个项目平均投资金额为3.59美元，最大规模的一个投资项目为2015年2月中国五矿集团和新兴铸钢集团共同出资12亿美元，收购了印度 Kelachandra 和 Manasara 集团20%的股权。

表5.23 中国对南亚国家和地区直接投资按国别分布情况

国别	项目（个）	总金额（亿美元）	平均金额（亿美元）	项目占比（%）	金额占比（%）
印度	53	190.1	3.59	52	37.8
巴基斯坦	25	150.2	6.01	24.5	30
孟加拉国	8	54.9	6.86	7.8	11
阿富汗	2	32.7	16.35	2	6.5
尼泊尔	4	17.3	4.33	3.9	3.4
马尔代夫	1	1.1	1.1	1	0.2
斯里兰卡	9	56	6.22	8.8	11.1
合计	102	502.3	4.92	100	100

资料来源：美国传统基金会（2020）。

巴基斯坦其次，共25个项目，总投资额为150.2亿美元，每个项目平均投资金额为6.01亿美元，金额最大的一个投资项目是2013年7月，华能电力出资18.1亿美元，建立萨希瓦尔燃煤发电站，萨希瓦尔项目是中巴经济走廊重点工程项目，由中国华能山东发电有限公司和中国山东如意集团共同投资建设。

斯里兰卡排在第三位，共9个项目，总投资额为56亿美元，每个项目平均投资金额为6.22亿美元，金额最大的投资项目是2014年7月，中国交通建设集团投资开发科伦坡港口城，该项目是斯里兰卡迄今最大的外国直接投资项目，金额达14亿美元。

对孟加拉国共投资了8个项目，总投资额为54.9亿美元，每个项目平均投资金额为6.86亿美元，金额最大的一个投资项目是2018年8月，昆明钢铁控股有限公司（KISC）对孟加拉国的钢铁项目投资，金额达21.3亿美元。

对尼泊尔共投资了4个项目，总投资额为17.3亿美元，每个项目平均投资金额为7.33亿美元，金额最大的一个投资项目是2015年4月，中国长江三峡集团有限公司出资12亿美元在尼泊尔境内投资一项水电站项目。

对阿富汗共投资了2个项目，总投资额为32.7亿美元，每个项目平均投资金额为16.35亿美元，金额最大的一个投资项目是2011年11月，江西铜业出资28亿元，与中国冶金科工集团公司共同在阿富汗喀布尔市设立中冶江铜艾娜克矿业有限公司，用于投资开发艾娜克铜矿项目。

对马尔代夫的投资项目只有1个，投资规模为1.1亿美元，该项投资是2017年12月，由中国腾邦公司投资马尔代夫水上飞机私人公司（Trans Maldivian Airways）。

从行业构成看，中国对南亚国家和地区直接投资具有行业分布广泛的特点。如表5.24所示，能源业的投资项目数量和金额都最多，项目和金额占比分别是32.4%、40%。其次是其他行业、科技业、交通业和金属业，虽然其他行业投资项目多一些，但金属业和交通业投资金额更多一些，每个项目平均投资金额明显大一些。除上述5个行业外，地产、农业、娱乐、金融、物流、旅游、健康等行业投资项目一般都不到10个，投资金额不超过30亿美元，其中健康业只有1个投资项目，投资金额仅为10.8亿美元，旅游、娱乐、金融、物流、农业也只有2~3个项目，总体投资规模均偏小。

表5.24　中国对南亚国家和地区直接投资按行业分布情况

行业	项目（个）	总金额（亿美元）	平均金额（亿美元）	项目占比（%）	金额占比（%）
农业	3	5.1	1.7	2.8	1
能源业	33	185.4	5.62	32.4	40
娱乐业	3	5.1	1.7	2.8	1
金融业	2	3.4	1.7	2	0.7
物流业	2	5.4	2.7	2	1.1
金属业	7	82.6	11.8	6.9	16.4
其他行业	17	59.8	3.52	16.7	11.9
地产业	7	26.2	3.74	6.9	5.2
科技业	13	38.4	2.95	12.7	7.6
旅游业	2	12.7	6.35	2	2.5
交通业	12	67.4	5.62	11.8	13.4
健康业	1	10.8	10.8	1	2.2
合计	102	502.3	4.92	100	100

资料来源：美国传统基金会（2020）。

5.3.4 中国对南亚国家和地区大宗投资失败项目分析

中国对南亚国家和地区投资失败的项目较少，而且行业分布比较集中。据美国传统基金会统计，2006~2019年，共有8个项目失败，涉及金额达74.6亿美元，其中金额超过10亿美元的项目有2个，金额最大的一个失败投资项目是2009年4月，由中钢集团出资15亿美元在印度建立一家产能500万吨的钢厂。2013年“一带一路”倡议提出后，中国对南亚国家和地区直接投资失败项目却没有明显减少，2013年之前年均失败1个，年均失败金额为7.3亿美元，其中10亿美元以上大宗失败项目1个；2014年之后年均1.3个项目，年均失败金额为15.1亿美元，其中10亿美元以上大宗失败项目1个。

从行业分布看，能源业和交通业投资失败项目最多，能源业项目数量和金额占比分别是37.5%和46.2%，其次是金属业和旅游业（见表5.25）。

表5.25 中国对南亚国家和地区直接投资失败项目按行业分布情况

行业	项目（个）	总金额（亿美元）	平均金额（亿美元）	项目占比（%）	金额占比（%）
能源业	3	34.5	11.5	37.5	46.2
金属业	1	15	15	12.5	20.1
旅游业	1	5	5	12.5	6.7
交通业	3	20.1	6.7	37.5	27
合计	8	74.6	9.54	100	100

资料来源：美国传统基金会（2020）。

从国别分布看，除孟加拉国、阿富汗、尼泊尔和马尔代夫外，其他三个国家均有2~3个投资失败项目（见表5.26）。

表5.26 中国对南亚国家和地区直接投资失败项目按国别分布情况

国别	项目（个）	总金额（亿美元）	平均金额（亿美元）	项目占比（%）	金额占比（%）
印度	3	22.7	7.57	37.5	30.4
巴基斯坦	3	32.6	10.87	37.5	43.7
斯里兰卡	2	19.3	9.65	25	25.9
合计	8	74.6	9.33	100	100

资料来源：美国传统基金会（2020）。

5.3.5 中国对南亚国家和地区投资空间合理性分析

综上分析，我们认为中国对南亚国家和地区投资分布存在某些不合理之处。从投资存量看，中国对巴基斯坦、印度和孟加拉国的直接投资虽然名列对南亚国家和地区投资的前三位，但除巴基斯坦外，这部分直接投资分别占这三国吸引 FDI 存量的比例均不足 2%，其中孟加拉国还不到 1%，这些国家营商环境一般，所以未来可考虑对这些国家少量增加 OFDI。其他几国营商环境更差，中国对这些国家仅进行了少量的投资，中国 FDI 占其吸引 FDI 存量的比例也较低（见表 5.27）。

表 5.27　2019 年中国对南亚国家和地区具体投资按国别分布情况

国别	GDP（百万美元）	人口（万人）	人均 GDP（美元）	人文发展指数	营商环境得分/名次	该国吸引 FDI 存量（亿美元）	中国对该国 FDI 存量（亿美元）	中国对该国 FDI 存量/该国吸引 FDI 存量（%）
印度	27187	1352.6	2009	0.647	71/63	4269.28	36.1	0.8
巴基斯坦	3146	212.2	1482	0.56	61/108	418.6	47.98	11.5
孟加拉国	2740	161.4	1698	0.614	45/168	163.85	12.48	7.6
阿富汗	180	37.2	520	0.496	44.1/173	170.6	4.19	2.5
尼泊尔	290	28.1	1033	0.579	63.2/94	18.92	5.39	28.5
马尔代夫	53	0.5	10330	0.719	53.3/147	47.75	0.82	1.7
斯里兰卡	889	21.7	4102	0.78	61.8/99	130.58	5.51	4.2

资料来源：世界银行、联合国统计署、联合国工业发展署人文指数；《联合国贸发会议世界投资报告》《世界银行营商环境报告》《中国对外直接投资统计公报》。

在此，我们把中国对该国直接投资存量与该国吸引 FDI 存量之比作为一个重要的衡量指标，对其进行三等分：超过 10% 表明中国投资较集中，低于 5% 表明中国投资较少，5% ~10% 表明中国对其投资量较合适。

如果我们结合上述衡量指标以及《世界银行营商环境报告》评分，则很容易可以看出中国对上述国家投资空间分布合理与否。从表 5.27 可以看到，该衡量指标最高的两国分别是尼泊尔（28.5%）、巴基斯坦（11.5%），均超过 10%，相对于其人口、GDP 来说，投资较为合理。而营商环境名列前三名的印度、尼泊尔和斯里兰卡三国，除尼泊尔外，我国对其直接投资占其吸引 FDI 的比重均低于 5%，所以今后我们应适当加大对印度和斯里兰卡的投资，尤其是中印双方如果能够搁置历史遗留问题和领土纠纷的话，考虑到印度的人口规模和潜在的市场需求，中国可对其逐步扩大 OFDI 规模。此外，阿富汗、马尔代夫的营商环境不太理想，同时受限于这两国的人口规模和经济的单一性，中国对其直接投资很难有很大的提升空间。

5.4　西亚地区

西亚地区地处亚洲、欧洲和非洲交界之处，沟通大西洋和印度洋，自古以来就是东西方交通枢纽，为“两洋三洲五海”之地，战略地位极其重要。“一带一路”西亚沿线国家和地区包括巴林、塞浦路斯、伊朗、伊拉克、以色列、约旦、科威特、黎巴嫩、阿曼、巴勒斯坦、卡塔尔、沙特阿拉伯、叙利亚、土耳其、阿拉伯联合酋长国、也门和埃及的西奈半岛 17 个国家和地区，面积共计 723.8 万平方千米，2019 年人口为 4.43 亿人，GDP 接近 4 万亿美元。作为世界上石油天然气资源最丰富的地方，西亚地区虽然战乱不断，但却很富裕，2019 年人均 GDP 超过 1 万美元的国家就有卡塔尔、以色列、阿拉伯联合酋长国、科威特、塞浦路斯、巴林、沙特阿拉伯、阿曼 8 国，覆盖了西亚地区约 15% 的人口。

5.4.1　中国与西亚国家和地区经贸合作概况

自 1998 年成为原油净进口国以来，中国一直非常重视发展与西亚国家和地区的贸易，双边贸易一直保持在较高的水平上。据中国海关统计，1998～2013 年，中国与西亚 17 国（地区[①]）双边贸易规模扩大了 31 倍，年均增速为 19.1%，比同期中国货物贸易总额的年均增速（18.4%）快 0.7 个百分点。2013 年以来，随着“一带一路”倡议的提出和实施，中国与西亚国家和地区双边贸易进入了一个新阶段。但是由于原油价格持续走

① 即埃及的西奈半岛。

低，中国与西亚 17 国（地区）双边贸易总额年均增速降至 0.1%，落后于同期中国货物贸易总额年均增速（2.8%），2015 年和 2016 年均出现了两位数的负增长。其中中国与几个主要国家的双边贸易额还出现了负增长，如表 5.28 所示，在 2013 ~ 2018 年，除伊拉克以外，中国与沙特阿拉伯、阿拉伯联合酋长国、伊朗、阿曼、土耳其双边贸易额均出现了负增长。

从双边贸易差额来看，1998 ~ 2018 年，中国对西亚国家和地区总体保持着贸易逆差局面，而且这种逆差局面受国际原油价格走势的影响非常明显。1998 ~ 2012 年，在国际原油价格持续飙涨的推动下，随着中国进口原油的增多，中国对西亚国家和地区的贸易逆差不断扩大，21 世纪初期双边贸易差额还不大，一直在 20 亿 ~ 30 亿美元，并且有些年份中国还出现了贸易顺差。但从 2007 年开始，双边贸易差额逐渐扩大到 100 多亿美元，2012 年中国与西亚国家和地区双边贸易逆差达到了历史最高峰，中方贸易逆差高达 395.7 亿美元。“一带一路”倡议提出以来，双边贸易发展更加均衡，中国对西亚国家和地区贸易逆差持续缩小，2015 ~ 2017 年，在国际原油价格低迷助推下，中国竟然连续三年取得了贸易顺差。但在 2018 年，中国对西亚国家和地区突然又出现了 338.4 亿美元的贸易逆差，这可能归因于国际油价反弹。

从几个主要贸易伙伴的情况来看，沙特阿拉伯是我国在西亚国家和地区最大的贸易伙伴，2018 年中国与沙特阿拉伯双边贸易额高达 632.8 亿美元，占中国与西亚国家和地区双边贸易总额的 22%，从 2000 年起，中国对沙特阿拉伯贸易就出现了贸易逆差，而且逆差额一直未有消失，且在 2012 年创下了 364.1 亿美元的历史纪录，之后由于原油价格低迷，中沙贸易逆差连续四年缩小，但在 2018 年再次飙升，回到 284 亿美元的高位。阿拉伯联合酋长国是我国在西亚国家和地区的第二大贸易伙伴，2018 年中国与阿拉伯联合酋长国双边贸易额为 458.9 亿美元，占中国与西亚国家和地区双边贸易总额的 16%，阿拉伯联合酋长国虽然是 OPEC 重要产油国，但它却是中国在西亚国家和地区最大的贸易顺差来源国之一，中国自 1998 年至今对阿拉伯联合酋长国一直保持了贸易顺差，这种情况的出现可能同阿拉伯联合酋长国有着相对开放的社会氛围，愿意大量进口中国商品有关。长期以来伊朗一直是中国在西亚国家和地区的第三大贸易伙伴，但在美国政府加强对伊朗经济制裁的打击下，2019 年中国与伊朗双边贸易额下跌了

34.3%，已经低于中国与伊拉克的双边贸易额（333.3亿美元），从而使伊朗下降为中国第四大贸易伙伴。自伊拉克战争结束以来，中国与伊拉克双边贸易一直保持着较快发展，2019年中伊贸易额增长9.6%，超越伊朗，伊拉克成为中国在西亚国家和地区的第三大贸易伙伴。与伊朗相反，随着禁运的取消，伊拉克对中国原油出口份额不断扩大，对中国贸易顺差也日益扩大，2013～2019年，伊拉克对中国出口仍保持着4.8%的年均增速，而伊朗在此期间年均下降11.9%，2018年伊拉克对中国贸易顺差为145亿美元，仅次于沙特阿拉伯和阿曼，成为中国在西亚国家和地区的第三大贸易逆差来源方。阿曼是我国在西亚国家和地区的第五大贸易伙伴，2018年中国与阿曼双边贸易额为217.6亿美元，占中国与西亚国家和地区双边贸易总额的7.6%，其中中国出口额为28.6亿美元，中国进口额为189亿美元，中方逆差达160.3亿美元，阿曼是中国在西亚国家和地区的第二大贸易逆差来源方。土耳其是西亚经济大国，相对于中国与土耳其双方经济规模，双边贸易规模不算大，土耳其只是中国在西亚国家和地区的第六大贸易伙伴，2019年中国与土耳其双边贸易额约为208.3亿美元，其中中国出口金额为173.2亿美元，进口金额为34.9亿美元，中国享有贸易顺差138.3亿美元，近两年土耳其已经超过阿拉伯联合酋长国，成为我国在西亚国家和地区最大的贸易顺差来源国。

表5.28　　中国与西亚国家和地区双边贸易情况

项目	1998年（亿美元）	2013年（亿美元）	2018年（亿美元）	1998～2018年年均增速（%）	2013～2018年年均增速（%）
双边贸易额	86.54	2860.78	2871.73	19.1	0.1
其中：中国出口	53.76	1241.8	1266.65	17.1	0.4
中国进口	32.78	1618.98	1605.08	21.5	-0.2
其中：沙特阿拉伯	17	721.9	632.8	19.8	-2.6
阿拉伯联合酋长国	14.5	462.4	458.9	18.8	-0.2
伊朗	12.2	394.3	350.4	18.3	-2.3
伊拉克	1.7	248.8	304	29.8	4.1
阿曼	7.5	229.4	217.6	18.4	-1
土耳其	7	222.3	215.5	18.7	-0.6
双边贸易差额	21	-377.2	-338.4	—	-2.1

续表

项目	1998 年（亿美元）	2013 年（亿美元）	2018 年（亿美元）	1998～2018 年年均增速（%）	2013～2018 年年均增速（%）
其中：沙特阿拉伯	0.9	-347.1	-284.3	—	-3.9
阿拉伯联合酋长国	11.3	205.9	134.1	13.2	-8.2
伊朗	1	-113.5	-71.6	—	-8.8
伊拉克	0.45	-110.91	-145.92	—	5.6
阿曼	-6.67	-191.4	-160.34	17.2	-3.5
土耳其	6.16	132.61	140.32	16.9	1.1

资料来源：历年《中国海关统计年鉴》。

"一带一路"倡议提出后，中国同西亚国家和地区的基础设施建设和互联互通合作不断发展，中国企业来到西亚国家和地区积极进行工程承包，近几年，已有一大批公路、铁路、港口、航空、电力、桥梁等基础设施联通项目在实施。据商务部西亚非洲司统计，2019 年，中国企业在西亚北非 14 国新签工程承包合同额为 291.37 亿美元，同比下降 4.9%，完成营业额 239.74 亿美元，同比增长 22.6%。同时据商务部亚洲司的统计，2019 年前三季度，中国企业在土耳其新签工程承包合同额达 5.4 亿美元，同比下降 44.1%，完成营业额 4.2 亿美元，同比增长 28.3%。但由于美国对伊朗经济制裁强化，中国正逐步退出伊朗这个工程承包大市场。截至 2016 年 6 月底，中国企业累计在伊朗签订工程承包合同额达 495.58 亿美元，累计完成营业额 206.07 亿美元，但现在新签合同额和完成营业额都大大下降了。

总体看来，西亚国家和地区基础设施建设和投资需求规模庞大，是我国海外工程承包合作的重要市场。根据美国传统基金会的统计，2005～2019 年，中国在西亚签订的 1 亿美元以上的大型工程项目为 286 个，涉及金额达 1582 亿美元，其中 2013 年以来签订 186 个，占中国在西亚国家和地区工程承包总项目的 65%，合同金额达 1033.6 亿美元，占中国在西亚国家和地区工程承包总金额的 65.3%（见表 5.29），这显示，"一带一路"倡议加速了双方在工程承包领域的合作。从国别看，中国在沙特阿拉伯的工程承包项目最多，有 66 个项目，合同金额达 352.9 亿美元；阿拉伯联合酋长国排名第二，有 54 个项目，合同金额为 269.2 亿美元；第三是伊朗，有 31 个项目，合同金额为 222 亿美元；第四是伊拉克，有 30 个项目，合同金额为 121.3 亿美元；科威特排名第五，有 24 个项目，合同金额为 100 亿美元。埃及项目数虽居第六位，但项目平均金额为 9.1 亿美元，为项目平均金额最大的国家，其合同金额超过伊拉克和科威特，排名第四位。卡塔尔排名第七，项目数为 17 个，合同金额为 71.7 亿美元。土耳其与埃及类似，项目数仅为 15 个，排名第八，但合同金额为 94.1 亿美元，排名第七，超过卡塔尔。此外，约旦、阿曼、以色列、也门、巴林、叙利亚、塞浦路斯项目数均不到 10 个，金额也不大；黎巴嫩、巴勒斯坦则没有大的工程项目。

表 5.29　中国在西亚国家和地区的工程承包按国别分类情况

国别	项目（个）	总金额（亿美元）	项目占比（%）	金额占比（%）	平均金额（亿美元）
巴林	2	14.2	0.7	0.9	7.1
塞浦路斯	1	1.3	0.3	0.1	1.3
埃及	21	205.4	7.3	13	9.8
伊朗	31	222	10.8	14	7.2
伊拉克	30	121.3	10.5	7.7	4
以色列	6	26.3	2.1	1.7	4.4
约旦	7	45.4	2.4	2.9	6.5
科威特	24	100	8.4	6.3	4.2
阿曼	7	42.8	2.4	2.7	6.1
卡塔尔	17	71.7	6	4.5	4.2
沙特阿拉伯	66	352.9	23.1	22.3	5.3
叙利亚	1	3	0.3	0.2	3
土耳其	15	94.1	5.2	5.9	6.3
也门	4	12.4	1.4	0.8	3.1
阿拉伯联合酋长国	54	269.2	18.9	17	5
合计	286	1582	100	100	5.5

资料来源：美国传统基金会（2020）。

从行业分布看，中国在西亚国家和地区的工程承包主要集中在能源业、房地产业和交通业三大行业中，其中能源业最集中，项目数达 87 个，占比为 30.4%，合同金额为 651.5 亿美元，占比 41.2%；其次是房地产业，项目数达 67 个，占比为 23.4%，合同金额为 306 亿美元，占比 19.3%；再次是交通业，项目数达 56 个，占比 19.6%，合同金额为 256.9 亿美元，占比为 16.2%。公用事业、金属、化工和其他行业也较为集中，项目数为 11~23 个，金额为 49.3 亿~134.2 亿美元。农业、旅游、健康、物流、娱乐、科技等行业项目数较少（见表 5.30）。

表 5.30　　中国在西亚工程承包按行业分类情况

行业	项目（个）	总金额（亿美元）	项目占比（%）	金额占比（%）	平均金额（亿美元）
农业	5	12.3	1.7	0.8	2.5
化工业	11	51.9	3.8	3.3	4.7
能源业	87	651.5	30.4	41.2	7.5
娱乐业	2	5.4	0.7	0.3	2.7
健康业	3	8.8	1	0.6	2.9
物流业	3	5.1	1	0.3	1.7
金属业	12	90.4	4.2	5.7	7.5
其他行业	11	49.3	3.9	3.1	4.5
房地产业	67	306	23.4	19.3	4.6
科技业	1	1	0.4	0.1	1
旅游业	5	9.2	1.8	0.6	1.8
交通业	56	256.9	19.6	16.2	4.6
公用事业	23	134.2	8.1	8.5	5.8
合计	286	1582	100	100	5.5

资料来源：美国传统基金会（2020）。

5.4.2　中国与西亚国家和地区双向直接投资情况

受能源价格走势影响，中国对西亚国家和地区直接投资经历了较大的波动，具体走势类似于英文字母"N"：2003~2013 年总体趋于上升，2013 年以来不断回落，然后到 2018 年再次飙升（详见表 5.31）。不过总体看来，中国对西亚国家和地区直接投资保持了与总体对外直接投资相当的一个走势，2001~2019 年中国对西亚直接投资流量、存量年均增速分别为 35.5% 和 27.3%，而同期中国对外直接投资流量、存量年均增速分别为

27.4%和30%，前者增速高了5.5个百分点，后者增速则低了2.7个百分点，这使中国对西亚国家和地区投资流量在中国对外直接投资总量中的占比从0.8%提高至2.1%，存量从1.6%降低至1.1%，变化均不大；在中国对“一带一路”沿线国家和地区直接投资总量中的占比，流量从11.1%提高至15.5%，提高了4.4个百分点，存量从40.1%降低至13.8%，降低了26.3个百分点。虽然2016年以来，中国对西亚国家和地区直接投资出现了止跌反弹趋势，但这种趋势的延续性如何仍有待考察，而且总体来看，中国对西亚17国的投资出现了下降，而且幅度还不小，这也表明中国对“一带一路”沿线国家和地区直接投资已初步摆脱了“资源寻求型”特征。

从流向国家看，中国对西亚国家和地区投资主要集中在阿拉伯联合酋长国、以色列、伊朗、沙特阿拉伯和土耳其五国，其中对阿拉伯联合酋长国的直接投资，2019年流量为12.1亿美元，存量为76.4亿美元，在西亚国家和地区中的占比分别为41.8%和36.6%；对以色列的直接投资，2019年流量为1.9亿美元，存量为37.8亿美元，在西亚国家和地区中的占比分别为6.5%和15.3%；对沙特阿拉伯的直接投资，2019年流量为6.5亿美元，存量为25.3亿美元，在西亚国家和地区中的占比分别为22.5%和10.2%。相对而言，我国对阿拉伯联合酋长国的直接投资一直比较稳定，对其他国家的直接投资则出现大幅起落。例如2016年对以色列的直接投资流量高达18.4亿美元，在西亚国家和地区占比高达113.6%①；又如2019年中国对伊拉克的直接投资流量也高达8.9亿美元，在西亚国家和地区占比高达30.7%。从存量看，2018年中国对土耳其直接投资存量高达59.5亿美元，2019年又暴跌至18.7亿美元，跌幅高达68.6%，几乎是断崖式下跌；而中国对以色列的直接投资则是2013年提出“一带一路”倡议以后才逐渐加大的，相对于对其他国家“资源寻求型”对外直接投资而言，这种变化当然算是一种优化信号。此外，中国对其直接投资存量金额较多的国家还有伊拉克、埃及、塞浦路斯，不过金额均在15亿美元以下，占比均不超过6%。

总体来看，中国对西亚国家和地区直接投资还是表现为“资源寻求

① 2016年中国对西亚国家和地区流量投资中有5个国家是负投资（即撤资），所以对以色列的投资流量才会占据如此高的比例。

型"特征，而且如前所述，这种直接投资结构有明显的顺周期特征。例如在2010~2013年，伊朗一直是中国在西亚国家和地区中直接投资最多的国家，2013年随着能源价格走低，中国对其直接投资不仅逐渐减少，而且表现为巨额撤资，2014年中国对伊朗直接投资流量为5.9亿美元，2015年就撤资5.5亿美元，2016年直接投资3.9亿美元，2017年、2018年又分别撤资3.7亿美元、5.7亿美元和0.6亿美元，以致中国在伊朗的直接投资存量一直徘徊在30亿美元上下，使伊朗从中国对西亚国家和地区最大的直接投资国退居第3位，2019年存量占比仅为12.4%。如果说中国对伊朗直接投资出现下降还可以归咎于美国发动的经济制裁，但对其他能源蕴含丰富国家的直接投资也出现减少，这就说明中国对西亚国家和地区直接投资呈"资源寻求型"和"顺周期性"的特征。自2013年国际能源价格走低以来，在中国对西亚17国（地区）直接投资中，2013~2019年流量金额同比上年下降国家的数量分别为6个、5个、8个、8个、5个、6个、7个，出现撤资的国家数量分别为4个、0、3个、5个、4个、4个、5个。

表5.31　　中国对西亚国家和地区投资概况

年份	流量金额（亿美元）	流量同比增速（%）	流量占中国对外直接投资比重（%）	流量占中国对"一带一路"沿线国家和地区直接投资比重（%）	存量金额（亿美元）	存量同比增速（%）	存量占中国对外直接投资比重（%）	存量占中国对"一带一路"沿线国家和地区直接投资比重（%）
2003	0.22	—	0.8	11.1	5.23	—	1.6	40.1
2004	0.41	82.9	0.7	10.7	5.91	13.1	1.3	30.6
2005	1.2	192.8	1	18	8.56	44.8	1.5	25.5
2006	2.56	113.1	1.2	21.5	12.25	43.1	1.4	24
2007	2.47	-3.8	0.9	7.6	11.41	-6.8	1	12
2008	2.08	-15.7	0.4	4.6	14.99	31.4	0.8	10.2
2009	7.31	251.7	1.3	16.1	22.95	53.1	0.9	11.6
2010	11	50.4	1.6	14.2	38.51	67.8	1.2	13.4
2011	13.36	21.5	1.8	13.3	53.23	38.2	1.3	13
2012	14.48	8.4	1.6	10.9	69.73	31	1.3	12.3
2013	21.49	48.4	2	16.9	87.2	25.1	1.3	12.1

续表

年份	流量金额（亿美元）	流量同比增速（%）	流量占中国对外直接投资比重（%）	流量占中国对“一带一路”沿线国家和地区直接投资比重（%）	存量金额（亿美元）	存量同比增速（%）	存量占中国对外直接投资比重（%）	存量占中国对“一带一路”沿线国家和地区直接投资比重（%）
2014	21.21	-1.3	1.7	15.5	113.04	29.6	1.3	12.3
2015	22.67	6.9	1.6	12	143.83	27.2	1.3	12.5
2016	16.15	-28.8	0.8	10.5	228.56	58.9	1.7	17.3
2017	6.11	-62.2	0.4	2.9	246.95	8	1.4	15.5
2018	18.59	204.3	1.3	10.3	270.28	9.4	1.4	15.2
2019	28.94	55.6	2.1	15.5	247.39	-8.5	1.1	13.8
2003~2019年平均增速（%）	—	35.5	—	—	—	27.3	—	—

资料来源：根据商务部、国家统计局、国家外汇管理局发布的《中国对外直接投资统计公报》相关数据绘制。

从双向直接投资角度看，2018年西亚17国（地区）对华直接投资16057万美元，比上年（7735万美元）增长107.6%，占中国流入FDI的0.12%。2019年中国对西亚17国（地区）直接投资流量为28.94亿美元，比上年增长55.6%，占西亚17国（地区）流入FDI（840.28亿美元）的3.4%；对西亚17国（地区）直接投资存量为247.39亿美元，占西亚17国（地区）外资流入存量（15748.58亿美元）的1.6%，中国资本虽然不多，但相对而言，对于西亚地区显然更加重要。

5.4.3　中国对西亚国家和地区大宗投资项目分析

从1亿美元以上的大宗直接投资看，中国对西亚国家和地区开始投资的时间虽然很早，但近年发展缓慢，总体投资不多。据美国传统基金会统计，2005~2019年中国对西亚国家和地区的直接投资项目为58个，投资金额达529.3亿美元，明显落后于中国近邻地区。2013年10月“一带一路”倡议提出后，中国对西亚国家和地区的大型投资项目一共有35个，占总投资项目的53.1%，年均5.8个投资项目，略多于此前年均2.8个投资项目的水平；投资额达217.7亿美元，占总投资项目金额的41.1%，年均投资36.3亿美元，略低于此前年均39亿美元的水平，每个项目平均投资金额为6.2亿美元，也明显低于此前的13.5亿美元，这都反映了中国对西亚国家和地区直接投资脚步放缓的趋势。这种情况可能同国际能源价格走势有关，因为随着能源价格走低，该类项目的投资收益就会明显下降，从而影响投资规模的扩大。

上述论断可从表5.32中得到印证。中国对西亚国家和地区直接投资行业分布虽然比较广泛，但高度集中，主要投向能源业。据美国传统基金会统计，2005~2019年，中国投往能源业的项目为33个，占比56.9%，直接投资金额达400.6亿美元，占比75.7%。能源业不仅投资多，而且投资金额多，每个项目平均投资金额达12.1亿美元。其他行业项目数量均不超过5个，直接投资金额均不超过16亿美元，两者占比均不超过10%。

表5.32　　中国对西亚国家和地区直接投资按行业分布情况

行业	项目（个）	总金额（亿美元）	平均金额（亿美元）	项目占比（%）	金额占比（%）
农业	3	44	14.7	5.2	8.3
化工业	1	5	5	1.8	0.9
能源业	33	400.6	12.1	56.9	75.7
金融业	2	4.3	2.2	3.4	0.8
健康业	2	3.4	1.7	3.4	0.6
物流业	2	15.9	8	3.4	3
金属业	2	15.5	7.8	3.4	2.9
房地产业	2	7.8	3.9	3.4	1.5
科技业	3	3.5	1.2	5.2	0.7
旅游业	1	4.5	4.5	1.8	0.9
交通业	3	14.2	4.7	5.2	2.7
其他行业	4	10.6	2.7	6.9	2
合计	58	529.3	9.1	100	100

资料来源：美国传统基金会（2020）。

从投资国别来看，中国对西亚国家和地区的大型投资主要集中在伊拉克、阿拉伯联合酋长国、沙特阿拉伯、土耳其、以色列5国，此外，对伊朗、埃及、叙利亚也有较多投资，总体分布比较平均。如表5.33所示，中国对伊拉克大宗投资项目最多，共6个，总投资达118.2亿美元，但金额占比仅为22.3%；其次是阿拉伯联合酋长国，直接投资金额合计77.8亿美元，占比14.7%；再次是沙特阿拉伯，直接投资金额合计58.7亿美元，占比11.1%；第四是土耳其，直接投资金额合计54.5亿美元，占比10.3%；第五是以色列，直接投资合计54.2亿美元，占比10.2%。其他国家的大宗投资项目均未超过5个，金额也未超过50亿美元，占比均不到10%，总体相差都不大。

从具体项目看，在美国传统基金会跟踪到的58个项目中，5亿美元以上的项目有34个，占比58.6%；10亿美元以上的项目有18个，占比31%；20亿美元以上的项目有5个，占比8.6%。金额最大的一个投资项目是2009年10月，中石油出资55.9亿美元，与英国石油公司（BP）在伊拉克南部石油建立三方合资经营企业，中石油占股37%。第二大投资项目是中石化在2011年12月，出资37.1亿美元，与沙特阿拉伯当地企业合资建立SABIC炼化厂，中石化占股38%。第三大投资项目是中石化在2013年8月，出资31亿美元，收购了埃及Apache公司33%的股权。

表5.33　中国对西亚国家和地区直接投资按国别分布情况

国别	项目（个）	总金额（亿美元）	平均金额（亿美元）	项目占比（%）	金额占比（%）
伊拉克	6	118.2	19.7	10.3	22.3
伊朗	4	47.2	11.8	6.9	9
埃及	3	38.8	12.9	5.2	7.3
以色列	9	54.2	6	15.5	10.2
约旦	3	18	6	5.2	3.4
科威特	1	6.5	6.5	1.7	1.2
阿曼	2	12.1	6.1	3.4	2.3
卡塔尔	1	1	1	1.7	0.2
沙特阿拉伯	3	58.7	19.6	5.2	11.1
叙利亚	3	37.6	12.5	5.2	7.1
也门	1	4.7	4.7	1.7	0.9
土耳其	11	54.5	5	19	10.3
阿拉伯联合酋长国	11	77.8	3.9	19	14.7
合计	58	529.3	9.1	100	100

资料来源：美国传统基金会（2020）。

从投资方式来看，中国对西亚国家和地区直接投资具有方式多样的特征。其中采用绿地投资方式的有24个，占比41.4%，投资金额达268.7亿美元，占比50.8%，每个项目平均金额为11.2亿美元；采用跨国并购方式的有34个，占比58.6%，投资金额达260.6亿美元，占比49.2%，每个项目平均金额为7.7亿美元，明显小于前者。在24个绿地投资中，独资经营的有14个，每个项目平均金额为5.8亿美元；合资经营的有10个，每个项目平均金额达18.7亿美元；同时在34宗跨国并购项目中，独资经营的有12个，每个项目平均金额为6.3亿美元；合资经营的有22个，每个项目平均金额达8.4亿美元，这都说明大宗项目多会采用合资方式分散经营风险，只有小项目才会独资经营。

5.4.4 中国对西亚国家和地区大宗投资失败项目分析

总体来看，中国对西亚国家和地区投资失败的项目不多，而且行业分布比较集中，但是金额却较为巨大。据美国传统基金会统计，2006～2019年，中国对西亚国家和地区大宗投资共有22个项目失败，涉及金额达413.1亿美元，其中金额超过10亿美元的项目有9个，占比40.9%；金额超过20亿美元的项目有6个，占比27.3%；金额超过40亿美元的项目有3个，占比13.6%。2013年习近平总书记提出“一带一路”倡议后，中国对西亚国家和地区直接投资失败项目也没有明显减少，2013年之前年均失败1个，年均失败金额达35.7亿美元，其中10亿美元以上的大宗项目为6个；2014年之后年均失败2.8个，年均失败金额达25.5亿美元，其中较大金额（10亿美元）的失败项目为3个。唯一可喜的就是大宗投资失败项目在减少，如果不是巨人集团出资44亿美元收购以色列娱乐企业Playtika这个项目失败，这几年在西亚国家和地区就没有20亿美元以上的大宗失败项目了。

从失败项目的行业分布看，能源业最多，失败项目数和金额占比分别是50%和79.5%。金融业失败项目数排在第二位，有5个，其他行业失败项目数都没超过2个，娱乐业虽然只有1个失败项目，但金额高达44亿美元（见表5.34）。

表5.34　中国对西亚国家和地区直接投资失败项目按行业分布情况

行业	项目（个）	总金额（亿美元）	平均金额（亿美元）	项目占比（%）	金额占比（%）
农业	1	1.2	1.2	4.5	0.3
能源业	11	328.5	29.9	50	79.5
娱乐业	1	44	44	4.5	10.7
金融业	5	26.6	5.3	22.8	6.4
科技业	1	2.9	2.9	4.5	0.7
交通业	2	8	4	9.2	1.9
公用事业	1	1.9	1.9	4.5	0.5
合计	22	413.1	18.8	100	100

资料来源：美国传统基金会（2020）。

从国别分布看，以色列的失败项目最多，有7个，金额达73.5亿美元，占比17.8%（低于伊朗）；伊朗失败项目虽只有5个，但金额达259.3亿美元，占比62.8%。此外，伊拉克有3个失败项目，涉及金额达27.7亿美元，沙特阿拉伯也有3个失败项目，涉及金额达9.3亿美元，叙利亚有2个投资失败项目，涉及金额达37.7亿美元，金额占比都不到10%，土耳其和卡塔尔也各有1个失败项目，阿拉伯联合酋长国、科威特等10个国家则没有投资失败项目（详见表5.35）。

表5.35　中国对西亚国家和地区直接投资失败项目按国别分布情况

国别	项目（个）	总金额（亿美元）	平均金额（亿美元）	项目占比（%）	金额占比（%）
伊朗	5	259.3	51.9	22.7	62.8
伊拉克	3	27.7	9.2	13.6	6.7
以色列	7	73.5	10.5	31.8	17.8
卡塔尔	1	1.8	1.8	4.6	0.4
沙特阿拉伯	3	9.3	3.1	13.6	2.3
叙利亚	2	37.7	18.9	9.1	9.1
土耳其	1	3.8	3.8	4.6	0.9
合计	22	413.1	18.8	100	100

资料来源：美国传统基金会（2020）。

在这些具体的投资失败项目中，金额最大的两个都发生在伊朗。其中，2006年9月，中海油集团出资160亿美元试图在伊朗建立一家天然气田，使其曾经名列中国历史上最大的投资失败项目，即便现在来看也是名列前茅的大案。排名第二位的就是2012年7月，中石油集团试图出资47亿美元，在伊朗建立一个天然气田。这反映伊朗投资环境不够友好以及美国等国发动的对伊朗的经济制裁已经直接影响到中国对其直接投资了。

5.4.5 中国对西亚国家和地区投资空间合理性分析

综上分析，我们认为中国对西亚国家和地区的投资分布存在某些不合理之处。

从投资存量看，阿拉伯联合酋长国、土耳其、以色列、伊朗、沙特阿拉伯是我国在西亚名列前五位的投资东道国，但除伊朗外，我国对其投资分别占这四国各自吸引FDI存量的比例都不到5%，其中沙特阿拉伯的该比例仅为1.1%，总体来看，这几个国家人口较多，市场广大，除伊朗营商环境较差外，中国对其他国家的直接投资均有一定的提升空间，尤其是沙特阿拉伯和土耳其这两个GDP名列西亚前两位的大国，未来可考虑适量增加对其直接投资。

科威特、埃及、塞浦路斯、也门、伊拉克是第二梯队东道国，除塞浦路斯和科威特营商环境较稳定以外，其他三国都比较差，其中，也门是世界上营商环境最差的四个国家之一，所以为投资安全考虑，应努力限制对也门投资，对其他国家的投资有小幅提高空间，尤其是埃及作为中东第一人口大国，如果未来其营商环境有明显改善，中国可以考虑大幅增加对其直接投资。

剩下的国家，除巴林外，营商环境都欠佳，中国对这些国家也仅进行了少量的投资，中国对其直接投资存量占其吸引FDI存量比例也较低，未来除巴林和卡塔尔以外，中国对其直接投资基本没什么提升空间（详见表5.36）。

在此，根据将中国对该国直接投资存量与该国吸引FDI存量之比作为一个重要的衡量指标，我们把其进行三等分：超过10%表明中国投资较集中，低于5%表明中国投资较少，5%～10%表明中国对其投资量较合适。如果我们结合上述衡量以及《世界银行营商环境报告》评分，则很容易可以看出中国对上述国家投资空间分布合理与否。

从上述衡量指标来看，该指标较高的国家分别是也门（28%）、科威特（5.6%）、伊朗（5.3%），均超过5%，除也门外，中国对科威特和伊朗的投资相对于其人口规模和GDP来说较为合理。

从总量指标看，GDP排名在前五位的国家分别是沙特阿拉伯、土耳其、伊朗、阿拉伯联合酋长国和以色列，人口排名在前五位的国家分别是埃及、土耳其、伊朗、伊拉克和沙特阿拉伯，在上述几个国家中，除了对伊朗直接投资较为合适外，中国对其他国家的直接投资均偏少，我国对沙特阿拉伯和埃及直接投资占其吸引FDI的比重均为1%，明显偏低，未来可以适当加大对其投资力度。

从人均指标看，人均GDP排名前五位的国家分别是卡塔尔、阿拉伯联合酋长国、以色列、科威特和巴林，人文发展指数名列前五位的国家分别是以色列、塞浦路斯、阿拉伯联合酋长国、沙特阿拉伯和卡塔尔，这几个国家的营商环境也相对较好，除科威特外，我国对其直接投资占其吸引FDI的比重均低于5%，所以今后我们应适当加大对这几国的投资。

至于巴勒斯坦、叙利亚、黎巴嫩、约旦和也门这几个国家目前战乱不断，营商环境很不理想，又受限于其人口规模和经济的单一性，中国对其直接投资很难有大的提升空间，建议以限制投资或观察为主。

表5.36　2019年中国对西亚国家具体投资情况

国别	GDP（亿美元）	人口（百万人）	人均GDP（万美元）	人文发展指数	营商环境得分/名次	该国吸引FDI存量（亿美元）	中国对该国FDI存量（亿美元）	中国对该国FDI存量/该国吸引FDI存量（%）
巴林	377	1.6	24051	0.838	76/43	300.77	0.7	0.2
埃及	2509	98.4	2549	0.7	60.1/114	1266.39	10.9	0.9
伊朗	4540	81.8	5550	0.797	58.5/127	573.69	30.6	5.3
伊拉克	2259	38.4	5878	0.689	44.7/172	0	13.8	—
以色列	3697	8.9	41614	0.906	76.7/35	1662.29	37.7	2.3
约旦	423	10	4248	0.723	69/75	362.03	3.1	0.9
科威特	1417	4.1	34244	0.808	67.4/83	149.04	8.3	5.6
黎巴嫩	566	6.8	8270	0.73	54.3/143	680.89	0.01	0

续表

国别	GDP（亿美元）	人口（百万人）	人均GDP（万美元）	人文发展指数	营商环境得分/名次	该国吸引FDI存量（亿美元）	中国对该国FDI存量（亿美元）	中国对该国FDI存量/该国吸引FDI存量（%）
阿曼	793	4.8	16419	0.834	70/68	313.32	1.2	0.4
卡塔尔	1920	2.8	69026	0.848	68.7/77	310.61	4.6	1.5
沙特阿拉伯	7825	33.7	23219	0.857	71.6/62	2361.66	25.3	1.1
叙利亚	344	16.9	5147	0.549	42/176	107.43	0.1	0.1
阿拉伯联合酋长国	4142	9.6	43005	0.866	80.9/16	1541.07	76.4	5
也门	269	28.5	944	0.463	31.8/187	19.42	5.4	28
塞浦路斯	245	1.2	20576	0.873	73.4/54	4450.91	10.6	0.2
土耳其	7665	82.3	9311	0.806	76.8/33	1649.06	18.7	1.1
巴勒斯坦	146	4.6	3199	0.69	—	—	0	—

资料来源：世界银行、联合国统计署、联合国工业发展署人文指数；《联合国贸发会议世界投资报告》《世界银行营商环境报告》和《中国对外直接投资统计公报》。

5.5 独联体与中东欧国家

严格意义上讲，独联体国家还包括中亚4国，但前面已经介绍过了，因而此处不再赘述，同时中东欧国家也是一个地缘政治概念，泛指欧洲大陆地区受苏联控制的前社会主义国家，具体包括冷战时期的东欧国家，波罗的海三国（拉脱维亚、立陶宛、爱沙尼亚）、白俄罗斯、乌克兰、摩尔多瓦等除俄罗斯外的部分成员国，所以这两个概念是有交叉之处的，为节约篇幅，本书将独联体国家与中东欧国家合为一节，统称为独联体和中东欧国家。

上述国家均地处亚欧大陆，是亚欧大陆桥通行之处，沟通大西洋、北冰洋和大西洋，战略地位极其重要。"一带一路"沿线独联体国家包括俄罗斯、乌克兰、白俄罗斯、摩尔多瓦、阿塞拜疆、格鲁吉亚、亚美尼亚7国，面积合计1810.7万平方千米，2019年人口合计2.18亿人，GDP合计

19391亿美元，人均GDP为8880美元，其中俄罗斯面积为1707.5万平方千米，2019年人口为1.47亿人，GDP为16380亿美元，人均GDP为11163美元；剔除俄罗斯后的独联体6国面积为103.1万平方千米，2019年人口为7160万人，GDP为3012亿美元，人均GDP为4205美元。中东欧国家包括：斯洛伐克、捷克、匈牙利、波兰、塞尔维亚、罗马尼亚、阿尔巴尼亚、拉脱维亚、保加利亚、立陶宛、爱沙尼亚、克罗地亚、波黑、斯洛文尼亚、黑山、马其顿、希腊17个国家，希腊本不在中东欧国家范围之列，但鉴于其在“一带一路”倡议中的独特性，本书也将其纳入中东欧国家，中东欧17国面积之和为147.4万平方千米，2019年人口合计1.29亿人，GDP合计19534亿美元，人均GDP为15143美元。独联体和中东欧国家是“一带一路”沿线总体发展水平最高的地区，2019年人均GDP超过1万美元的国家就有斯洛文尼亚、克罗地亚、爱沙尼亚、立陶宛、拉脱维亚、捷克、斯洛伐克、俄罗斯、波兰、匈牙利、罗马尼亚、希腊12国，覆盖了2.53亿人口，约占该地区人口的73%。

5.5.1　中国与独联体、中东欧国家经贸合作概况

从1989年以来，中国一直非常重视发展与独联体、中东欧国家之间的贸易，双边贸易一直保持在较高的水平上。据中国海关统计，1998~2013年，中国与独联体、中东欧24国双边贸易额扩大了近19倍，年均增速为17.6%。随着“一带一路”倡议的提出和实施，双边贸易保持了较快增长，2013~2018年，中国与俄罗斯、独联体6国、中东欧17国双边贸易额年均增速虽降至5.3%（详见表5.37），但明显快于同期中国货物贸易总额年均2.8%的增速，除2016年由于新兴市场经济危机，中国与独联体、中东欧国家双边贸易额下降19.6%外，在这期间双边贸易总体保持了较快增速。其中与第一大贸易伙伴俄罗斯的双边贸易额年均增速是3.7%，与第二大贸易伙伴波兰的双边贸易额年均增速是10.6%，与第三大贸易伙伴捷克的双边贸易额年均增速是11.5%，与第四大贸易伙伴匈牙利的双边贸易额年均增速是5.3%，与第六大贸易伙伴斯洛伐克的双边贸易额年均增速是3.5%，与第七大贸易伙伴希腊的双边贸易额年均增速是14.1%，均高于同期中国货物贸易总额年均增速。只有与第五大贸易伙伴乌克兰的

双边贸易额出现了年均下降2.8%的情况。

从双边贸易差额来看，除1999~2002年，中国略微出现贸易顺差以外，1998~2018年，中国对独联体、中东欧国家总体保持着大额贸易顺差局面，而且这种顺差维持了高度稳定。而且从2007年起，中国对独联体、中东欧国家贸易顺差跃上300亿美元之后，除2009年受全球金融危机影响贸易顺差略有缩水外，十几年来一直保持在330亿~470亿美元的水平。

从主要贸易伙伴情况来看，俄罗斯既是中国在该地区最大的贸易伙伴，也是中国最大的贸易逆差来源方。据中国海关统计，2019年中俄双边贸易额为7642亿元，占中国与独联体、中东欧国家双边贸易总额的比例超过50%；中方出口金额为3434亿元，同比增长8.5%；进口金额为4208亿元，同比增长7.5%；中方贸易逆差为774亿元，同比增长4.2%。虽然在1998~2008年，中国对俄罗斯出口平均增速要比从俄罗斯进口平均增速高2.7个百分点，但中国对俄罗斯总体还是保持了逆差，其中1998~2006年，由于对俄罗斯石油、天然气等初级产品的需求上升，中国对俄罗斯出现了连续9年的贸易逆差，但2007~2019年，中俄贸易则进入了不稳定的平衡时期，其中中方顺差年份有7年，逆差年份有5年。另据俄罗斯海关统计，2019年俄罗斯与中国双边货物贸易额为1106.5亿美元，同比增长2.2%，占俄罗斯货物贸易总额的16.6%。其中，俄罗斯对中国出口金额为565.3亿美元，同比增长0.9%，占其出口总额的13.4%，比2018年提高了0.9个百分点；俄罗斯自中国进口金额为541.2亿美元，增长3.6%，占其进口总额的22.2%，比2018年提高了0.3个百分点。2019年俄罗斯对中国贸易顺差24.1亿美元，同比下降36.4%。中国一直保持了俄罗斯第一大出口市场和第一大进口来源地地位。

与中俄双边贸易相比，其他贸易伙伴——即便是第二大贸易伙伴波兰与中国的贸易规模均相差甚远。2018年中波双边贸易额仅为245.2亿美元，占中国与独联体、中东欧国家双边贸易总额的比例为11.7%，其规模不及中俄双边贸易的25%，所以就不再单一拿出来进行研究了，而是将其综合到地区总体贸易中去考察。

2013年"一带一路"倡议提出以来，无论是双边贸易额还是贸易增速，中国与独联体6国贸易发展均不及中国与中东欧17国贸易发展。2018年中国与独联体6国双边贸易额为140.9亿美元，而中国与中东欧17国双边贸易额为892.8亿美元，比前者高出5.3倍。2013～2018年中国与独联体6国双边贸易额年均下降1.1%，而中国与中东欧17国双边贸易额年均增长8.7%。其中，2018年中国向独联体6国、中东欧17国的出口额分别是100.9亿美元、656.8亿美元，相较2013年的平均增速分别是-1.1%、8.5%；2018年中国自独联体6国、中东欧17国的进口额分别是39.9亿美元、236亿美元，相较2013年的平均增速分别是-1.2%、9.5%，造成这种差别的原因可能是两者的经济实力相差较大。但从贸易平衡来看，1998～2003年，中国对独联体6国出现了连续6年的贸易逆差，2004年以后中国才开始出现贸易顺差，但顺差额一直不大；而对中东欧17国，中国则从1998～2018年连续21年保持了贸易顺差，且顺差额不断扩大，1998年中国对中东欧17国贸易顺差还只有20.7亿美元，2018年已经扩大到420.8亿美元，年均增速16.3%。

表5.37　中国与独联体、中东欧国家双边贸易情况

项目	1998年（亿美元）	2013年（亿美元）	2018年（亿美元）	1998～2018年年均增速（%）	2013～2018年年均增速（%）
双边贸易额	81.66	1629.23	2104.74	17.6	5.3
其中：中国出口	41.69	1040.14	1237.4	18.5	3.5
中国进口	39.97	589.09	867.34	16.6	8
其中：俄罗斯	54.8	892.6	1071.1	16	3.7
独联体6国	3	149.2	140.9	21.2	-1.1
中东欧17国	23.8	587.5	892.8	19.9	8.7
双边贸易差额	1.7	451.1	370.1	30.8	-3.9
其中：俄罗斯	-18	99.2	-111.8	9.6	-202.4
独联体6国	-0.9	64.5	61	—	-1.1
中东欧17国	20.7	287.3	420.8	16.3	7.9

资料来源：历年《中国海关统计年鉴》。

在“一带一路”倡议提出后，中国和独联体、中东欧国家的基础设施建设和互联互通合作不断发展，中国企业来到独联体、中东欧国家积极进行工程承包。中东欧国家的基础设施通常较为陈旧，但随着这几年中东欧国家经济不断发展，这些国家急需提升基础设施水平。近年来中国企业在中东欧地区交通运输、通讯工程、石油化工等领域的新签合同额均出现了

较大增长，增速在欧洲各地区中位列第一。但相对而言，除俄罗斯外，中国在独联体、中东欧国家的工程承包量不大。2019 年中国在俄罗斯新签工程承包合同金额为 1153.8 亿美元，是 2018 年的 5 倍多，但截至 2017 年底，中国企业在中东欧国家完成的营业额是 12.87 亿美元，新签订的合同额达到 20.27 亿美元，占比偏低，中国对外工程承包主要还是集中在亚洲、非洲发展中国家。

总体看来，独联体、中东欧国家基础设施建设和投资需求规模庞大，是我国海外工程承包合作的重要市场。根据美国传统基金会的统计，自 2005 ~ 2019 年，中国在独联体、中东欧国家承包的 1 亿美元以上的大型工程项目共 116 个，涉及金额达 574.2 亿美元，其中 2013 年以来承包的项目达 80 个，占比 70.8%，合同金额达 376.8 亿美元，占比 66.5%（详见表 5.38)，这表明“一带一路”倡议加速了双方在工程承包领域的合作。分国别看，中国在俄罗斯的工程承包项目最多，有 32 个，合同金额为 212.8 亿美元；塞尔维亚排名第二，有 15 个项目，合同金额为 60.6 亿美元，但其金额不及乌克兰；乌克兰排名第三，有 14 个项目，合同金额为 95.6 亿美元；白俄罗斯排名第四，有 12 个项目，合同金额为 55.5 亿美元；格鲁吉亚排名第五，有 8 个项目，但合同金额仅为 14.2 亿美元，低于波黑和阿塞拜疆。波黑项目数虽仅 5 个，居第六位，但合同金额为 21.9 亿美元，超过格鲁吉亚。类似的还有罗马尼亚，项目虽仅 3 个，但合同金额为 21.1 亿美元，也超过了格鲁吉亚和阿塞拜疆，排名第六位。阿塞拜疆和波兰并列第七位，项目都是 4 个，合同金额分别为 19.2 亿美元和 10.9 亿美元。其他国家项目均不到 3 个，金额也不大，不再赘述。

表 5.38　中国在独联体、中东欧国家的工程承包按国别分类情况

国别	项目（个）	总金额（亿美元）	项目占比（%）	金额占比（%）	平均金额（亿美元）
俄罗斯	32	212.8	27.6	37	6.7
乌克兰	14	95.6	12.1	16.6	6.8
白俄罗斯	12	55.5	10.3	9.7	4.6
阿塞拜疆	4	19.2	3.4	3.3	4.8
格鲁吉亚	8	14.2	6.9	2.5	1.8
摩尔多瓦	2	5.6	1.7	1	2.8

续表

国别	项目（个）	总金额（亿美元）	项目占比（%）	金额占比（%）	平均金额（亿美元）
希腊	3	7.9	2.6	1.4	2.6
波黑	5	21.9	4.3	3.8	4.4
保加利亚	2	3.4	1.7	0.6	1.7
克罗地亚	2	4.7	1.7	0.8	2.4
匈牙利	2	12.1	1.7	2.1	6.1
拉脱维亚	1	1.1	0.9	0.2	1.1
马其顿	3	6.5	2.6	1.1	2.2
黑山	2	12.2	1.7	2.1	6.1
波兰	4	10.9	3.4	1.9	2.7
罗马尼亚	3	21.1	2.6	3.7	7
塞尔维亚	15	60.6	13	10.6	4
斯洛文尼亚	1	7.9	0.9	1.4	7.9
捷克	1	1	0.9	0.2	1
合计	116	574.2	100	100	5

资料来源：美国传统基金会（2020）。

从行业分布看，中国在独联体、中东欧国家的工程承包主要集中在能源业、交通业、房地产业和金属业四大行业中，其中能源业项目数量最多，为40个，占比34.5%，合同金额为233.8亿美元，占比40.7%；其次是交通业，项目数量为35个，占比30.2%，合同金额为154.1亿美元，占比26.9%；再次是房地产业，项目数量为18个，占比15.5%，合同金额为51亿美元，占比8.9%；金属业排名第四，项目数量为9个，占比7.7%，合同金额为58.1亿美元，占比10.1%。其他行业项目数量都不到5个，合同金额均在30亿美元以下（详见表5.39）。

表5.39　中国在独联体、中东欧国家的工程承包按行业分类情况

行业	项目（个）	总金额（亿美元）	项目占比（%）	金额占比（%）	平均金额（亿美元）
农业	3	15	2.6	2.6	5
化工业	4	26.4	3.4	4.6	6.6
能源业	40	233.8	34.5	40.7	5.8
物流业	1	1.3	0.9	0.2	1.3

续表

行业	项目（个）	总金额（亿美元）	项目占比（%）	金额占比（%）	平均金额（亿美元）
金属业	9	58.1	7.7	10.1	6.5
房地产业	18	51	15.5	8.9	2.8
科技业	1	1.7	0.9	0.3	1.7
旅游业	2	3.3	1.7	0.6	1.7
交通业	35	154.1	30.2	26.9	4.4
公共事业	1	3.1	0.9	0.5	3.1
其他行业	2	26.4	1.7	4.6	13.2
合计	116	574.2	100	100	5

资料来源：美国传统基金会（2020）。

5.5.2 中国与独联体、中东欧国家双向直接投资情况

总体来说，中国对独联体、中东欧国家直接投资保持了一个相对平稳的走势，2001～2019 年中国对独联体、中东欧国家直接投资流量、存量年均增速分别为 15.2% 和 37.4%，而同期中国对外直接投资流量、存量年均增速分别为 27.4% 和 30%，在流量增速低了 12.2 个百分点的情况下，存量增速竟高了 7.4 个百分点，这说明独联体、中东欧国家投资环境相对更好，中国企业在那里投资增值更快；从流量和存量占中国对外直接投资总量的比例看，流量占比从 1.3% 降到了 0.3%，存量占比从 0.3% 提高至 0.8%，变化幅度都不大；同时，从流量和存量在中国对"一带一路"沿线国家和地区中直接投资总量中的占比看，流量占比从 18.7% 降低至 2.3%，降低了 15.4 个百分点，存量占比从 8% 降低至 9.6%，提高了 1.6 个百分点。在流量占比降幅超过一半的情况下，存量占比还提高了 25%，中国在独联体、中东欧国家直接投资的增值性确实要比其他地方强得太多。即便 2016 年以来中国 OFDI 总体大幅滑坡，中国对中东欧、独联体国家直接投资也未出现非常明显的下降。这表明中国对独联体、中东欧国家直接投资是非常优质的，从重塑角度看，这个地区未来应该成为中国对"一带一路"沿线国家和地区直接投资增量产生的主要地区。

从流向国家看，中国对独联体、中东欧国家投资主要集中在俄罗斯，

对其他国家投资都不多。2019年中国对俄罗斯直接投资流量在撤资3.8亿美元背景下，存量仍保持在128亿美元的水平，占比高达74.7%（详见表5.40），占据绝对优势。与之相比，中国对其他国家投资规模均不大，2019年直接投资流量投资规模超过了1亿美元的国家只有白俄罗斯、匈牙利和波兰，存量投资超过5亿美元的国家只有格鲁吉亚（6.7亿美元）、白俄罗斯（6.5亿美元）、波兰（5.6亿美元）3国；存量投资在1亿~5亿美元的国家也只有罗马尼亚（4.3亿美元）、匈牙利（4.3亿美元）、捷克（2.9亿美元）、希腊（2.3亿美元）、斯洛文尼亚（1.9亿美元）、塞尔维亚（1.6亿美元）、乌克兰（1.6亿美元）和保加利亚（1.6亿美元）8国。

当然在对独联体、中东欧国家直接投资过程中，撤资也不多见，2013年“一带一路”倡议提出以来，只有阿塞拜疆出现过连续三年撤资，波兰出现过连续两年撤资，还有俄罗斯、乌克兰、立陶宛、捷克、保加利亚、马其顿、希腊、斯洛伐克出现过一年撤资，撤资的出现频次和规模要远远低于其他地区。

表5.40 中国对独联体、中东欧国家投资概况

年份	流量金额（亿美元）	流量同比增速（%）	流量占中国对外直接投资比重（%）	流量占中国对“一带一路”沿线国家和地区直接投资比重（%）	存量金额（亿美元）	存量同比增速（%）	存量占中国对外直接投资比重（%）	存量占中国对“一带一路”沿线国家和地区直接投资比重（%）
2003	0.38	—	1.3	18.7	1.06	—	0.3	8
2004	0.87	131.6	1.6	22.9	1.83	72.9	0.4	9.4
2005	2.11	141	1.7	31.6	5.69	210.2	1	16.8
2006	4.87	131.1	2.3	40.8	12.24	115.2	1.4	23.5
2007	5.22	7.2	2	16.1	17.92	46.4	1.5	18.6
2008	4.47	-14.4	0.8	9.9	22.84	27.5	1.2	15.4
2009	3.99	-10.7	0.7	8.8	27.47	20.3	1.1	13.7
2010	10.48	162.8	1.5	13.5	38.35	39.6	1.2	13.2
2011	8.74	-16.6	1.2	8.8	49.77	29.8	1.2	12.1
2012	10.52	20.4	1.2	7.9	65.52	31.7	1.2	11.5

续表

年份	流量金额（亿美元）	流量同比增速（%）	流量占中国对外直接投资比重（%）	流量占中国对“一带一路”沿线国家和地区直接投资比重（%）	存量金额（亿美元）	存量同比增速（%）	存量占中国对外直接投资比重（%）	存量占中国对“一带一路”沿线国家和地区直接投资比重（%）
2013	12.69	20.6	1.2	10	96.86	47.8	1.5	13.4
2014	11.47	-9.6	0.9	8.4	114.45	18.2	1.3	12.4
2015	32.21	180.8	2.2	17	172.68	50.9	1.6	14.9
2016	15.73	-51.2	0.8	10.3	158.49	-8.2	1.2	11.9
2017	21.35	35.7	1.3	10.6	171.56	8.2	0.9	10.8
2018	15.85	-25.8	1.1	8.9	180.18	5.1	0.9	10.2
2019	4.21	-80.8	0.3	2.3	171.46	-4.8	0.8	9.6
2003～2019年平均增速（%）	—	15.2	—	—	—	37.4	—	—

资料来源：根据商务部、国家统计局、国家外汇管理局发布的《中国对外直接投资统计公报》相关数据绘制。

从双向直接投资角度看，2018年独联体、中东欧国家对华直接投资12709万美元，比上年（10329万美元）增长23%，占中国流入外资的0.09%，比例不是很大。同时中国对独联体、中东欧国家直接投资在连续两年大幅下降后，2019年直接投资流量只有4.21亿美元，虽然在独联体、中东欧国家的引进外资金额（1185.33亿美元）中占比也很小，只有0.4%，但从2019年的直接投资存量看，中国资本占独联体、中东欧国家FDI总流入量（15307.9亿美元）的比例为1.1%，显然中国资本对于独联体和中东欧国家重要得多。

5.5.3 中国对独联体、中东欧国家大宗投资项目分析

从1亿美元以上的大宗直接投资看，中国对独联体、中东欧国家投资也不多。据美国传统基金会统计，2006～2019年中国对独联体、中东欧国家的直接投资项目为93个，投资金额为565亿美元，明显落后于中国近邻

地区。2013年10月“一带一路”倡议提出后，中国对独联体、中东欧国家大型投资项目一共有56个，占比60.2%，年均9.3个投资项目，略多于此前年均2.8个的水平；投资额为313.4亿美元，占比55.5%，年均投资52.2亿美元，略高于此前年均35.9亿美元的水平；每个项目平均投资金额为5.6亿美元，略低于此前的6.8亿美元，这反映了中国对独联体、中东欧国家直接投资的主体已经从早期以央企为主变成了现在以地方国企、民营企业为主的变化。

从投资国别来看，中国对独联体、中东欧国家的大型投资项目主要集中在俄罗斯、希腊、塞尔维亚、匈牙利4国，对其他国家的大型投资项目不多，但总体分布比较均匀。如表5.41所示，中国对俄罗斯的大宗投资项目最多，共47个，总投资额为338.2亿美元，项目和金额占比分别为50.5%和60%；其次是希腊，直接投资项目为8个，金额为97.5亿美元，项目和金额占比分别为8.6%和17.3%；再次是塞尔维亚，直接投资项目为8个，金额为42.4亿美元，项目和金额占比分别为8.6%和7.5%；第四是匈牙利，直接投资项目为6个，金额为36.3亿美元，项目和金额占比分别为6.4%和6.4%。其他国家中除波兰有7个投资项目外，剩下国家的投资项目均未超过5个，金额也未超过14亿美元，占比均不到5%，总体相差都不大（详见表5.41）。

表5.41　　中国对独联体、中东欧国家直接投资按国别分布情况

国别	项目（个）	总金额（亿美元）	平均金额（亿美元）	项目占比（%）	金额占比（%）
俄罗斯	47	338.6	7.2	50.5	60
白俄罗斯	4	4.8	1.2	4.3	0.8
乌克兰	1	1.8	1.8	1.1	0.3
格鲁吉亚	3	3.7	1.2	3.2	0.7
希腊	8	97.5	12.2	8.6	17.3
波黑	1	3.1	3.1	1.1	0.5
保加利亚	1	1.2	1.2	1.1	0.2
克罗地亚	1	2.2	2.2	1.1	0.4
匈牙利	6	36.3	6.1	6.4	6.4
波兰	7	10.9	1.6	7.5	1.9
塞尔维亚	8	42.4	5.3	8.6	7.5

续表

国别	项目（个）	总金额（亿美元）	平均金额（亿美元）	项目占比（%）	金额占比（%）
斯洛文尼亚	2	13.9	7	2.2	2.5
捷克	4	8.6	2.2	4.3	1.5
合计	93	565	6.1	100	100

资料来源：美国传统基金会（2020）。

从行业分布看，中国对独联体、中东欧国家直接投资行业分布比较广泛，相对集中于能源业、交通业和金属业3个行业。据美国传统基金会统计，2006～2019年，中国投往独联体、中东欧国家能源业项目为31个，占比33.3%，直接投资金额为276.4亿美元，占比48.9%；交通业项目为12个，占比12.9%，直接投资金额为95.3亿美元，占比16.9%；金属业项目为11个，占比11.8%，直接投资金额为43.3亿美元，占比7.7%。其他行业项目均未超过10个，金额均未超过30亿美元，占比均未超过5%（详见表5.42）。

表5.42　中国对独联体、中东欧国家直接投资按行业分布情况

行业	项目（个）	总金额（亿美元）	平均金额（亿美元）	项目占比（%）	金额占比（%）
农业	2	24.8	12.4	2.1	4.4
化工业	3	21.1	7	3.2	3.7
能源业	31	276.4	8.9	33.3	48.9
娱乐业	1	10.5	10.5	1.1	1.9
金融业	8	18.5	2.3	8.6	3.3
健康业	1	1	1	1.1	0.2
物流业	3	3.9	1.3	3.2	0.7
金属业	11	43.3	3.9	11.8	7.7
房地产业	5	24.4	4.9	5.4	4.3
科技业	6	28.5	4.8	6.5	5
交通业	12	95.3	7.9	12.9	16.9
公共事业	1	1.4	1.4	1.1	0.2
其他行业	9	15.9	1.8	9.7	2.8
合计	93	565	6.1	100	100

资料来源：美国传统基金会（2020）。

从具体项目看，在美国传统基金会跟踪到的93个项目中，5亿美元以上的项目有31个，占比33.3%；10亿美元以上的项目有17个，占比18.3%；20亿美元以上的项目有5个，占比5.4%。金额最大的一个投资项目是2008年11月，中国远洋运输集团公司出资57.9亿美元，全资收购了希腊比雷埃夫斯港。经过10多年运作后，这个收购案已成了中国投资“一带一路”沿线国家和地区的经典案例。第二大投资项目是中石化在2019年4月，与中石油、中海油集团携手出资40.4亿美元，占股20%，收购了俄罗斯的一个天然气田。第三大投资项目是中石化在2006年6月，出资34.9亿美元，收购了俄罗斯能源企业Rosneft公司49%的股权。第四大投资项目是一宗新建投资，由三峡集团在2011年6月，出资22.9亿美元，在俄罗斯与当地能源企业合资组建了EuroSibEnergo公司，中方占股50%。第五大投资项目是中国投资集团在2013年9月，出资20.4亿美元，收购了俄罗斯农业企业Uralkali公司13%的股权。从排名前五的大宗投资项目看，除希腊占据第一大项目外，其他4个都在俄罗斯，这显示了中方对俄罗斯市场的重视。

从投资方式来看，中国对独联体、中东欧国家直接投资具有方式多样的特征。其中采用绿地投资方式的有41个，占比44.1%，投资金额为191亿美元，占比33.8%，每个项目平均投资金额达4.65亿美元；采用跨国并购方式的有52个，占比55.9%，投资金额为374亿美元，占比66.2%，每个项目平均投资金额达7.19亿美元，略微大于前者。在41个绿地投资项目中，独资经营的有25个，投资金额为96.2亿美元，每个项目平均投资金额达3.85亿美元；合资经营的有16个，投资金额为94.8亿美元，每个项目平均投资金额达5.9亿美元；同时在52个跨国并购项目中，独资经营的有25个，投资金额为140.9亿美元，每个项目平均投资金额达5.64亿美元；合资经营的有28个，投资金额为233.1亿美元，每个项目平均投资金额达8.33亿美元，这都说明大项目多由央企或国企主导，会采用合资方式分散经营风险，而小项目多由地方国企或民企主导，多会独资经营，具有市场导向特征。

5.5.4 中国对独联体、中东欧国家大宗投资失败项目分析

相对而言，中国对独联体、中东欧国家的投资失败项目不多，而且行

业分布比较集中。据美国传统基金会统计，2006～2018年，共有13个失败项目，涉及金额达190.3亿美元，其中金额超过10亿美元的项目有4个，占比30.8%；超过20亿美元的有2个，占比15.4%；超过40亿美元的有1个，占比13.6%。2013年习近平总书记提出"一带一路"倡议后，中国对独联体、中东欧国家的直接投资失败项目明显增加，2013年之前的失败项目只有3个，金额为31.4亿美元，年均金额为3.9亿美元，其中10亿美元以上的项目有1个；2014年之后的失败项目共10个，年均2个，涉及金额为158.9亿美元，年均金额为31.8亿美元，其中10亿美元以上的项目共3个。尤其是2018年，仅这一年的失败项目就有5个，值得警惕。而且最大的一个失败项目也发生在这一年：2018年5月，上海民营集体企业中国华信集团计划出资91亿美元收购嘉能可和卡塔尔投资管理局手中持有的俄罗斯石油公司Rosneft的14.16%股份，但收购案宣告失败。

从行业分布看，能源业失败项目最多，数量为8个，涉及金额达154.8亿美元，占比分别是61.5%和81.3%。其他行业的失败项目都没超过2个，金额不超过12亿美元（详见表5.43）。

表5.43　中国对独联体、中东欧国家直接投资失败项目按行业分布情况

行业	项目（个）	总金额（亿美元）	平均金额（亿美元）	项目占比（%）	金额占比（%）
能源业	8	154.8	19.4	61.5	81.3
金属业	1	8.9	8.9	7.7	4.7
旅游业	1	12	12	7.7	6.3
金融业	1	9.1	9.1	7.7	4.8
交通业	2	5.5	2.8	15.4	2.9
合计	13	190.3	14.6	100	100

资料来源：美国传统基金会（2020）。

从国别分布看，俄罗斯的失败项目最多，有5个，金额达142.7亿美元，占比分别是38.4%和75%；其他国家除波兰有2个失败项目，涉及金额达13.8亿美元外，均只有1个失败项目，涉及金额都不超过12亿美元（详见表5.44）。

表 5.44 中国对独联体、中东欧国家直接投资失败项目按国别分布情况

国别	项目（个）	总金额（亿美元）	平均金额（亿美元）	项目占比（%）	金额占比（%）
俄罗斯	5	142.7	28.5	38.4	75
乌克兰	1	1	1	7.7	0.5
希腊	1	12	12	7.7	6.3
保加利亚	1	1.9	1.9	7.7	1
格鲁吉亚	1	6.3	6.3	7.7	3.3
波兰	2	13.8	6.9	15.4	7.3
罗马尼亚	1	3.5	3.5	7.7	1.8
捷克	1	9.1	9.1	7.7	4.8
合计	13	190.3	14.6	100	100

资料来源：美国传统基金会（2020）。

5.5.5 中国对独联体、中东欧国家投资空间合理性分析

综合前面分析，我们认为中国对独联体、中东欧国家投资总体不足，未来应该大力增加投资。

从投资存量看，俄罗斯、格鲁吉亚、白俄罗斯、波兰、罗马尼亚、匈牙利、捷克、希腊、斯洛文尼亚、塞尔维亚是我国在独联体、中东欧国家名列前10位的投资东道国，但除俄罗斯外，中国对其他国家直接投资均未超过10亿美元，只有白俄罗斯、格鲁吉亚、俄罗斯、黑山和斯洛文尼亚5国，中国对其直接投资占该国吸引外资比例能超过1%，中国对整个独联体、中东欧国家都存在直接投资偏少，甚至严重偏少的问题（详见表5.45）。

表 5.45 2018年中国对独联体、中东欧国家具体投资情况

国别	GDP（亿美元）	人口（百万人）	人均GDP（美元）	人文发展指数	营商环境得分/名次	该国吸引FDI存量（亿美元）	中国对该国FDI存量（亿美元）	中国对该国FDI存量/该国吸引FDI存量（%）
乌克兰	1308	44.6	2932	0.75	70.2/64	489.1	1.6	0.3
俄罗斯	16576	144.5	11473	0.824	78.2/28	4638.6	128	2.8

续表

国别	GDP（亿美元）	人口（百万人）	人均GDP（美元）	人文发展指数	营商环境得分/名次	该国吸引FDI存量（亿美元）	中国对该国FDI存量（亿美元）	中国对该国FDI存量/该国吸引FDI存量（%）
阿塞拜疆	469	9.9	4721	0.754	76.7/34	323	0.1	0
白俄罗斯	597	9.5	6290	0.817	74.3/49	145.1	6.5	4.5
摩尔多瓦	113	3.5	3189	0.711	74.4/48	47.9	0	0.1
亚美尼亚	124	3	4212	0.76	74.5/47	56.6	0.1	0.2
格鲁吉亚	162	3.7	4353	0.786	83.7/7	191.5	6.7	3.5
爱沙尼亚	303	1.3	22928	0.882	80.6/18	274.8	0.6	0.2
拉脱维亚	348	1.9	18089	0.854	80.3/19	179.5	0.1	0.1
立陶宛	533	2.8	19090	0.869	81.6/11	204.1	0.1	0
希腊	1071	2.1	19974	0.872	68.4/70	405.1	2.3	0.6
阿尔巴尼亚	151	2.9	5254	0.791	67.7/82	88.1	0.1	0.1
罗马尼亚	2437	19.5	12483	0.816	73.3/55	971	4.3	0.4
匈牙利	1557	9.8	15939	0.845	73.4/52	978.4	4.3	0.4
保加利亚	651	7	9273	0.816	72/61	518.6	1.6	0.3
波兰	5659	38	14902	0.872	76.4/40	2365.1	5.6	0.2
捷克	2441	10.6	22973	0.891	76.3/41	1706.8	2.9	0.2
斯洛伐克	1065	5.4	19547	0.857	75.6/45	597.5	0.8	0.1
克罗地亚	608	4	14869	0.837	73.6/51	298.7	1	0.3
塞尔维亚	505	7	7234	0.799	75.7/44	439.6	1.6	0.4
波黑	198	3.3	5951	0.769	65.4/90	87.6	0.2	0.2
黑山	55	0.6	8761	0.816	73.8/50	56.5	0.9	1.5
北马其顿	127	2	6084	0.759	80.7/17	63.5	0.2	0.3
斯洛文尼亚	542	2	26234	0.902	76.5/37	181.4	1.9	1

资料来源：世界银行、联合国统计署、联合国工业发展署人文指数；《联合国贸发会议世界投资报告》《世界银行营商环境报告》《中国对外直接投资统计公报》。

从总量指标看，独联体、中东欧国家中GDP排名前五位的国家分别是俄罗斯、波兰、捷克、罗马尼亚和希腊，人口排名前五位的国家分别是俄罗斯、乌克兰、波兰、罗马尼亚和希腊，在上述国家中，除对俄罗斯直接投资占其吸引FDI存量的比例达到了2.8%，较为合适外，其他国家的这一指标仅在0.1%~0.6%，严重偏少，未来应努力加大对其投资力度。

从人均指标看，人均GDP排名前五位的国家分别是斯洛文尼亚、爱沙尼亚、捷克、斯洛伐克和立陶宛，人文发展指数名列前五位的国家分别是斯洛文尼亚、捷克、爱沙尼亚、希腊和波兰，在这7个国家中，除斯洛文尼亚外，我国对其他国家直接投资占其吸引FDI存量的比重均未超过0.5%，所以今后我们应当加大对这些国家的投资。

值得注意的是，近年来一些人均指标不高的独联体、中东欧国家为了加快吸引外来直接投资，大力改善了营商环境，例如格鲁吉亚、马其顿、塞尔维亚、黑山和阿塞拜疆，其人均GDP和人文发展指数在独联体、中东欧国家本属后列，但近年来其营商环境排名竟然都在全世界前50名，鉴于我国对其直接投资均不多，所以今后可以考虑适当扩大对其直接投资。

第6章　空间重塑的新经济地理学分析

目前，不论是对外直接投资理论（Hymer，1960；Knickerbocker，1973；Buckley and Kasson，1976；Dunning，1988；Lall，1983）的研究，还是经验方面（Ranjan and Agrawal，2011；Nourzad et al，2014；Demir，2016）的研究，国内外有关文献都颇为丰富。但是，这些研究基本都是以传统的完全竞争理论框架为基础的，并没有考虑不完全竞争以及企业的规模经济问题，也没有考虑发展中国家国情，这时候东道国和母国之间的贸易成本，以及跨国公司在东道国投资办厂的成本，都和第三国无关，因而并不能全面地解释对外直接投资的区位选择问题，不存在空间重塑问题。

6.1　金融市场、汇率制度选择与国际化生产

20多年来，世界资本流动的构成发生了明显的变化，FDI在总资本流动中的比例不断上升，更重要的是，考虑到FDI会对生产率收益、技术转移、训练雇员、引入新的生产管理技能和国内市场营销、国际生产网络以及进入国际市场等产生积极影响，国家都倾向于加大努力去吸引更多的FDI（Caves，1996）。而且，如果外国企业将新的产品和生产过程引入国内企业，国内企业也可能从这种不断加速的企业扩散中受益（Grossman and Helpman，1991；Barro and Sala-i-Martin，1995；1997）。然而，无论是工厂层面，还是国家分析层面，经验证据却是模棱两可的，尤其是在知识溢出这一点上。上述证据似乎表明，尽管FDI能传播（造成）知识溢出这个命题看似中性，但一切仍取决于一国利用外部性的能力。值得说明的是，这种能力会受到东道国政策环境、生产性资产的可获得性、基础设施

和制度等条件的限定（实际上远远不止这些限制条件）。

由于近来相关文献日益强调制度在经济增长中的重要性，为此，本书检验了样本地区当地金融制度在沟通FDI的贡献对经济发展的贡献之间的中介作用。特别是，我们讨论了地方金融市场缺乏发展反过来会限制利用FDI潜在溢出的能力。正如Caves（1999）在4卷本的《发展经济学手册》中指出的那样，其根本就没有提及本地企业在获取知识溢出方面的约束。总体看来，不仅仅是金融市场的作用，还有受资国其他因素——包括潜在技能的缺乏、知识和基础设施的缺乏，在发展经济学文献中均被忽视了。

良好的金融制度在技术创新、资本积累和经济发展等方面的重要性不仅广为人知，而且近一个世纪以来在许多文献中不断被人讨论。自熊彼得起，100多年来，不少学者，如Goldsmith（1969），Mckinnon（1973），Shaw（1973）以及随后的Boydand Prescott（1986），Greenwood and Jovanovic（1990）等都论证了，良好的金融市场有助于降低交易成本，确保资本配置到能带来最大产出的项目上，进而提升增长率。更重要的是，正如Mckinnon（1973）表明的那样，资本市场的发展，对于培育采纳最优实践技术和学会做的能力是必须和充分的。换句话说，有限制的信贷市场将限制企业家能力的增长。如果企业家精神允许吸收和采纳由FDI引致的最优实践技能的话，那么良好发育的金融市场的缺失必将限制潜在FDI正外部性的发挥。下面，本书通过引入依靠金融部门发展程度的FDI的细流效应对此进行分析。

我们构建了一种经济体，里面居住着各种按其能力享受级差工资的代理人。这些代理人一般有两种选择：他们可以为FDI部门的外国公司工作，凭其天赋赚取一份回报；或者建立他们自己的公司，从外国公司那里享受技术溢出的好处。然而，建立公司需要付出建立成本，而这其中一部分融资必须从金融组织借款才能实现。由于金融部门的低效率，借款利率必须设定得比出借利率高很多才行。因此，在同样的背景下，在发达金融制度中建立企业则要容易得多。这不仅表现在刺激企业创新方面，而且表现在赋予企业从外国直接投资获取不限于国外资本直接增长等方面的好处。

下面我们建立一个简单的模型来解释改进金融市场来影响国内产量的FDI效应。模型提供了一个经验分析的参照，我们假设一个小型开放经济体没有调整成本，这个经济体盛行连续的总代理，每个代理人均生活一期，经济中有两个部门：Y^{FDI} 和 Y^{DOM}，分别是外国生产部门和国内生产部门。

6.1.1 生产

首先，本书这里将生产部门按照所有权、技术和投入要素划分为国外生产部门和国内生产部门。其中，国外生产部门及产出记为 Y^{FDI}，并且 Y^{FDI} 主要通过投入外国资本和国内供给的劳动所生产出来，并最终为外国投资者所有。按照 Razin 等（1999）的观点，我们假设国内投资者由于缺乏进入外国资本市场的条件，因而不能在这个部门挑战外国投资者①。同时，我们还假定 FDI 被吸引到这个国家的原因是资本成本的不同②。生产是完全竞争的，技术被假定服从柯布－道格拉斯生产函数，并且规模报酬不变。

$$Y_t^{FDI} = AL_t^{\beta}(K_t^{FDI})^{1-\beta} \tag{6.1}$$

公式（6.1）中，$0 < \beta < 1$，L_t 指的是国内劳动，K_t^{FDI} 是外国资本的存量，A 是生产函数的参数。外国生产部门最优化的情况是：外国资本得到其边际产出，也即由国际利率 r 给定。

$$r = (1-\beta)AL_t^{\beta}(K_t^{FDI})^{-\beta} \tag{6.2}$$

重新处理后，我们得到外国资本存量的一个表达式。

$$K_t^{FDI} = \left[\frac{(1-\beta)A}{r}\right]^{\frac{1}{\beta}} L_t \tag{6.3}$$

外资企业雇用工人直到一个新增工人的边际生产力等于其工作 w 时为止。

$$W = \beta A^{\frac{1}{\beta}}\left[\frac{(1-\beta)}{r}\right]^{\frac{1-\beta}{\beta}} \tag{6.4}$$

国内生产部门由许多本地企业所组成，记为 Y^{DOM}。其中，每个企业的生产需要固定的资本投资。除固定投资外，产出正相关于（也即受到某些

---

① 或者说，外国企业可被认为拥有在这个部门生产的技术，并由于拥有特别的特征（特定资产），他们选择直接在这个国家生产而不是出售这种技术的许可证。

② 我们的目标是解读外国生产对本地产出的效应以及金融市场的作用，而不是到国外投资。

因素积极影响）企业家的能力及经济中外国资本的数量①。

此外，本土企业也会受益于FDI部门的溢出，这是整个模型的中心假设②。这也意味着，潜在的企业能够充分利用更好的管理实践、网络、市场进入以及坐落在国内的外国企业的其他溢出等优势。外资企业也没有将这些积极效应予以国际化。总体来说，国内生产部门的产出可由公式(6.5)给出：

$$Y^{DOM} = \int_{\varepsilon_t^*}^{1} Y_t^i d\varepsilon \tag{6.5}$$

在此，Y_t^i 是企业 i 的生产数量：

$$Y_t^i = \varepsilon_{i,t}\beta\left(K_t^{FDI}\right)^{\theta}s^{\gamma} \tag{6.6}$$

公式（6.6）中，$0<\gamma<1$，$0<\theta<1$，与企业家能力水平 ε_t 有关。S 是固定资本投资。我们假定固定投资 S 在任何时刻超过单一的个体所拥有的资源。但是，本土企业能够通过借贷解决自身资源与地方市场固定投资 S 二者之间的差距③。在金融市场上，在贷出利率 r 和借入利率 i 之间也存在插入项 δ，δ 反映了金融市场的无效率④。正如 King and Levine（1991）提到的那样，这个插入项能反映税收、利率上限，政府的储备政策。或者一般说来，它反映因劳动规制、高行政成本，低技术等所造成的过高中介成本。

6.1.2 家庭与职业选择

经济体中包含一群代理人，他们的总量标准化为1，并且他们只生活一期。他们均拥有一单位的劳动，但是其能力水平是不一样的。例如，在

① 企业家能力的假设对于排除后来常见的角点解是重要的。

② Blomstrom and Kokko（1997）提及了从跨国公司到本土企业溢出的三种不同形式。第一种就是市场的联系，外资企业与本土企业之间的前向联系和后向联系将创造出一种很容易被本土企业学到的外资部门生产环境。在FDI产业中训练本土员工也允许这样的溢出。最后，他们将其定义为“宣传效应”，可能由本土企业和跨国公司之间竞争所导致，Aitken and Harrison（1999）也提到了类似的效应。

③ 由于对称信息和主权风险，对企业家来说，从国外借款或直接通过股票市场融资成本高昂，这些方法不可行。

④ Galor and Zeira（1993）采用了一种类似的方法来假设资本市场的非完全性。

出生时，个体 i 在时间 t 被赋予能力水平 ε_i^t，并且 ε_i^t 服从同分布（i. i. d），且 $\varepsilon_i^t \in (0,1)$。代理人的初始财富也均为 b_{t-1}^i，同时如果他们选择投入证券市场的话，在期末他们能够赚得国际收益率 r。最初，我们假定对所有的 i 来说，都有 $b_{t-1}^i = b_{t-1}$，在时期 t 的末尾，所有的个体消费和留下的财富为 b_{t-1}^i。在时期 t 的初始，每个代理人都面临两种选择：他们可以选择在 FDI 部门为外资企业工作，也可变成一个企业家，在本土生产部门工作。

如果代理人选择为外资部门工作，他们将无弹性地供给他们的劳动，并赚取工资 w，而且工资 w 独立于代理的能力水平。选择为外资部门工作的那些代理人赚得的收入总额等于工资加上他们资产水平的收益率，即：$w+(1+r)b_{t-1}$。选择自主创业者在期末则要偿还贷款，因此赚得净收入等于 $Y_t^i-(1+i)(s-b_{t-1})$。如果自主创业收入较少的话，他将选择为外资部门工作。上述情况，分别如公式（6.7）和公式（6.8）所示。

$$w+(1+r)b_{t-1} > Y_t^i-(1+i)(s-b_{t-1}) \tag{6.7}$$

或者，如果在外资部门赚得更少的话，他将选择自主创业。

$$w+(1+r)b_{t-1} < Y_t^i-(1+i)(s-b_{t-1}) \tag{6.8}$$

如果在外资部门工作与自主创业收入相等的话，代理人无论在哪里工作都是一样的。

$$w+(1+r)b_{t-1} = Y_t^i-(1+i)(s-b_{t-1}) \tag{6.9}$$

上述公式既刻画了代理人的能力临界水平，也刻画了在外资部门工作的代理人的状况。用公式（6.3）去替代产出 Y_t^i，我们就可以得到：

$$w+(1+r)b_{t-1} = \varepsilon_{i,t}B\left(K_t^{FDI}\right)^{B}S^{\gamma}-(1+i)(s-b_{t-1}) \tag{6.10}$$

由于能力服从同分布，我们可以将 ε_t^i 写成如下形式：

$$\varepsilon_{i,t} = \frac{(1+i)(s-b_{t-1})+w+(1+r)b_{t-1}}{B\left(K_t^{FDI}\right)^{\theta}S^{\gamma}} \tag{6.11}$$

令 ε_t^* 为满足上述条件的能力值，这意味着 FDI 部门雇用的总劳动量将是：

$$L_i = \int_0^{\varepsilon^*}\varepsilon_{i,t}di = \varepsilon_t^* \tag{6.12}$$

根据公式（6.2）和公式（6.12），我们可以把外资数量写成如下形式：

$$K_t^{FDI} = \left[\frac{(1-\beta)A}{r}\right]^{\frac{1}{\beta}} \varepsilon_t^* \tag{6.13}$$

将公式（6.13）代入公式（6.11），重新整理后可以清楚得到企业家能力水平的门槛值：

$$\varepsilon_t^* = \left\{\frac{(1+i)(S-b_{t-1}) + \beta A^{\frac{1}{\beta}}\left[\frac{(1-\beta)}{R}\right]^{\frac{1-\beta}{\beta}} + (1+r)b_{t-1}}{B\left[\frac{A(1-\beta)}{r}\right]^{\frac{\theta}{\beta}} S^{\gamma}}\right\}^{\frac{1}{1+\theta}} \tag{6.14}$$

6.1.3　比较静态

上述模型有助于我们理解 FDI 是如何影响产出的以及这种效应是如何取决于本土金融市场条件的。更多的 FDI 导致更高的产出，这一效应的产生主要通过两个途径：增加 FDI 部门的产量和增加国内本土部门的产量。记经济中总产出为：

$$Y_t = Y_t^{FDI} + \int_{\varepsilon_t^*}^{1} Y_t^i d\varepsilon \tag{6.15}$$

这就意味着：

$$Y_t = Y_t^{FDI} + (1-\varepsilon_t^*)B(K_t^{FDI})^{\theta} S^{\gamma} \tag{6.16}$$

因此 FDI 的产出总效应等于自己部门 FDI 的私人边际产出加上社会和私人边际产出之间差距的总和：

$$\frac{\partial Y_t}{\partial K_t^{FDI}} = \frac{\partial Y_t^{FDI}}{\partial K_t^{FDI}} + \frac{\partial\left[(1-\varepsilon^*)B(K_t^{FDI})^{\theta} S^{\gamma}\right]}{\partial K_t^{FDI}} \tag{6.17}$$

它也等于：

$$\frac{\partial Y_t}{\partial K_t^{FDI}} = r + (1-\varepsilon_t^*)B\theta(K_t^{FDI})^{1-\theta} S^{\gamma} > 0 \tag{6.18}$$

本模型中的金融中介影响了 FDI 的社会边际产出，因此总效应是：

$$\frac{\partial^2 Y_T}{\partial K_t^{FDI}\partial \delta} = -B\theta(K_t^{FDI})^{\theta-1} S^{\gamma} \frac{\partial \varepsilon_t^*}{\partial \delta} + (1-\varepsilon_t^*)B\theta(\theta-1)(K_t^{FDI})^{\theta-2} S^{\gamma} \frac{\partial K_t^{FDI}}{\partial \varepsilon_t^*}\frac{\partial \varepsilon_t^*}{\partial \delta} \tag{6.19}$$

同样地，

$$\frac{\partial^2 Y_T}{\partial K_t^{FDI}\partial\delta} = -B\theta(K_t^{FDI})^{\theta-1}S^{\gamma}\frac{\partial\varepsilon_t^*}{\partial\delta}\left[1+\frac{(1-\varepsilon_t^*)(1-\theta)}{\varepsilon_t^*}\right]<0\text{，如果}\frac{\partial\varepsilon_t^*}{\partial\delta}>0 \tag{6.20}$$

为了全面地分析公式（6.20），我们需要研究金融市场的无效性是如何影响代理人成为一个企业家的。需要注意的是，参数 δ 的值越大表明金融市场无效性越高，有吸引力的企业活动将会越弱。利用所定义的 δ，$i = r+\delta$，我们可以将公式（6.8）写作：

$$\varepsilon_t^* = \left\{\frac{(1+r+\delta)\ (S-b_{t-1})\ +\beta A^{\frac{1}{\beta}}\left[\frac{(1-\beta)}{R}\right]^{\frac{1-\beta}{\beta}}+\ (1+r)\ b_{t-1}}{B\left[\frac{A\ (1-\beta)}{r}\right]^{\frac{\theta}{\beta}}S^{\gamma}}\right\}^{\frac{1}{1+\theta}} \tag{6.21}$$

从公式（6.21）可以看出，$\frac{\partial\varepsilon_t^*}{\partial\delta}>0$。如所预期的那样，高的金融成本减少了企业的数量。相反，金融部门效率的提高倾向于减少企业成立的门槛，因此导致社会企业数目的增加。这就意味着金融部门效率的改进增加了外资的社会边际产出。正如公式（6.9）表明的那样，两个效应在此起到了作用。首先，金融部门的改进增加了社会上的企业数目。由于两个部门的互补性，这种增加提高了 FDI 的社会边际产出。其次，企业数目对外资存量有直接影响。随着企业家数目的增加，劳动力数量却趋于下降。劳动人数的下降意味着 FDI 的存量将会减少。总之，较高效率的本地金融市场将会提升国内部门外资的社会边际产品数量。① 上述模型推导明显表明，在一个非常简化的形式中，更有效的金融市场能够促使 FDI 极大地促进产出。然而实际上，金融市场不仅影响投资的融资过程，而且会日益传导到商业活动中。这个重要的传播渠道通常为各种文献所忽视。

全部效应结果表明，FDI 水平越高，就会带来更多的经济产出，这种正向效应的程度也会受金融市场的无效性影响。事实上，FDI 所带来的溢

---

① 由于 $1-\theta+\theta_{\varepsilon}>0$，金融市场的改进对 FDI 的资本边际具有经济影响。$\theta<1$ 的假定清楚无误地帮助我们排除了这种情况下的模糊之处。然而，这种限制只有当 $\varepsilon=0$ 时才是必须的。更进一步，经验地讲，$\theta>1$ 的值看来高度模糊不清。例如，Coe，Helpman，Hoffmaister（1995）所作的 R&D 估计表明，在美国或日本国内 R&D 国内资本存量增加 100 美元，发展中国家的实际 GDP 差不多可以增加 25 美元。

出效应在一定程度可以对包括在人力资本在内的因素产生影响。Borenbzstein, DeGregorio and Lee（1995）通过对69个发展中国家的面板数据检测后发现，尽管FDI是技术转移的一种重要工具，并对经济增长作出了积极的贡献，但是，东道国人力资本存量水平越高，这种影响才会越大（用教育程度的可获得性来衡量）。另一个有意义的发现就是FDI似乎对国内投资有一种“挤入效应”。首先，FDI对本土投资者有潜在的影响——通过产品与金融上的竞争，跨国公司替代了国内企业。然而，FDI也为本土企业的扩张提供了便利性——提供生产上的互补（这种联系效应上面已经讨论过了）和生产率上的溢出。Borenzstein, DeGregorio and Lee（1995）在其研究中发现了后面这种效应占据主导地位。这样FDI可以从两个方面促进增长：通过吸收高水平的本土投资者增加总资本；通过先进技术同东道国人力资本的联系，从而比国内投资更有生产性。

此外，还有研究涉及贸易制度类型和汇率制度选择等因素。Balasubramayam, Salisu and Sapsford（1996；1999）发现了关于东道国人力资本门槛重要性的初步证据，他们的研究还发现，相较于他们极力追求的进口替代战略（Bhagnati, 1978；WorldBank, 1987）采用的定义，在外向型和中型贸易制度中，FDI的增长贡献要更加明显，后面的结果也为Kawai（1994）所证实。

同时，还有一些学者从汇率制度系统的选择性角度研究了FDI的价格设定规则及其福利效应问题。例如Lapan and Enders（1980），Helpman（1981），Helpman and Razin（1982），Eaton（1985），Aizenman（1994），Chinn and Miller（1998），以及Neumeyer（1998）等。然而这些学者的研究，都没有假定名义价格刚性，因此也就无法直接推导出Friedman（1953）and Mundell（1958）“贸易与投资相互替代”的研究思路。Swedenborg和Lipsey（1998）推断，汇率运动甚至会给高贸易性的食品项目带来一种非常有意义的短期要素，也会产生跨国相对价格。我们推断一种更好的描述价格设定的方式是在消费者货币设定中，名义价格是刚性的。我们将这种类型的价格黏性叫做“按市定价”。

Devereux and Engel（1998）发现，在浮动汇率和“按市定价”法则下，国外货币冲击不会影响国内消费，相反，当价格按生产者货币设定时，国内居民为国外商品支付的价格将随着汇率的改变而改变。这就产生了一种国外货币冲击能够影响国内消费的渠道。消费的国外商品比重越大，国外货币冲击产生的变动性越大。在浮动汇率制度下，这种类型的价格设定行为也会影响到价格、消费和闲暇的平均水平。

出于比较目的，标准模型一般假定没有国际化生产，我们所做的极端假定是，所有的出口生产均发生在外国企业里。Kravis and Lipsey（1992）则证明，20世纪80年代晚期，美国企业的服务出口迅速增加主要是由于跨国公司的国际化生产所致。

本书中模型在浮动汇率条件下，生产者价格设定是基于Obstfeld and Rogoff（1998）的研究。此外，本书模型也受到了Corsetti and Pesenti（1998），Obstfeld and Rogoff（1995）非随机模型的影响，Svensson and van Wijnbergen（1989）、Kollman（1996）以及Hau（1998）等人的模型均探讨了最优代理以及生产者货币刚性等问题。

本书中的"按市定价"模型带有Bacchetta and van Wincoop's（1998）模型的某些特征，它检验了在一个随机的"按市定价"两期模型中，汇率制度是如何影响贸易容量和资本流动的。我们的模型也与Betts，Devereux（1996，1998，2000）的一些工作具有一定关系。其他涉及消费者货币刚性的一般均衡模型主要包括Chari，Kehoe and McGrattan（1997）；Tille（1998a，1998b）and Engel（1996）等。为此，我们将比较Devereux and Engel（1998）研究中的不同结果，以便确定价格择定规则在国际化生产的作用。

6.1.4 价格择定规则模型

下面我们将考察价格择定规则模型的主要特征。消费者模型是严格地按照Devereux and Engel（1998）模型展开的，也即严格地按照Obstfeld and Rogott（1998）消费模型展开的。在此，消费者在给定的价格和工资的条件下，以一生效用最大化为目标。公司经理则在此条件下，作出生产和价格决定。每个消费者从其拥有股份的每一个公司获得一个份额的利润。在浮动汇率模型假定下，每个国家的货币当局让货币供应量随机波动，并且这是本模型不确定性的唯一来源。在固定汇率模型中，当外国货币当局随机地决定外国的货币供应量时，国内中央银行为了维持固定汇率，将会控制国内的货币供应量。

在我们的模型中，商品价格是黏性的，生产者总是在货币冲击发生之前设定价格。在一个适当的菜单成本模型中，一个人是能够证明这种限制的，然而我们只简单地将价格刚性看作一种制度约束。面对货币冲击，价格总是在一个时期之后调整得非常充分，并且这种价格调整过程不具有持续性。我们将考虑制定两种不同类型的价格，在第一种类型中，生产者用本国货币制定价格，比如，国内商品的当前国内价格是提前制定的，并且不对货币冲击发生作用。这就意味着，当汇率随着货币冲击发生波动时，外国消费者支付给本国商品的价格就会不断变化。在第二种类型中，生产者用消费者货币提前制定价格，本国公司用本国货币为本国消费者制定一个价格，用外国货币为外国消费者制定另一个价格。在固定汇率模型中，由于汇率被假定为永远不变的，因此制定价格的货币是互不相关的。在每一种模型中，公司经理的目的是为公司的大股东最大化其预期效用。

我们将考虑当所有本国公司生产的商品都是用国内生产要素完成时［正如 Devereux and Engel（1998）所假定的那样］，或者当国内公司用国外生产要素生产商品卖给外国消费者时汇率制度的选择。近似地，外国公司生产卖给本国居民的商品也是用本国生产要素生产的，在这种情况下，将商品分成“本国商品”，还是“外国商品”是模糊不清的。由于资产市场是完整的，所以，公司的拥有者为谁就不重要了。我们将指定“本国公司”即为本国居民所拥有的企业，但是一系列随机要求权将导致这个定义与最初的内涵不相关。所以国际化生产或多或少就意味着这么一种假定，也就是每一个垄断企业在将本国居民的生产安排在本国的同时，还将外国居民的生产安排在国外。

6.1.4.1　消费者

代表性本国消费者最大化的行为如下：

$$U_t = E_t\left(\sum_{s=t}^{\infty}\beta^{s-t}u_s\right)，贴现因子 0 < \beta < 1 \tag{6.22}$$

其中：

$$u_s = \frac{1}{1-\rho}C_s^{1-\rho} + \ln\left(\frac{M_s}{P_s}\right)^{1-\varepsilon} - \eta L_s，\rho>0，\varepsilon>0，V'>0，V''>0 \tag{6.23}$$

$$C = \frac{C_h^n C_f^{1-n}}{n^n(1-n)^{1-n}} \tag{6.24}$$

这里假设有 n 个同质化的居民待在国内，$0<n<1$，$1-n$ 个居民待在国外，其中 C_h、C_f 分别为对国内外产品的消费量，它们的形式如公式（6.25）所示：

$$\begin{cases} C_h = \left[n^{\frac{-1}{\lambda}} \int_0^n C_h(i)^{\frac{\lambda}{\lambda-1}} di \right]^{\frac{\lambda}{\lambda-1}}; \\ C_f = \left[(1-n)^{\frac{-1}{\lambda}} \int_n^1 C_f(i)^{\frac{\lambda}{\lambda-1}} di \right]^{\frac{\lambda}{\lambda-1}} \end{cases} \tag{6.25}$$

在此，国内任意两种商品之间的替代弹性为 λ，我们假定 $\lambda>1$，国内商品与国外商品之间的替代弹性等于单位弹性 1，M/P 代表国内市场的真实平衡，L 表示本国代表性企业的劳动供给量。

这里我们考虑到的效用函数是 Devereux and Engel（1998）提出的一种情况，它检验的是一种更加广义的福利函数。在此，实际平衡是以幂函数的形式表示的，劳动则以平方的形式出现，我们选用这种简单的效用函数的缘由是，这种福利函数能以封闭形式分析问题，而更一般的福利函数需要我们以二阶泰勒级数去估计。

我们将从两个方面证明劳动是线性的。首先，一些文献已经发现，当居民个人面对固定工作小时数或是根本不工作的离散选择时，在效用函数中，闲暇的适当集合表示是线性的。其次，我们认为经济学中没有考虑规避风险行为对闲暇消费不确定性的影响的这种传统。对于闲暇的风险中性可能是个合理的假定。

用 P 表示国内的价格水平，那么用国内货币表示的国内物价指数为：

$$P = P_h^n P_f^{1-n} \tag{6.26}$$

其中，国内商品的物价指数为：

$$P_h = \left[\frac{1}{n} \int_0^n P_h(i)^{1-\lambda} di \right]^{\frac{1}{1-\lambda}} \tag{6.27}$$

国外商品的物价指数为：

$$P_f = \left[\frac{1}{1-n} \int_n^1 P_f(i)^{1-\lambda} di \right]^{\frac{1}{1-\lambda}} \tag{6.28}$$

外国消费者的偏好与本国消费者的偏好类似，两国消费者的效用函数完全一样。我们注意到，如果一价定律对于两种商品是适用的，那么购买力平价 $P_t = S_t P_t^*$，S_t 在此指的是外国货币的本国价格，均衡状态下劳动的函数形式也一样，但对外国居民来讲，它们是外国均衡状态下外国劳动供给的函数。

最优的国内即期消费量选择采用下列简单形式表示：

$$\begin{cases} C_h(i) = \frac{1}{n}\left[\frac{P_h(i)}{P_h}\right]^{-\lambda} C_h; P_h C_h = nPC; \int_0^n P_h(i) C_h(i) di = P_h C_h & (6.29) \\ C_f(i) = \frac{1}{1-n}\left[\frac{P_f(i)}{P_f}\right]^{-\lambda} C_f; P_f C_f = (1-n)PC; \int_n^1 P_f(i) C_f(i) di = P_f C_f \end{cases} \tag{6.30}$$

我们假定有一系列政府的名义债券，正如 Obstfeld and Rogoff（1998）强调的那样，效用函数的结构可确保在一价定律成立时，无论交易什么资产，都有完全的消费风险共享机制。但是在市场定价模型中，一价定律并不成立。我们认为完整资产市场的假定是十分便利的，这接近于资本完全流动的假定。

假定国内即期消费量选择如公式（6.29），国内代表性消费者的预算约束如公式（6.31）：

$$P_t C_t + M_t + \sum_{Z^{t+1}} q(Z^{t+1}, Z^t) B(Z^{t+1}) = W_t L_t + \pi_t + M_{t-1} + B_t + T_t \tag{6.31}$$

这样，消费者在任一时期的收入流量包括：劳动收入 $W_t L_t$、从国内企业分得的利润 π_t、国内货币余额 M_{t-1}、上期债券的还本付息额 B_t 和政府的货币转移支付额 T_t。支出流量包括本期消费 $P_t C_t$、持有新的货币余额 M_t 和购买新的债券。

在此，$B(Z^{t+1})$ 是随机的本币主导名义利率债券，在时间 t 时，其价格为 $q(Z^{t+1}, Z^t)$，Z^t 表示时间 t 的状态，π_t 为典型代理商从所有国内工厂所获得的利润份额，T_t 为从政府处获得的货币性转移支付额，W_t 为工资率。

除了消费需求公式外，我们还可从本国代表性居民中推出货币需求公式：

$$\frac{M_t}{P_t} = \frac{\chi C_t^{\rho}}{1 - E_t(d_{t+1})} \tag{6.32}$$

$$\frac{S_t P_t^*}{P_t} = \left(\frac{C_t}{C_t^*}\right)^{\rho} \tag{6.33}$$

在此，$E_t(d_{t+1})$ 是总名义利率的倒数，它由公式（6.34）决定：

$$d_{t+1} = \beta \frac{C_{t+1}^{-\rho} P_t}{C_t^{-\rho} P_{t+1}} \tag{6.34}$$

消费与闲暇之间的均衡则由公式（6.35）决定：

$$\frac{W_t}{P_t C_t^{\rho}} = \eta \tag{6.35}$$

在讨论转向政府角色、企业的生产和定价决策的问题之前，可以方便地表达由名义债券的完全市场产生的均衡条件。

从公式（6.35）立即可以得出两点重要结论：首先，当一价定律发生作用时（正如下文 PCP 模型和 FER 模型定义的那样），本国消费量等于国外消费量，即 $C_t = C_t^*$ 。其次，要素价格均等化定理成立。这是由公式（6.34）和公式（6.35）直接推导出的，并不要求一价定律对于任何一种商品都适用。我们有 $W_t = S_t W_t^*$ 。

6.1.4.2 政府

政府通过直接转移改变货币供应量。政府预算约束（从人均意义上）是：

$$M_t = M_{t-1} + T_t \tag{6.36}$$

6.1.4.3 公司

这里我们将讨论具有国际化生产的公司的生产和定价决策问题，最终，我们会把模型中得出的福利结果与 Devereux and Engel（1998）的福利结果进行对比。Devereux and Engel（1998）假定所有国内公司的生产都发生在国内以及所有外国公司的生产都发生在国外。

假定所有公司都是垄断竞争者，本国公司销售给国内居民的生产函数为：

$$X_{ht}(i) = L_t(i) \tag{6.37}$$

所以，销售给本国居民的全部产量由公司 i 进行的，Xht（i）是仅使用劳动要素生产的，类似地，公司 i 销售给外国消费者的生产函数为：

$$X_{ht}^*(i) = L_t^*(i) \tag{6.38}$$

国内公司的生产函数是通过设定价格来使作为国内居民成员的股东们的期望效用最大化，公司同时还必须在获知本国和外国的货币供应量信息前，作出价格决策。

PCP 模型：PCP 指的是生产者货币定价，生产者用其本国货币定价。当汇率发生波动时，外国居民支付给本国商品的价格和本国居民支付给外国商品的价格都会发生波动。这个模型曾得到过 Obstfeld and Rogoff（1995，1998）的检验。

PTM 模型：PTM 指的是按市场定价，生产者按消费者拥有的货币种类来制定价格。这类价格不再因汇率变动而变动。这个模型是由 Devereux and Engel（1998）引入的。

FER 模型：FER 指的是永久固定汇率。价格提前制定，但是由于实际上只有一种货币，因此货币的选择无关紧要。

在上述模型中，没有国家或已定价的商品存在。

公司所有者通过运用市场名义贴现因素来最大化自己的预期现值收益，这等同于最大化所有者的预期效用，在 PCP 模型中，公司为国内外两种市场制定单一价格。假定公司的最优化行为中没有跨期问题［参见 Obstfeld and Rogoff（1998）］，对国内公司来说，这将导致下述最大化行为：

$$E_{t-1}\{d_t[[P_{ht}(i)-W_t]X_{ht}(i)+[P_{ht}(i)-S_tW_t^*]X_{ht}^*(i)]\} \qquad (6.39)$$

要素价格均等化在我们所有的模型中均发生作用，则上述目标函数可以简化成下列形式：

$$E_{t-1}\{d_t[[P_{ht}(i)-W_t][X_{ht}(i)+X_{ht}^*(i)]]\} \qquad (6.40)$$

然后，由于在 PCP 模型中国内外消费是相等的，本国公司的最优定价可由公式（6.41）表示：

$$P_{ht}(i)=P_{ht}=\frac{\lambda}{\lambda-1}\frac{E_{t-1}(C_t^{1-\rho}W_t)}{E_{t-1}(C_t^{1-\rho})} \qquad (6.41)$$

根据公式（6.41），这种定价规则可被改写为：

$$P_{ht}=(\frac{\lambda_\eta}{\lambda-1})\frac{E_{t-1}(P_tC_t)}{E_{t-1}(C_t^{1-\rho})} \qquad (6.42)$$

正常来说，价格将是以单位劳动成本加成形式出现。然而，这里的商品价格还有一个风险补偿包含于其中［正如 Bacchetta，van Wincoop（1998），Devereux，Engel（1998）讨论的那样］，这是由公司利润与消费边际效用之间的协方差造成的。

在一价定律下，外国消费者支付给本国公司的价格将以下列形式出现：

$$P_{ht}^* = P_{ht}/S_t \tag{6.43}$$

在类似的关系下，外国企业设定的价格由公式（6.44）和公式（6.45）给出：

$$P_{ft}^* = (\frac{\lambda_\eta}{\lambda - 1}) \frac{E_{t-1}(P_t^* C_t^*)}{E_{t-1}(C_t^{*1-\rho})} \tag{6.44}$$

$$P_{ft} = S_t P_{ft}^* \tag{6.45}$$

在 PTM 模型中，公司选择两种不同的价格——一种为自己国内居民制定，另一种为别国居民制定。典型的本国公司利润最大化如下式所示：

$$E_{t-1}\{d_t[P_{ht}(i)X_{ht}(i) + S_t P_{ht}^*(i)X_{ht}^*(i) - W_t^*[X_{ht}(i) + X_{ht}^*(i)]]\} \tag{6.46}$$

这里我们已经使用要素均等化定律，本国公司支付给本国居民的价格与 PCP 模型中完全相同，也是由公式（6.42）给定的。但是，利用公式（6.35）给出的风险分享条件，我们发现，向外国居民制定的价格可由公式（6.47）给出：

$$P_{ht}^* = (\frac{\lambda}{\lambda - 1}) \frac{E_{t-1}(W_t^* C_t^{*1-\rho})}{E_{t-1}(C_t^{*1-\rho})} = (\frac{\lambda_\eta}{\lambda - 1}) \frac{E_{t-1}(P_t^* C_t^*)}{E_{t-1}(C_t^{*1-\rho})} \tag{6.47}$$

同样地，外国公司支付给它本国居民的价格与 PCP 模型中是相同的，也是由公式（6.44）给定的，但是，在 PTM 模型中，向本国居民收取的价格却是由公式（6.48）决定的：

$$P_{ft} = (\frac{\lambda}{\lambda - 1}) \frac{E_{t-1}(C_t^{1-\rho} W_t)}{E_{t-1}(C_t^{1-\rho})} = (\frac{\lambda_\eta}{\lambda - 1}) \frac{E_{t-1}(P_t C_t)}{E_{t-1}(C_t^{1-\rho})} \tag{6.48}$$

比较公式（6.48）与公式（6.42），我们发现，在 PTM 模型中，本国居民为本国和外国的商品支付了完全相同的价格。类似地，公式（6.44）和公式（6.47）表明，外国居民为这两种商品支付了相同的价格（虽然外国居民支付的价格并不一定等于本国居民所支付的价格）。

在 FER 模型中，汇率一直都是固定不变的，所以无论公司用本国货币还是外国货币定价都是一样的。

对劳动部门来说，国内市场均衡的条件就是劳动的供应量等于本国居民对本国商品和外国商品的需求量：

$$L_t = n\frac{P_t C_t}{P_{ht}} + (1 - n)\frac{P_t C_t}{P_{ft}} \tag{6.49}$$

在浮动汇率下，上述两种模型都可对公式（6.49）进行一些简化。在PTM模型中，我们记 $P_{ht}=P_{ft}=P_t$，这就可以得到：

$$L_t = C_t \tag{6.50}$$

鉴于国内外商品均是由本国劳动力生产的，国内外商品的相对价格总是1，因此逻辑关系很简单，也就是劳动需求量将等于商品消费量（生产函数是 $Y_t=L_t$）。

在PCP模型中，公式（6.49）可进行一些简化，从公式（6.42）可得：

$$E_{t-1}\left(\frac{P_tC_t}{P_{ht}}\right) = \left(\frac{\lambda-1}{\lambda_\eta}\right)E_{t-1}\left(C_t^{1-\rho}\right) \tag{6.51}$$

如果我们使用 $\frac{P_t}{P_{ft}}=\frac{P_t^*}{P_{ft}^*}$ 和 $C_t=C_t^*$，通过公式（6.44），我们得到：

$$E_{t-1}\left(\frac{P_tC_t}{P_{ft}}\right) = E_{t-1}\left(\frac{P_t^*C_t^*}{P_{ft}^*}\right) = \left(\frac{\lambda-1}{\lambda_\eta}\right)E_{t-1}\left(C_t^{*1-\rho}\right) = \left(\frac{\lambda-1}{\lambda_\eta}\right)E_{t-1}\left(C_t^{1-\rho}\right) \tag{6.52}$$

结合公式（6.49）、公式（6.51）和公式（6.52），然后在PCP模型中，可以得到：

$$E_{t-1}(L_t) = \left(\frac{\lambda-1}{\lambda_\eta}\right)E_{t-1}\left(C_t^{1-\rho}\right) \tag{6.53}$$

这些公式足够求解三个模型。在下一个部分中，我们将分析固定汇率和两种浮动汇率模型下的福利水平。

6.1.5 各种价格择定规则下的福利比较

我们假定货币供应量变化是随机的：

$$E_t\left(\frac{M_t}{M_{t+1}}\right) = \mu \tag{6.54}$$

在这些假定下，很容易从货币需求公式（6.32）中验证，消费仅是真实货币供应量的函数：

$$C_t^\rho = \left(\frac{1-\mu\beta}{\chi}\right)\frac{\mu_t}{P_t} \tag{6.55}$$

类似的公式对外国也是成立的。

公式（6.55）意味着本国和外国的名义利率必须恒定，之后的实际利率由消费的变化率决定：消费增长越高，实际利率越高。

考虑到浮动汇率下，本国存在货币扩张，在我们每一个模型中，货币扩张将会降低实际利率。从长期看，货币是中性的（即一段时间之后），当前的消费量必定增长。货币扩张也将导致预期通货膨胀。在我们每一个模型中，未来的国内价格水平都会比当前的价格水平更高。当货币以对数形式进入效用函数时，预期通货膨胀的增加正好抵销了实际利率的下降，使名义利率保持不变。

接下来的问题是，在PCP模型和PTM模型中，汇率的波动必须是随机的。在我们的模型中，非抵补利率平价可能不完全成立，因为可能存在外汇风险溢价。然而，在上述假定下，将很快推导出风险溢价是不变的（尤其是，货币冲击的方差随时间变化是恒定的）。由于国内外利率也保持不变，所以名义汇率的预期变化（在对数意义上）必须为零。因为从长期来看，货币是中性的，所以当前汇率的变化与本国货币（带正号）和外国货币（带负号）的变化成比例。实际上，从公式（6.35）和公式（6.55）可以推导出公式（6.56）：

$$S_t = \frac{M_t(1 - \mu\beta)}{M_t^*(1 - \mu^*\beta)} \tag{6.56}$$

现在，我们可以得出本部分的几点主要结论：在PTM模型中，外国货币冲击对国内消费量没有影响；但是在PCP模型中，外国货币冲击对本国消费量却是有影响的。回忆一下公式$P = P_h^n P_f^{1-n}$。在PTM模型中，P是预先确定的，所以它不受外国（或本国）货币冲击的影响。从公式（6.55）可以推出，在短期内，国内消费量完全由国内货币供给决定，外国货币供应量的变化对国内消费没有影响；与之相反，在PCP模型中，由于该价格以外币计算，是固定的，则当外币价格上涨时，P_f也随之增加。因此，外国货币供应量增加1%，会导致S下降1%，P下降$(n-1)\%$，所以外国货币供给增加1%，将会导致C增加$\frac{1-n}{\rho}$。

我们已经比较了PCP和PTM这两种浮动汇率模型，那么这些模型与固定汇率（FER）模型相比，有什么不同呢？为了保持汇率固定，根据公式（6.56），国内货币供应量必然与外国货币供应量成比例变动。这也就是说，为了应对外国货币供应量1%的冲击，本国货币供应量必须改变1%。由于商品价格不变，由公式（6.55）可知，国内消费量必须变化$\frac{1}{\rho}$。

如果我们只关注外国货币冲击的变化如何影响国内消费的变化，那么很明显，浮动汇率将优于固定汇率。在固定汇率下，外国货币1%的冲击将导致国内消费发生$\frac{1}{\rho}$的变化，而在PCP模型中，国内消费量只变动$\frac{1-n}{\rho}$，在PTM模型中则不发生变动。表6.1显示了每种模型中消费的对数方差与外币供给的对数方差之间的关系。

表6.1　国内消费量的变动（假定国内货币供应量保持不变）

价格择定规则	σ^2
PCP	$\sigma_{m*}^2(1-n)^2/\rho^2$
PTM	0
FER	σ_{m*}^2/ρ^2

资料来源：刘振林．市场定价模式与汇率制度选择研究[J]．经济经纬，2009（2）．

但是，消费量变动并不是我们唯一考虑的福利因素。即使忽略效用函数中货币对福利的影响，外国货币冲击的变动也会对效用产生进一步影响。由于闲暇是以线性方式进入效用函数，所以更大的产出变动（以及闲暇）不会直接影响福利。但是，外国货币冲击的变动将进一步影响福利，这是因为它影响了消费与闲暇的方式。这种传导渠道来自货币冲击对商品价格产生的影响。

我们假定货币供应的冲击服从对数正态分布，通过公式（6.54）可得：

$$m_{t+1}-m_t=-\ln(\mu)+\frac{1}{2}\sigma_m^2+v_{t+1} \tag{6.57}$$

其中m_t是M_t的对数（我们将使用小写字母作为大写字母的对数），v_{t+1}是对国内货币的白噪声冲击，σ_m^2是v_{t+1}的方差。类似的公式适用于外国货币的供应过程。

我们可以将公式（6.55）和公式（6.56）写成

$$\rho c_t=m_t-p_t+\ln\left(\frac{1-\mu\beta}{\chi}\right) \tag{6.58}$$

$$s_t = m_t - m_t^* + \ln(1 - \mu\beta) - \ln(1 - \mu^*\beta) \tag{6.59}$$

用对数形式，公式（6.34）可被写成：

$$w_t = p_t + \rho c_t + \ln(\eta) \tag{6.60}$$

类似地，可以得到外国货币供应的公式。

商品价格、消费和闲暇的求解取决于定价行为的特定模型。下文我们根据每个模型的外生变量（国内和国外的货币供应量）得出解决方案。

消费与闲暇的平均水平可以根据汇率制度而有所不同。这似乎令人惊讶，因为这意味着平均长期消费取决于货币选择——固定汇率还是浮动汇率。这种结果从直觉看来似乎与公式（6.34）有关系。消费水平与工资之外的价格加成有一定关系：当这个加成幅度越小时，消费水平就越高。价格水平受汇率制度的影响，因为价格中包含的风险溢价在制度之间有所不同。反过来，由于劳动力是用来生产消费品的，因此在不同的汇率制度下，期望的闲暇程度也有所不同。

通过假定国内货币的变动为零，我们就能比较外国货币冲击的变化对预期消费水平的影响。

表 6.2　　预期的国内消费水平（假定国内货币供应不变）

模型	E（C）
PCP	$\left(\frac{\lambda-1}{\lambda\eta}\right)^{\frac{1}{\rho}}\exp\left\{-\left[\frac{(1-n)^2+\rho(1-n)[1-2(1-n)]}{2\rho^2}\right]\sigma_{m^*}^2\right\}$
PTM	$\left(\frac{\lambda-1}{\lambda\eta}\right)^{\frac{1}{\rho}}$
FER	$\left(\frac{\lambda-1}{\lambda\eta}\right)^{\frac{1}{\rho}}\exp\left[-\left(\frac{1-\rho}{2\rho^2}\right)\sigma_{m^*}^2\right]$

从表 6.2 可知，当 $\rho > \frac{2-n}{3-2n}$ 时，FER 模型中的预期消费水平要比 PCP 模型中的更高，一个充分条件是 $\rho > 1$；FER 模型中的预期消费水平要比 PCP 模型中的更高，一个充分条件是，$\rho > 1$，且条件是充分必要的。尽管在经验研究中，ρ 的正确值很少一致，但所有的研究都赞同 $\rho > 1$。因此，虽然在固定汇率制度下，消费的变动水平要比在两种浮动汇率制度下更高，但是在固定汇率制度下，平均消费水平更高。

这就意味着效用水平之间的权衡。运用消费的对数形式，单独对应消费项目，我们可以写成：

$$\frac{1}{1-\rho}E(C^{1-\rho}) = \frac{1}{1-\rho}[E(C)]^{1-\rho}\exp\left[-\left(\frac{1-\rho}{2\rho^2}\right)\sigma_{m*}^2\right] \quad (6.61)$$

福利水平与预期消费水平是正相关的，但是却会随着消费变化的加大而下降。效用也取决于预期闲暇：平均就业水平越高，福利水平越低。表6.3展示了每一种模型中的预期就业水平。

表6.3 国内雇用的预期水平（假定国内货币供应量不变）

模型	E (L)
PCP	$\left(\frac{\lambda-1}{\lambda\eta}\right)^{\frac{1}{\rho}}\exp\left\{-\left[\frac{(1-n)(1-\rho)[1-n(1-\rho)]}{2\rho^2}\right]\sigma_{m*}^2\right\}$
PTM	$\left(\frac{\lambda-1}{\lambda\eta}\right)^{\frac{1}{\rho}}$
FER	$\left(\frac{\lambda-1}{\lambda\eta}\right)^{\frac{1}{\rho}}\exp\left[-\left(\frac{1-\rho}{2\rho^2}\right)\sigma_{m*}^2\right]$

在PCP模型假定下，当$1<\rho<\frac{2-n}{1-n}$时，与浮动汇率制度相比，固定汇率制度下的就业水平更高。当n足够大（也就是说接近于1时），在固定汇率下的预期就业水平更高，而预期闲暇更低。但是对小国而言，当n足够小（接近于0时），固定汇率下的平均雇用水平将会很小，除非当ρ只在1~2的极小范围内波动时。所以，在比较FER模型和PCP模型之间的闲暇效应时，国家的大小是非常重要的。当$\rho>1$时，FER模型比PCP模型中的预期雇用水平更高，而预期闲暇水平更低。

在比较固定汇率与浮动汇率的福利水平时，我们研究了外国货币冲击变化对国内福利的影响。鉴于固定汇率可以消除国内货币冲击的影响，因此，即使在浮动汇率制度下，中央银行也能选择一个0的变动性。所以，在我们的分析中，假定$\sigma_m^2=0$。

下面将实际货币余额纳入效用函数。根据汇率系统如何影响效用函数的实际货币余额来评价汇率系统可能并不明智。效用函数中的货币是一种便利的创造资产需求的方式，否则需求将由其他资产决定。但是，可能还有其他更加现实（也更加复杂）的货币需求模型，它们并不通过影响实际货币余额来直接影响福利。在福利比较中，我们假定实际货币余额对于福利并不重要（$\chi \to 0$）。

那么，效用就可以表达成与预期消费、消费方差以及预期闲暇相联系的函数。表 6.1、表 6.2 和表 6.3 比较了各种模型中效用的组成部分。这种比较似乎是模棱两可的：FER 模型在消费的波动性方面表现最差，却在预期消费方面表现最好，并且在预期闲暇的比较中，排序则有些模糊。下面，我们将通过比较这三种模型来进一步分析这一问题。

6.1.5.1　PCP 模型与 FER 模型的比较

在 PCP 模型与 FER 模型中，我们能够运用公式（6.53）来简单地将福利表达式表示为消费的均值和方差的函数：

$$E(u) = \frac{1+\rho(\lambda-1)}{\lambda(1-\rho)}E(C^{1-\rho}) = \frac{1+\rho(\lambda-1)}{\lambda(1-\rho)}[E(C)]^{1-\rho}\exp\left[\frac{-\rho(1-\rho)}{2}\sigma_c^2\right] \tag{6.62}$$

在固定汇率与浮动汇率之间进行选择需要进行权衡和取舍。当 $\rho > \frac{2-n}{1-n}$ 时，固定汇率有一个更高的预期消费水平，但是在浮动汇率下，消费的波动性更低。

我们发现，当 $\rho \leqslant \frac{2-n}{1-n}$ 时，浮动汇率下的福利水平更高，尤其是当 $\rho \leqslant 2$ 时，浮动汇率制度是一种更好的汇率制度。当 n 趋近于 1 时，本国相对于小国变得非常大，浮动汇率制度占据了主导地位。这符合现实，也即小国的合意做法是保持其汇率同大国固定，而大国则应保持货币的独立性。

随着 ρ 的增加，固定汇率制度在预期消费方面的优势也会增加，其波动的缺陷却在随着 ρ 的平方增加而减少，尽管这被以下事实抵销了：福利波动的重要性随 ρ 的平方增加而增加［参见公式（6.62）］。总之，随着 ρ 的值增大，固定汇率制将变得更加可取。

6.1.5.2　PTM 模型与 FER 模型的比较

从表 6.1 我们可以看到，在 PTM 模型中，外国货币的变化不会影响消费的均值和方差。与 FER 模型相比较，PTM 模型的消费的方差更低，当 $\rho>1$时，消费的均值也更低，并且当 $\rho>1$ 时，PTM 模型在预期闲暇方面更有优势。

比较 PCP 模型和 FER 模型［公式（6.53）］，我们有 $E(L)=\frac{\lambda-1}{\lambda_\eta}E(C^{1-\rho})$。在 PTM 模型中，这来自公式（6.51），所以，简单说来，该分析可以简化为根据预期消费和消费方差来对模型进行比较。公式（6.62）在 PTM 模型与其他两个模型中均成立。

PTM 模型中的效用函数不受外国货币政策冲击的影响。我们可以推导出：

$$E(u_{PTM})=\left(\frac{\lambda-1}{\eta\lambda}\right)^{\frac{1-\rho}{\rho}}\left[\frac{1+\rho(\lambda-1)}{\lambda(1-\rho)}\right]\frac{1+\rho(\lambda-1)}{\lambda(1-\rho)} \tag{6.63}$$

这可以直接与 FER 模型中的福利函数进行比较：

$$E(u_{FER})=\left(\frac{\lambda-1}{\eta\lambda}\right)^{\frac{1-\rho}{\rho}}\left[\frac{1+\rho(\lambda-1)}{\lambda(1-\rho)}\right]\exp\left(\frac{\rho-1}{2\rho^2}\sigma_{m^*}^2\right) \tag{6.64}$$

通过检查这些公式可以清楚地看出，外汇冲击的任何变化都会降低 FER 模型中的福利，所以 $E(u_{PTM})>E(u_{FER})$，即便当$\rho>1$时，在浮动汇率和 PTM 模型下预期消费可能会减少，但是母国消费和外国货币冲击完全隔离的事实足以确保浮动汇率在这个模型中优于固定汇率。

6.1.6 如何安排国际化生产

在考虑国际化生产后，如何比较本书模型中固定汇率和浮动汇率下的福利水平与 Devereux and Engel（1998）提出的无国际化生产条件下的水平呢？

在福利比较中，有些惊人的相似之处。一个主要的原因就是，无论我们在模型中是否假定国际化生产存在要素价格均等化定律，福利比较并非经常有较大区别。既然本国工资水平等于外国工资水平，那么无论生产中是采用国内劳动力还是国外劳动力，公司制定的价格均是相同的。这也就是说，包含了风险贴水的名义商品价格导致了劳动成本和税收之间的协方差。但是，由于对两种类型的劳动力支付的都是相同的工资，因此无论雇用的是国内劳动力还是国外劳动力，风险是相同的。

为什么要素价格会均等化？从公式（6.35）中我们知道，拿走价值1美元闲暇边际效用$\frac{\eta}{W_t}$等于消费1美元的边际效用$\frac{C_t^{-\rho}}{P_t}$。这也就是说，每个劳动者只会劳动这么长时间，即其从消费最后1美元中创造的效用等于其从工作中损失的效用。但是，我们假定，完全资本流动性和完全名义资产市场意味着国内居民消费1美元的边际效用与外国居民一样：$\frac{C_t^{-\rho}}{P_t}=\frac{C^{*}{}_t^{-\rho}}{S_tP_t^{*}}$，在两个国家，1美元工资的价值必须是一样的。总之，名义债券完全资产市场将保证在两国花在闲暇上的1美元的边际价值必须是一样的。

既然工作均等化意味着公司制定的名义价格不受生产所在位置影响，那么无论是汇率，还是消费水平［参见公式（6.56）］都不受生产位置的影响。所以，任何福利的比较，包括消费都不受是否存在国际化生产的影响。

福利也受闲暇的影响。一个人是否预期到这一点受生产分布于何处的影响。Devereux and Engel（1998）指出，国内商品主要为外国消费，所以外国对国内商品需求的变动常常改变国内的雇用量。但是，在本书的模型中，国内个人只为国内消费生产：他们为本国消费者生产本国和外国商品。

奇怪的是，在PCP模型中，闲暇项不受生产位置的影响，正如Obstfeld and Rogoff（1998）强调的那样，经常项目通常是平衡的。即使要素资源完全流动，本国和外国消费之间的单位需求弹性组成的一价定律保证本国居民从国外购买商品的价值持续地等于本国公司卖给外国居民的商品价值。但是，由于在货币冲击来临之前调整价格，本国商品和外国商品价格预期是一样的。既然出口值与进口值是一样的，预期价格也相同，本国公司为为外国居民生产的商品数量通常等于外国公司为本国居民生产的商品数量。所以，商品在哪里生产并不重要——预期雇用量并不受生产位置的影响。

在PCP模型中，福利并不受国际化生产是否存在影响，FER模型也一样，既然给定模型的结构，当$n=1$时，FER模型与PCP模型实际上是一样的。本书对于PCP模型和FER模型的比较与Devereux and Engel（1998）对这两个模型的比较完全是一样的。

在PTM模型中，期望闲暇不依赖于生产在哪里进行。在本书的模型中，国内劳动者仅仅为本国消费者生产，外国货币冲击对预期雇用量没有任何影响。在Devereux and Engel（1998）的模型中，外国货币冲击改变国内雇用量，这是因为它们影响外国对国内商品的需求（在该模型中，本国商品是由国内劳动生产的）。在该模型中，当$\rho>1$时，外国货币变动放大将提高国内商品的期望需求，降低国内的预期闲暇。所以，在国际化生产存在的条件下，预期国内闲暇将会更高。因此，无论是否存在国内闲暇，PTM模型在浮动汇率条件下都会比在固定汇率条件下产生更高水平的预期效用。

6.1.7 结论

综上，我们发现了价格制定是如何影响最优汇率制度选择的。如果我们根据传统文献假定价格由生产者货币制定，一价定律有效，那么哪种制度是合适的，就没有明确的答案。当一个国家很小，并且非常厌恶风险时，通常会选择固定汇率，反之，则选择浮动汇率。

然而，经验证据却支持生产者在不同市场制定不同价格的行为。根据消费者货币设定制定价格，调整就会慢于需求冲击。在这种情况下，我们清楚地发现，浮动汇率优于固定汇率。

考虑国际化生产后，这个结论并不会改变。实际上，我们发现，在“按市定价”规则下，浮动汇率体系比所有的国内公司都在本国封闭生产的情形，更易使一国经济免于受外国冲击，理由非常直接：外国冲击干扰国内经济的一种可能途径是通过改变外国对本国商品需求的变化来影响就业。如果一种国外货币冲击改变了外国对本国商品的需求，就必然会改变国内就业量。但是，从某种程度上说，如果本国对外国（对本国商品的）需求提供补贴的话，国内就业量就会免于被冲击。所以，当本国商品进行国际化生产时，在“按市定价”的浮动汇率体系下，外国货币冲击就将不再改变国内雇用量和福利水平。

本书模型考虑的比较简单，我们考察的仅仅是Devereux and Engel（1998）研究中的一种特殊情形，在此，实际货币需求以对数形式进入效用函数，闲暇保持线性。这种特殊安排当然也简化了分析。例如，名义利率一直保持均衡。但是，它也使更复杂模型中更有实际意义的动态行为分析丧失了意义。并且，在 Devereux and Engel（1998）的理论中，汇率制度的福利分析偏好并不只是改变复杂模型。

本书模型一个重要的扩展就是允许价格调整持续时间超过一个时期。实际上，在不同汇率制度之间，价格调整的速度是不同的，并且这可能改变福利分析。我们也非常乐意考虑投资问题。在这种研究中，国际化生产仅仅考虑了外国劳动投入。本书模型更有意义的分析是，将国内资本与外国劳动力联系起来，生产出外销到国外产量的商品。

实际上，无论是水平型 FDI 还是垂直型 FDI 都会倾向于在一定区位集聚（有时指的是聚积），可能是由于项目之间的联系，对别的企业产生了靠近在一定区位的要求，一个例子就是地区服务的供应。更多的供应者，每一个都提供不同的服务，将会在中间投入市场上创造更好的劳动分工，这样就将会降低最终产品中的单位成本（Wheeler and Mody，1992）。

如果企业"成群"，集聚可能就会发生。不确定的是，无论一个国家是否在一个好的区位，在进入之前，企业都会倾向于等第一个企业成功（作为一种解释国家条件的信号），最后，区分水平型 FDI 与垂直型 FDI 是有用的，它们并不是互相排斥的，通常我们会发现，在一个企业中两种情况都有可能存在（Shatz and Venables，2000）。

尽管一些因素可能会影响所有类型的 FDI，在水平型 FDI 和垂直型 FDI 中，目标战略是否不同仍是不清晰的，这也意味着一种类型的 FDI 可能会更加严重地影响另一种类型的 FDI。总之影响 FDI 区位选择的因素主要有如下几个方面：

（1）经济距离/交通成本。从某种程度上看，如果通过出口进入市场的成本很高，水平型 FDI 将会替代出口。如果母国与客国之间的距离很长，水平型 FDI 仍倾向于增加，造成交通成本很高。然而，出口导向型的垂直型 FDI（尤其是对跨国公司的母国市场），可能会受到交通成本过高的打击，因为运输大批量进口配件和最终产品的需要，交通成本对 FDI 的净影响是不确定的。

（2）东道国市场大小。东道国市场规模越大，市场供应成本减少得越多。由于规模经济会导致单位产出上固定成本的降低，东道国市场越大，越会鼓励水平型 FDI。然而，水平型 FDI 与东道国市场大小毫无关系。因此，市场规模大小对 FDI 的净影响可能是正的。

(3) 集聚效应。从某种程度上说，集聚效应使得聚积富有吸引力，它们对于水平型和垂直型 FDI 的影响都是正向的。集聚效应的要素贡献包括东道国基础设施的现状、工业化程度、现有 FDI 的规模（后面两个因素可用特定服务与竞争者的数量代替）。总体来看，FDI 集聚效应的净影响是正向的。

(4) 要素成本。生产成本的最小化使垂直型 FDI 寻求低要素成本有了可能，当然，低要素成本对于水平型 FDI 的作用也是一样的。总体来看，低要素成本对丁 FDI 的净影响是正向的。

(5) 财政激励。东道国的财政激励能够增加两种类型 FDI 的国家区位优势。然而，生产成本的最小化使 FDI 更可能对财政激励作出反应，因为它们对成本反应更加敏感。水平型 FDI 更倾向于关注东道国市场政策的可实施性，因此，对此类政策（例如保护性政策）的重视程度可能胜于财政激励。然而，所有事情都是平等的（事情总是有两个方面的），总体来看，财政激励对于 FDI 的影响可能是正向的。

(6) 商业/投资氛围。一个友好的商业投资氛围会降低跨国贸易的附加成本，无论是对水平型 FDI 还是对垂直型 FDI 都是如此。这些成本主要与规制、法律障碍、官僚作风，尤其是所有权、劳动制度、合同执行力，以及类似于本土合作伙伴的业绩要求、政治经济稳定性、国内成分要求等要素有关系。总之，更加严格的业绩要求、大红头文件管理、不稳定的政治环境或者经济的非稳定性都对各种类型的 FDI 缺乏吸引力。

(7) 贸易障碍/开放度。水平型 FDI 往往导致贸易障碍，例如关税下调，这可能导致开放度的减少。然而，其他类型的 FDI 却会得到激励，垂直型 FDI 由于对生产所需的进口中间投入品的需求较大，因此，将会欢迎这种自由化，进而极大提高可预见的开放度和贸易环境自由，此外，其他（非关税调整）措施从某种程度上也可使水平型 FDI 得到激励，尤其是更广泛地区的贸易自由化（而不是仅限于措施）。通过实施使其他地区贸易自由化的举措将会造成一个更优的商业氛围和更加准确的长期经济增长预期。总体来看，市场范围或者开放度的增大对 FDI 的净影响是不确定的。

(8) 金融市场发育程度和汇率制度选择。在货币冲击造成的不确定性环境中，无论价格是由生产者货币决定还是由消费者货币决定，在决定汇率制度的最优条件下，当价格由生产者货币决定时，一个国家如果足够大或者虽不大将会总是倾向于选择浮动汇率；当价格由消费者选择时，浮动汇率往往成为首选，这是因为浮动汇率总是能较好地隔绝国外货币冲击。在国际化生产的条件下，浮动汇率所获收益总是要更大一些（Devereux and Engel，1998）。尽管FDI比起短期流动资本更加稳定，但是其全部收益在缺少良好运作的金融市场的情况下并不会自动流入东道国。由于国内金融市场和汇率制度等发展条件的制约，直接吸引FDI政策所带来的净收益可能会明显地降低。因此，国家应该权衡用于吸引跨国公司投资激励成本与改善国内条件成本之间的关系。

6.2 对外直接投资空间分布的经济地理学分析

在新经济地理学上，有两个模型值得一提。一个是Dixit and Stiglitz（1977）建立的垄断竞争模型（D-S模型），创新地将不完全竞争和规模经济放在一个一般均衡模型中进行建模分析，另一个是Krugman（1991）的中心—外围模型（C-P模型），正式把新经济地理学带入主流经济学界。这些研究能够很好地解释跨国公司为何能突破地域限制，在世界范围内寻求资源、扩大生产、配置资源、调整布局，从而获得更大的规模经济效应，并且扩充了对外直接投资区位选择理论的内容，给予跨国公司区位选择更丰富的理论支撑。

之后，学者们站在不同角度不断完善和创新这一理论。其中，Martin and Roger（1995）的自由资本模型（Footloose Capital Model，简称FC模型）在C-P模型基础上进行改进，建立了"2×2×2"模型，即两个区域、两个部门、两种生产要素，来探讨资本流动和产业集聚问题。该模型有几个显著的特点：首先，该模型假定所有的投资收益全部返还到资本来源国，这意味着投资者在不同区域进行投资，他所获得的投资收益不在异地消费，而是要返还到资本来源国进行消费，即不存在需求关联因果关系，并且投资者进行投资仅仅是为了获得较高的名义收益，即不存在成本关联因果关系；其次，该模型加入了可以跨区域流动的资本要素，这样，生产的移动就意味着资本的流动，一旦将其扩展至世界范围，即意味着资本的国际流动；第三，该模型假定资本可以流动，但劳动不可流动，这接近于FDI的情况。因此，该模型可以有效地用于解释FDI的流向问题，也就是国际直接投资的区位问题（Baldwin，Forslid，Haaland，1996）。

6.2.1　假设前提

国内应用新经济地理理论的相关模型研究国际直接投资的文献大多集中在对我国作为东道国吸引FDI的问题上，而用新经济地理理论研究我国对外直接投资区位选择的文献并不多，即使有相关文献也是把个别的新经济地理变量简单地纳入到计量经济模型中，且缺乏理论基础。因此，本书将以FC模型和Baldwin（2003）模型为基础，对其进一步推导，以探讨我国对外直接投资的区位分布问题。

（1）FC模型是"2×2×2"模型，即两区域、两部门、两种生产要素。假设世界上只有两个国家：A国和B国，两国的消费者偏好、生产技术和市场开放度是对称的，相关变量上标"*"代表B国的变量，用上标"W"表示世界水平的变量。但是要素禀赋分为对称和不对称两种情况，所以我们后面将分为对称FC模型和非对称FC模型两种情况进行介绍。

（2）两个部门为制造业部门M和农业部门A。其中，假定农业部门处于完全竞争市场且规模报酬不变，每生产一单位农业产品只投入a_A单位的劳动力；而制造业部门处于垄断竞争市场且规模报酬递增，使用两种生产要素K和L。企业成本函数写为$c = \pi + a_M wx$，其中x为产出。另外，假设两个地区的企业个数分别为n和n^*，则$n^W = n + n^*$。在D-S框架下，每个企业只生产一种产品，每个企业生产一种产品只投入一单位资本，因此有$s_N = n/n^W$，$s_N^* = n^*/n^W$，$n^W = K^W$。

（3）假设工业部门国内交易不存在交易成本，但存在跨国界的交易成本，并采用"冰山运输成本"的形式。即如果从A国运输τ单位（$\tau \geq 1$）工业产品到B国，到达B国并进行销售的产品为1单位，$\tau - 1$单位的产品在运输过程中被"融化"掉了，这一部分就是运输成本。

（4）两种生产要素是资本K和劳动L，并且假定资本是可以跨区域流动的，而劳动力是不可流动的。资本收益必须在资本所有者原所在地进行消费。因此可以设$s_L = L/L^W$，$s_L^* = L^*/L^W$，$s_K = K/K^W$，$s_K^* = K^*/K^W$，在此，s_L 和 s_L^* 表示A国和B国的劳动力资源占世界总劳动力禀赋的比例，s_K 和 s_K^* 表示两国资本资源占世界资本的比例。另外，由于资本的可流动性，用 s_N 和 s_N^* 代表两国生产过程中使用的资本份额。

6.2.2 消费者行为

以A国为例，国内消费者的效用函数可以表示为：

$$U = C_M^{\mu} C_A^{1-\mu} (0 < \mu < 1) \tag{6.65}$$

$$C_M = \left[\int_{i=0}^{n^w} C_i^{(\sigma-1)/\sigma} di\right]^{\frac{\sigma}{\sigma-1}} \quad \sigma > 1 \tag{6.66}$$

其中，μ 表示制造业产品的支出比例，$1-\mu$ 为农业产品的支出比例；C_A 表示农产品的消费数量，C_M 表示制造业产品的消费数量。效用函数中，C_i 表示一种制造业产品，σ 表示制造业产品的替代弹性，σ 越接近于1，表示消费者的多样性偏好越强。

设消费者的收入（即支出）为 E，农业产品的价格为 P_A，制造业产品的价格为 P_M，则 $P_A C_A + P_M C_M = E$，由消费者效用最大化可知：

$$C_A = (1-\mu)E/P_A, \ C_M = \mu E/P_M \tag{6.67}$$

设制造业产品的价格为 p_i，在预算约束条件下求解公式（6.67）效用函数最大化，可得消费者对每一种工业产品的需求量为：

$$C_i = \mu E \frac{P_i^{-\sigma}}{P_M^{1-\sigma}} \tag{6.68}$$

同时，工业产品价格指数可以表示为：

$$P_M = \left(\int_{i=0}^{n^W} p_i^{1-\sigma} di\right)^{\frac{\sigma}{1-\sigma}} \tag{6.69}$$

6.2.3 生产者行为

由前面的假设条件可知，农业部门不存在交易成本，因此两国农产品的价格是相等的，即 $a_A W = P_A = P_A^* = a_A W^*$，因此两国的工资水平是相等的。由于两国的劳动力不能流动，那么两国都会生产农产品，即农业产品的生产是非专业化分工形式。

关于制造业产品的生产，由垄断竞争的假设可知企业利润最大化的条件是 $MR = MC = P(1 - \frac{1}{\sigma})$ ，由此可求得其均衡产量和价格。对于国外市场，制造业产品的跨国交易是存在成本的，由公式（6.66）及6.2.1中假设（3）可知企业的边际成本，因此可以求得该制造业产品在两国的销售价格为：

$$p_i = \frac{a_M W}{1 - \frac{1}{\sigma}}, p_i^* = \frac{\tau a_M W}{1 - \frac{1}{\sigma}} \tag{6.70}$$

在D-S垄断竞争模型中，企业的利润为0，这意味着企业的销售收入等于投入成本，即 $p_i x_i = \pi + a_M w x_i$ ，将公式（6.70）代入其中可得企业资本收益率为：

$$\pi = p_i x_i / \sigma \tag{6.71}$$

当市场均衡时，两国市场对该企业产品的需求 C_i 和 C_i^* 的和等于其产出 x_i ，由公式（6.68）可知，本国对该产品的需求为：$C_i = \mu E$ ，类似地，外国市场对该产品的需求为：

$$C_i^* = \mu E \frac{(p_i^*)^{-\sigma}}{(P_M^*)^{1-\sigma}} \tag{6.72}$$

通过对公式（6.72）中两国价格关系的调整，公式（6.72）可以改写为：

$$C_i^* = \mu E^* \frac{(\tau p_i)^{-\sigma}}{(P_M^*)^{1-\sigma}} \tag{6.73}$$

由公式（6.69）、公式（6.70）可得：

$$P_M^{1-\sigma} = n p_i^{1-\sigma} + n^* (\tau p_i)^{1-\sigma} \tag{6.74}$$

$$(P_M^*)^{1-\sigma} = n(\tau p_i)^{1-\sigma} + n^* p_i^{1-\sigma} \tag{6.75}$$

设定 $s_E = E/E^W$ ，$s_E^* = 1 - s_E = E^*/E^W$ ，s_E 和 s_E^* 分别表示A国和B国的支出份额，且将 $\varphi = \tau^{1-\sigma}$（即贸易自由度），$s_N = n/n^W$ ，$s_N^* = n^*/n^W$ ，$n^W = n + n^*$ ，$n^W = K^W$ 代入上式，通过整理，得到：

$$\pi = \mu E^W / \sigma K^W \left[\frac{s_E}{s_N + \varphi(1 - s_N)} + \frac{(1 - s_E)\varphi}{\varphi s_N + (1 - s_N)} \right] \tag{6.76}$$

类似地：

$$\pi = \mu E^W / \sigma K^W \left[\frac{\varphi s_E}{s_N + \varphi(1 - s_N)} + \frac{(1 - s_E)}{\varphi s_N + (1 - s_N)} \right] \tag{6.77}$$

6.2.4 对称条件下 FC 模型的长期均衡

根据6.2.1中假设条件（4），资本是可以自由流动的，但投资收益必须在资本所有者来源国进行消费，那么资本的流动取决于两个国家的资本收益率。因此，将资本流动公式表示为：$\Delta s_N = (\pi - \pi^*) s_N (1 - s_N)$。当 $\pi = \pi^*$ 时，两国资本收益率相等，不存在资本流动，达到长期均衡；另外，当 $s_N = 0$ 或 $s_N = 1$ 时，资本都集聚在一个国家，也不存在资本流动，达到长期均衡。

关于长期均衡的条件，利用公式（6.76）、公式（6.77）可知，当 $\pi = \pi^*$ 时：

$$s_N = 0.5 + [(1 + \varphi)/(1 - \varphi)](s_E - 0.5) \tag{6.78}$$

为了进一步确定资本空间分布的决定条件，接下来将考察长期均衡时支出（s_E）的分布条件。本国要素收入包括劳动力收入和资本收益。劳动力不可流动，劳动力的收入就等于 $w s_L L^W$，而投资收益为在本国市场获得的收益和在外国市场获得的收益之和，这里假定国家内部的资本来源分布和世界上资本使用量的分布比例是相同的，则本国获得的投资收益可表示为：$\pi s_N K + \pi^* (1 - s_N) K$，即本国总支出为：

$$E = w s_L L^W + \pi s_N K + \pi^* (1 - s_N) K \tag{6.79}$$

将公式（6.76）、公式（6.77）代入公式（6.79）后经过整理，可得：

$$E = w s_L L^W + \mu E^W s_K / \sigma \tag{6.80}$$

均衡状态下，总收入等于总支出，即：

$$E^W = w L^W + n\pi + n^* \pi^* = w L^W + [s_N n^W \pi + (1 - s_N) n^W \pi^*] \tag{6.81}$$

将公式（6.76）、公式（6.77）及 $n^W = K^W$ 代入公式（6.81）得到：

$$E^W = w L^W (1 - \mu/\sigma) \tag{6.82}$$

再由公式（6.79）和公式（6.82）可以得到本国的支出份额：

$$s_E = E/E^W = (1 - \mu/\sigma) s_L + \mu s_K / \sigma \tag{6.83}$$

把公式（6.83）代入公式（6.78），可将企业对外直接投资的空间分布改写为：

$$s_N = 0.5 + [(1+\varphi)/(1-\varphi)][1-\mu/\sigma(s_L-0.5)+\mu(s_K-0.5)/\sigma] \tag{6.84}$$

由以上的推导可知，当满足公式（6.78）或者公式（6.84）时，经济达到长期均衡，即没有资本流动。这两个式子说明FDI的空间分布是由支出的空间分布决定的，也即由国家的资本和劳动力要素禀赋决定的。另外，如果两国的要素禀赋是对称的，即 $s_L = s_K = 0.5$，那么，$s_E = s_N = 0.5$，此时企业的空间分布已经形成，并且不会发生变动，没有资本流动，经济达到长期均衡。即使受到外来冲击，受到要素资源的影响，经济也会恢复到这种均衡状态。

6.2.5 非均衡的FC模型

下面本书再来讨论非均衡模型，即两国的市场规模、要素禀赋不对称情形。

(1) 首先，本书将考察资本流动和企业空间分布、支出分布之间的关系。

由前面的分析可知，资本的流动取决于两个国家的资本收益率，设 $\Delta\pi = \pi - \pi^*$，利用公式（6.76）和公式（6.77）考察 π 和 s_N 之间的关系。

$$\Delta\pi = \mu E^W/\sigma K^W\left[\frac{s_E}{s_N+\varphi(1-s_N)}+\frac{(1-s_E)\varphi}{\varphi s_N+(1-s_N)}\right]-\mu E^W/\sigma K^W$$

$$\left[\frac{\varphi s_E}{s_N+\varphi(1-s_N)}+\frac{(1-s_E)}{\varphi s_N+(1-s_N)}\right] \tag{6.85}$$

$$= \mu E^W/\sigma K^W(1-\varphi)\left[\frac{s_E}{s_N+\varphi(1-s_N)}-\frac{(1-s_E)}{\varphi s_N+(1-s_N)}\right] \tag{6.86}$$

$$\partial\Delta\pi/\partial s_N = \mu E^W/\sigma K^W(1-\varphi)^2\left\{\frac{-s_E}{[s_N+\varphi(1-s_N)]^2}+\frac{(1-s_E)}{[\varphi s_N+(1-s_N)]^2}\right\}$$

$$= \mu E^W/\sigma K^W(1-\varphi)^2\left\{\frac{[(1-\varphi)s_N-1]^2(1-2s_E)}{[s_N+\varphi(1-s_N)]^2[\varphi s_N+(1-s_N)]^2}\right\} \tag{6.87}$$

从公式（6.86）可以知道，其偏导数符号的正负由 s_E 的大小所决定。其中，当 $s_E < 0.5$ 时，企业的投资收益会随着资本在本国的集聚而增加，当 $s_E > 0.5$ 时，企业的投资收益会随着资本在本国的集聚而减少。

从经济学意义上来看，如果本国市场规模不是很大，企业在本国的集聚可以实现外部规模经济、信息成本减少等，促使企业投资收益增加，进而吸引更多的企业进入，这也是 Krugman（1991）本地市场效应的体现；相反，如果市场规模很大，太多的企业集中在本国市场，竞争的加剧、资源的争夺会使得企业的投资收益下降，进而使企业向国外转移，即出现市场拥挤效应。同时公式（6.87）表明，在企业（资本）分布给定的情形下，本国的市场规模越大，企业在两国的资本收益率的差异就越大。

另外，这里要考察参数 φ 对资本流动公式的影响。公式（6.85）还可以表示为：

$$\Delta\pi = \mu E^W(1-\varphi)/\{\sigma K^W[s_N+\varphi(1-s_N)][\varphi s_N+(1-s_N)]\}[(1+\varphi)(s_E-0.5)-(1-\varphi)(s_N-0.5)] \quad (6.88)$$

在公式（6.88）后半部分中，$(1+\varphi)(s_E-0.5)$ 可以看作是对资本流动正的集聚力，而 $-(1-\varphi)(s_N-0.5)$ 是分散力，随着贸易自由度的增加，即 φ 的增大，会增加集聚力而弱化分散力，使本国吸收更多的资本流入。

（2）其次，本书将讨论均衡状态时各参数对企业（资本）空间分布的影响。

由公式（6.78）可知，$s_N=1/2+[(1+\varphi)/(1-\varphi)](s_E-1/2)$，它反映了资本（即企业）的空间分布和支出（即市场）的空间分布之间的关系。

从其偏导数 $(1+\varphi)/(1-\varphi)$ 可以看出，随着市场规模的扩大，资本在该国的空间分布比例也随之增大，也就是说外国转移更多的资本用在该国的生产过程中。另外，该偏导数是大于1的，这说明市场规模对资本的空间分布还有放大效应。

由公式（6.78）、公式（6.83）、公式（6.84），我们可以得出一些结论：

第一，支出的空间分布，即市场规模的大小，是由该地区的劳动力份额和资本份额共同决定的。假定 μ 不变，σ 越小，μ/σ 越大，即工业产品的替代弹性越小，此时资本禀赋在决定支出空间分布中的权重就越大。

第二，对于企业的空间分布公式（6.84），当其他参数不变时，$(1+\varphi)/(1-\varphi)\times(1-\mu/\sigma)>0$，$(\mu/\sigma)(1+\varphi)/(1-\varphi)>0$，说明企业在空间分布上倾向于劳动力禀赋和资本禀赋丰裕的国家。

第三，由公式（6.78），式 $(s_E-0.5)^2/(1-\varphi)^2$ 可知，当 $s_E>1/2$ 时，即本国市场规模较大时，当两国间的贸易自由度越大，资本分布于本国的比例就越大，即此时的资本分布中较大的市场规模对应较大的贸易自由度。

6.2.6 结论

空间经济学认为，跨国投资活动可以产生空间集聚、空间溢出和第三国效应。空间集聚是指各类产业和经济行为在空间上向一定地区靠近、集中并产生一定的经济效果的现象。

首先，集聚经济对企业区位选择具有显著影响，空间集聚效应是影响投资区位选择的重要因素之一（谢杰、刘任余，2011；陈建军、崔春梅、陈菁菁，2011；Sharma，Wang，Wong，2014）。

其次，投资活动的空间集聚达到一定规模后，即可产生空间溢出效应。学界研究发现，FDI 的外溢效应不仅发生在东道国国内，还可能由于存在空间关联，通过要素跨区域流动、相邻市场的竞争与模仿而产生跨区域扩散现象（Ayhan et al，2006）。

最后，Helpman（1984）及之后的一系列文献还发现，OFDI 在空间上存在第三国效应，即东道国的投资环境保持不变，而周边地区的政治环境、要素成本和法律政策等因素改善，便会导致 OFDI 的空间布局改变。因此根据上述理论模型，当东道国市场规模没有非常大时，前期分布于该国的我国 FDI 越多，企业的资本收益就越大，进而吸引更多的外资企业进入。实际上，每个国家的市场规模都是相对有限的，我国在某东道国的先期投资会吸引更多的直接投资流入。而当考察非均衡模型时，如果假定当前已经发生资本集聚，即本国使用的资本比例超过 1/2，此时本地劳动力要素禀赋越丰裕、资本要素越丰裕、市场规模越大、贸易自由度越大，则分布于本国的企业（资本）比例越大，即越多的企业（或资本）集聚于本国市场。

第7章 “一带一路”、制度距离与OFDI区位选择的空间计量研究

空间经济学认为，企业的跨国投资活动能够在空间上产生集聚、溢出现象以及存在第三国效应。其中，空间集聚是指企业的投资活动在空间上呈现向一定地区集中并出现经济效益提升的现象。而当FDI活动的空间集聚达到一定数量和规模后，便可向周围溢出扩散，产生空间溢出效应。在此基础上，一些研究还发现OFDI在空间上还存在第三国效应。目前，中国有关区位分布方面的研究还存在一些缺陷：第一，大多使用传统的经典计量工具和模型进行分析，容易忽略空间不同单元之间存在的固有联系，其分析结果必然偏离现实；第二，未考虑第三国效应对OFDI空间布局产生的影响，这就使得对企业OFDI中的第三国效应考虑不足，分析结果也必然有失偏颇。因此，本书选择空间计量方法，从宏微观数据相结合的角度，充分考虑中国对“一带一路”沿线国家和地区OFDI的空间聚集效应、空间溢出效应和第三国效应，以更透彻地分析OFDI区位布局的现状和问题，并在此基础上讨论中国在“一带一路”沿线国家和地区直接投资布局的合理性问题。

7.1 制度距离对我国在“一带一路”沿线国家和地区直接投资布局影响的实证分析

通过梳理制度距离与中国对外直接投资关系的相关文献，本书发现研

究二者关系的文献数量确实较多，但大多数主要以发达国家或者其他发展中国家为样本，很少有文献单独以“一带一路”沿线国家和地区为聚焦点。近年来，虽然有少量文献研究着重以“一带一路”沿线国家和地区为样本，但在实证方面仍然主要使用传统计量模型，忽略了各国和地区在空间上的联系，所以这并未能清楚反映我国对“一带一路”沿线国家和地区直接投资的全貌。即便也有部分学者尝试建立空间计量模型，但是要么忽略了制度距离的影响，要么忽略了沿线国家制度距离的异质性特征，显然结论不够丰富全面，仍然具有完善的空间。鉴于此，本书既使用空间面板计量模型予以检验，更加细致地剖析制度距离对我国在“一带一路”沿线国家和地区OFDI影响的异质性特征，以便于丰富研究结论。

7.1.1 相关假说

7.1.1.1 制度距离对我国OFDI空间分布的作用机制

一直以来，一个国家或者地区为保障本国政治活动、经济活动、文化活动等各项社会活动有序、平稳展开和进行，会在国内制定各种各样的制度，比如经济制度、法治制度、文化制度等。然而，不同国家的制度由于变迁速度和发展路径不尽相同，使同一历史时期各国或地区之间的制度差异较为明显。在国际投资活动过程中，制度差异的存在也对跨国企业投资活动的开展产生了深刻且不容忽视的影响。根据“制度接近论”（Habib and Zurawicki，2002）的观点可知，跨国企业进行对外直接投资活动时，更倾向于到与母国制度差异小的国家或地区投资，这主要是因为制度距离增加了企业对外投资的成本以及相应风险，所以为降低环境适应成本和组织协调成本，企业往往到与本国法治制度、经济制度和文化制度等制度距离接近的国家或地区投资。具体来说，主要体现在以下两个方面：一是东道国与母国制度差异越小，跨国投资者所面临的制度距离风险也就越小；二是制度距离越小，跨国投资者既可以快速地熟悉东道国的市场规则、商业环境、文化习俗等，又可以依靠丰富的本土经验优势应对和处理跨国投资活动中遇到的各种突发性事件，从而有利于提高企业预期投资收益率，促进企业对外投资增加，由此影响我国OFDI空间分布①。因此，基于上述分析，本书主要提出如下假设：

假设1：东道国和母国制度距离越小，投资成本和风险也较低，所以有利于吸引我国OFDI的流入；反之，不利于。

7.1.1.2　空间效应的形成、动态演化及其对我国OFDI空间分布的影响

Tobler（1970）认为各空间单元之间并非相互独立，它们在一定程度上存在某种关联性，而且这种关联性随着时间推移在空间上会呈现聚集特征并表现出动态性。具体来说，当空间集聚达到一定水平后，便会向周围溢出，并且不断扩散，也即产生所谓的空间溢出效应。鉴于此，本书通过借鉴其他学者的研究经验，将中国对"一带一路"沿线国家和地区OFDI的空间效应划分为集聚效应、空间溢出效应和第三国效应这三类，并将它们相关的形成机制、动态演绎趋势及其对我国OFDI空间分布的作用归纳如下：

（1）空间聚集效应的形成及其对我国OFDI空间分布的影响。众所周知，"一带一路"沿线国家和地区众多，不同国家和地区之间的生活方式、文化习俗、消费偏好等都存在明显差别。我国企业为满足区域内不同消费者的喜好，在考虑贸易壁垒、交通运输成本等因素时，可采取在某些特定区域内的国家或地区开展投资、从事生产经营的战略。值得注意的是，企业的投资活动不仅解决和满足了当地消费者的需求，而且也有利于带动该国经济发展，从而引发市场需求的进一步扩大，这势必又会使我国企业继续增加对东道国的OFDI。正是在这样的前后关联下，空间集聚效应得以形成，并由此影响着我国OFDI的空间分布特征。

（2）空间溢出效应的形成及其对我国OFDI空间分布的影响。空间集聚效应产生后，一方面，若东道国国内有限的市场未能满足投资者对外直接投资需求，由于"一带一路"沿线国家和地区经济活动空间关联性的存在，投资者便会转而向与东道国在经济发展水平、文化、市场环境等相似

① 刘振林，黄凯．制度距离对中国对外直接投资区位分布的影响研究——基于"一带一路"沿线47国数据的实证分析［J］．2019（2）．

的周边邻近国家或地区投资；另一方面，若东道国因OFDI的流入造成本地区要素价格上涨时，也会导致OFDI的转移，因而，最终形成了OFDI的空间溢出效应。在空间溢出效应下，企业会选择在东道国邻近国家或地区增加投资，从而形成更大的集聚效应，并由此影响着我国OFDI的空间分布。

(3) 第三国效应的形成及其对我国OFDI空间分布的影响。由于空间关联性的存在，东道国邻近国家或地区投资环境的好坏及变化一定程度上会影响东道国吸引外资的能力和水平，即可能存在第三国效应。需要注意的是，第三国效应的影响既可能是正面的，也可能是负面的。前者表现形式为互补效应，它主要来自于在第三国投资受阻情况下，通过借助东道国途径将产品输入到第三国，由此促使企业对东道国投资的增加，并从而形成OFDI的空间溢出。后者表现形式为挤出效应，它主要来自于两个方面：一是第三国投资能力增强，凭借与东道国邻近位置优势与投资者展开竞争，从而挤出投资者的OFDI；二是由于第三国投资环境的改善和优化，吸引外资能力增强，使东道国OFDI流出，形成挤出效应。

考虑上述分析，本书这里作出以下假设：

假设2：2a. 中国对“一带一路”沿线国家和地区OFDI存在空间集聚效应；2b. 中国对“一带一路”沿线国家和地区OFDI存在空间溢出效应；2c. 中国对“一带一路”沿线国家和地区OFDI存在第三国效应。

7.1.2 模型构建

7.1.2.1 模型构建

鉴于本书将空间因素纳入了分析框架，为此需要设定空间面板计量实证模型，并参考熊彬和王梦娇（2018）的做法主要采用空间滞后模型（SAR）和空间误差模型（SEM）予以估计。模型的具体设定形式如公式(7.1)所示：

$$Y_{it} = \alpha + \delta WY_{it} + \beta X_{it} + v_i + \varepsilon_{it} \qquad \varepsilon_{it} = \lambda W\varepsilon_{it} + \eta_{it} \tag{7.1}$$

公式(7.1)中，i和t分别指国家、时间，Y是被解释变量，X是解释变量，W是空间权重矩阵，v是个体固定效应，ε_{it}是随机干扰项。必须说明的是，δ和λ均是第三国效应的来源，其中δ是空间滞后项系数，用来反映中国对"一带一路"沿线国家和地区OFDI的空间自相关性，并且$\delta>0$意味着中国对东道国邻近国家的投资会促进东道国内OFDI的流入，从而呈现空间集聚的现象；反之，$\delta<0$意味着中国在"一带一路"沿线国家和地区的OFDI存在挤出效应。λ是空间误差系数，其含义是影响因变量Y但不包含在解释变量X中的遗漏变量存在空间相关性。此外，若$\lambda=0$，则公式（7.1）为SAR模型；若$\delta=0$，则公式（7.1）为SEM模型。

7.1.2.2 空间权重矩阵（W）设定

从现有经验来看，空间权重矩阵的不同设定会对空间相关性检验的显著性和实证分析结果造成重要影响。目前，有关空间权重矩阵的类型主要归结为三种：一是基于共享空间要素（边、角）的权重矩阵；二是基于距离概念（物理距离、经济距离）的权重矩阵；三是复合型权重矩阵。此外，每一种类型下面又涉及许多细分类型，比如第一种类型包括一阶邻近权重矩阵、二阶邻近矩阵以及k阶邻近矩阵等。实际中具体采用哪一种类型，不同学者之间的结论存在较大差别。本书考虑到各国或地区在地理空间上的事实和面板数据资料的特点以及学者们的习惯，故将空间权重矩阵设定为反距离矩阵，即以各国或地区之间距离的倒数作为空间权重矩阵。具体计算公式如公式（7.2）所示：

$$w_{ij} = 1/d_{ij} \tag{7.2}$$

公式（7.2）中i和j表示不同的国家或地区，d_{ij}表示国家或地区之间的物理距离。需要注意的是，在选取了空间权重矩阵W之后，需要将其予以标准化。针对W的标准化，实际上又包含四种方式：一是矩阵行和为1；二是矩阵列和为1；三是用W除以其最大特征值；四是$W_0 = D^{-1/2}WD^{-1/2}$，D是以W行和对角元素为特征的对角矩阵。由于每种方式都存在优劣，故本书主要采用第一种标准化方式，而这也是众多学者所使用的。标准化公式如公式（7.3）所示：

$$w_{ij}' = w_{ij}\Big/\sum_{j=1}^{n} w_{ij}, \qquad i = 1,2,\cdots,n \tag{7.3}$$

公式（7.3）中w_{ij}'为标准化后的空间权重矩阵W的元素，并且$\sum_{j=1}^{n} w_{ij}' = 1$。

7.1.3 变量与数据

7.1.3.1 被解释变量选取

实际上，OFDI有流量和存量之分，而本书选取中国OFDI的存量作为被解释变量，主要是基于过去几十年来，我国对外直接投资活动并没有一直保持着连贯性，而是呈现间断性特征，由此使得直接投资存量数据易于获取。而且就存量数据本身而言，除了可获得性外，更主要的是它能反映长期以来我国对某一国或地区投资的偏好。

7.1.3.2 主要解释变量选取

通常而言，一个国家或地区会建立各种各样的制度，比如经济制度、法制制度、文化制度等，而且用来反映一国各种制度质量好坏的指标也不在少数。为此，在参考和借鉴以往学者（张瑞良，2018）的研究经验，并考虑研究可行性的基础上，本书主要使用了东道国的经济制度和法制制度两种制度作为解释变量，并据以测算相应的制度距离。

（1）经济制度距离（*ed*）。本书以美国传统基金会发布的全球各国或地区经济自由度指数作为各国经济制度质量好坏的考量。该指数包含12项具体细分指标，每项细分指标的分值落在［0，100］区间，并且分值越大，代表的自由程度也越高。通过赋予这12项具体细分指标相同权重，并进行简单算数加权平均计算便可得到经济自由度指数。本书主要采用公式（7.4）测算经济制度距离：

$$ed_{i,j,t} = \frac{|I_{i,t} - I_{j,t}|}{\max\limits_{1 \leqslant i \leqslant 52}(I_i) - \min\limits_{1 \leqslant i \leqslant 52}(I_i)} \tag{7.4}$$

公式（7.4）中$I_{i,t}$是指t时期第i国经济自由度指数分值，$I_{j,t}$是指t时期第j国经济自由度指数分值，$max(I_i)$为第i国经济自由度指数最大值，$min(I_i)$为第i国经济自由度指数最小值。

（2）法制制度距离（*ld*）。本书以世界银行数据库中的世界治理指数（WGI）来反映东道国法制制度质量的好坏，并借鉴Kogut（1988）测算文化距离的方法来测算法制制度距离。具体计算公式如公式（7.5）所示：

$$ld_{i,j,t} = \frac{1}{n}\sum_{k=1}^{n}\left[\frac{(I_{i,t,k} - I_{j,t,k})^2}{v_k}\right] \tag{7.5}$$

公式（7.5）中 $I_{i,t,k}$ 是指 t 时期第 i 国第 k 项指标的得分值，$I_{j,t,k}$ 是指 t 时期第 j 国第 k 项指标的得分值，v_k 为第 k 项指标的方差，n 为指标的个数。

7.1.3.3　控制变量的选取

除上述变量外，本书还加入了以下控制变量：

（1）汇率（*er*），用间接标价法表示，而且东道国汇率越低，意味着中国货币兑换东道国货币的数量也会越多，这会降低中国直接投资成本，从而有利于吸引我国直接投资；反之，不利于。

（2）开放程度（*open*），用东道国商品出口额占东道国国内生产总值的比例衡量。一般来说，东道国较高的开放程度有利于吸引外来投资者在国内开展投资生产；反之，不利于。

（3）贸易依存度（*trade*），用我国与东道国的双边贸易额占东道国国内生产总值的比重表示，并且贸易依存度越高，越有助于吸引我国 OFDI。

（4）劳动生产率（*lp*），用工人人均产出衡量，而且东道国较高的劳动生产率有利于吸引外来投资；反之，不利于。

7.1.3.4　数据来源与说明

（1）样本国家（地区）和样本期选择。

目前，我国官方公布的"一带一路"沿线国家和地区共有 74 个①，但考虑到有关国家和地区数据资料的可获取性以及我国对"一带一路"沿线国家和地区迟至 2007 年才开始大规模投资这一事实②。所以，本书最终选取其中 52 个国家（地区）作为样本，并将样本期设定为 2007 ~ 2017 年③。

① 来源于"中国一带一路网"。

② 根据刘振林（2017）的测算。

③ 这 52 个国家（地区）分别为：阿尔巴尼亚、阿拉伯联合酋长国、阿曼、阿塞拜疆、埃及、巴基斯坦、巴林、白俄罗斯、保加利亚、波黑、波兰、俄罗斯联邦、菲律宾、格鲁吉亚、哈萨克斯坦、吉尔吉斯斯坦、柬埔寨、捷克、卡塔尔、科威特、克罗地亚、拉脱维亚、老挝、黎巴嫩、立陶宛、罗马尼亚、马来西亚、马其顿、蒙古国、孟加拉国、缅甸、摩尔多瓦、尼泊尔、沙特阿拉伯、斯里兰卡、斯洛伐克、斯洛文尼亚、塔吉克斯坦、泰国、土耳其、乌克兰、乌兹别克斯坦、新加坡、匈牙利、叙利亚、亚美尼亚、伊朗、以色列、印度、印度尼西亚、约旦、越南。

另外，近些年来，受全球经济下滑的影响，我国对外直接投资流量从2017年开始，连续两年都出现了一定程度下滑，是我国对外直接投资以来十几年来首次发生的现象，因而为避免对模型估计结果的影响，本书将样本期设定为2007~2016年。需要说明的是，因叙利亚某些年份数据缺失，故使用了插值法对其进行补全。

（2）数据来源与说明。

本书所使用的变量数据含义、预期影响方向及来源如表7.1所示。

表7.1　数据来源与说明

变量名称	符号	数据处理	预期影响方向	数据来源
对外直接投资存量	ln_*ofdi*	取对数	无	中国对外直接投资统计公报
经济制度距离	*ed*	绝对值极差化	-	美国传统基金会
法治制度距离	*ld*	加权平均	-	世界银行WCI数据库
东道国汇率	*er*	间接标价法	-	UNCTAD数据库
东道国开放程度	*open*	无	+	UNCTAD数据库
东道国贸易依存度	*trade*	无	+	UNCTAD数据库
劳动生产率	*lp*	无	+	ILOSTAT数据库

7.1.4 实证结果

7.1.4.1 描述性统计

表7.2的结果显示，从相关系数矩阵来看，各变量的相关性并不高，意味着它们之间存在共线性的可能性很低。另外，统计特征和平稳性检验结果的数据也表明各变量序列均是平稳的且不存在异常值，有助于避免对回归结果造成“伪回归”等不利影响。

表7.2　变量相关系数矩阵、统计特征和平稳性检验结果

变量	ln_*ofdi*	*ed*	*ld*	*er*	*open*	*trade*	*lp*	*sed*	*sld*
ln_*ofdi*	1								
ed	0.0288	1							
ld	-0.0794	0.2954	1						

续表

变量	ln_ofdi	ed	ld	er	open	trade	lp	sed	sld
er	-0.3420	0.1989	0.1057	1					
open	0.1706	0.5871	0.3664	0.3508	1				
trade	0.3846	0.1302	-0.0434	0.0480	0.2973	1			
lp	0.0224	0.3865	0.2910	0.4403	0.5796	0.1074	1		
平均值	9.265	2.136	7.076	0.483	36.935	3.430	4.378	17.249	0.753
标准差	2.700	1.869	2.389	0.818	26.664	6.069	3.752	8.642	0.363
最小值	2.996	0.000	1.307	0.000	3.307	0.004	0.349	0.360	0.233
最大值	15.023	11.182	12.611	4.681	184.545	41.730	18.747	51.520	2.147
VIF	—	1.55	1.22	1.27	2.29	1.14	1.70	—	—
LLC	-16.466***	-16.528***	-9.949***	-5.097**	-14.741***	-11.611***	-14.360***	-12.117***	-10.621***
样本数	52	52	52	52	52	52	52	52	52

注：***、** 分别表示 p<1%、p<5%。

信毅学术文库

7.1.4.2 空间相关性检验和 LM 检验

(1) 空间相关性。

为了说明我国对各国家和地区之间的直接投资是否存在空间依赖性关系以及该种关系的动态变化特征，本书将运用目前使用较为广泛且普遍的三种指数（Moran 指数、Geary 指数、Getis 指数）的前面二者对 OFDI 展开全局空间相关性检验。关于 Moran 指数的计算原理如下所示：

$$Moran's\ I = \frac{n\sum_{i=1}^{n}\sum_{j=1}^{n}w_{ij}(x_i-\bar{x})(x_j-\bar{x})}{\sum_{i=1}^{n}\sum_{j=1}^{n}w_{ij}(x_i-\bar{x})^2} = \frac{n\sum_{i=1}^{n}\sum_{j=1}^{n}w_{ij}(x_i-\bar{x})(x_j-\bar{x})}{S^2\sum_{i=1}^{n}\sum_{j=1}^{n}w_{ij}} \tag{7.6}$$

式中 n 是国家或地区的样本总数；x_i 和 x_j 分别代表我国对 i 国和 j 国的对外直接投资，$\bar{x}=\frac{1}{n}\sum_{i=1}^{n}x_i$ 是各国家或地区 OFDI 的平均值；$S^2=\frac{1}{n}\sum_{i=1}^{n}(x_i-\bar{x})^2$ 是 OFDI 的方差，w_{ij} 是空间权重矩阵。

通常来说，Moran 指数的值在（-1，1）区间波动，其中值大于 0 表明我国对"一带一路"沿线国家和地区的 OFDI 呈现正相关关系，而且该数值越接近1，意味着相似特征的区域聚集显著在一起；数值小于0表明我国对“一带一路”沿线国家和地区的OFDI呈现负相关关系，而且该数值越接近-1，则意味着具有不同特征的区域聚集在一起。若Moran指数的值靠近0，则表明我国对“一带一路”沿线国家和地区的OFDI处于随机分布的状态。

此外，还需要说明的是，计算这些指数首要的是设定空间权重矩阵，然而空间权重矩阵的形式丰富多样，而且由于权重选择的不同，导致结果产生差异可能偶尔也会发生。此外，目前学术界也并不存在判断所选择的空间权重矩阵合理且有效的标准。为此，本书通过借鉴以往研究者的思路，采用各国家或地区之间的物理距离的倒数，即以反距离作为空间权重矩阵并进行检验，结果如表7.3所示。从表7.3可知，Geary指数和Moran指数的检验结果分别小于1和大于0，并且高度显著，表明空间单元之间存在正相关关系。进一步地，Moran指数的值在2007~2018年基本呈现逐渐增加的趋势，这意味着我国OFDI的空间依赖性随着时间变化在逐渐增加。

表7.3 OFDI空间相关性检验

年份	Moran指数				Geary指数			
	Moran指数	标准差	正态性统计量z	p	Geary指数	标准差	正态性统计量z	p
2007	0.384	0.088	4.586	0.000	0.563	0.092	-4.772	0.000
2008	0.432	0.088	5.130	0.000	0.521	0.091	-5.236	0.000
2009	0.353	0.088	4.645	0.000	0.550	0.092	-4.914	0.000
2010	0.358	0.088	4.241	0.000	0.550	0.092	-4.439	0.000
2011	0.386	0.088	4.308	0.000	0.581	0.093	-4.522	0.000
2012	0.408	0.088	4.625	0.000	0.545	0.093	-4.900	0.000
2013	0.410	0.088	4.864	0.000	0.560	0.092	-4.784	0.000
2014	0.410	0.088	4.891	0.000	0.543	0.092	-4.941	0.000
2015	0.391	0.088	4.677	0.000	0.563	0.092	-4.735	0.000
2016	0.426	0.088	5.075	0.000	0.519	0.092	-5.220	0.000
2017	0.416	0.088	4.971	0.000	0.519	0.093	-5.024	0.000
2018	0.420	0.088	5.017	0.000	0.595	0.093	-4.342	0.000

数据来源：通过stata16软件计算得到。

（2）局部空间自相关分析。

考虑到 Moran 指数是通过对整体数据进行空间相关性检验而得到的结果，它并不能反映局部的不稳定性和和内部的聚集状态，所以需要利用 Moran 散点图来辨析区域内的集聚特征和局部差异状态。

Moran 散点图的每一个平面空间被划分为四个象限，其中第一象限（HH）表示我国对“一带一路”沿线国家和地区投资较多的区域聚集在一起，与周边国家和地区空间差异程度较小；第二象限（LH）表示我国对“一带一路”沿线国家和地区投资较低的区域，周边国家和地区的 OFDI 却较高，二者空间差异程度比较明显；第三象限（LL）表示我国对“一带一路”沿线国家和地区投资较少的区域聚集在一起，与周边国家和地区空间差异程度较小；第四象限（HL）表示我国对“一带一路”沿线国家和地区投资较多的区域，周边国家和地区的 OFDI 较少，二者空间差异程度也比较大。我国对“一带一路”沿线国家和地区的 OFDI 大都分布在第一象限（HH）和和第三象限（LL），即表明我国对“一带一路”沿线国家和地区投资较多或者投资较少的区域都具有明显的空间集聚特征，且这一趋势仍然在不断增强。

（3）LM 检验。

空间相关性检验仅能够说明空间单元之间存在相互依赖性，但对实证检验中具体使用何种空间模型却无法作出判断。为此，这里需要使用 LM 检验进行模型的选择，详细的检验结果如表 7.4 所示。

表 7.4　LM 检验结果结果

LM 检验	ols + 无空间效应	ols + 空间固定效应	ols + 时间固定效应	ols + 双固定效应
LM lag	21.1470***	22.9204***	8.8288***	8.3714***
	(0.000)	(0.000)	(0.003)	(0.004)
robust LM lag	7.5941***	9.8659***	6.7405***	6.8237***
	(0.006)	(0.002)	(0.009)	(0.009)
LM error	96.4434***	112.8812***	4.8278**	4.4401**
	(0.000)	(0.000)	(0.028)	(0.035)
robust LM error	82.8905***	99.8268***	2.7395*	2.8923*
	(0.000)	(0.000)	(0.098)	(0.089)

注：（1）***、**、*分别表示变量通过 1%、5%、10% 的临界值；（2）括号中的值为 p 值。下同。

表 7.4 中的结果显示，在无空间效应、空间固定效应、时间固定效应以及双固定效应四种情况下，LM lag、LM error 以及稳健的 LM 检验结果均

显著，意味着空间自回归模型（SAR）、空间误差模型（SEM）二者均可行。此外，鉴于样本都为"一带一路"沿线国家和地区，不存在进一步扩展的问题，所以后续模型仅加入固定效应。

7.1.4.3 基准回归结果

为了验证经济制度距离和法治制度距离对我国OFDI的影响具有稳定性，本书在控制变量的基础之上，逐步加入核心解释变量，并根据上述LM的检验分别使用SAR模型和SEM模型予以检验，结果如表7.5所示。

表7.5的结果可从以下几个方面展开分析：第一，从空间滞后项系数δ和空间误差系数λ估计结果来看，二者都通过了显著性检验且影响方向为正，意味着中国对"一带一路"沿线国家和地区的OFDI会受到第三国效应的影响，符合预期假设2。其中，SAR模型中的$\delta>0$说明中国对东道国邻近国家和地区的投资有助于东道国吸引中国OFDI的流入，这也意味着中国在沿线国家和地区的直接投资存在互补效应且呈现出空间集聚特征。SEM模型中的$\lambda>0$说明中国对东道国的投资会显著受到第三国不可观测因素的影响。第二，从核心解释变量的估计结果来看，经济制度距离和法治制度距离对我国OFDI均存在显著的负向阻滞作用，与前文预期假设1相符，该结果也表明我国对"一带一路"沿线国家和地区的投资对象主要倾向于那些与我国经济制度差异和法治制度差异较小的国家或地区。第三，从控制变量的估计结果来看，东道国的汇率对我国OFDI具有明显负向作用；相反，东道国的开放程度、劳动生产率以及同我国贸易依存度的增加均有利于吸引我国OFDI。

7.1.4.4 分样本或分组检验

（1）按收入水平划分为高收入、中低收入两组。

为了验证制度距离对我国在"一带一路"沿线国家和地区OFDI的影响是否会因为各国收入水平的高低而存在差异性，本书按照世界银行的划分标准，将样本国家划分为高收入（包含16个样本国家）和中低收入（包含36个样本国家）两个子样本。其中，高收入国家是指2017年人均GNI（国民总收入）超过12055美元的国家或地区，而中低收入国家是指2017年人均GNI低于12055美元的国家或地区。最后，对这两个子样本的回归结果如表7.6所示。

表 7.5　SAR 和 SEM 模型回归结果

变量	(1)		(2)		(3)		(4)	
	SAR	SEM	SAR	SEM	SAR	SEM	SAR	SEM
er	-1.425226 *** (-9.653229)	-1.665133 *** (-11.47987)	-1.446726 *** (-9.876946)	-1.660237 *** (-11.48904)	-1.444266 *** (-9.836400)	-1.677623 *** (-11.60954)	-1.462462 *** (-10.02761)	-1.672003 *** (-11.60232)
open	0.017406 *** (3.490928)	0.018401 *** (3.807303)	0.023066 *** (4.080954)	0.023271 *** (4.276269)	0.020725 *** (4.045682)	0.021449 *** (4.269238)	0.025513 *** (4.465184)	0.025433 *** (4.588743)
trade	0.149070 *** (7.648034)	0.193379 *** (9.793767)	0.147170 *** (7.529195)	0.194320 *** (9.876786)	0.145087 *** (7.488371)	0.189056 *** (9.582167)	0.143722 *** (7.396034)	0.190197 *** (9.663220)
lp	0.071851 ** (2.056988)	0.076514 ** (2.182110)	0.076576 ** (2.197826)	0.080837 ** (2.309706)	0.085472 ** (2.434020)	0.086970 ** (2.467083)	0.088687 ** (2.531799)	0.089752 ** (2.550808)
ed			-0.139147 ** (-2.090308)	-0.137066 * (-1.918479)			-0.123490 * (-1.85588)	-0.120322 * (-1.67920)
ld					-0.124912 ** (-2.567480)	-0.102987 ** (-2.120489)	-0.116038 ** (-2.382165)	-0.093005 * (-1.90641)
δ/λ	0.344993 *** (4.645475)	0.609956 *** (8.015950)	0.343988 *** (4.593634)	0.610998 *** (8.047249)	0.324954 *** (4.313369)	0.600991 *** (7.753049)	0.323974 *** (4.259808)	0.600971 *** (7.752469)
固定效应	是	是	是	是	是	是	是	是
R^2	0.3781	0.3443	0.3838	0.3499	0.3862	0.3557	0.3907	0.3598
N	520	520	520	520	520	520	520	520

表7.6 高收入、中低收入组回归结果

变量	高收入组				中低收入组			
	SAR		SEM		SAR		SEM	
	系数	t值	系数	t值	系数	t值	系数	t值
er	-1.468258***	(-10.480097)	-1.588607***	(-11.05336)	-1.238710***	(-4.851110)	-1.486759***	(-5.520965)
open	0.023756***	(3.163611)	0.017546*	(1.899272)	0.017435**	(2.056649)	0.013092	(1.494628)
trade	0.149235***	(5.565016)	0.138322***	(4.797626)	0.120782***	(5.317023)	0.147788***	(6.200540)
lp	0.117151***	(2.747232)	0.235545***	(4.245176)	0.153178**	(1.963686)	0.251374***	(2.913546)
ed	0.034468	(0.373436)	0.179357	(1.450449)	-0.278276***	(-3.051106)	-0.303233***	(-3.257376)
ld	-0.339092***	(-5.032373)	-0.276979***	(-3.82737)	0.097414	(1.588324)	0.202645***	(3.220114)
δ/λ	0.301990***	(4.185594)	0.525998***	(0.525998)	0.527966***	(7.312369)	0.654988***	(9.386958)
固定效应	是	是	是	是	是	是	是	是
R^2	0.7397		0.6936		0.3495		0.2260	
N	160		160		360		360	

表7.6中的结果显示，在将样本国家分为高收入国家、低收入国家两组后，经济制度距离和法治制度距离对我国OFDI的影响表现出了明显的异质性特征。其中就高收入国家而言，经济制度距离对我国OFDI的影响不显著，而法治制度距离具有显著的负向抑制作用，这表明我国更倾向于投资那些与我国法治制度差异较小的国家或地区。可能的解释是因为高收入国家的商业环境、市场规则已经普遍较为完善，政府对经济活动的干预较少，外来资金进出也相对较为自由，投资风险性整体偏低，比如新加坡等，所以我国在对这些国家的投资时并不侧重于考虑其与我国经济制度的差异。相反，东道国的法治制度环境却是我国重点关注的，这是因为本土丰富的政治经验及灵活的应对措施可以在那些与我国法治制度差异相当的国家发挥良性作用，有助于降低投资潜在风险。就中低收入国家而言，经济制度距离对我国OFDI具有显著的负向阻滞作用，但法治制度距离在空间自回归模型下几乎无影响。这主要是因为那些中低收入国家的法治制度体系较为薄弱，背后隐藏较大风险，但是这些地区的资源储量却颇为丰富，比如伊朗的石油、俄罗斯的天然气等。考虑到我国投资这些国家带有明显的资源获取型动机（王永钦等，2014），所以我国在对外投资时并不在意中低收入东道国法治制度与我国的差异。进一步地，投资与我国经济制度距离差异较小的中低收入国家，却可以有效、合理地降低投资风险。此外，控制变量的结果由于基本没有出现较大变化，所以这里不再予以赘述。

（2）按地区分组。

为进一步验证制度距离对我国在“一带一路”沿线国家和地区的直接投资影响是否会因地区不同而产生差异性，本书将样本国家分为东南亚、中东欧、西亚北非三组[①]。需要说明的是，考虑到东北亚、南亚、中亚的样本国家较少，所以这里不予以考虑，所以最终东南亚、中东欧、西亚北非三组分别包括9个、15个、16个样本国家。检验结果如表7.7所示。

① 参考“中国一带一路网”的划分。

表 7.7　按地区分组回归结果

变量	东南亚		中东欧		西亚北非	
	SAR	SEM	SAR	SEM	SAR	SEM
er	-7.016213 (-1.602022)	-2.564552 (-0.558494)	-0.582245 *** (-2.687976)	-0.710496 *** (-2.951639)	-1.184576 *** (-6.727187)	-1.834338 *** (-9.656765)
open	-0.000858 (-0.138291)	-0.016934 * (-1.958954)	0.017550 (1.236319)	0.031233 * (1.706270)	0.010209 (1.161548)	0.015648 (1.439168)
trade	0.008797 (0.346947)	0.043796 (1.597337)	0.709919 *** (2.993730)	0.927840 *** (3.658492)	0.173563 *** (4.965381)	0.271254 *** (7.271700)
lp	0.510099 * (1.853784)	0.297093 (0.998061)	0.383568 ** (2.102749)	0.483379 ** (2.389077)	0.154036 *** (3.602007)	0.076109 (1.299623)
ed	0.073866 (0.623370)	0.340737 ** (2.408837)	-0.331310 ** (-2.331946)	-0.374896 ** (-2.209443)	-0.305059 *** (-2.882587)	-0.327259 *** (-2.867252)
ld	-0.038185 (-0.464015)	-0.247674 *** (-2.730259)	0.012497 (0.154284)	0.103039 (1.281518)	-0.303315 *** (-4.289927)	-0.330767 *** (-4.853454)
δ/λ	0.184979 (1.284502)	0.587989 *** (6.538199)	0.467983 *** (4.925424)	0.633981 *** (7.942961)	0.477954 *** (6.103998)	0.742972 *** (13.250906)
固定效应	是	是	是	是	是	是
R^2	0.3609	0.1960	0.4814	0.3445	0.5329	0.3282
N	90	90	150	150	160	160

表7.7中的结果显示，制度距离对我国在"一带一路"沿线不同地区的OFDI影响差异还是比较明显的。其中就东南亚地区而言，我国对该地区的OFDI并不存在互补效应，但是会受到第三国不可测因素的影响，由此我国更倾向于投资那些与我国经济制度差异较大以及法治制度距离较小的国家。可能的原因是东南亚作为"一带一路"沿线吸引我国直接投资最

多的地区，区域内国家和地区不仅拥有良好的经济运行环境，而且经济制度质量普遍要优于我国，所以经济制度距离影响方向为正。与此同时，投资该区域内法治制度差异相当的国家，也可以降低母国所面临的潜在风险。此外，就中东欧地区而言，经济制度距离对我国 OFDI 有着显著的负向作用，而法治制度距离则无影响。可能的解释是中东欧地区地缘政治大多较为复杂，但是该地区又因为地理位置优越，邻近欧盟大市场，所以投资与我国经济制度差异较小的国家可以使我国更快地熟悉、适应并融入东道国市场活动，并可借此寻求拓宽国内市场。就西亚北非地区而言，经济制度距离和法治制度距离对我国 OFDI 均具有显著的负向抑制作用。可能的原因是该地区属于地缘政治"破碎地带"，政治局面不稳定现象时有发生，以至于直接投资的风险非常高，但是考虑到该地区拥有丰富的自然资源，如石油等，所以我国针对该地区主要倾向于投资那些与我国经济制度和法治制度差异较小的国家，以避免投资的巨大潜在风险。

（3）将 *ed* 按 Ward 系统聚类分组。

除了上述分组外，本书还使用 Ward 系统聚类分析法将样本国家经济制度距离分为高、低两组，以检验制度距离对我国 OFDI 的影响会否因为经济制度差异高低而不同。其中，将与我国经济制度差异较大的组记为 H 组，与我国经济制度差异较小的组记为 L 组。

那些与我国经济制度距离较大的国家既有分布在中国邻近范围内的，也有分布在较远范围的，在地理位置上表现得比较分散。类似地，与我国经济制度差异较小的国家也表现出同样特点。关于 H 组和 L 组的估计结果仍然采用前文所述方法予以估计，详细结果如表 7.8 所示。

表 7.8　　H 组和 L 组回归结果

组别		H 组	L 组
聚类变量		*ed*	*ed*
统计特征	*ed* 均值	3.9952	1.1988
	ld 均值	7.9710	6.31114
	样本数	20	32

续表

组别		H组		L组	
聚类变量		*ed*		*ed*	
		SAR	SEM	SAR	SEM
模型参数	*er*	−1.231342*** (−9.011845)	−1.423752*** (−9.990868)	−0.881310*** (−4.829009)	−1.103384*** (−6.514102)
	open	0.023430*** (4.101986)	0.026009*** (3.883858)	−0.014933* (−1.904811)	−0.027567*** (−3.828559)
	trade	0.106640*** (5.217087)	0.197356*** (9.611409)	0.151115*** (6.577182)	0.239670*** (11.244655)
	lp	0.156018*** (2.663325)	0.076827 (1.241725)	0.089803** (2.177687)	0.051941 (1.210329)
	ed	−0.249226*** (−3.544099)	−0.060161 (−0.721260)	0.338009 (1.423088)	0.789923*** (3.776363)
	ld	−0.125937** (−2.360811)	−0.067827 (−1.208608)	−0.158137** (−2.267220)	−0.151090** (−2.314414)
	δ/λ	0.633979*** (12.000323)	0.808977*** (19.733059)	0.486941*** (6.898837)	0.736996*** (13.321948)
	固定效应	是	是	是	是
	R^2	0.8191	0.6096	0.3775	0.2330
	N	200	200	320	320

表7.8的结果可围绕以下几个方面展开论述：第一，就统计特征来看，H组的法治制度距离平均值与L组的平均值相差不大，但是H组的经济制度距离平均值确实要高于L组对应的平均值。第二，从模型的估计结果来看，H组中SAR模型结果比SEM模型的稍好，经济制度距离和法治制度距离对我国OFDI均具有显著的负向抑制作用，而在SEM模型情形下，制度距离都不显著。另外，L组中的法治制度距离影响方向在SAR模型和SEM模型中都显著且影响方向为负，而经济制度距离仅在SEM模型中显著且影响方向为正。值得注意的是，首先，H组和L组的SEM模型拟合优度都要小于对应的SAR模型拟合优度；其次，若SAR模型更优，则H组的特征对全样本的影响更大，这能够解释为什么L组的经济制度距离不显

著，但在全样本下回归显著的结论。相反，SEM 模型则并不具有这样的优势，因此这里 SAR 模型似乎是更好的选择，其可与全样本的结果相互印证。综上分析可知，H 组的经济制度距离和法治制度距离对我国 OFDI 的影响方向为负且高度显著，而 L 组的经济制度距离对我国 OFDI 无影响，法治制度距离则具有显著的负向抑制作用。

7.1.4.5　进一步说明

虽然前文基准回归以及分样本回归结果都已经明确显示我国对"一带一路"沿线国家和地区的 OFDI 会显著受到第三国不可观测因素的影响，即存在第三国效应，然而上述检验并未清晰说明哪些影响因素下的第三国效应是互补效应，哪些是挤出效应。为此，本书在这里通过 SEM 模型进一步检验以说明我国对"一带一路"沿线国家和地区 OFDI 的第三国效应究竟是挤出还是互补。必须说明的是，首先，这里的检验区分了固定效应和随机效应；其次，模型中还加入了用来测度第三国效应的可观测因素第三国市场潜力变量（ln_smp）①。具体检验结果如表 7.9 所示。从表 7.9 可知，固定效应、随机效应中的第三国市场潜力（ln_smp）的系数和空间误差项的系数 λ 都为正且在统计意义上显著，说明中国对"一带一路"沿线国家和地区 OFDI 的第三国效应最终为互补效应，其中东道国邻近国家和地区市场规模越大，我国对东道国 OFDI 越多。此外，其余变量的结果与基准回归结果中相互一致，所以这里不再叙述。

表 7.9　　第三国效应检验（SEM 模型）

变量	固定效应		随机效应	
	t 值	系数	t 值	系数
ln_smp	5.128135***	(14.999961)	0.328869***	(37.025466)
er	-1.715815***	(-14.388165)	-1.621023***	(-12.226055)
open	0.018818***	(4.763542)	0.019440***	(4.388338)

① 必须说明的是，东道国市场潜力（ln_smp）系数为正，表明第三国效应为表现为互补；系数为负，表明第三国效应表现为挤出。此外，东道国市场潜力的测算通过对东道国以外的国家或地区 GDP 进行反距离加权并取对数得到。其中，GDP 数据和距离数据分别来源世界银行、CEPII 数据库。

续表

变量	固定效应		随机效应	
	t 值	系数	*t* 值	系数
trade	0.084445 ***	(4.702522)	0.173614 ***	(10.118947)
lp	0.160888 ***	(5.491912)	0.064290 **	(1.970692)
λ	0.720988 **	(12.607474)	0.602745 ***	(8.023888)
R^2	0.4997		0.4201	
N	520		520	

7.1.4.6 稳健性检验

(1) 改变空间权重矩阵。

如前文分析，空间权重矩阵形式设定不同，估计结果很可能也会随之改变。为了验证结论的可靠性，本书尝试改变空间权重矩阵设定的形式，并借鉴范硕和何彬（2017）的做法以空间单元三阶邻近矩阵作为空间权重矩阵，具体检验结果如表 7.10 所示。由表可知，经济制度距离和法治制度距离的显著性和影响方向都未发生改变，与表 7.5 的基准回归结果保持一致。

表 7.10 改变空间权重矩阵的稳健性检验结果

变量	SAR		SEM	
	系数	*t* 值	系数	*t* 值
ed	-0.118519 *	(-1.761366)	-0.121481 *	(-1.738373)
ld	-0.136096 ***	(-2.764936)	-0.130346 ***	(-2.653500)
er	-1.532965 ***	(-10.740118)	-1.629324 ***	(-11.428186)
open	0.026056 ***	(4.507316)	0.027114 ***	(4.759594)
trade	0.149034 ***	(7.911253)	0.166130 ***	(8.774861)
lp	0.087621 **	(2.473525)	0.090928 ***	(2.579892)
δ/λ	0.107978 **	(2.316865)	0.233981 ***	(4.690904)
固定效应	是		是	
R^2	0.3768		0.3666	
N	520		520	

（2）核心解释变量的稳健性。

前文对经济制度距离和法治制度距离的测算采用的是较为复杂的方法，这里对经济制度距离五项细分指标①和法治制度距离的六项细分指标分别采用简单算数平均数加以计算，SAR 模型的估计结果如表 7.11 所示。由表 7.11 中的结果可知，经济制度距离和法治制度距离的显著性和影响方向仍未发生改变，与前文结论保持一致。

表 7.11　　　　核心解释变量稳健性检验结果

变量	(1)		(2)		(3)	
	系数	*t* 值	系数	*t* 值	系数	*t* 值
sed	-0.069974***	(-5.543067)	—	—	-0.064544***	(-4.96250)
sld	—	—	-1.009150***	(-2.935517)	-0.582344*	(-1.681689)
er	-1.340953***	(-9.319051)	-1.460823***	(-9.981810)	-1.368116***	(-9.498984)
open	0.024197***	(4.854818)	0.023528***	(4.386811)	0.027203***	(5.152469)
trade	0.137142***	(7.260936)	0.141284***	(7.243956)	0.133582***	(7.046030)
lp	0.080210**	(2.366873)	0.090392**	(2.567925)	0.090259***	(2.629895)
δ	0.317966***	(4.125935)	0.327993***	(4.301988)	0.309988***	(3.978481)
固定效应	是		是		是	
R^2	0.4157		0.3889		0.4191	
N	520		520		520	

（3）方法的稳健性：空间面板杜宾模型（SDM）。

为了验证研究结论是否会因为方法使用的不同而发生改变，本书继续尝试使用空间面板杜宾模型加以检验，结果如表 7.12 所示。由表 7.11 中（1）~（3）的结果可知，经济制度距离和法治制度距离的影响方向和显著性与基准回归得出的结论相吻合。

① 经济自由度指数五项细分指标为商业自由、货币自由、贸易自由、投资自由、金融自由。

表7.12　　空间面板杜宾模型稳健性检验结果

变量	(1)		(2)		(3)	
	系数	*t* 值	系数	*t* 值	系数	*t* 值
ed	-0.147612 **	(-2.031597)	—	—	-0.128694 *	(-1.767439)
ld	—	—	-0.107030 **	(-2.208108)	-0.095716 **	(0.049347)
δ	0.527960 ***	(6.044544)	0.459973 ***	(4.802487)	0.443945 ***	(4.546338)
er	-1.697185 ***	(-11.689496)	-1.713485 ***	(-11.838306)	-1.709949 ***	(-11.826345)
open	0.023466 ***	(4.320296)	0.020551 ***	(4.101155)	0.024927 ***	(4.507957)
trade	0.198143 ***	(9.936289)	0.193718 ***	(9.734493)	0.194110 ***	(9.740230)
lp	0.080180 **	(2.292522)	0.089055 **	(2.531633)	0.091323 ***	(2.601545)
W * *ed*	0.027639	(0.156959)	—	—	-0.004890	(-0.027860)
W * *ld*	—	—	-0.187732	(-1.392150)	-0.199193	(-1.483037)
W * *er*	0.781638 *	(1.956826)	0.826762 **	(2.390744)	0.631450	(1.560291)
W * *open*	-0.020270	(-0.929488)	-0.026900	(-1.636022)	-0.019833	(-0.909145)
W * trade	-0.206766 ***	(-4.497982)	-0.186220 ***	(-4.545291)	-0.206175 ***	(-4.506424)
W * lp	-0.069289	(-0.749422)	-0.005758	(-0.060941)	-0.021054	(-0.220955)
固定效应	是		是		是	
Hausman	126.6577 ***		45.9532 ***		162.7193 ***	
R^2	0.4410		0.4435		0.4473	
N	520		520		520	

7.1.4.7　内生性讨论和检验

考虑到上述模型设定中可能会存在内生性问题，使得实证研究结论或多或少会遭受到一定质疑，为此，本书这里通过借鉴其他学者所普遍采用的做法，对所有解释变量作滞后一期处理，并仍然使用SAR模型和SEM模型予以检验，检验结果如表7.13所示。从表7.13可知，内生性检验结果同主检验结果依旧保持一致，这表明本书的研究结论具有良好的稳健性。限于篇幅，控制变量的结果分析不再予以列出和赘述。

表 7.13　　内生性检验结果

变量	SAR		SEM	
	系数	t 值	系数	t 值
ed	-0.156503***	(-2.657055)	-0.140479**	(-2.325077)
ld	-0.109299**	(-2.239076)	-0.081483*	(-1.680577)
er	-1.545412***	(-10.766169)	-1.608577***	(-11.167377)
open	0.027693***	(4.850213)	0.025516***	(4.447992)
trade	0.128407***	(6.937456)	0.142731***	(7.592951)
lp	0.067730*	(1.895081)	0.081005**	(2.233036)
δ/λ	0.172962***	(3.595690)	0.262999***	(5.119886)
固定效应	是		是	
R^2	0.4237		0.4006	
N	468		468	

7.2　中国对"一带一路"沿线国家和地区投资区位选择的宏观分析

众所周知，牛顿的万有引力定律表明两个物体之间，它们的相互作用力大小与物体质量正向相关，而与物体之间的距离大小反向相关。国际经济与贸易领域中通用的引力模型（gravity model）便是建立在万有引力定律基础之上逐步发展起来的。

7.2.1　引力拓展预测模型的构建

7.2.1.1　模型构建

Stewart 和 Zipf 等学者首先拓展了引力模型在社会科学研究领域的广泛应用。其中，Stewart（1948）研究发现城市之间的人口与城市间的交通就存在着明显的正向关系，而与城市间的距离则表现出显著的反向关系。

Zipf（1946）着手构建了多项测度指标，并且在研究中发现城市间的相互作用程度同城市之间的人口乘积和距离的比值存在简单的线性特征关系。更为重要的是，Frenkel、Funke 和 Stadtmann（2004）使用引力模型研究了新兴市场国家之间双边 FDI 流量关系，结论表明两国之间双边 FDI 流量与两国之间的物理距离有着明显的反向关系。

目前投资引力模型的初始形式主要如公式（7.7）所示：

$$FDI_{ij} = A(GDP_i GDP_j / DIST_{ij}) \tag{7.7}$$

公式（7.7）中，i、j 均代表国家或地区，FDI_{ij} 是指第 i 国对 j 国的对外直接投资流量，GDP_i、GDP_j 分别是 i 国和 j 国的国内生产总值（GDP），$DIST_{ij}$ 是 i 国和 j 国之间的物理距离，并且习惯用它们各自的经济中心或者首都之间的地理距离来表示。此外，A 代表比例系数。从该模型表达式可以清楚地看到，i 国对 j 国的直接投资流量与两国 GDP 成正比关系，而与两国之间的地理距离成反向关系。

考虑到该模型表达式并非是简单线性形式，为此，对公式（7.7）的两边同时取对数进行简化，可得：

$$\text{Ln}FDI_{ij} = \beta_0 + \beta_1 \text{Ln}(GDP_i GDP_j) + \beta_2 \text{Ln}DIST_{ij} + u_{ij} \tag{7.8}$$

公式（7.8）中，Ln（·）是变量的自然对数形式，β_0 为常数，β_1、β_2 分别为所对应的系数，u_{ij} 为干扰项或误差。

鉴于中国对东道国的投资流量除了受到上述因素影响外，还会受到双方的人均国内生产总值（*PGDP*）、贸易额（*TRAD*）以及东道国的城市化水平（*CITY*）和经济增长水平（*GROW*）等因素的影响，所以为了避免遗漏变量对模型估计结果造成不利影响，本书在公式（7.8）中还加入了以下一系列其他重要变量：第一，东道国和母国的人均 GDP 乘积（*PGDPM*），主要用来衡量我国和东道国人均国内生产总值；第二，我国与东道国的贸易数量（*TRAD*），用来衡量我国与东道国经济紧密联系程度；第三，经济增长率（*GROW*），主要用来衡量东道国的经济发展潜力；第四，东道国的城市化水平（*CITY*），主要用来衡量东道国城市基础设施和投资环境。另外，也在模型中加入了 3 个虚拟变量，分别用来描述东道国与我国在地理位置上是否相邻［即共同的边界（*BORDER*）］、是否加入了共同的经济组织（*GROUP*）以及东道国是否四面环海（*SEA*）。在加入了上述所列示的一系列变量之后，完整的投资引力模型如公式（7.9）所示：

$$\mathrm{Ln}FDI = \beta_0 + \beta_1 \mathrm{Ln}(GDPM) + \beta_2 \mathrm{Ln}(PGDPM) + \beta_3 \mathrm{Ln}(GROW) + \beta_4 \mathrm{Ln}(CITY) + \beta_5 \mathrm{Ln}(TRAD) + \beta_6 \mathrm{Ln}(DIST) + \beta_7 \mathrm{Ln}(BORDER) + \beta_8 \mathrm{Ln}(SEA) + \beta_9 \mathrm{Ln}(GROUP) + \mu_{ij} \quad (7.9)$$

公式（7.9）中各变量的含义、处理和预期影响方向总结在表 7.14 中，具体如表 7.14 所示。

表 7.14　　各变量含义、处理和预期影响方向

变量	含义	数据处理	预期影响方向
ln*FDI*	对外直接投资流量	取对数	无
Ln（*GDPM*）	我国与东道国国内生产总值的乘积	取对数	+
Ln（*PGDPM*）	我国与东道国人均国内生产总值的乘积	取对数	+
Ln（*GROW*）	东道国国内经济增长率	取对数	+
Ln（*CITY*）	东道国城市化发展水平	取对数	+
Ln（*TRAD*）	我国与东道国贸易量	取对数	+
Ln（*DIST*）	我国与东道国之间的距离	取对数	-
BORDER	我国与东道国是否拥有共同边界（有，则取值为1；反之，取值为0）	无	+
SEA	东道国是否环海（是，则取值为1；否，取值为0）	无	+
GROUP	东道国与我国是否签订自贸协定或是否加入相同贸易集团（是，则取值为1；否，取值为0）	无	+

注："-"表示负向关系，"+"表示正向关系。

7.2.1.2　数据来源

考虑到本书这部分主要使用面板模型予以估计，所以对应的数据格式即为面板数据（panel data）样式。与此同时，为了更好地保证结果的真实准确，本书也力图包含更多的样本国家和地区在内以及涵盖较长的时间跨度，然而由于某些国家和地区数据缺失极为严重，不少变量早期数据接近空白，所以最终仅选取了 2004 ~2018 年的样本数据加以分析。另外，本书选取了"一带一路"沿线新加坡、印度尼西亚、马来西亚、老挝、柬埔寨、越南、泰国、缅甸、菲律宾、文莱、巴林、埃及、伊朗、伊拉克、以色列、约旦、科威特、阿曼、卡塔尔、沙特阿拉伯、叙利亚、也门、塞浦路斯、土耳其、印度、巴基斯坦、孟加拉国、阿富汗、尼泊尔、马尔代夫、斯里兰卡、蒙古国、哈萨克斯坦、吉尔吉斯斯坦、塔吉克斯坦、土库曼斯坦、乌兹别克斯坦、希腊、乌克兰、俄罗斯、阿塞拜疆、白俄罗斯、格鲁吉亚、阿尔巴尼亚、匈牙利、保加利亚、波兰、捷克、斯洛伐克、克罗地亚50个国家和地区作为相应的“一带一路”沿线数据处理样本。需要说明的是，我国对“一带一路”沿线国家和地区的直接投资流量数据主要来源于我国每年公布的《中国对外直接投资统计公报》，而且本书这里着重选择中国对外直接投资流量（*FDI*）作为被解释变量，主要是因为对外直接投资存量数据具有叠加效应，而流量数据则不存在。值得注意得是，中国对外直接投资流量数据显示我国对世界各国的直接投资存在间断性，表现在中国对外直接投资流量数据为小于或等于零的特殊情形。针对这一现象，不少文献通常选择直接删除这些样本的做法，然而这种处理方式不仅可能会忽略掉一些我国在对外直接投资中非常重要的信息，也可能会使估计结果存在一定偏差。因而，本书参考 Busse and Hefeker（2007）的思路和做法，使用公式 $\mathrm{Ln}FDI + FDI^2 + 1^{1/2}$ 对流量数值为负数或零的特殊情况进行一定处理和转换，从而妥善解决我国对外直接投资绝对流量小于或等于零的问题，一定程度上有助于确保估计结果的准确性和有效性。

另外，各国家或地区的GDP数据、人均GDP数据、城市化发展水平（用城市人口占总人口中的比重度量）数据、经济增长率（用GDP增长率度量）数据都来源于世界银行官方网站（http://data.worldbank.org.cn/indicator）。同时，中国与各国或地区之间的地理距离则使用 Time and Date 网站（www.timeanddate.com）提供的距离计算器计算得出。中国与“一带一路”沿线国家和地区的双边贸易总量数据则来源于中国国家统计局官方网站（http://data.stats.gov.cn/easyquery.htm? cn = C01）。APEC 组织和上海合作组织所包含的各成员国数据情况则分别来源于 APEC 组织官方网站和上海合作组织官方网站。“一带一路”沿线国家和地区是否与我国已签订自贸协定的资料数据来自中国商务部官方网站，各国家和地区是否与我国相邻（即有共同的边界）以及是否环海的相关数据资料则均来源于美国 CIA 的 World Fact Book。

7.2.1.3 投资引力模型的实证结果及分析

如前文所述，本书主要使用2004~2018年我国对“一带一路”沿线国家和地区的对外直接投资流量数据建立面板模型予以估计。然而，面板模型又分为固定效应模型（fe）和随机效应模型（re）两种，本书这里主要选择随机效应模型，这是基于以下三点考虑：第一，模型中加入了距离等虚拟变量，这些变量并不会随时间推移而发生变化，并且各变量的方差膨胀因子VIF结果均显示它们的数值都小于5，某种意义上表明各变量之间并不具有所谓的多重共线性问题。第二，由于上述模型使用了自然对数方式对各个变量进行了处理，因此有效地解决了异方差问题。第三，通过对混合估计（pools）和随机效应模型（fe）进行比较检验，结果LM统计量在统计意义上并不能拒绝使用面板随机效应估计模型的原假设，而且随机效应模型估计的拟合程度较混合回归而言更高。基于以上三点原因，本书这里最终选择面板随机效应模型（fe）予以估计分析。尽管本书在前文中对数据进行了对数处理，有力解决了引力公式所存在的异方差现象，但是这也造成部分变量的 t 值不高，为此，本书这里也进一步借鉴程惠芳、阮翔（2004）和张亚斌、马莉莉（2015）的处理思路，并结合各变量之间的相关系数高低，逐步删除那些并不具备统计意义的变量，从而使回归结果中各变量的显著性水平得到明显改善。当然，必须加以说明的是，逐步删除的标准是剔除那些与原假设相矛盾、t 统计值较低且与引力模型的核心解释变量相关系数比较高的变量。按照上述原则和方式剔除直到剩余解释变量的 t 统计值在统计意义上显著为止。最终，详细结果见表7.15。

表7.15　拓展引力模型回归结果

解释变量	被解释变量 Ln（*FDI*）					
	Model1	Model2	Model3	Model4	Model5	Model6
常数 *C*	-9.249	-5.906	7.211	6.124	30.12***	30.32***
	(-0.82)	(-0.55)	(0.80)	(0.71)	(3.75)	(3.85)
Ln（*GDPM*）	0.235	0.361	0.700***	0.544**	0.614**	0.578***
	(0.65)	(1.07)	(3.44)	(2.93)	(2.89)	(3.75)
Ln（*PGDPM*）	0.182	0.0235	-0.0903	-0.0920	-0.0626	
	(0.65)	(0.10)	(-0.39)	(-0.42)	(-0.25)	

续表

解释变量	被解释变量 Ln（*FDI*）					
	Model1	Model2	Model3	Model4	Model5	Model6
Ln（*GROW*）	0.0852	0.0380	0.0644			
	(0.37)	(0.17)	(0.28)			
Ln（*CITY*）	-0.946					
	(-0.99)					
Ln（*TRAD*）	0.455	0.324				
	(1.28)	(0.99)				
Ln（*DIST*）	0.733	0.207	-1.064	-0.791	-3.644***	-3.738***
	(0.54)	(0.17)	(-0.94)	(-0.73)	(-3.58)	(-3.99)
BORDER	1.573*	1.640*				
	(1.77)	(1.86)				
SEA	-0.528	-0.482	-0.768			
	(-0.80)	(-0.74)	(-1.18)			
GROUP	2.944***	2.938***	3.221***	3.317***		
	(3.82)	(3.82)	(4.18)	(4.46)		
R^2	0.0189	0.0195	0.0208	0.0091	0.0082	0.0083
	0.5761	0.5621	0.5063	0.5004	0.3088	0.3090
	0.1623	0.1588	0.1475	0.1247	0.0720	0.0717
N	545	546	546	672	672	672

注：（1）括号内是 t 统计量；（2）“*”表示 $p<0.10$，“**”表示 $p<0.005$，“***”表示 $p<0.001$。

从表 7.15 的回归结果可以明显看出，当有 9 个解释变量时，模型的拟合程度并不好，t 统计值非常不显著，其中解释变量 *GROUP* 在 1% 水平上显著，但是由于 *CROUP* 与核心解释变量 Ln（*DIST*）相关系数为 -0.6238，所以后期剔除了该变量，经过逐步剔除 t 统计值不显著或者相关性程度较高的变量，最终只保留了核心解释变量 Ln（*GDPM*）和 Ln（*DIST*），并仍然采用上述方式予以估计，有关引力的回归结果公式如下：

$$\mathrm{Ln}FDI_{ij} = 0.578\mathrm{Ln}(GDPM) - 3.738\mathrm{Ln}(DIST) + 30.32 \qquad (7.10)$$

根据投资引力模型回归结果可知，我国与东道国国内生产总值的乘积对我国在东道国的直接投资具有显著的正向促进作用，表明我国与东道国的经济规模越大，越有助于我国开展对外直接投资。同时，东道国与我国的地理距离对我国在东道国的直接投资具有显著的反向抑制作用，意味着东道国距离我国越远，越不利于我国对其进行投资；距离越近，则越利于我国对其进行投资。可见，在国际直接投资活动中，地理位置确实扮演着非常重要的角色，而且一定程度上，距离远近也会明显影响着双方历史、文化等的沟通和交流，进而也对国际直接投资产生不容忽视的影响。

7.2.2 中国对"一带一路"沿线国家和地区投资的潜力估计

根据现有文献可知，我们还可以利用投资引力模型据以测算和估计我国对"一带一路"沿线国家和地区投资的潜力。本书这里主要参考和借鉴盛斌和廖明中（2004）、帅传敏（2009）及张萌和张宗毅（2015）的做法，对投资潜力标准进行一定分类。具体来说，该潜力标准分类的背后原理主要如下：倘若我国对东道国的实际 OFDI 数额超过了根据引力模型所估计的数额，那么就可以判定我国与东道国的投资存在着较为密切的联系；相反，则表示我国与东道国的 OFDI 关系并不够密切，也即表明我国对东道国存在明显且较大的投资潜力。进一步地，本书在这里以 2018 年 50 个"一带一路"沿线样本国家和地区的数据为基础，并根据上文拓展引力模型所估计的系数结果，即公式（7.10）各变量的系数，对各国和地区的对外直接投资潜力进行了估计和测算，结果见表 7.16。

表 7.16　我国对"一带一路"沿线国家和地区的投资潜力估计

区域	国家和地区	FDI 实际值（亿美元）	FDI 预测值（亿美元）	实际值/预测值
东南亚	新加坡	641126	2459.141631	260.7112953
	印度尼西亚	186482	2535.226818	73.55633771
	马来西亚	166270	2724.488833	61.02796165
	老挝	124179	2578.199434	48.16500942
	柬埔寨	77834	1528.43886	50.92385573
	越南	115083	22329.12647	5.153940982
	泰国	73729	9265.699245	7.957197622
	缅甸	-19724	4356.929863	-4.527040971
	菲律宾	5882	12572.50846	0.467846176
	文莱	-1509	618.5587914	-2.439541756

续表

区域	国家和地区	FDI实际值（亿美元）	FDI预测值（亿美元）	实际值/预测值
西亚	巴林	-235	195.3296451	-1.203094389
	埃及（西奈半岛）	22197	275.9037424	80.45197143
	伊朗	-56733	1173.707763	-48.33656366
	伊拉克	773	510.684017	1.513656144
	以色列	41057	430.2654376	95.42249136
	约旦	8562	127.0507562	67.39038992
	科威特	19208	410.0128037	46.84731752
	阿曼	5191	417.479998	12.43412864
	卡塔尔	-36810	506.7796242	-72.63512234
	沙特阿拉伯	38307	883.0659063	43.37954815
	叙利亚	-1	120.3380987	-0.00830992
	也门	1045	82.76947287	12.62542775
	塞浦路斯	11390	92.07004489	123.7101602
	土耳其	35282	765.4356448	46.09401227
南亚	印度	20620	14566.62263	1.41556492
	巴基斯坦	-19873	3784.204732	-5.25156576
	孟加拉国	54365	9173.818074	5.926104002
	阿富汗	-16	578.7282135	-0.027646829
	尼泊尔	5122	2077.23639	2.465776174
	马尔代夫	-155	78.10300947	-1.984558611
	斯里兰卡	783	634.1674841	1.234689604
蒙古国和中亚	蒙古国	-45713	5327.455217	-8.58064463
	哈萨克斯坦	11835	3353.093347	3.529576655
	吉尔吉斯斯坦	10016	694.1840724	14.42844974
	塔吉克斯坦	38824	370.9034699	104.6741353
	土库曼斯坦	-3830	473.0778635	-8.095918865
	乌兹别克斯坦	9901	1250.660327	7.916617955

续表

区域	国家和地区	FDI 实际值（亿美元）	FDI 预测值（亿美元）	实际值/预测值
独联体与东欧地区	希腊	6030	245.9469279	24.51748453
	乌克兰	2745	340.2340342	8.067975935
	俄罗斯	72524	2207.175259	32.85828786
	阿塞拜疆	-105	337.9211359	-0.310723387
	白俄罗斯	6773	213.9344026	31.65923722
	格鲁吉亚	8023	146.9728813	54.58830181
	阿尔巴尼亚	172	50.88429721	3.380217659
	匈牙利	9495	237.0161506	40.06056117
	保加利亚	-168	139.5424991	-1.203934293
	波兰	11783	615.5107158	19.14345225
	捷克	11302	284.7766573	39.6872416
	斯洛伐克	1462	179.2138524	8.15785153
	克罗地亚	2239	116.1935698	19.26956891

根据表 7.16 所估计和测算的结果，本书依据 FDI 实际值与 FDI 预测值二者的比值大小，将我国对"一带一路"沿线国家和地区的对外直接投资潜力主要划分为以下三种：

第一种是投资潜力成熟型。当 FDI 实际值/FDI 预测值 >3 时，我国对"一带一路"沿线国家和地区直接投资便被视为潜力成熟型，或者说属于过度投资型（over-investment）。根据表 7.16 可知，属于潜力成熟型的包括 32 个主要国家和地区，即格鲁吉亚、阿尔巴尼亚、乌兹别克斯坦、希腊、乌克兰、俄罗斯、也门、塞浦路斯、柬埔寨、越南、印度尼西亚、新加坡、马来西亚、老挝、阿曼、沙特阿拉伯、斯洛伐克、泰国、埃及（西奈半岛）、以色列、约旦、科威特、土耳其、孟加拉国、哈萨克斯坦、吉尔吉斯斯坦、塔吉克斯坦、白俄罗斯、匈牙利、波兰、捷克、克罗地亚。

第二种是投资潜力成长型。当 0.8 < FDI 实际值/FDI 预测值 <3 时，我国对"一带一路"沿线国家和地区的直接投资便被视为是潜力成长型。属于投资潜力成长型的国家共包含 4 个，即尼泊尔、伊拉克、斯里兰卡、印度。

第三种是投资潜力待开发型。当FDI实际值/FDI预测值<0.8时，我国对“一带一路”沿线国家和地区的直接投资便被视为潜力待开发型，或者说属于投资不足型（under-investment）。属于潜力待开发型的国家主要包括缅甸、菲律宾、文莱、巴林、伊朗、卡塔尔、叙利亚、巴基斯坦、阿富汗、马尔代夫、蒙古国、土库曼斯坦、阿塞拜疆、保加利亚[①]。

关于上述我国对“一带一路”沿线国家和地区投资投资潜力的分类，本书主要将其归纳总结在表7.17中，具体如表7.17所示，表中用“M”表示“FDI实际值/FDI预测值”。

表7.17 我国对“一带一路”沿线国家和地区投资的潜力分类

潜力类型	投资潜力成熟型（M>3）	投资潜力成长型（0.8<M<3）	投资潜力待开发型（M<0.8）
“一带一路”沿线国家和地区	匈牙利、波兰、希腊、乌克兰、沙特阿拉伯、埃及（西奈半岛）、以色列、土耳其、孟加拉国、新加坡、印度尼西亚、马来西亚、老挝、柬埔寨、越南、泰国、约旦、科威特、阿曼、也门、塞浦路斯、哈萨克斯坦、吉尔吉斯斯坦、塔吉克斯坦、乌兹别克斯坦、俄罗斯、白俄罗斯、格鲁吉亚、阿尔巴尼亚、捷克、斯洛伐克、克罗地亚	斯里兰卡、伊拉克、印度、尼泊尔	缅甸、菲律宾、文莱、巴林、伊朗、卡塔尔、叙利亚、巴基斯坦、阿富汗、马尔代夫、蒙古国、土库曼斯坦、阿塞拜疆、保加利亚

7.2.3 中国对“一带一路”沿线国家和地区投资的区位选择

根据前文研究结论可知，东道国的经济总量越大则越有利于促进我国对外直接投资的增加，双方地理距离越远则会显著抑制我国对外直接投资。为了便于比较分析，本书利用对外投资引力系数K来刻画这种正负相关性。其中，$K = GDP_i GDP_j / DIST_{ij}$。式中$GDP_i$、$GDP_j$分别表示母国和东道国的国内生产总值；$D_{ij}$表示母国和东道国之间的地理距离。需要说明的是，本书这里借鉴程惠芳、阮翔（2004）的思路和做法，运用引力系数来

① 由于观察视角不一样，这里的国家名单与我们在第五章分节论述的并不完全一样。

研究我国对"一带一路"沿线国家和地区 OFDI 的区位选择。为便于分析，本书这里首先将"一带一路"沿线 65 国和地区划分为 6 组，其中划分依据主要是"一带一路"沿线国家和地区的"地域和文化的相似性"。划分后的结果显示为以下 6 组：第一，东盟，包括 10 个国家（柬埔寨、越南、文莱、新加坡、马来西亚、印度尼西亚、泰国、老挝、菲律宾、缅甸）；第二，中东欧，包括 17 个国家（爱沙尼亚、罗马尼亚、波兰、希腊、拉脱维亚、塞尔维亚、波黑、黑山、阿尔巴尼亚、克罗地亚、斯洛伐克、匈牙利、捷克、立陶宛、斯洛文尼亚、保加利亚和马其顿）。第三，南亚，包括 8 个国家（尼泊尔、马尔代夫、孟加拉国、阿富汗、不丹、印度、巴基斯坦、斯里兰卡）；第四，西亚，包括 17 个国家和地区（叙利亚、约旦、土耳其、沙特阿拉伯、黎巴嫩、以色列、巴勒斯坦、伊朗、科威特、巴林、塞浦路斯、伊拉克、也门、阿曼、阿拉伯联合酋长国、卡塔尔、埃及的西奈半岛）；第五，独联体，包括 7 个国家（亚美尼亚、白俄罗斯、乌克兰、俄罗斯、格鲁吉亚、阿塞拜疆、摩尔多瓦）；第六，中亚和蒙古国，包括 6 个国家（蒙古国、哈萨克斯坦、乌兹别克斯坦、土库曼斯坦、塔吉克斯坦、吉尔吉斯斯坦）。

进一步地，虽然我国对"一带一路"沿线国家的投资与东道国的国内生产总值和距离分别呈现正向和负向关系，但是在假设不考虑其它因素影响我国 FDI 的情形下，东道国经济总量和双边地理距离对我国对外直接投资的作用和贡献显然并不是完全相同的。所以，在运用投资引力系数 K 研究我国直接投资时，必须分别赋予这两个变量相应的权重。然而，本书这里侧重于借鉴程惠芳和阮翔（2004）的做法，赋予相应的变量一定权数，进而再使用直线无量纲化方法来对引力系数进行估计测算。值得注意的是，我国和东道国的国内生产总值以及我国和东道国的双边距离很明显都是异量纲数据，直观上并不能对其直接进行加权平均处理，可靠的做法是对其进行标准化。具体的标准化方法如公式（7.11）所示：

$$Y_{ij} = 60 + \frac{X_{ij} - \bar{X}_j}{100S_i} \times 100, i = 1,2,3,\cdots,65 \tag{7.11}$$

公式（7.11）中，X_{ij} 是指各变量的实际观测值，Y_{ij} 是指各变量的评价值，S_j、$\bar{X}_j$ 分别是第 j 组数据的样本方差和平均值，它们的数学表达式如下所示：

$$\bar{X}_j = \frac{1}{n}\sum_{i=1}^{n} X_{ij}, n = 65 \tag{7.12}$$

$$S_j = \frac{1}{n}\sum_{i=1}^{n} (X_{ij} - \bar{X}_j)^2, n = 65 \tag{7.13}$$

在进行标准化后，本书这里利用客观赋权法为国内生产总值和双边距离两个变量赋予相应的权重。其中，客观赋权法主要有以方差倒数、复相关系数和变异系数为权数这几种形式，而本书这里借鉴其他学者的研究经验，主要选取变异系数为权重，进而确定相应的权数。具体的计算思路如下：

$$V_j = \frac{S_j}{|\bar{X}_j|}, j = 1,2；权数为：K_j^1 = \frac{V_j}{\sum_{m=1}^{n} V_i}, j = 1,2; i = 1,\cdots,m, 其中\ m = 2 \tag{7.14}$$

通过使用上述方法进行测算后，我们分别为东道国 GDP 和双边距离赋予权数 0.85 和 0.15。最后，我们准确地计算出了中国对外直接投资引力系数 K 值，见表 7.18。

表 7.18　中国对"一带一路"沿线国家和地区投资区位引力系数 *K* 值

区域	国家和地区	中国与东道国 GDP 乘积（*GDPM*）		中国与东道国距离（*DIST*）		加权后 *GDPM*（权重 0.85）	加权后 *DIST*（权重 0.15）	*K* 值
		原始（万亿美元）	标准化	原始（千米）	标准化			
东盟	新加坡	49110	62.48	4463	52.73	53.11	7.91	6.71
	马来西亚	141740	78.35	4332	51.95	66.59	7.79	8.55
	印度尼西亚	48770	62.42	5193	57.07	53.06	8.56	6.20
	泰国	2450	54.49	3292	45.77	46.31	6.87	6.75
	老挝	3350	54.64	2771	42.67	46.45	6.40	7.26
	柬埔寨	33310	59.77	3338	46.04	50.81	6.91	7.36
	越南	68680	65.83	2321	40.00	55.96	6.00	9.33
	文莱	9890	55.76	3882	49.28	47.40	7.39	6.41
	缅甸	45010	61.78	2959	43.79	52.51	6.57	7.99
	菲律宾	1850	54.38	2842	43.09	46.23	6.46	7.15

续表

区域	国家和地区	中国与东道国 GDP 乘积（*GDPM*）		中国与东道国距离（*DIST*）		加权后 *GDPM*（权重 0.85）	加权后 *DIST*（权重 0.15）	*K* 值
		原始（万亿美元）	标准化	原始（千米）	标准化			
西亚	伊朗	5130	54.95	5613	59.57	46.70	8.93	5.23
	伊拉克	34130	59.91	6305	63.68	50.93	9.55	5.33
	土耳其	61750	64.64	6849	66.91	54.95	10.04	5.47
	约旦	30730	59.33	7068	68.22	50.43	10.23	4.93
	以色列	50280	62.68	7134	68.61	53.28	10.29	5.18
	沙特阿拉伯	5760	55.05	6612	65.51	46.80	9.83	4.76
	也门	19280	57.37	7420	70.31	48.76	10.55	4.62
	阿曼	7700	55.39	5666	59.88	47.08	8.98	5.24
	卡塔尔	10790	55.92	6165	62.85	47.53	9.43	5.04
	科威特	26120	58.54	6228	63.22	49.76	9.48	5.25
	叙利亚	106420	72.30	6946	67.49	61.45	10.12	6.07
	黎巴嫩	4680	54.87	6989	67.75	46.64	10.16	4.59
	巴勒斯坦	56340	63.72	7211	69.07	54.16	10.36	5.23
	阿拉伯联合酋长国	3660	54.69	5971	61.69	46.49	9.25	5.02
	巴林	3340	54.64	6190	63.00	46.44	9.45	4.91
	塞浦路斯	1990	54.41	7080	68.29	46.25	10.24	4.51
	埃及（西奈半岛）	369750	117.40	7558	71.13	99.79	10.67	9.35
南亚	印度	42790	61.40	3784	48.69	52.19	7.30	7.15
	巴基斯坦	37270	60.45	3888	49.31	51.38	7.40	6.95
	孟加拉国	2450	54.49	3027	44.19	46.31	6.63	6.99
	阿富汗	3950	54.74	4184	51.07	46.53	7.66	6.07
	斯里兰卡	721	54.19	5157	56.86	46.06	8.53	5.40
	马尔代夫	12100	56.14	5844	60.94	47.72	9.14	5.22
	不丹	333	54.13	2823	42.98	46.01	6.45	7.14
	尼泊尔	56050	63.67	3158	44.97	54.12	6.75	8.02
蒙古国和中亚	蒙古国	133450	76.93	2168	39.09	65.39	5.86	11.15
	哈萨克斯坦	17430	57.05	3661	47.96	48.50	7.19	6.74
	乌兹别克斯坦	11240	55.99	3940	49.62	47.59	7.44	6.39
	土库曼斯坦	94740	70.30	4944	55.59	59.75	8.34	7.17
	塔吉克斯坦	20840	57.64	4063	50.35	48.99	7.55	6.49
	吉尔吉斯斯坦	17790	57.12	3475	46.86	48.55	7.03	6.91

续表

区域	国家和地区	中国与东道国GDP乘积（*GDPM*）		中国与东道国距离（*DIST*）		加权后*GDPM*（权重0.85）	加权后*DIST*（权重0.15）	*K*值
		原始（万亿美元）	标准化	原始（千米）	标准化			
独联体	俄罗斯	225440	92.68	5807	60.72	78.78	9.11	8.65
	乌克兰	6380	55.16	6467	64.64	46.89	9.70	4.84
	格鲁吉亚	8120	55.46	5861	61.04	47.14	9.16	5.15
	白俄罗斯	1540	54.33	6484	64.74	46.18	9.71	4.76
	摩尔多瓦	1690	54.36	6749	66.32	46.20	9.95	4.64
	亚美尼亚	2210	54.45	5952	61.58	46.28	9.24	5.01
	阿塞拜疆	4130	54.78	5529	59.07	46.56	8.86	5.25
中东欧	波兰	4740	54.88	6958	67.56	46.65	10.13	4.60
	捷克	7250	55.31	7474	70.63	47.01	10.59	4.44
	匈牙利	14570	56.56	7357	69.93	48.08	10.49	4.58
	罗马尼亚	2060	54.42	7078	68.28	46.26	10.24	4.52
	立陶宛	33150	59.75	6579	65.31	50.78	9.80	5.18
	爱沙尼亚	21180	57.70	6380	64.13	49.04	9.62	5.10
	拉脱维亚	8860	55.59	6533	65.04	47.25	9.76	4.84
	斯洛伐克	76970	67.25	7437	70.41	57.16	10.56	5.41
	斯洛文尼亚	33200	59.75	7734	72.18	50.79	10.83	4.69
	克罗地亚	14490	56.55	7657	71.72	48.07	10.76	4.47
	波黑	8270	55.48	7629	71.55	47.16	10.73	4.39
	黑山	6870	55.24	7662	71.75	46.96	10.76	4.36
	塞尔维亚	2700	54.53	7433	70.39	46.35	10.56	4.39
	阿尔巴尼亚	748	54.20	7696	71.95	46.07	10.79	4.27
	保加利亚	1730	54.36	7370	70.01	46.21	10.50	4.40
	马其顿	7380	55.33	7610	71.44	47.03	10.72	4.39
	希腊	104250	71.92	7634	71.58	61.14	10.74	5.69

进一步地，利用表7.18所测算的数值，将引力系数K值按大小进行排序，并由此将我国对"一带一路"沿线国家和地区的投资区位分为以下四种：

第一种是引力巨大型。当$K>7$时，我国对"一带一路"沿线国家和地区的直接投资便是引力巨大型，即意味着我国投资该区位属于最优的。相应地，该区域内国家和地区主要涵盖缅甸、柬埔寨、蒙古国、埃及（西奈半岛）、印度、越南、老挝、土库曼斯坦、俄罗斯、马来西亚、尼泊尔、菲律宾、不丹等，基本都与我国相邻，这也进一步证实我国OFDI仍处在邓宁IDP理论的第三阶段，或者小泽辉智意义下第三阶段，即从输入利用血缘、地理和种族纽带，并首先在邻国进行直接投资的阶段。

第二种是引力型。当$6<K<7$时，我国对"一带一路"沿线国家和地区的直接投资便是引力型，即意味着我国投资该区位属于次优。相应地，该区域内国家主要涵盖文莱、乌兹别克斯坦、孟加拉国、巴基斯坦、泰国、印度尼西亚、阿富汗、哈萨克斯坦、吉尔吉斯斯坦、新加坡、塔吉克斯坦、叙利亚等。

第三种是引力一般型。当$5<K<6$时，我国对"一带一路"沿线国家和地区的直接投资便是引力一般型，即我意味着我国投资该区位属于一般类型。该区域内国家主要涵盖立陶宛、以色列、格鲁吉亚、伊拉克、阿塞拜疆、科威特、希腊、土耳其、马尔代夫、斯洛伐克、卡塔尔、阿拉伯联合酋长国、斯里兰卡、阿曼、巴勒斯坦、伊朗、爱沙尼亚、亚美尼亚。

第四种是引力不足型。当$K<5$时，我国对"一带一路"沿线国家和地区的直接投资便是引力不足型，即说明我国投资该区位属于较差类型。该区域内国家主要涵盖保加利亚、罗马尼亚、波黑、拉脱维亚、乌克兰、黎巴嫩、塞尔维亚、马其顿、也门、波兰、塞浦路斯、克罗地亚、约旦、巴林、沙特阿拉伯、白俄罗斯、斯洛文尼亚、摩尔多瓦、黑山、阿尔巴尼亚、匈牙利、捷克。

类似地，基于上述拓展引力模型的测算，本书利用该测算结果对"一带一路"沿线国家和地区的投资潜力进行了较为详细的分类。本书将上述分类结果总结在表7.19中。

表7.19 中国对“一带一路”沿线国家和地区投资的区位分类矩阵

区位类型	第一种：引力巨大型（$K>7$）	第二种：引力型（$6<K<7$）	第三种：引力一般型（$5<K<6$）	第四种：引力不足型（$K<5$）
“一带一路”沿线投资国家和地区	缅甸、柬埔寨、蒙古国、埃及（西奈半岛）、印度、越南、老挝、土库曼斯坦、俄罗斯、马来西亚、尼泊尔、菲律宾、不丹	孟加拉国、巴基斯坦、吉尔吉斯斯坦、泰国、哈萨克斯坦、新加坡、塔吉克斯坦、文莱、乌兹别克斯坦、印度尼西亚、阿富汗、叙利亚	立陶宛、以色列、格鲁吉亚、伊拉克、阿塞拜疆、科威特、希腊、土耳其、马尔代夫、斯洛伐克、卡塔尔、阿拉伯联合酋长国、斯里兰卡、阿曼、巴勒斯坦、伊朗、爱沙尼亚、亚美尼亚	保加利亚、罗马尼亚、波黑、拉脱维亚、乌克兰、黎巴嫩、塞尔维亚、马其顿、也门、波兰、塞浦路斯、克罗地亚、约旦、巴林、沙特阿拉伯、白俄罗斯、斯洛文尼亚、摩尔多瓦、黑山、阿尔巴尼亚、匈牙利、捷克

从表7.19可以看出，当前我国对“一带一路”沿线国家和地区的投资应尽可能地选择第一种和第二种区位，将来条件成熟，可以考虑投资到第三种和第四种区位。此外，通过对“一带一路”沿线国家和地区投资潜力的分类，我们将其分类结果按从高到低的顺序进行排序，并且分别为其赋予4、3、2、1权数。然后，再计算上述6组中每组的算术平均值。最终也将这6组按照上述类似做法划分为4个类型（见表7.20）。

表7.20 中国对“一带一路”沿线地区投资的区位分类矩阵

区位类型	第一种：引力巨大型（$K>21$）	第二种：引力型（$15<K<21$）	第三种：引力一般型（$9<K<15$）	第四种：引力不足型（$K<6$）
“一带一路”沿线投资地区	南亚（21.31）蒙古国和中亚（25.48）	独联体（11.38）东盟（18.93）	西亚（10.47）	中东（5.95）

从表7.20中可以看出，蒙古国和中亚以及南亚均属于引力巨大型区位，独联体和东盟则属于引力型区位，西亚属于引力一般型区位，而中东是引力不足型区位。基于此，我国对“一带一路”沿线国家和地区的对外投资，应首先考虑并侧重于引力巨大型区位，也即投资蒙古国和中亚地区

以及南亚地区，这背后可能的原因是这些地区在地理位置上与我国毗邻，同时这些区域的经济总量较大且比较发达。

7.3 中国对“一带一路”沿线国家和地区投资区位选择的微观分析

本部分将结合前文中国对外投资的发展前景和结构变化分析，从微观层面，逐个分析中国 OFDI 在“一带一路”沿线国家和地区按照产业类型（水平型 OFDI、垂直型 OFDI 和混合型 OFDI）空间分布情况及其受哪些因素的影响。

7.3.1 数据说明

2002 年党的十六大提出既要“引进来”，也要“走出去”之后，我国企业开始大量进行对外直接投资。2003 年商务部、国家统计局和国家外汇管理局开始联合发布《中国对外直接投资统计公报》，中国 OFDI 统计数据开始统一、规范起来。2013 年习近平总书记提出“一带一路”倡议后，我国企业“走出去”的步伐进一步加快，对外直接投资规模明显增大。在此背景下，本部分研究的主要目的在于探讨影响我国企业进行对外直接投资类型的主要因素。为了进行实证分析，本部分使用的数据的来源主要包括两类：一是由国家统计局统计并维护的中国工业企业数据库；二是由商务部所发布的《境外投资企业（机构）名录》。在考虑样本数据连续性和完整性的基础上，本书最终选择的样本时间段为 2002 ~ 2015 年，共 14 年。

目前，中国工业企业数据库数据体量庞大，其涉及并统计了近 20 年来我国全部国有企业和规模以上非国有工业企业的有关调查数据，而本书主要选择 2002 ~ 2015 年的相关数据。该数据库具有样本量大、内容丰富、以企业微观数据为统计对象的特点，因此越来越多学者使用该数据库来研究各类经济问题。但在该数据库中难以找到一个每年都存在的样本特征，为此，本书主要使用了商务部发布的《境外投资企业（机构）名录》来与其进行匹配①。这种匹配后的数据有如下优点：一方面可以获得企业丰富的财务信息；另一方面还可获得对外直接投资企业较为详细的基本信息，比如对外投资企业名称、所处行业代码、投资的目的地以及企业具体的经营范围等。当然这些信息中并不会自动包含本书研究所需要的企业投资区位选择以及其受哪些因素影响，这就无法实现本书的研究目标。为此，我们采用了序贯识别的方法，通过采用企业代码、企业名称、法人代表姓名、主要产品、行业代码等来逐步识别。

然而，中国工业企业数据库中的诸多统计数据存在一些明显不契合实际的情形，比如数据存在缺失、缺乏可靠性和违背会计基本准则等，为便于后续的建模分析，本书对这些有问题的数据进行剔除。具体过程包括：(1) 剔除一些不合理或已经不营业的企业样本，例如，成立年份早于1860年，成立月份大于12，仅保留仍处于营业状态下的企业样本；(2) 剔除了统计数据明显缺失或不合理的样本，譬如销售收入、职工人数、总资产等关键指标缺失的样本；对于部分样本的出口交货值、工业增加值与职工人数等关键指标小于0，本书也将其剔除；此外对于部分样本的工业增加值大于其总产值，或者流动资产大于企业总资产，或者企业资产小于固定资产年平均净额，或者当期折旧大于累计折旧，或者销售收入小于出口交货值，或者总资产和固定资产小于0，本书均进行了剔除；(3) 对变量进行1%和99%截尾，删除部分离群值。

这样，在将中国工业企业数据库中的数据按照上述步骤进行处理之后，需要将其与《境外投资企业（机构）名录》进行相应的匹配，主要是将中国工业企业数据库中企业名称变量与《境外投资企业（机构）名录》中的"境内投资主体"变量进行匹配。在匹配的过程中，我们将同时出现在两个数据库中的企业名称标记为对外直接投资企业。与此同时，我们也进一步剔除了中方控股权小于10%的投资项目，这主要是因为《中国对外直接投资统计制度》对OFDI作出了详细的界定。此外，由于《境外投资企业（机构）名录》中不少企业的名称也随时间的变化而发生了改变，使得这些数据暂时未能按照企业名称成功匹配，为此，针对这一特殊情形，

① 这种方法首见于葛顺奇和罗伟（2013），后来蒋冠宏等（2013）、蒋冠宏和蒋殿春（2014）等也利用这种方法匹配的微观层面数据来研究中国对外直接投资与出口效应、企业生产率之间的关系。

本书也采取了以下方式解决：(1) 假如企业名称随时间推移发生了改变，就以境内投资主体名称作为参照，并用境内投资主体名称替换掉中国工业企业数据库中的企业名称；(2) 若中国工业企业数据库中的企业是境内投资主体的母公司，则将二者视为相同的企业，并用同一名称进行统一；(3) 如果境内投资主体属于某集团公司，则本书将其最大的子公司名称与其进行统一。由于《境外投资企业（机构）名录》统计的企业投资目的地是企业对外投资的首要目的地，然而首要目的地并不是企业对外投资的最终目的地。所以，企业对外投资过程中很有可能出现一定的"返程投资"(round - tripping) 现象。为此，本书这里选择进一步剔除以香港、英属维尔京群岛为和开曼群岛为投资目的地的企业。有关数据经过上述处理后，最终一共得到了 1034 个企业样本。

得到这 1034 个企业样本后，本书作者还手动查找了这些样本企业的官方网站，目的是为了确保数据匹配的准确性。具体做法如下：第一，如果样本企业是上市公司则可进一步查阅其公司年报，以获取企业的对外投资状况；第二，如果公司没有建立官方网站或无法从其官方网站或者发布的年报中掌握企业对外投资的状况，则可再进一步查找商务厅（局）公布的关于其控股母公司的有关统计信息或报告；第三，倘若企业的对外投资信息仍然不能获知，我们可利用网络搜索，并尽可能搜集有关媒体关于企业投资情况的公开新闻报道。在经过这些处理后，最后细致地整理这些收集到的信息。

最后，在整理信息的过程中，倘若这些信息中牵涉到对外投资企业及其投资对象"企业代码"一致或相近，则将其投资类型归为"水平型 OFDI"；如果信息中涉及到对外投资企业及其投资对象"企业代码"具有上下游关系，或者有进项与出项方面的联系，则将其投资类型归为"垂直型 OFDI"；若没有出现相关信息，则记录为"混合型 OFDI"。当然这样处理也有一个缺点，就是在上述三种类型 OFDI 中，可能混有"技术逆向寻求型 OFDI"。本书曾计划研究"技术逆向寻求型 OFDI"，但在这次微观数据分析中，由于无法与上述三种类型 OFDI 区分，只能留待将来进行专门研究。

7.3.2 模型设定与变量说明

根据前面的理论分析，下面我们参照 Meyer et al.(2009) 等的文献，利用离散被解释变量的二值选择模型（Logit - ML）进行实证分析。模型设定如下：

$$
\begin{aligned}
mlog_{it}(type) = & \beta_1 gdp + \beta_2 dietw + \beta_3 political\_China + \beta_4 RTA \\
& + \beta_5 K_1 + \beta_6 age + \beta_7 Total\_Asset + \varepsilon_t \qquad (7.15)
\end{aligned}
$$

模型中宏观层面的控制变量为 *gdp*、*distw*、*Political_China* 和 *RTA*，*gdp* 为投资目的国国内生产总值的对数值，*distw* 为投资国与中国的人口加权距离值的对数值，*Political_China* 为投资目标国与中国的政治关系评分，*RTA* 是贸易协定的虚拟变量，若 *RTA* 等于1即认为该国与中国签署了贸易协定，等于0则反之。K_l、*age* 和 *Total_Asset* 为企业层面的控制变量，其中 K_l 为资本密度，根据固定资本余额与年末平均从业人数计算得到，*age* 为企业年龄，即当年年份与其开工年份的差值，*Total_Asset* 为资本总额的对数值。

模型中被解释变量为 *type*，即 OFDI 的类型，本书定义 *type* 等于0为水平型 OFDI，等于1则为垂直型 OFDI，等于2则是混合型 OFDI。然而在实际的国际投资行为中，要想找到上述三类对外直接投资类型的精确界限是不可能的，也是不现实的，并且由于中国工业企业数据库样本量巨大，若是人工进行一一对照划分将消耗极大的人力物力，往往得不偿失。一般认为水平型 OFDI 的特征在于东道国接受母国投资的对象在产业类型上应该与母国对外投资企业的经营范围（或行业代码）一致或相近，其主要动机为市场开拓，也即在于开拓东道国的内部市场，以便在东道国进行销售；垂直型 OFDI 的特征则是接受母国投资的对象与母国对外投资企业的经营范围（行业代码）有上下游关系，或者有进项与出项之间的业务联系，其主要动机在于资源获取与成本驱动，资源获取即为了获得东道国丰富的原材料或石油等矿产资源，成本驱动则是为了获取东道国廉价的劳动力等；如果两者之间没有明显的上下游关系或者相似的经营范围，则被定义为混合型 OFDI。通过上述对 OFDI 类型的定义，本书将中国工业企业数据库中母国企业所处的行业与 OFDI 东道国企业所处行业进行对照，并对上述三类 OFDI 类型进行了识别。

此外，对于经济和市场机制方面的制度，本书统统纳入随机指标 ε_t。其中经济方面的指标——沿线国家或地区的市场规模（*gdp*）用其国内生产总值来表示，东道国国内市场开放程度（*open*）用进出口总额占国内生产总值的比重来测度，东道国国内经济稳定性（*cpi*）用世界银行公布的各个国家通货膨胀指数来刻画。此外，"一带一路"沿线国家和地区的技术及研发资源（*rd*）用东道国国内研发投入与国内生产总值的占比、高校入学率（*enrollment*）和专利申请数（*patent*）来度量。制度数据则来自世界银行公布的世界治理指标（WGI），该指标包括政权稳定性、监管质量、腐败控制、法制规则和治理效率5个方面用来衡量国家制度的细分指标。值得一提的是，世界治理指标通过对上述5个细分指标赋值评分来衡量国家制度，其中分值越高，则意味着该国的制度越好。市场机制指标主要来自世界银行调查的世界各国的营商环境报告。该报告包括8个细分指标，即开创商业的难易程度、产权保护、契约执行、商业纠纷、得到信贷的难易程度、少数投资者保护、进出口难易程度、税收制度和破产。世界银行则根据这8项细分指标对各个国家或地区进行综合排名，其中排名越靠前，意味着该国或地区的营商环境越好。

7.3.3 OFDI影响因素分析

下文我们在对数据进行相关性分析的基础上，首先进行全样本分析，然后再根据水平型OFDI、垂直型OFDI和混合型OFDI进行分析，最后进行稳健性检验。

7.3.3.1 统计描述和相关性分析

首先，各指标的描述性统计见表7.21。从表7.21可以看出，各变量并不存在极端异常值情况，所以总体上来说数据平稳性较好。

表7.21 变量的描述性统计

变量	样本数	均值	标准差	最小值	最大值
type	1081	0.6716	0.566355	0	2
gdp	1008	26.58464	1.81285	18.5087	30.5555

续表

变量	样本数	均值	标准差	最小值	最大值
ln*distw*	1059	9.120465	0.578339	5.977847	9.867521
political_China	518	0.6091	0.223233	0.06579	0.967742
kl	970	240.8575	872.1837	0	12310
RTA	975	0.030769	0.172781	0	1
age	1076	12.028	11.18417	0	8
ln*TA*	807	11.83173	2.080271	6.059123	18.31539

其次，表7.22列出了各变量之间的相关系数。从表7.22的结果可以看出，各变量之间的相关系数较低，意味着变量之间存在共线性的可能性较小，从而有利于避免伪回归现象。

表7.22　　　　　　变量之间相关系数

变量	*gdp*	ln*distw*	*political_China*	*kl*	*age*	ln*TA*
gdp	1					
ln*distw*	-0.1662	1				
political_China	-0.4632	-0.2853	1			
kl	-0.0616	-0.0448	0.0599	1		
age	-0.028	0.0489	0.0596	0.0113	1	
ln*TA*	0.0671	-0.0348	0.0058	0.2422	0.3107	1

7.3.3.2　全样本OFDI影响因素分析

根据前文所述，本书首先对全样本投资类型进行回归，也即不区分OFDI类型，回归结果如表7.23所示。

表7.23　　　　　　全样本回归结果

变量	type
gdp	0.136***
	(2.88)
ln*distw*	-0.0380***
	(-2.93)

续表

变量	type
political_China	0.485***
	(3.16)
RTA	0.0812***
	(2.89)
kl	0.000242**
	(2.99)
bdat	-0.00529
	(-0.57)
ln*TA*	0.131*
	(2.48)
常数	9.456
	(0.50)
观测值	1034

注：其中*、**、***分别表示在10%、5%和1%的显著性水平下显著，下同。

首先，本书在不区分OFDI类型的情况下，使用所有OFDI企业的样本数据来考察各类变量对母国企业OFDI选择的影响。通过将中国工业企业数据库与《境外投资企业（机构）名录》匹配，本书成功获得了1034家进行了对外直接投资投资的企业样本。从宏观变量上来看，东道国企业的GDP水平显著地影响了母国企业选择在该国投资的机会，而东道国与中国之间的地理距离（ln*distw*）越远，我国企业选择在该国OFDI的机会对数就越小，上述变量的回归结果与引力模型相吻合。从政治关系来看，如果东道国与中国之间的政治关系越紧密，即*political_china*变量越大，则中国选择该国作为OFDI目的地的机会对数就越大，另外，如果东道国与中国签订了贸易协定，即*RTA*取值为1，则中国在该国进行OFDI的机会对数就越大。

从微观变量上来看，企业资本密度*kl*越大，即企业固定资本年平均余额与年末平均从业人数比值越大，企业进行OFDI的可能性就越大，这是由于人均固定资本越多，企业可用于对外直接投资的资本就越多，相较与人均资本较少的企业，资本密度越大的企业越有能力支撑自身"走出去"。

同理，资本规模 *TA* 越大，企业进行 OFDI 的机会对数就越大。

（1）以混合型 OFDI 为参照。

与混合型 OFDI 相比，投资目的国 *gdp* 变量越大的国家，企业更倾向于水平型 OFDI。人口加权地理距离对水平型 OFDI 和垂直型 OFDI 都是负向影响，且对垂直型 OFDI 的负向影响更大。与中国的政治关系变量对水平型 OFDI 和垂直型 OFDI 都是正向影响，且我国企业更可能对于与中国政治关系亲近的国家采取水平型 OFDI（见表 7.24）。

微观变量方面，资本密度对投资类型的影响是正向的，其中资本密度越高的企业采取水平型 OFDI 的可能性稍高一些。企业年份和资本总额对投资类型的影响不显著，无法得到确切结论。

表 7.24　　以混合型 OFDI 为参照

变量	水平型 OFDI	垂直型 OFDI	混合型 OFDI
gdp	1.216***	0.826***	0
	(2.59)	(2.88)	(.)
ln*distw*	-0.204***	-0.380***	0
	(-3.11)	(-4.26)	(.)
political_China	4.952***	2.802***	0
	(5.21)	(6.72)	(.)
RTA	0.0034***	0.0614***	0
	(2.89)	(3.34)	(.)
kl	0.00947***	0.00863***	0
	(2.99)	(2.95)	(.)
bdat	-0.0452	-0.0574	0
	(-0.46)	(-0.60)	(.)
ln*TA*	-0.00000676	-0.00000615	0
	(-0.94)	(-0.86)	0
常数项	56.65	92.49	(.)
	(0.30)	(0.50)	0
观测值	409	618	7

（2）以水平型 OFDI 为参照。

与水平型 OFDI 相比，投资目的国 *gdp* 变量越大的国家，企业更倾向于混合型 OFDI。人口加权地理距离对水平型 OFDI 和垂直型 OFDI 都是负向影响，且对垂直型 OFDI 的负向影响更大。与中国的政治关系变量对水平型 OFDI 和垂直型 OFDI 都是正向影响，且我国企业对于与中国政治关系亲近的国家更可能采取混合型 OFDI（见表 7.25）。

微观变量方面，资本密度对投资类型的影响是正向的，其中资本密度越高的企业采取混合型 OFDI 的可能性稍高一些。企业年份和资本总额对投资类型的影响不显著，无法得到确切结论。

表 7.25　以水平型 OFDI 为参照

变量	水平型 OFDI	垂直型 OFDI	混合型 OFDI
gdp	0	0.422***	1.322***
	(.)	(2.30)	(2.53)
distw	0	-0.0000430***	-0.000111***
	(.)	(-3.39)	(-3.47)
political_China	0	2.390***	4.848***
	(.)	(4.01)	(4.06)
RTA	0	0.0012***	0.0045***
	(.)	(2.12)	(3.50)
kl	0	0.000831***	0.00981***
	(.)	(2.78)	(2.89)
bdat	0	0.0139	0.0673
	(.)	(0.35)	(0.64)
ln*TA*	0	0.000000598	0.00000697
	(.)	(1.29)	(0.99)
常数项	0	38.96	-97.21
	(.)	(0.50)	(-0.49)
观测值	409	618	7

（3）以垂直型 OFDI 为参照。

与垂直型 OFDI 相比，投资目的国 *gdp* 变量越大的国家，企业更倾向于混合型 OFDI。人口加权地理距离对水平型 OFDI 和垂直型 OFDI 都是负向影响，且对水平型 OFDI 的负向影响更大。与中国的政治关系变量对水平型 OFDI 和垂直型 OFDI 都是正向影响，且我国企业更可能对与中国政治关系亲近的国家采取混合型 OFDI。

微观变量方面，资本密度对投资类型的影响是正向的，其中资本密度越高的企业采取混合型 OFDI 的可能性稍高一些。企业年份和资本总额对投资类型的影响不显著，无法得到确切结论（见表 7.26）。

表 7.26　以垂直型 OFDI 为参照

变量	水平型 OFDI	垂直型 OFDI	混合型 OFDI
gdp	0.422 ***	0	0.900 ***
	(2.30)	(.)	(3.11)
distw	-0.0000430 ***	0	-0.000154 ***
	(3.39)	(.)	(3.70)
political_China	2.390 ***	0	2.458 ***
	(4.01)	(.)	(3.60)
RTA	0.012 ***	0	0.056 ***
	(2.12)	(.)	(4.67)
kl	0.000831 ***	0	0.00898 ***
	(4.38)	(.)	(4.01)
bdat	0.0139	0	0.0812
	(0.35)	(.)	(0.79)
total_assets	0.000000598	0	0.00000637
	(1.29)	(.)	(0.91)
_cons	38.96	0	-136.2
	(-0.50)	(.)	(-0.71)
观测值	409	618	7

7.3.3.3　稳健性检验

(1) 调整时间维度后的估计。

考虑到时间维度不同可能会对上述回归结果造成一定影响，同时根据有关数据显示，我国于 2007 年才开始大规模进行对外直接投资，所以本书在这里通过缩短时间长度，选取 2007～2015 年的数据进行稳健性检验，并仍然使用 mlogit 模型对样本进行多元 logit 回归。需要注意的是，这里仅选取水平型 OFDI 作为参照，估计后的详细结果如表 7.27 所示。由表 7.27 可知，变量回归后的影响方向和显著性结果与前文所述保持高度吻合，未发生明显改变。

表 7.27　调整时间维度后的稳健性检验结果

变量	水平型 OFDI	垂直型 OFDI	混合型 OFDI
gdp	0	0.00333***	0.0526***
	(.)	(2.05)	(2.40)
ln*distw*	0	−0.194**	−0.134*
	(.)	(−1.92)	(−1.74)
political_China	0	0.0497***	0.180***
	(.)	(2.07)	(2.15)
kl	0	0.00194***	0.00359***
	(.)	(3.02)	(3.57)
age	0	0.00227	0.0427
	(.)	(0.20)	(1.29)
ln*TA*	0	0.168*	0.0925
	(.)	(2.45)	(0.65)
_cons	0	−4.111	3.422
	(.)	(−1.44)	(0.61)

注：（1）***、**、*分别表示变量通过1%、5%、10%的临界值；（2）括号中的值为 t 统计量。

（2）剔除部分变量后的估计。

由于剔除部分变量，回归结果也可能会发生较大改变，所以为了确保估计结果更具可靠性，本书通过借鉴其他学者的研究思路，在这里试图通过删减部分变量来进一步展开稳健性检验。其中，主要剔除企业年份和资本总额这两个变量，这是因为根据前文可知，企业年份和资本总额对投资类型的影响并不明显。这里依旧使用 mlogit 模型对样本进行多元 logit 回归。需要注意的是，这里仅选取垂直型 OFDI 作为参照，估计后的详细结果如表 7.28 所示。由表 7.28 可知，变量回归后的影响方向和显著性结果仍与前文结果保持一致，未发生明显改变。

表7.28 剔除部分变量后的稳健性检验结果

变量	水平型OFDI	垂直型OFDI	混合型OFDI
gdp	0.0168***	0	0.00664**
	(2.14)	(.)	(0.06)
ln*distw*	-0.0295***	0	-0.178*
	(-3.08)	(.)	(-1.80)
political_China	0.103***	0	0.182**
	(2.09)	(.)	(1.97)
ln*TA*	0.0782	0	-0.101
	(0.77)	(.)	(-1.02)
_cons	1.368	0	4.870
	(0.28)	(.)	(1.02)
N	329	329	329

注：(1) ***、**、*分别表示变量通过1%、5%、10%的临界值；(2) 括号中的值为t统计量。

7.3.4 小结

本书将样本时间段为2002~2015年的中国工业企业数据库与《境外投资企业（机构）名录》进行匹配，在对不合理的数据进行处理后，成功匹配了2002~2015年1034家进行对外直接投资的企业。通过对OFDI类型进行区分，本书识别出水平型OFDI企业409家，垂直型OFDI企业618家，混合型OFDI企业7家。在不区分OFDI类型的回归中，从宏观变量上来看，东道国企业的GDP水平显著地影响了母国企业选择在该国投资的机会，而东道国与中国之间的地理距离越远，我国企业选择在该国OFDI的机会对数就越小。如果东道国与中国之间的政治关系越紧密，则中国选择该国作为OFDI目的地的机会对数就越大，另外如果东道国与中国签订了贸易协定，则中国在该国进行OFDI的机会对数就越大。从微观变量上来看，企业资本密度越大，企业进行OFDI的可能性就越大。同理资本规模越大，企业进行OFDI的机会对数就越大。

在区分OFDI类型后，本书使用mlogit模型对样本进行多元logit回归，通过分别设置参照系，当以混合型 OFDI 为参照时，企业更倾向于水平型 OFDI；当以水平型 OFDI 或垂直型 OFDI 为参照时，企业更倾向于混合型 OFDI。

7.4 结论及政策启示

"一带一路"沿线国家和地区是我国未来直接投资潜在的重要目的地，研究对其直接投资的空间分布以及深挖区域内直接投资潜力，对于重塑我国对外直接投资空间分布格局具有重要意义。为此，本书基于"一带一路"沿线 52 个国家和地区 2007～2016 年的面板数据，以各个国家或地区之间的物理距离作为空间权重矩阵，并进而建立空间面板计量模型，从理论和经验视角揭示了制度距离与中国对"一带一路"沿线国家和地区直接投资空间分布的关系。研究结果表明：第一，中国在"一带一路"沿线国家和地区的 OFDI 存在第三国效应且为互补效应，并且经济制度距离和法治制度距离对我国 OFDI 具有明显的负向抑制作用。第二，在将样本国家和地区按收入水平划分为高收入、中低收入两组后，制度距离对我国 OFDI 的影响表现出了显著异质性特征，即我国倾向于投资与我国法治制度距离较小的高收入国家和地区，以及偏向于投资与我国经济制度差异较小的中低收入国家和地区。第三，在将样本国家和地区分组检验时，制度距离对我国在"一带一路"沿线国家和地区 OFDI 的影响存在区域差别。其中经济制度距离和法治制度距离均会明显阻滞我国对西亚北非地区的直接投资，而经济制度距离会阻碍我国对中东欧地区的直接投资，法治制度距离会阻碍我国对东南亚地区的直接投资，且经济制度距离会促进对东南亚地区的投资。第四，在采用 Ward 系统聚类法将经济制度距离分为高低两组后，制度距离对我国在沿线国家和地区 OFDI 的影响仍然呈现差异化特征，即在较高组别中，我国仍然偏向于投资那些与我制度距离差异较小的国家或地区。然而在较低组别中，我国偏向于投资那些与我国法治制度距离差异较小的国家或地区。依托于研究结论，本书主要有如下政策启示：

首先，考虑到制度距离也是一种隐性成本，差异越大意味着成本越高，所以为降低投资成本，我国可投资那些与我国制度距离较小的国家和地区，比如缅甸、印度尼西亚、印度等。特别是我国对缅甸直接投资有利于中缅双方在能源合作方面的对话，这对维护和保障我国能源安全具有重要意义。

其次，我国应增加对经济制度更加完善的高收入水平国家和地区投资，比如新加坡，因为对这些国家和地区投资时资金进出相对自由，投资风险也相对较低。同时，也应该加大对与我经济制度差异较小的中低收入国家和地区投资，比如俄罗斯，重点是要加强双方在航空航天领域、资源精深加工领域的密切合作。

再次，加强对中东欧地区投资，尤其是与我国经济制度差异较小的中东欧国家。例如，以白俄罗斯、波兰等地为切入点，借助中欧班铁、班轮联运成本优势，重点加强交通运输、信息技术、精细化工等高端制造领域的产能合作，以消化国内部分剩余产能。此外，鉴于西亚北非地区的投资风险较高，但该地区拥有丰富的石油资源，为此在该地区可投资与我制度差异较小的国家，以作为我国海外石油保障基地。

最后，重视第三国要素影响，努力实现我国对外直接投资区域协同的空间均衡布局。与此同时，为更好地保证投资活动的开展，降低投资风险，也应加强与“一带一路”沿线国家和地区的沟通交流，建立多边对话机制，寻求共同的战略利益。

第8章 中国OFDI空间分布优化路径研究

本章我们将从价值链优化、人民币国际化、国际减税大战和中美贸易战等角度谈谈中国OFDI空间的优化思路。

8.1 全球价值链重构对中国OFDI的空间优化

为了更深入地把握中国OFDI的空间效应，我们需要进一步考察全球价值链的重构，而全球价值链是一个历史范畴，它是在世界市场形成过程中的产物，因此，我们首先简要熟悉一下全球价值链升级模式，进而在此基础上，了解世界市场的形成与演变过程，从中把握全球价值链的空间特征。

8.1.1 全球价值链及其升级模式

全球价值链，又名商品链、供应链、生产网络等，英文全称Global Value Chain，简称GVC，是指为实现商品或服务价值而连接生产、销售、回收处理等过程的全球性跨企业网络组织，涉及从原料采购和运输，半成品和成品的生产和分销，直至最终消费和回收处理的整个过程。包括所有参与者和生产销售等活动的组织及其价值、利润分配，当前散布于全球的处于价值链上的企业进行着从设计、产品开发、生产制造、营销、交货、消费、售后服务、最后循环利用等各种增值活动。

以服装业为例，一个标准的全球价值链组成如图8.1所示：

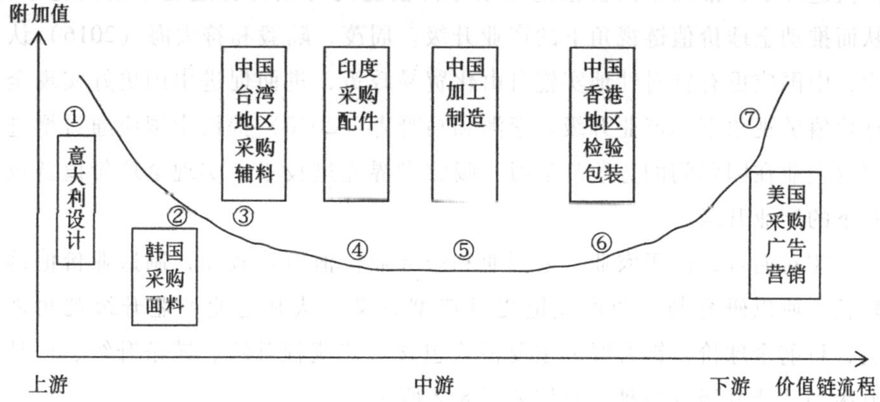

图8.1 一个服装企业的全球价值链及其“微笑曲线”

如图8.1所示，在诸如耐克、阿迪达斯等品牌服装的全球价值链中，意大利和美国各自占领产业附加值最丰厚的两端，中国、中国台湾地区、中国香港地区、韩国和印度处在产业链中游，也即价值链附加值最低的环节，无疑处在不利地位，因而有升级要求。

Krugman（1995）首先将价值链理论运用到企业生产过程的分割和空间布局分析中，不仅分析了企业灵活运用价值链各环节的能力，而且也研究了企业利用价值链在全球范围内开展实践，并进行空间布局的能力，重点探讨了价值链治理模式与产业空间转移两者关联性问题。此后，Arndt and Kierzkowski（2001）对此进行了进一步拓展，并利用“片段化”（fragment）来描述企业生产过程中所呈现的分割现象。具体地，他们倾向于认为企业生产过程在全球范围进行分离和分割是一种独特且崭新的现象。当然，生产活动的这种分离现象也同时要求处于同一价值链条上的生产过程的各个环节能够通过借助相关跨界生产网络被组织和联系起来，而且充当这一跨界网络角色既可以由一个企业独自完成，也可以通过众多企业外部分工合作实现。

随着经济全球化的不断深入和发展，国家间的联系不断加强，使全球价值链对各国的产业升级产生了不容小觑的影响，学者们也越来越多地投入全球价值链与产业升级的研究中。Gereffi（2005）认为全球价值链视角下的产业升级应该是指产品增加值由低变高的过程。张少军和刘志彪

(2013) 提出中国应充分利用在位条件和大国比较优势，增加国内的全球价值链环节，推动国内价值链和全球价值链的对接并促进链条间的竞争，从而推动全球价值链视角下的产业升级。周茂，陆毅和符大海（2016）认为，中国应更有针对性地实施自由化贸易政策，进而促进中国更好实现全球价值链视角下的产业升级。李洲和马野青（2020）提议中国应通过增进国内企业在国际间的竞争与学习，吸收世界先进技术，实现全球价值链视角下的产业升级。

相对而言，由于农业、采掘业和服务业价值链均较短，制造业价值链较长，所以研究制造业产业链更具典型意义。从制造业产业升级视角来看，目前全球价值链升级的主要模式包含工艺流程升级、链条升级、产品升级和功能升级这四种，具体如图 8.2 所示。

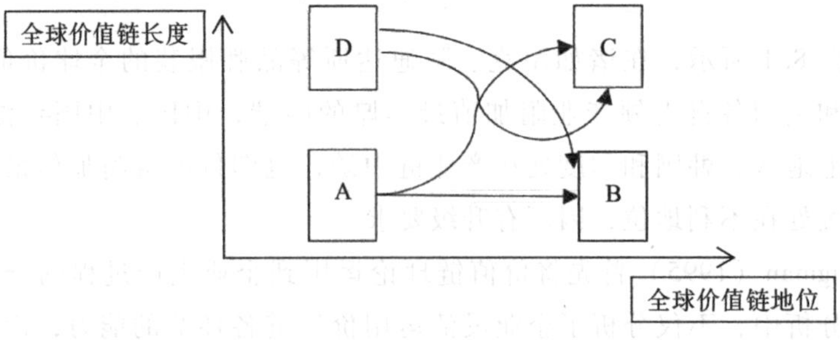

图 8.2　价值链升级的四种模式

从排列组合角度看，在一个以全球价值链地位为横坐标，全球价值链长度作为纵坐标轴的平面体系中，对于 A、B、C、D 四种处境的企业而言，总共可以产生 A→B、A→C、A→D、B→C、B→D、C→D、B→A、C→A、D→A、C→B、D→B、D→C 十二种排列组合变化，当然从产业升级角度看，其中能实现全球价值链升级的模式仅有 D→C、D→B、A→C 与 A→B 四种。下面我们进行一些讨论。

第一种路径：产品升级路径。即当制造业由 D 升级为 C 时，其全球价值链地位提高，全球价值链长度不变，其变化过程虽与 A→B 相似，但截然不同的是，此时企业在升级前后都拥有较长的全球价值链长度，说明其在提高全球价值链地位的同时，还拥有较强的全球价值链控制水平，从而能最终维持原有的较长全球价值链长度，这也是最难的一种升级模式，它往往发生于跨国经营企业集中精力提高产品增加值的情况下，但这通常并不能直线达成，即很难在全球价值链长度始终保持不变的情况下，达到全球价值链地位的提高，而是需要制造业首先缩短全球价值链长度，从而更加致力于提高产品的增加值，并在产品增加值有所提高时再延长全球价值链长度，进而实现产品升级。

第二种路径：工艺流程升级路径。即当制造业由D变为B时，全球价值链地位提高，全球价值链长度减少，这大多发生在制造业转变国际分工参与战略，由多样化分工转为集中式生产时，这时制造业全球价值链长度缩短，分工水平提高，工艺流程优化，从而实现工艺流程升级。

第三种路径：链条升级路径。即当制造业由A变为C时，其全球价值链地位提高，全球价值链长度增加，这往往发生在企业通过自主创新和大量研发，掌握新型高端科技，进而实现全球价值链实力大幅提升的情况下，因为此时跨国经营企业能在提高全球价值链地位的同时，增加全球价值链长度，说明其自身国际竞争力有了大幅提升，从而极大增强了全球价值链控制力，并实现了链条升级。

第四种路径：功能升级路径。即当制造业由A变为B时，其全球价值链地位提高，全球价值链长度不变，表示制造业在现有全球价值链长度水平下，着力通过强化产品功能或增加产品功能种类等措施来促进产业发展从而实现功能升级。

由上述四种路径可知，跨国经营企业能否实现全球价值链视角下的产业升级，主要取决于其在全球价值链中所处的地位，当然在四种路径里，虽然跨国经营企业的全球价值链地位皆有提升，但其全球价值链长度却并不一定发生改变。

8.1.2 全球价值链发展简史

纵观历史，15~17世纪新航路的开辟意义重大，它揭开了世界市场的帷幕，而资本主义制度及两次工业革命则奠定了资本主义世界市场的经济技术基础。由此，资本主义世界市场经历了三个不同的形成阶段。

8.1.2.1 世界市场开始形成阶段（15世纪至第一次工业革命前）

怀揣财富梦想的欧洲探险家们为了寻找通往东方国家的航线，率领规模不等的船队，开启了寻找着新的贸易路线和贸易伙伴的远洋冒险之旅。西方探险家开辟的新航路，将相互隔绝、孤立发展的世界各大洲联系起来，世界各地的商品交易规模不断扩大。显而易见，这种商品贸易带有强烈的殖民主义特征，然而，这种殖民贸易促使世界市场开始形成，海洋文明先行国的市场拓荒活动又不断扩大这个新生的世界市场，这些国家都拥有广阔的海外市场。需要说明的是，在这个时期，由于全球范围内物质技术基础并没有发生根本变革，即使是先行的欧洲，也仅处于资本主义萌芽阶段，手工业技术基础使世界各国难以形成有效的分工体系。由此可见，殖民贸易主要是由欧洲商人资本主导，以世界各地本土特产的差异性为基础，从而在世界范围内实现产品的互通有无，这种殖民贸易的可能性却是由欧洲领先的军事力量和民族压迫政策决定，这就使殖民贸易在很大程度上是以暴力掠夺为特征的。然而，通过殖民贸易，欧洲在这个时期获得了快速发展，奠定了其领先世界的经济基础，并最终确立了资本主义经济制度。

8.1.2.2 世界市场初步形成阶段（第一次工业革命至第二次工业革命前）

光荣革命使英国率先建立了资本主义制度，随之引发了一系列的欧洲资产阶级革命，资本主义制度陆续在欧洲大陆生根发芽。由此，欧洲殖民贸易扩张也就由自发行为转向自觉行为，由军事暴力驱动转向经济驱动。然而，相较于不断扩大的海外市场，手工业受制于落后技术基础，生产难以满足世界市场需要。“假如社会提出了技术的需要，那么它推动科学的前进胜过十个大学。”① 世界市场需要最终触发了第一次工业革命在英国的爆发，随之向欧美等主要资本主义国家扩散，极大地提高了社会生产力。新生产力亟需与其相适应的更广泛的市场和原料地，欧洲工业国利用机器

① 康士坦丁诺夫．历史唯物主义［M］．中国人民大学编译室，译．北京：人民出版社，1955：112.

化大生产降低生产成本，又利用以蒸汽机作为动力的火车、轮船等交通运输工具大量输出工业制成品并掠夺原料，由此打开了亚非拉等农业国的国门。于是，亚非拉各国先前封闭自守的经济结构纷纷被打破，不断地被卷入资本主义世界体系，成为资本主义列强的殖民地和半殖民地。显然，建立在发达的资本主义工业国和落后的殖民地和半殖民地农业国之间的垂直型国际分工，使得世界贸易迅速扩张，标志着资本主义世界市场初步形成。然而，这种国际分工体系主要是由资本主义工业资本主导，以资本主义与非资本主义并存为基础。

8.1.2.3 世界市场最终形成阶段（第二次工业革命至20世纪初）

资本主义迸发出来的巨大生产力，摧毁了诸如美、德、意等西方国家最顽固的封建堡垒，资产阶级革命和改革运动在西方世界最终完成，资本主义生产方式的全球统治地位得以确立。随着西方各国国内市场统一局面的形成，世界市场进一步扩张，以蒸汽动力革命为代表的第一次工业革命难以满足世界市场的扩张，世界市场供需之间的矛盾引爆了第二次工业革命。不同于英国源发、工匠主导、科学和技术两分的第一次工业革命，第二次工业革命却是在西方先进资本主义国家多点开花，最新自然科学迅速应用于工业生产：诸如法拉第的电磁感应理论，极大地促进了电的广泛应用；又如德罗夏的四冲程理论，推动了以煤气、汽油为燃料的内燃机的发明与应用。因此，科技深度融合的第二次工业革命又称为电气革命。科技协同深化了产业分工，延伸了产业链，极大地推动了社会生产力的发展。在第二次工业革命的推动下，科学与技术的融合延长了生产链条，生产分工也就日益深化，资本集中程度不断提高，西方国家的工业寡头开始崛起。为了抢夺更多的销售市场、原料产地和资本输出场所，工业寡头推动其母国掀起了瓜分世界的狂潮，亚非拉各国沦为西方发达资本主义国家的经济附庸，资本主义世界市场最终形成。因此，在这个阶段，诸如石油、钢铁、石化等各大工业寡头控制了其母国的绝大部分生产，进而通过垄断价格更加残酷地掠夺经济附庸国，这种建立在帝国主义与经济附庸基础上的垂直型国际分工推动了产业垄断资本的发展，最终也使自由资本主义转向垄断资本主义。

上述野蛮的殖民扩张和掠夺性贸易是建立在垂直型分工基础之上，后者以民族国家经济发展水平（如资本主义工业国和非资本主义农业国）差距巨大为前提，以暴力因素为特征，这种国际分工就形成了“工业国—农业国（内核的中心）—外围”的世界体系。随着20世纪亚非拉地区民族独立和解放运动风起云涌，外围地区各国纷纷取得了民族独立与解放，先前建立在民族剥削和压迫基础上的垂直型分工体系已不适合新的国际形势。与以国家主权不平等为前提的垂直型国际分工不同，水平型国际分工是以工业国之间（如发达国家之间或发达国家与新兴工业化国家之间）经济技术发展水平趋近为前提，它是在工业制成品生产上的国际分工，是以国家主权形式平等为前提。这种分工形式成为20世纪中后期国际分工的主导形式，它又可分为产业间与产业内两种水平分工形式。前者发生在不同产业之间，这些产业的制成品之间进行国际分工和贸易。后者又称为“差异产品分工”，它发生在同一产业内不同厂商之间，这些厂商生产的产品技术基础类似，然而产品的外观、规格、品种、商品和价格等各有差异，这种差异化就是产品内国际分工和交换的条件。

然而，20世纪80年代以来，计算机信息通信技术迅速发展，并且资本主义生产方式也不断创新，这种创新体现在生产上，就是国际生产分割的技术边界日益清晰，致使水平型国际分工体系继续深化，从产业内分工又转向产品内分工。产品内分工的出现标志着国际竞争由产业链竞争转向价值链竞争，产品内分工赋予处于价值链不同位置的国家以不对称的权力，这也意味着经济全球化进入了新发展阶段。处于世界体系中心的发达资本主义国家完成了生产结构的高度化过程，占领了全球价值链高端，其生产结构更具弹性。而世界体系外围的发展中国家，由于全球化过程中的虹吸效应，其生产结构呈现出简单化和畸形化特征，因而，外围地区的生产处价值链的低端。然而，生产结构的辩证法却是：价值链高端生产可以再造价值链低端生产，因而处于操控地位；价值链低端生产却难以复制价值链高端生产，只能陷于依附地位。或者说，较之价值链高端生产，价值链低端生产可替代性强，这就使价值链高端生产往往成为金融资本投机的标的物，从而由产业资本主导转变为金融资本主导。由此可见，基于价值链的新型竞争方式具有极强的操控性，母国进行全球价值链的重构，能够极大地影响OFDI的空间布局。

8.1.3 改革开放以来中国参与全球价值链概况与存在的问题

就我国对外直接投资而言，党的十一届三中全会确立了对外开放基本国策，我国经济发展进入了改革开放新时期。随着对市场认识的深化和科学化，市场在我国经济生活中的作用不断凸显。党的十四大进一步提出了建立社会主义市场经济体制的新目标，市场成为资源配置的主要方式，市场驱动的经济增长方式也就成为中国改革开放新时期的基本经济特征。在市场驱动的经济增长方式的支撑下，我国经济实现了长期高速增长，经济规模也不断站上新台阶。另外，随着出口导向战略的实施以及用市场换技术的观念和思路的不断强化，我国外资利用规模也得到了空前扩张，这意味着中国全面融入了西方构建的全球价值链分工体系，中国也成为"世界制造工厂"，出口大量价廉物美的商品带来了巨额外汇储备。

然而，辉煌成就的背后却是物质要素的高投入、能源的高消耗，人力资源的超负荷，这一切都源于我国生产处于西方主导的全球价值链的低端。随着资源枯竭和环境恶化等问题日益严峻，人们开始反思这种价值链低端生产的局限性。这种生产是以代工生产为手段，引进的技术多半是资源消耗导向型的非自主技术，它是服务于"世界工厂"角色需要的，这就造成了我国很多不可再生资源（特别是石化能源）的枯竭，产生的工业污染远远超出了我国环境承载能力。

事实上，"世界工厂""中国制造"已成为全球价值链低端生产的代名词，这主要是因为过度竞争的"低附加值产品出口，会不断地抑制甚至压低市场上现有劳动力价格，从而使得我国在国际分工中一如既往地徘徊于全球价值链低端状态。与此同时，国外消费者不断从廉价的进口商品中获得特殊的福利，外资企业在我国投资办厂赚取利润，又再一次地对我国劳动者的消费和收入造成了挤压和抑制，长此以往形成了较为严重的恶性循环。"① 事实上，开放型经济应是双向的，既有"引进来"，也有"走出去"。改革开放至今，我国经济发展以"引进来"为主，通过引进外资，中国经济得到了很长一段时期的高速增长，然而，单纯引进外资意味着被

① 陆立军，王祖强，杨志文．义乌模式［M］．北京：人民出版社，2008：72.

纳入了发达资本主义国家所主导的全球价值链分工体系，也即被国际金融垄断资本所整合，最终将陷入低端嵌入或锁定的困境。

8.1.4 "一带一路"倡议对促进中国参与全球价值链的意义

全球价值链是当代国际生产体系最显著的特征，它使生产、贸易、服务与投资融入"一体化综合体"，各国经济之间的相互依存与联系由此也变得日益紧密。与传统生产模式的重要区别在于，其主要目的就是实现产品与服务的"多国制造"与"要素分工"，包括中间品的工序切片化（表现为产品）和任务分割（表现为服务），由此形成大量中间品（包括原材料、半成品、零部件和服务外包等）在全球范围内跨境流动。根据现有数据显示，进入21世纪以来，中间品贸易占全球贸易的比重平均约为60%，这在经济一体化程度最高的欧洲表现得更为明显和突出，其比重已经高达80%。

时至今日，国内外经济形势发生巨变，先前的经济模式遭遇困境，例如资源枯竭、环境恶化等，国家对资源和环境的重视使企业传统成本优势逐渐丧失。在这种背景下，全球价值链的重构势在必行，因此，中国一方面要提升在既有全球价值链中的位次，另一方面也需建构自己主导的全球价值链，这就能实现我国经济发展战略由先前的"引进来"为主，转向"引进来"和"走出去"并举。为了实现这个目标，中国适时提出了"一带一路"倡议。

不同于帝国主义的排斥性的对外战略，"一带一路"倡议既是自主的，又是包容性的，它旨在重构全球价值链。然而，全球价值链重构须以OFDI为载体形式，一方面，我国在引进外资的同时，适度地通过对外直接投资，提升我国在全球价值链中的位置；另一方面，我国又建构一个自己主导的全球价值链，将我国在长期吸引外资中所积累的制造能力，转化为制造品输出到空间与我国毗邻的国家，或者输出到空间上离我国较远，但经济基础较好的东南欧国家。由此可见，提升自身现有全球价值链位次与重构自己的全球价值链是辩证统一的，关键就在于建构中国特色自主创新的价值链体系，它能够促使"中国制造"向高端跃升，我国出口商品附加值也能由此增加，我国对外贸易条件也能相应改善，这就增强了我国经济的自主性。由此可见，中国重构全球价值链意义重大，它不仅可以提升我国在全球价值链中的分工地位，而且也有利于提升我国在现有全球价值链中的位次，这种辩证认识有助于我们正确评价和坚持“一带一路”倡议，从而助推我国OFDI更有效地“走出去”。

事实证明，中国所提出的“一带一路”倡议是助推中国OFDI或者说是推动企业进一步“走出去”的更加可行且有效的一种途径。实际上，在“人类命运共同体”理念的指引下，“一带一路”倡议以“共商、共建、共享”为规则导向，得到越来越多的国家积极响应。因此，中国要抓住这重要战略机遇，进一步引领和推进“一带一路”倡议，并且利用“一带一路”倡议的平台建设，不断推动我国企业“走出去”，由此构建自主的全球价值链，不断以点带面，充分利用其空间溢出效应，从而改变先前被动融入国际金融垄断资本所主宰的全球价值链的局面，避免被全球价值链低端锁定。毫无疑问，我国在依托“一带一路”倡议，做好与经济体质较差的近邻构建东南亚区域价值链的同时，更要做好与经济体质较好的东南欧等远邻构建亚欧区域价值链。另外，我们也不能回避既有的全球价值链，即我国应支持经济素质较好的跨国企业“走出去”，逆向投资那些发达国家，从而提升我国在现有全球价值链中的位置。如果我们能分类施策地构建或提升价值链，我国产业将迅速“迈向全球价值链中高端”。

8.1.5 新冠肺炎疫情对全球价值链的影响

2019年末至2020年初，一场新冠肺炎疫情迅速发生并席卷全球，给世界经济、“一带一路”沿线国家和地区造成了全面冲击，并对全球价值链形成了重大的影响。

第一，新冠肺炎疫情对全球价值链产生了整体影响。国际货币基金组织在2020年初就新冠肺炎疫情对全球经济的影响作出了乐观和悲观的预测，在乐观情形下，即新冠肺炎疫情在2020年上半年不再继续蔓延或者得到有效控制，全球经济预期增长率将会出现0.5%的下调；在悲观情形下，即新冠肺炎疫情在2020年全年都不能得到控制的情形下，全球经济预期增长率将会出现1.5%的下调。但根据2020年6月IMF《世界经济展望报告》的最新预测，新冠肺炎疫情对世界经济的负面影响将比此前的预期更加严重，预计2020年世界经济增长将下降4.9%，其中发达国家预计下降8%，发展中国家预计下降3%。分国别看，除中国仍有望保持1%的正增长之外，170多个国家和地区出现了经济负增长。其中美国下降8%，欧元区下降10.2%，日本下降5.8%，英国下降10.2%，加拿大下降8.4%，印度下降4.5%，俄罗斯下降6.6%，巴西下降9.1%，墨西哥10.5%，南非下降8%（详见表8.1）。

表8.1　最新世界经济增长预测　单位:%

年份	2019	2020	2021
世界总产出	2.9	-4.9	5.4
发达国家	1.7	-8	4.8
美国	2.3	-8	4.5
欧元区	1.3	-10.2	6
其中：德国	0.6	-7.8	5.4
法国	1.5	-12.5	7.3
意大利	0.3	-12.8	6.3
西班牙	2	-12.8	6.3
日本	0.7	-5.8	2.4
英国	1.4	-10.2	6.3
加拿大	1.7	-8.4	4.9
其他发达国家	1.7	-4.8	4.2
新兴市场和发展中国家	3.7	-3	5.9
亚洲经济体	5.5	-0.8	7.4
中国	6.1	1	8.2
印度	4.2	-4.5	6
欧洲新兴和发展中经济体	2.1	-5.8	4.3
俄罗斯	1.3	-6.6	4.1
拉美和加勒比	0.1	-9.4	3.7
巴西	1.1	-9.1	3.6
墨西哥	-0.3	-10.5	3.3
中东和中亚	1	-4.7	3.3
沙特阿拉伯	0.3	-6.8	3.1

续表

年份	2019	2020	2021
撒哈拉非洲	3.1	-3.2	3.4
尼日利亚	2.2	-5.4	2.6
南非	0.2	-8	3.5
低收入发展中国家	5.2	-1	5.2

资料来源：IMF《世界经济展望报告》2020年6月更新版。

根据对外经贸大学最新公布的全球价值链有关数据，我们可清楚得到2017年全球GDP中GVC增加值比例大约为13%。与此同时，根据WTO假设（详见图8.3），全球货物贸易额在2020年将下降13%（乐观情景）~32%（悲观情景）。

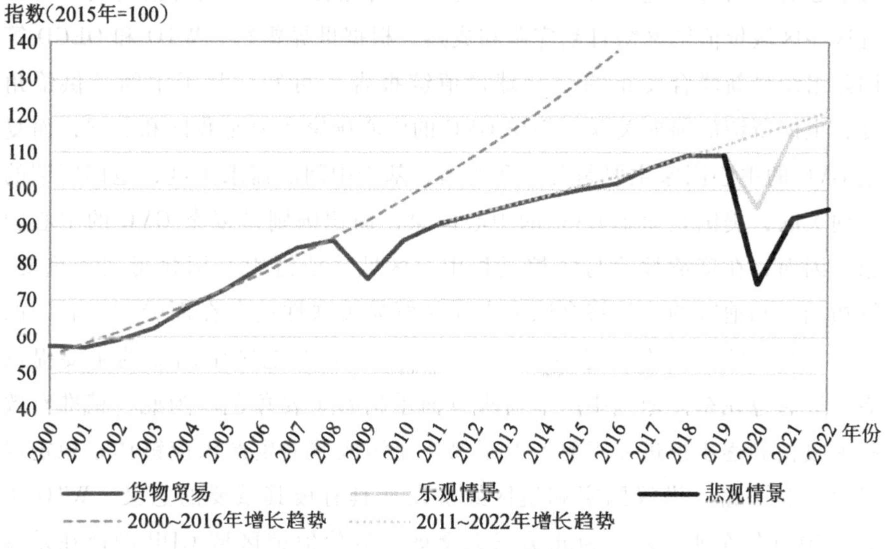

图8.3　2000~2022年世界货物贸易量

数据来源：WTO Secretariat.

由此可以推断出，在乐观情景下，新冠肺炎疫情冲击将会使全球GVC出口附加值出现0.065%的下降，而在悲观情景下，新冠肺炎疫情冲击将使全球GVC出口附加值出现0.195%的下降。同样地，经过相关测算可知，我国2017年GDP中GVC增加值比例仅为8%左右。为了更好地预测未来中国经济增长率，我们这里进一步结合了IMF等国际经济组织和

McKinsey 所作出的相关预测，并得出了在乐观情景下，中国经济预期增长率将出现 1.32% 的下调，而在悲观情景下，中国经济预期增长率将出现 2.18% 的下调。进一步地，在乐观情景下，新冠肺炎疫情冲击将会使我国 GVC 出口附加值出现 0.106% 的下调，而在悲观情景下，新冠肺炎疫情冲击将会使我国 GVC 出口附加值出现 0.174% 的下调。另外，倘若从中间品出口增加值占总出口的比例角度来看，在上述乐观情景和悲观情景假设下，全球出口总额将出现 0.11% ~0.34% 的下降，我国出口总额将出现 0.24% ~0.39% 的下降①。需要说明的是，这些中间品形式的全球价值链贸易总额均出现了下降。

第二，新冠肺炎疫情将对全球主要区域价值链网络产生影响。目前，全球范围内已经逐步形成了以中国为中心的东亚区域价值链网络、以德国为中心的西欧价值链网络、以美国为中心的北美三大区域价值链网络，并且这些区域价值链网络日趋完善和成熟。根据世界银行、WTO 和 OECD 等国际组织最新联合发布的《全球价值链报告》可知，基于中间品供给角度，也即所谓的前向关联，简单 GVC 的中心国家主要是我国和美国，而复杂 GVC 的中心国家主要是美国和德国。基于中间品需求角度，也即所谓的后向关联，美国是简单 GVC 的中心国家，而德国则是复杂 GVC 的中心国家。因而，在疫情救治与防控过程中，区域价值链中心国显得尤为重要，周边国家和地区的经济将会因为中间品贸易关联性的存在而受到中心国的较大影响。特别是东亚地区，因为我国既是东亚地区中间品的主要提供者，同时也在东亚地区中间品需求方面承担着重要角色。为此，精准有效控制疫情和逐步推进复工复产对于保持亚洲区域的生产供应链体系稳定以及"一带一路"沿线国家和地区经济发展具有极其重要的意义。WTO 预计，2020 年东亚、西欧和北美三大全球区域价值链区域 CDP 增速在乐观情景假设下，分别为 -0.7%、-3.3% 和 -3.5%；在悲观情景假设下分别为 -7.1%、-9.0% 和 -10.8%②。

第三，新冠肺炎疫情将对不同行业和国家的全球价值链产生影响。世界银行 2019 年发布的《世界发展报告》显示，一般来说，一个行业或国

---

① 盛斌．全球新冠疫情对全球价值链造成哪些影响？[J]．社会科学报，2020（2）．

② WTO，Trade Statistics and Outlook，8 April 2020.

家/地区的技术与知识密集度越高，其受全球价值链供给冲击的影响就越大，这是因为这些行业或国家/地区 GVC 后向参与度普遍大于前向参与度。因此，对于那些制造型行业和国家/地区（如中国、韩国、德国、日本等）而言，特别是一些高端与复杂制造行业，新冠肺炎疫情主要通过对中间品供给造成冲击（后向关联），从而对全球价值链产生影响。就资源型行业和国家/地区（如澳大利亚、中东地区、俄罗斯、加拿大）而言，新冠肺炎疫情主要通过对中间品需求造成冲击（前向关联）对其造成影响。而对创新型行业和国家/地区（如美国、英国等）来说，则同时面临着两种冲击，也即兼而有之。因此，IMF 预测 2020 年创新型国家/地区在新冠肺炎疫情冲击下，受到的打击是最严重的，在基准假设情景下，创新型国家如美国和英国预计经济增速分别为 -5.9% 和 -6.5%，相较于上一年增速分别下降了 8.2 个和 7.9 个百分点；资源型国家/地区如加拿大、澳大利亚、俄罗斯和中东地区受到的打击的严重程度排在其次，预计其经济增速分别为 -6.2%、-6.7%、-5.5% 和 -2.8%，相较于上一年增速分别下降了 7.8 个、8.5 个、6.8 个和 4 个百分点；制造型国家/地区如中国、日本、德国和韩国受到的打击相对轻微一些，预计其经济增速分别为 1.2%、-5.2%、-7.0% 和 -1.2%，相较于上一年增速分别下降了 5.9 个、5.9 个、7.6 个和 3.2 个百分点①。

8.1.6 新冠肺炎疫情影响下，中国在“一带一路”沿线国家和地区投资价值链的优化思路

根据前文所述和分析，全球价值链视角下产业升级的模式分为产品升级、工艺流程升级、链条升级和功能升级四种。其中，产品升级表现为全球价值链地位提高和全球价值链长度不变；工艺流程升级表现为全球价值链地位提高和全球价值链长度变短；链条升级表现为全球价值链地位提高和全球价值链长度增长；功能升级表现为全球价值链地位提高和全球价值链长度不变。相对应地，我国在“一带一路”沿线国家和地区开展直接投资的战略模式有创新资源开发模式、创新资源利用模式、市场资源开发模式、市场资源利用模式四种可供选择。虽然不同的战略模式在产

① IMF, World Economic Outlook, April, 2020.

业选择、节点定位、进入方式和治理机制上有所差异，但全球价值链分工地位的提高反过来也会对中国构建区域价值链和产业升级产生推动作用，而自主创新能力的提升、人力资本提高、国际市场需求扩大、产业政策激励和企业生产规模的扩大均会影响中国构建区域价值链和进行产业升级的效能。

从本质上讲，全球价值链分工就是世界范围内由跨国公司主导的要素分工，当前以资本为载体的要素跨国流动日益频繁并逐渐呈现出网络化、区域化的特点，单纯依靠全球价值链或国内价值链的发展思路并不能妥善解决我国产业结构转型升级以及经济高质量发展的难题。所以，我们应着手在这两者之外再建立第三条链条——区域价值链，即通过在"一带一路"沿线国家和地区直接投资建立区域价值链，将全球价值链和国内价值链紧密联系起来，并充分借助国际、国内两个大市场，力图对生产要素分工不断进行优化，逐步实现价值链条的动态转换。"一带一路"倡议的提出和深入开展显然有利于为我国与沿线国家和地区构建"以我为主"的区域价值链，实现功能和产业链条升级。2020 年暴发的新冠肺炎疫情更是加快了建立区域产业链、实现产业链条升级的步伐。

实际上，全球供应链格局早在新冠肺炎疫情暴发之前，就已经出现了变化的苗头，甚至已经发生了一些较为重大的变动和调整，体现为众多跨国公司不断地将产品生产与装配过程放在地理位置上距离母国市场较近的或与母国制度较为接近的国家或地区，旨在缩短产品生产和销售过程的供应链，从而进一步加强对生产过程的控制；而另一个不那么明显的变化则是通过大量应用大数据、人工智能、3D 打印等高科技手段，为客户提供更加贴切的产品与服务，同时为响应客户的需求，也尝试着借助更加灵敏的供应速度以及更专业的定制能力，增强供应链的弹性。

这次新冠肺炎疫情暴发后，各国越来越重视应急和重要物资的供应能力以及相关安全问题，为此，各国逐渐将重要原材料、零部件、中间品等的供应摆在了核心突出位置，同时对涉及诸如医疗、医药这样关乎国计民生的重要产业，也更加注重其内在自主性、可控性和安全性。正是在这样的环境背景下，许多"一带一路"沿线国家和地区会以空前的力度助推国际产能合作，并会充分引进和利用外资，这就为"一带一路"沿线国家和地区价值链的构建奠定了坚实的客观基础。与此同时，在疫情发生后，不少西方国家，尤其是以美国为首的阵营，不断倡导并推动其他国家与中国经济“脱钩”，并且通过对跨国企业实施降税、生产补贴、信贷资金支持等多种政策，直接或间接地鼓励美国在华企业撤回本国，还不断加大了对其重要产业中国企业跨国并购的审查力度。如果未来这些情况不能得到妥善处理，将会出现全球化逆转趋势，并进而打破中西方形成已久的全球价值链分工格局，某种程度上也会转而促使中国企业加快与其他国家的产业合作步伐，尤其是会加大与“一带一路”沿线国家和地区的产业合作力度，以便形成更加广泛的区域经济合作和循环。

本次疫情的暴发，世界各国除了会将更加注重向内挖潜，尤其是挖掘内部需求之外，还将会进一步推动和加快自主创新的节奏和速度。对我国而言，在推动疫情防控和助力企业复工复产的曲折过程中，我们应始终依托于自身所拥有的庞大内需和先进技术优势，大力倡导并积极谋划发展大数据、云计算、工业互联网、区块链、人工智能、移动互联网等类型的数字科技，主动推动跨境电商、云采购等新商业模式的快速发展，向“一带一路”沿线国家和地区充分展示未来 5G 标准的重要现实价值和数字经济的巨大潜力，从而为建设“数字丝绸之路”、深化“一带一路”合作提供更多潜在机遇。在不久的将来，我们在共建“一带一路”倡议过程中，应积极并尽可能地支持企业广泛参照和使用中国标准，推动和促进“一带一路”沿线国家和地区 5G 网络开放与共享，极力加快其标准与我国的良好对接，鼓励国内涉及信息技术设备研发和生产以及零部件和网络终端生产的企业借助“一带一路”倡议积极“走出去”，鼓励企业创新多种思路与当地企业开展密切合作，并在合作过程中不断扩大中国标准的覆盖面。同时，鼓励企业灵活运用新技术、新模式、新材料，推动数字经济和智慧城市、智能物流等新技术领域在海外的发展，为企业在“一带一路”沿线国家和地区建设更多高质量、高品质的海外仓和外贸转型升级基地提供支持，占据“一带一路”沿线国家和地区价值链优势地位，带动商品、制造、质量管理、配套服务等一系列标准的对外输出，构建“以我为主”的“一带一路”区域价值链治理体系。

8.2 国际减税趋势对"一带一路"沿线国家和地区直接投资的优化

全球金融危机爆发以来，世界经济增长不断放缓，以美国、英国为代表的发达国家为重振制造业，促进工业回流，以大规模的综合性税制改革为主导，一大批发达国家与发展中国家纷纷跟进，推出大规模税收减免政策，引发了全球性的税改浪潮。随着减税成为世界经济发展新趋势，其为国际资本流动和FDI重新布局也带来了日益复杂的影响。

8.2.1 国际减税趋势对国际直接投资格局的影响

2017年12月22日，美国正式开始进行税制改革。特朗普政府税改的重要目的之一主要是通过降低国内企业税率，以减少企业税收负担，进而尽可能地吸引海外制造业跨国企业将利润回流美国国内。与此同时，为了顺利达到调整生产制造业相关政策的目的，特朗普政府还给予了特定行业部分税收减免优惠。具体来说，特朗普政府税改的主要内容有：一是在现行联邦税制结构框架不变的情况下，将针对股份有限公司已经实行多年的现行最高35%的企业所得税税率统一下调至21%；二是从2018年开始，替代性最低限额税（AMT）不再实施。显然，企业所得税税率的下降和AMT的取消，会显著改善和降低美国企业现行的税收负担。就目前而言，对企业实施21%的统一税率，再加上美国现行各州平均所得税税率后，美国国内企业的总税率将达到25%左右，与其他OECD国家平均25%的税率水平大致相同。

按照特朗普政府的设想，AMT的取消不仅可以降低企业现行的税收申报负担以及面临的税收不确定性，即有效简化税制，而且美国企业的产品也会因所得税税率的降低，其竞争力在国内以及国际市场上会间接地得到明显提升，从而能拓宽企业利润来源，并转而将利润用于再投资。最终，这些都有利于美国公司获取更多市场份额。

特朗普政府认为，减税至少带来两个好处：第一是通过降税可以明显降低企业现行税收负担，一定程度上带来企业净利润增加，并有利于激发企业将新增的利润用于再投资实业的热情，从而实现美国国内经济长期繁荣和稳定增长。第二是减税有助于吸引美国跨国企业将巨额海外利润回流至美国国内。在税改之前，美国企业所得税税率就已经高达35%，而且该数值在全球范围内也属于较高水平。针对这一偏高的税率，美国国内企业为实现避税，常常借助收购国外公司的方式，将其国内产业不断迁移至海外。而这次的税改将会有效缓解甚至解决这种“税收倒置”现象，从而引发美国跨国企业将产业回迁本土。美国跨国企业常用的避税手段主要是“利润转移”，也就是将应缴税的利润尽量转移到没有实质经营活动的低税负国家，从而达到不交或少交企业所得税的目的，所以减税能使更多的美国跨国企业重新回到美国本土的资本市场，推高三大股指，从而产生财富效应，拉动内需，实现经济的长期稳定增长。

那么，特朗普政府要吸引回流的资金是多少？根据国际上有关研究机构的详细测算，美国公民或美国企业长期以来囤积了大约2.5万亿美元的资金，分布在世界其他各个国家，需要注意的是，这里并不包括其他国家或地区凭借其他渠道可能流向美国的资金。此外，更令人震惊的是，特朗普提及，美国滞留在海外的资金数额实际上会更大，涉及数额大约在2.5万亿~5万亿美元。很明显，针对这一问题，特朗普团队花费了较多时间和精力去研究。目前，有关数据显示，少数几家美国高科技企业，比如微软、苹果、谷歌等，就有将近1.2万亿美元的资产囤积在海外（或许实际数额也远远不止于此）[①]。

很快，特朗普政府税改就吸引了英、法、德、日、韩等发达国家与巴西、印度等发展中国家，这些国家纷纷推出减税新政，掀起了全球减税大战。实际上早在21世纪初，尤其是2008年全球金融危机爆发以来，为了达到重启再工业化战略的目标，不少发达国家先后就围绕企业所得税法进行了一系列改革，寄希望于通过降低制造企业的所得税税率，以减轻国内制造企业较为沉重的税收包袱，从而尽可能地推动本土制造业企业加速转型升级。根据OECD资料显示，在2000~2017年，不少OECD成员国的企业所得税税率均出现了下降，其中35个成员国的企业平均税率下降了

① 时寒冰．特朗普正在开启全球大萧条［EB/OL］．搜狐网，2016-11-28.

8.3%，即由最初的32.5%下降到了24.2%。另外，OECD的34个成员国也都相应调低了企业所得税税率。其中德国综合税率从52%下降至30.2%，下降了21.9个百分点，下降幅度最大，而英国、爱尔兰、意大利、加拿大、土耳其、以色列、捷克、波兰、希腊这9个国家也都将其综合税率整体调低了10%①。

作为一种再分配手段，税改虽然不会直接带来财富的增加，但它会通过调整生产和消费的比例，影响社会再生产，促进社会经济再分配。一般而言，降税对投资的带动效应主要表现在三个方面：一是投资税、资本税等类型税收的税率降低可以直接快速地减轻资本的税负，从而使得企业投入资本的积极性提高并加快资本积累的速度；二是增加投资者对投资的期望值，提升扩大再生产的积极性；三是通过对投资品降税，促使其价格下降，从而使得消费者购买一定数量投资品所花费的货币数量减少，投资品的购买力和市场竞争力显著增强，有利于扩大固定资产投资规模。

具体而言，税负对投资与资本的影响机制如下：

第一，不同国家的税收差异影响国际资本的流向，进而影响不同国家投资环境优劣性。一般情况下，一国的税负越低，越能吸引他国的资本流入和限制本国资本流出，从而增加一国所能支配的资本数量，带动本国经济增长。

本轮国际税改大战一个最明显的现象就是全球FDI出现了明显的重构局面。作为世界上最大的对外直接投资大国，近两年美国对外直接投资规模大幅度下降，同时一些自由港由于避税地位下降，在国际直接投资中的地位也出现了大幅度下降。据联合国贸发会议统计，2017年还是世界最大资本输出国的美国，其2018年对外直接投资表现为撤资635.5亿美元，相比上年，其OFDI流量竟然减少了3639.3亿美元，截至2018年，美国OFDI存量为64746.9亿美元，比上年减少了13540.6亿美元，美国税改抽回了近20%的对外直接投资。与此对应，英属维尔京、卢森堡等避税地在对外直接投资中的地位明显下降。2018年英属维尔京、卢森堡OFDI流量分别为560.2亿美元、13.73亿美元，比之各自巅峰期分别下跌了46.4%和96%。

① 2000～2017年OECD各国企业所得税税率，OECD. Stat，2017，http://stats.oecd.org.

第二，税收通过影响资本形成进而对投资决策产生影响。一般来说，资本成本与收益的高低会对投资决策造成显著影响，其中资本成本主要涵盖折旧费用、融资成本和资本利得或损失以及税收。对企业而言，如果税收增加，则其投资成本就会明显上升；进一步地，若其投资收益不能大幅度地覆盖投资成本，那么企业开展投资的积极性就会大大降低，甚至面临退出投资的可能。然而，投资抵免的增加会助于企业投资成本的降低，进而提高企业投资收益，提升投资者应对和把握投资风险的能力，最终这会提高投资的积极性。根据美国商务部国民经济分析局（BEA）提供的数据，2009～2016年税改前这八年，美国固定资本形成额占GDP的比例平均为19.5%，2017～2019年税改后这三年该比例平均为20.6%，总体提高了1.1个百分点。

第三，税收通过对私人部门可支配收入造成影响，进而会制约企业投资的能力。通常来说，投资决定会受到私人部门可支配收入的显著影响，而税收又会对私人部门可支配收入造成影响。税收负担越沉重，私人部门的可支配收入就越低，在假设投资不受其他因素影响的情况下，私人部门的投资就会越少；相反，税收负担越轻，可支配收入就越多，私人部门的投资越多。因此，总体来看，减税会增加私人部门可支配收入，进而扩大私人部门投资规模，提高投资能力。另外，税收负担还会通过提高或者降低投资乘数，激发或者制约企业投资能力，比如提高整体宏观税率会明显降低企业投资乘数，进而减弱投资对于GDP的促进作用。

8.2.2 国际减税趋势对中国优化营商环境的影响

过去几年中国在减费降税方面出台了不少举措，这对推进国家治理体系和治理能力现代化具有多重意义，影响深远。诸如加大出口退税力度，简化税制，分两步将增值税税率从17%降至13%，全面实施“营改增”，提高中小企业和个人所得税起征点，增加个人所得税抵扣项目，对一些特殊行业和产业实施减半征税等积极政策，对增强我国企业市场竞争力具有积极作用。根据党的十九大的指导精神，我国在2017年初制定了减税1万亿元的计划后，在2018年又减税3500亿元，减费2000亿元，深入有序地推进各项税费改革，以降低企业经营成本，缓解企业经营压力，激发经济内在活力。2019年减税降费23600亿元，超过原定规模近2万亿元。2020年全国新增减税降费超时2.5万亿元。从微观主体税负看，各行业企业税负均实现了只减不增，各有不同程度下降。其中，2019年民营重点税源企业税负同比下降1.18个百分点；从主要税种税率看，改革后的增值税高档税率（13%）显著低于欧洲发达国家和新兴市场国家水平（平均约为19%）。从宏观税负看，近年来我国宏观税负不断下降，整体税负水平较发达国家而言处于较低位，甚至也略低于众多发展中国家水平，2019年又同比下降1.07个百分点，这既能进一步减轻市场主体税负、优化营商环境，又倒逼政府优化收支结构、厘清职能边界、创新行政方式、提高行政效能，推动政府与市场关系在更高水平上进一步重塑。根据世界银行发布的《2020年营商环境报告》数据资料可知，与上年相比，我国营商环境的总体排名提升了15位，名列第31，取得了该报告发布以来的最好名次。其中，减税降费有关措施被该报告列为8项营商环境改革亮点之一。

近些年来，全球范围内相继实施的减税浪潮与我国自2016年以来持续推进的供给侧结构性改革、减税降费及"三去一降一补"，在时间和内涵上都存在着较高的相似性和趋同性，所以在现有体制和背景环境下，中国实施的这些改革的正面影响应该可以抵销大部分美国降税的负面影响。但需要注意的是，美国大幅度降税的行为一定程度上会使得国际竞争格局面临或发生重大改变，很多国家迫于压力，只能被动追随减税，进而引起全球范围内的减税大战，而这极有可能会进一步导致外资企业加速撤离中国。因此，倘若我国国内的税率仍旧居高不下，抑或是税费体制依旧繁冗复杂，税负总量也继续攀高，那么我国的营商环境就会在国际竞争中逐渐失去优势而处于不利地位。在高税负环境、复杂的政商关系以及充分对冲人民币贬值的多重因素叠加影响下，在中国的美国资本撤离中国的动机将会变得更加强烈，特别是特朗普政府实施的税改所引发的美国企业海外利润回流，会更进一步刺激美国企业撤离。当前，我国国内固定资产投资增长日渐趋缓且呈台阶式震荡，财政收入增速也稳中有降且依旧处于紧平衡状态，公共支出压力也持续加大，这些都对我国经济转型造成了一定的负面影响。与此同时，制造业作为我国国民经济中的一大重要产业，扮演的角色也面临着功能转换，即由最初的实现经济发展转向承担解决劳动力就业，稳定社会秩序和提高居民收入。此外，随着我国劳动力成本持续上涨、中低端劳动力面临严重结构性失衡，经济活动的主要目标也在向保就业、促就业，提高劳动力价格时期过渡。因此，国际减税大战会加快外来资本的撤离，一方面虽然会导致国内就业水平降低和居民劳动收入减少，但另一方面也会为我国本土企业发展孕育出新的机会。然而，值得注意的是，如果没有了“鲶鱼效应”，国内企业怎样再实现产业转型升级和产品更新迭代，也将会成为我国经济发展面临的新问题。

8.2.3 国际减税对中国对“一带一路”沿线国家和地区直接投资区位分布的影响

为了获得竞争优势，在美国税改政策颁布后，许多“一带一路”沿线国家和地区为了应对这种复杂形势的变化，普遍都有自身的减税计划。与此同时，我国国内正在谋划和布局的鼓励企业积极参与国际分工体系的激励举措恰逢国际营商环境的有利变化，这显然对我国企业顺利“走出去”以及增加对“一带一路”沿线国家和地区的直接投资具有较强的带动作用。但是也要注意，为了提升我国国内企业在国际产业分工中的影响力和地位，抢占产业链制高点，同样也离不开发达经济体的支撑，所以我国产业升级的重要途径之一是在发达国家展开投资。因此，总体来说，目前世界范围内盛行的减税大战，一方面会有力推动我国企业积极“走出去”，尤其是通过对“一带一路”沿线国家和地区的对外投资，我国能够借此机会获得经济发展所需要的有利资源以及充分利用要素寻求发展机会，同时谋划沿线区域内投资空间布局；另一方面会引导国际资本逐渐回流至美国国内或者是那些被动跟随美国进行降税的部分发达国家，此外，这还会诱使美国跨国企业等那些原本计划在国外进行投资的资金回流至美国国内或者是其他营商环境较为安全且优越的地区，特别是进一步诱导在中国的外企投资资金撤离，进而回流至美国等营商环境较为良好的地区，这对于定位于国际产能合作和过剩产能输出的“一带一路”沿线国家和地区和中国来说，又形成了相互竞争和替代的关系。据中国商务部统计，美国税改前的 2015 年，中国对“一带一路”沿线国家和地区直接投资流量占中国对外直接投资总额的比例为 13%，2016 年这一比例跌至 8.8%，2017 年和 2018 年分别为 12.7%、12.5%。存量金额占比在 2013 年创造了 10.9% 的历史纪录后就不断下跌，在美国进行大规模税改的 2017 年仅为 8.8%，

2018年也只是微增至8.9%。这表明"一带一路"沿线国家和地区并没有成为我国对外直接投资的重点地区，我国对外直接投资主要还是投往发达国家和营商环境好的新兴工业化地区。

8.2.4 国际减税背景下，中国对"一带一路"沿线国家和地区直接投资优化思路

目前，我国经济发展面临着国际减税和传统产业升级，尤其是制造业转型升级的"双重压力"。毫无疑问，中国唯有通过继续深化改革，特别是税制改革，合理为企业减税降负，以做大做强中高端制造业品牌为立足点，同时加快企业与"一带一路"沿线国家和地区在国际产能方面的合作，才能顺势把握和抓住以智能化为核心和主线的人类第四次工业革命浪潮，稳步推进"中国制造2025"的强国战略，从而最终在竞争激烈的"制造强国"环境背景下，使"中国制造品牌"长期处于不败且遥遥领先的地位。

这些年，由于内外部种种因素的存在，作为全球制造业"第一大国"的中国，并未能完美且如期地顺利实现向"制造强国"的华丽转变。究其背后原因，既有企业税费负担沉重、资源环境日渐趋紧、劳动力成本逐年上升等多方面不利因素"共振"的影响，又有政府各项所得（包括各种税收、社会保险缴费和行政性收费等）长期在国民收入分配中所占比重过大，从而挤压企业所得的现实情况。无疑，后者是导致企业负担逐渐加大的首要因素，而且这也会使原本较欧美等工业化国家而言就已经具备的综合成本优势逐渐丧失。所以，在国际减税大环境下，中国应分类有序地深化税费改革，稳步推进"减税清费"举措，这不仅能大幅度削减制造业税费负担，而且在制造业转型升级时期也能提供重要税法保障。更为特别的是，这一举措也契合现代税法的基本准则。

未来，中国应继续以降低宏观税负为重心，加大积极财政政策实施力度，在2020年叠加了新冠肺炎疫情影响以后，财政赤字和国债占GDP的比例应该有所提高。同时还要及时调整税收结构，逐步从间接税为主转向间接税、直接税并重，尤其是要围绕增值税改革为重心，依靠更加完善和全面的增值税抵扣制度以及通过降低增值税税率来减轻企业税收负担，规范税外收费以降低制造业企业的缴费成本，改善企业营商环境，同时面对

自身比较优势丧失，以及国内制造业转型升级的现实需要，加快扶持企业“走出去”，建立企业海外投资扶持和风险担保基金，通过国际税收饶让和减免，扩大国际产能合作力度，加快过剩产能转移，实现要素重组和资源优化配置，进而借鉴世界其他国家，尤其是那些已经完成“再工业化”的全球重要经济体的经验和措施，立足于我国基本国情，逐步推进税费改革和加快税收立法的步伐，通过研发费用延迟缴纳、直接抵扣税款等制度设计不断创造改革红利，从而妥善应对和有效解决制造业税费成本和负担过于沉重的问题，努力提升中国制造业在全球范围内的国际竞争力，并进而完成构建中国“制造强国”的宏伟目标。

8.3 人民币国际化对中国对“一带一路”沿线国家和地区直接投资的优化分析

中国重构自主创新的全球价值链，关键在于国际价值基准保持稳定，而现行的国际价值基准都是由西方发达国家的货币承担。然而，自2008年全球金融危机以后，西方发达国家纷纷实施量化宽松政策，也即将其债务货币化，这对于我国企业拓展国际市场形成了巨大威胁。从这方面来说，我国重构全球价值链的更基础的工作，还在于推进人民币国际化，这也说明人民币国际化能够优化中国OFDI的空间分布。人民币国际化不仅包括支付人民币化、结算人民币化和国际储备人民币化，还包括人民币汇率制度选择问题，作为世界经贸大国，人民币应逐渐增加“浮动”的幅度，在时机成熟（人民币国际化和金融深化取得更大的进展，资本项目完全可自由兑换）以后，逐渐由有管理的浮动汇率制，转向自由浮动汇率制[①]。为此，我们有必要先从理论方面谈下优化思路，进而在此基础上回顾人民币国际化进程，谈谈人民币国际化对于中国对“一带一路”沿线国家和地区直接投资的影响及其优化思路。

① 刘振林．东亚货币合作与人民币汇率制度选择研究［M］．北京：中国经济出版社，2006.

8.3.1 汇率不确定条件下的区位优化模型分析

1973年布雷顿森林体系崩溃后，工业化国家逐渐采用浮动汇率制度，以减少政府对汇率的干预。然而，汇率波动对出口制造商的现金流和企业跨国经营的生产基地选址有显著的影响。Blonigen（1997）和Tomlin（1998）认为，实际汇率的门槛值成为一个重要的决策指标。在被动管理的假设下，管理层对变化的期货市场条件作出反应的灵活性，可以通过提高投资的上限收益，同时限制下限损失，增加投资机会的价值来实现。由于管理适应性而产生的省略不对称要求“扩展NPV”规则，该规则一方面反映了直接现金流的传统NPV价值成分，包括静态或被动的；另一方面又反映了经营和战略适应性期权价值。这一主张并不意味着传统的NPV应该被忽略，而是应该将其视为基于选择的、扩展的NPV分析的关键、必要的输入，就像Trigeorgis（1995）所做的那样。因此，完整的NPV方法，正确表述为：扩张（战略）NPV=静态（被动）预期现金流NPV+主动管理期权的价值。

此外，Abel（1983）利用CES生产函数评估竞争性企业的价值。竞争性企业根据柯布-道格拉斯生产函数运用劳动力和资本生产产品。公司以固定的工资率雇用劳动力，并承担总投资，增加调整成本。销售量是劳动力和资本的函数，商品价格遵循几何布朗运动，但单位时间内价格的瞬时条件预期百分比变化为零。因此，生产基本上是计划生产。假设企业是风险中性的，并根据资本积累公式使其现金流的预期现值最大化，企业的价值就成为现金流的最大预期现值。在汇率不确定性的情况下，Dixit（1989）运用实物期权方法对多种行业进入或退出美国市场进行了建模。Campa（1993）使用Tobit规则来测试20世纪80年代美国实际汇率波动对外国直接投资的影响。Campa（1993）发现汇率波动、汇率漂移、沉没成本和劳动力与这些行业中的外资规模呈负相关。同时，汇率与这些行业的外资规模正相关。Tomlin（2000）采用计数数据规范对发生的FDI计数进行建模，发现结果与Campa（1993）的研究相似。

产业结构的变化和批量生产逐渐取代计划生产，使得采用批量生产工艺的产业价值评估方法显得尤为重要。例如，台积电（中国台湾地区半导体制造公司）和联华电子（联合微电子公司）生产成本很昂贵的芯片，并采用BTO（按订单制造）的方式进行生产。在中国台湾地区，投资的不确定性更大，实际工资成本很高，所以他们会把生产基地从中国台湾地区转移到中国大陆或其他国家。因此，很少有研究讨论与大批量生产过程相关的投资决策，除了Lin et al.（2002）和Wu（2002，2003，2004）。本书接下来将从两国之间的两个生产地点出发，扩展批量生产过程模型，建立三个生产地点的决策价值模型，确定最优转移阈值，并解释其经济意义。

8.3.1.1 三个国家的CES批处理模型

下面我们使用CES生产函数探索批处理过程。考虑一个出口导向的制造商，具有恒定的产能，生产固定数量的货物 φ，完全满足市场需求，它有三个生产地点，分别属于国家 $i=0$，1，2（例如：中国、美国、印度）。只有劳动力 L、原材料 ξ 和固定技术参数 A 影响生产函数。出口商的销售点为国家1，净利润以国家0货币计算。对于出口国 $i=0$，2来说，都要被征收关税 τ_i，且物价以国家1于 s 时期的货币 P_{1s} 为准。设 R_{10}（t）代表实际汇率，即国家1货币的实际价格，是以国家0货币为单位表示。假定实际汇率为几何布朗运动：

$$dR_{10}(t)/R_{10}(t) = \mu DT + \sigma dZ(T) \tag{8.1}$$

在此，dz 表示标准维纳过程的增量，μ 表示实际汇率的偏差，σ 表示实际汇率的波动。首先，它具有足够的实证支持，详见Frankel和Meese（1987）的研究。设 $R_{21}(T)$ 代表实际汇率，即国家2货币的实际价格，是以国家1货币为单位表示。假设国家1和国家2之间的实际汇率的相关性为 $R_{21}(T) = M$，M 是一个常数，它表示国家0和国家1之间没有直接交换。例如，以国家0货币计算的国家2货币的实际价格为 $R_{20} = R_{21} \times R_{10} = MR_{10}$。批处理模型根据国家 i，对 $i = 0,1,2$ 中的不变弹性替代生产函数产生输出。函数要考虑的因素包括：国家 i 于时间 s 时的劳动力 L_{is}、国家 i 于时间 s 时的原材料 K_{is} 和技术标准 A_{is}，其他外部因素包括国家 i 于时间 s 时的实际工资 ω_{is}，国家 i 于时间 s 时的实际原材料的价格 ξ_{is}，以及国家 i 于时间 s 时的销售数量 ψ_{is}。假设投资者为风险厌恶者，所有资产的定价都是为了产生一个与风险调整利率 r_d 相等的预期收益率，该收益率由CAPM模型决定：$rd = r + \varphi\rho_{RM}\sigma$。其中 r 是无风险利率，φ 是风险的市场价格，ρ_{RM}

是实际汇率与市场组合之间的相关性系数。如果当地的出口导向制造商决定转移他们的生产，那么转移生产地点的成本应用国家 i，$i=1$，2 的货币支付。

本节利用 CES 生产函数探索批处理过程，满足出口商产品在国内外的最大价值。本部分旨在优化劳动 L_s 以及原材料 ξ、s，然后得到它们的特殊解决方案。这一可解过程利用真实期权方法中的价值匹配和平滑处理来确定最优解，以优化决定转移生产地点的出口商的阈值。对出口商来而言，决定将其位置从国家 0 转移到国家 1（2）的最佳转移阈值就是使用实际期权分析 $R_{10ROA}^{*0\to1}$（$R_{10ROA}^{*0\to2}$），而这对于决定将产能从国家 0 到国家 1（2）进行转移的出口商而言，使用 NPV 方法表示就是 $R_{10NPV}^{*0\to1}$（$R_{10NPV}^{*0\to2}$）。

定义 1：出口商在 0 国生产的市场价值被定义为：

$$\begin{cases} V_0\left[R_{10}(t)\right]=\max\limits_{\{L_{ot},K_{0t}\}}E_t\times\left\{\int_t^{\infty}e^{-r_d(s-t)}\left[(1-\tau_0)R_{10}(s)\psi_{0s}P_{1s}-\omega_{0s}L_{0s}-\xi_{0s}K_{0s}\right]\mathrm{d}s\right\} \\ s.t.\ \psi_{0s}=A_{0s}\left[\alpha_0L_{0s}^{-\rho}+(1-\alpha_0K_{0s}^{-\rho})\right]^{-\frac{1}{\rho}} \\ \mathrm{d}R_{10}\,s=\mu R_{10}\,s\mathrm{d}s+\sigma R_{10}s\mathrm{d}Z(s) \end{cases} \tag{8.2}$$

其中，E_t 是在时间 t 包含 $R_{10}(t)$ 上给定信息的条件期望算子。出口商在国家 0 生产的生产价值是现金流的最大预期现值。在 CES 批处理模型中，时间 s 的现金流按风险调整率 r_d 折现到时间 t，决策变量是劳动 L_0 以及原材料 ξ_0。其中：①出口商根据 CES 生产功能考虑客户需求和生产产出。②在公式（8.2）中，$(1-\tau_0)R_{10}(S)\psi_{0s}P_{1s}$ 为收入，其中 ψ_{0s} 表示销售量，为常量。于此，销售量是以批处理的方式来定义的，即出口商根据货物订单生产产量。因此，出口商根据订单水平考虑客户需求和生产产出，使用最优劳动力 L_{0s} 和原材料 ξ_{0s}。

$$V_0\left[R_{10}(t)\right]=\max\limits_{\{L_{ot},K_{ot}\}}E_t\times\left\{\int_t^{\infty}e^{-r_d(s-t)}\left[(1-\tau_0)R_{10}(t)\psi_{0t}P_{1t}-\omega_{0t}L_{0t}-\xi_{0t}K_{0t}\right]\mathrm{d}t\right\} \tag{8.3}$$

$$s.t.\ \psi_{0s}=A_{0s}\left[\alpha_0L_{0s}^{-\rho}+(1-\alpha_0K_{0s}^{-\rho})\right]^{-\frac{1}{\rho}},\mathrm{d}R_{10}s=\mu R_{10}s\mathrm{d}s+\sigma R_{10}s\mathrm{d}Z(s) \tag{8.4}$$

$$V_0\left[R_{10}(t)\right]=\max\limits_{\{L_{0t},K_{0t}\}}E_t\times\{\left[(1-\tau_0)R_{10}(t)\psi_{0t}P_{1t}-\omega_{0t}L_{0t}-\xi_{0t}K_{0t}\right]+E_t(1-r_d\mathrm{d}t)\left[V_0\left[R_{10}(t)\right]+\mathrm{d}V_0\left[R_{10}(t)\right]\right]\} \tag{8.5}$$

这意味着：

$$s.t.\ \psi_{0s}=A_{0s}[\alpha_0 L_{0s}^{-\rho}+(1-\alpha_0 K_{0s}^{-\rho})]^{\rho},\mathrm{d}R_{10}s=\mu R_{10}s\mathrm{d}s+\sigma R_{10}s\mathrm{d}Z(s) \quad (8.6)$$

其中 $\mathrm{d}V_0[R_{10}(t)]$ 定义为 $V_0[R_{10}(t+\mathrm{d}t)]-V_0[R_{10}(t)]$，在给定 $\mathrm{d}R_{10}(t)$ 的随机微分公式（8.1）的情况下，可以用它的引理求值。

$$\mathrm{d}V_0[R_{10}(t)]=[\mu V_{0R}+\frac{1}{2}\sigma^2 V_{0RR}]\mathrm{d}t+\sigma V_{0R}\mathrm{d}z \quad (8.7)$$

利用公式（8.7）计算 $E_t\mathrm{d}V_0$，代入公式（8.5），得到 Bellman 公式：

$$\begin{cases} r_d V_0[R_{10}(t)]=\max\limits_{\{L_{0t},K_{0t}\}}\{(1-\tau_0)R_{10}(t)\psi_{0t}P_{1t}-\omega_{0t}L_{0t}-\zeta_{0t}K_{0t}]+ \\ \mu R_{10t}V_{0R}[R_{10}(t)]+\frac{1}{2}\delta^2[R_{10}(t)]^2 V_{0RR}[R_{10}(t)]\} \\ s.t.\ \psi_{0s}=A_{0S}[\alpha_0 L_{0s}^{-\rho}+(1-\alpha_0 K_{0s}^{-\rho})]^{-1/\rho} \end{cases} \quad (8.8)$$

用动态规划方法解决这一最优控制问题的标准方法包括两个步骤。首先假设值函数 $V_0[R_{10}(t)]$ 已知，然后通过求解公式（8.8）的最大化问题，找到最优 L_{0t} ,K_{0t} 。对于可微函数，可以使用对的微分得到拉格朗日乘数 $\{L_{0t}, K_{0t}\}$。

$$\max_{\{L_{0t},K_{0t}\}}[(1-\tau_0)R_{10}(t)\psi_{0t}P_{1t}-\omega_{0t}L_{0t}-\xi_{0t}K_{0t}]=[(1-\tau_0)1R_{10}(t)\psi_{0t}P_{1t}-(A_{0t})^{-1}[(\alpha_0)^{\frac{1}{(\rho+1)}}\omega_{0t}^{\frac{\rho}{\rho}+1}+(1-\alpha_0)^{\frac{1}{(\rho+1)}}(\xi_{0t})^{\frac{\rho}{(\rho+1)}\frac{(1+\rho)}{\rho}}] \quad (8.9)$$

将公式（8.9）代入公式（8.8）得：

$$\frac{1}{2}\sigma^2[R_{10}(t)]V_{0RR}(R_{10}t)+\mu[R_{10}(t)]V_{0R}(R_{10}t)-r_d V_0[R_{10}(t)]+$$
$$[(1-\tau_0)R_{10}(t)\psi_{0t}P_{1t}-(A_{0t})^{-1}\{(\alpha_0)^{\frac{1}{(\rho+1)}}(\omega_{0t})^{\frac{\rho}{\rho+1}}+[(1-\alpha_0)^{\frac{1}{(\rho+1)}}(\xi_{0t})^{\frac{\rho}{(\rho+1)}}]^{\frac{(1+\rho)}{\rho}}\}=0 \quad (8.10)$$

出口国在国家0生产的市场价值为 $V_0[R_{10}(t)]$：

$$V_0[R_{10}(t)]=R_{10}(t)/(r_d-\mu)(1-\tau_0)\psi_{0t}P_{1t}-1/(r_d A_{0t})\{(\alpha_0)^{\frac{1}{(\rho+1)}}(\omega_{0t})^{\frac{\rho}{\rho+1}}+[(1-\alpha_0)^{\frac{1}{(\rho+1)}}(\xi_{0t})^{\varphi\rho+1}]^{\frac{(1+\rho)}{\rho}}\} \quad (8.11)$$

当然，上述观察结果只是就静态经济而言。从金融的角度来看，我们可以得出结论 $(r_d-\mu)>0$ 。否则，投资于该资产就没有风险了，因为资金可以 $(r_d-\mu)$ 利率借入，然后在无须承担 μ 水平风险的情况下进行投资，从而产生无限的利润。此外，从传统经济角度看，出口商在国家0的生产价值等于出口商在国家0生产的市场价值。然而，如果实际汇率继续上升，则出口国将会把他在出口国的生产地点转移到国家0，以降低生产成本，否则，就会产生机会成本。鉴于不确定的汇率，这意味着在0国生产的出口商很可能会与美国交流。因此，将生产地点从国家0转移到国家1（2）的期权价值（即出口商在接受前在国家0生产的市场价值）$F^{0\to1(2)}$（$R_{10}t$），满足Dixit和Pindyck（1994）中规定形式的常微分公式，而δ就是股息率。

$$\frac{1}{2}\sigma^2F_{RR}^{0\to1(2)}[R_{10}(t)]+(r-\delta)F_R^{0\to1(2)}[R_{10}(t)]-rF^{0\to1(2)}[R_{10}(t)]=0 \tag{8.12}$$

通过施加适当的边界条件（值匹配和平滑处理），求解为：

$$F^{0\to1(2)}[R_{10}(t)]=K_1[R_{10}(t)]^{\beta1}+K_2[R_{10}(t)]^{\beta2} \tag{8.13}$$

其中特征公式为$Q\equiv\frac{1}{2}\sigma^2\beta(\beta-1)+(r-\delta)\beta-r=0$，这两个根定义为：

$$\beta_1=\frac{1}{\sigma^2}\left\{-\left(r-\delta-\frac{1}{2}\sigma^2\right)+\sqrt{\left(r-\delta-\frac{1}{2}\sigma^2\right)^2+2r\sigma^2}\right\}>1 \tag{8.14}$$

$$\beta_2=\frac{1}{\sigma^2}\left\{-\left(r-\delta-\frac{1}{2}\sigma^2\right)+\sqrt{\left(r-\delta-\frac{1}{2}\sigma^2\right)^2+2r\sigma^2}\right\}<0 \tag{8.15}$$

当实际汇率$R_{10}(t)$趋近于无穷大时，$K_1[R_{10}(t)]^{\beta_1}$将发散。出口商也将不会永久转移生产地点，等待时间值接近于零。因此，必须设置$K_1=0$，将公式（8.13）修正为：$F^{0\to1(2)}[R_{10}(t)]=K_2[R_{10}(t)]^{\beta2}$。因此，出口商从国家0转移到国家1，公式（8.2）的市场价值被定义为：

$$^{+}V_{0(2)}[R_{10}(t)]=[R_{10}(t)](1-\tau_0)\psi_0p_{1t}/(R_d-\mu)-\frac{1}{r_dA_{0t}}\{(\alpha_0)^{\frac{1}{(\rho+1)}}(\omega_{0t})^{\frac{\rho}{(\rho+1)}}$$
$$+[(1-\alpha_0)^{\frac{1}{(\rho+1)}}(\xi_{0t})^{\frac{\rho}{(\rho+1)}}]^{\frac{(1+\rho)}{\rho}}\}+K_2R_{10t}^{\ \beta_2} \tag{8.16}$$

值得注意的是，出口商从国家0转移到国家1（2）的市场价值是实际汇率的非线性函数。

定义2：出口商在国家1生产的市场价值被定义为：

$$\begin{cases}V_1(R_{10t})=\max\limits_{\{L_{1t},K_{2t}\}}E_t\left\{\int_t^{\infty}e^{-r_d(s-t)}R_{10s}[\psi_{1s}P_{1s}-\omega_{1s}L_{1s}-\xi_{1s}K_{1s}]\mathrm{d}s\right\}\\ s.t.\ \psi_{1s}A_{1s}[\alpha_1L_{1s}^{-\rho}+(1-\alpha_1)K_{1s}^{-\rho}]^{-\frac{1}{\rho}}\\ \mathrm{d}R_{10s}=\mu R_{10s}\mathrm{d}s+\sigma R_{10s}\mathrm{d}Z(s)\end{cases} \tag{8.17}$$

出口商在国家1生产的市场价值是现金流的最大预期现值，经济平均值类似于定义1。根据同样的定义，出口商在国家1生产的市场价值应满足公式（8.18）。

$$\frac{1}{2}\sigma^2(R_{10t}^2)V_{1RR}(R_{10t})+\mu(R_{10t})V_{1R}(R_{10t})-r_dV_1(R_{10t})+R_{10t}\{\psi_{1t}P_{1t}-(A_{1t})^{-1}$$

$$[(\alpha_1)^{\frac{1}{(\rho+1)}}\omega_{1t}^{\frac{\rho}{(\rho+1)}}+[(1-\alpha_1)^{\frac{1}{(\rho+1)}}(\xi_{1t})^{\frac{\rho}{(\rho+1)}}]^{\frac{(1+\rho)}{\rho}}]\}=0 \tag{8.18}$$

如果拥有当地生产设施的出口商决定将其生产地点从国家 0 转移到国家 1，则应支付转移生产地点的费用为 $R_{10t}E_1$。因此，出口商在国家 1 生产的市场价值被视为违约 $^{+}V_1$（R_{10t}）。

$$^{+}V_1(R_{10t})=$$

$$R_{10t}\left\{\frac{1}{(r_d-\mu)}\left[\psi_{1t}P_{1t}-\frac{\psi_{1t}}{A_{1t}}\times[(\alpha_1)^{\frac{1}{(\rho+1)}}(\omega_{1t})^{\frac{\rho}{(\rho+1)}}+(1-\alpha_1)^{\frac{1}{(\rho+1)}}(\xi_{1t})^{\frac{\rho}{(\rho+1)}}]^{\frac{(1+\rho)}{\rho}}\right]-E_1\right\} \tag{8.19}$$

这一结果类似于定义 1 中的静态经济。值得注意的是，出口商在国家 1 生产的市场价值是实际汇率的线性函数。

定义 3：出口商在国家 2 生产的市场价值被定义为：

$$\begin{cases} V_2(R_{10t},R_{20t})= \\ \max\limits_{\{L_{2t},K_{2t}\}}E_t\left\{\int_t^{\infty}e^{-r_d(s-t)}[(1-\tau_2)R_{10s}\psi_{2s}P_{1s}-R_{20t}\times(\omega_{2s}L_{2s}+\xi_{2s}K_{2s})]\mathrm{d}s\right\} \\ s.t.\ \psi_{2s}A_{2s}\ [\alpha_2L_{2s}^{-\rho}+(1-\alpha_2)K_{2s}^{-\rho}]^{-\frac{1}{\rho}} \\ \mathrm{d}R_{10s}=\mu R_{10s}\,\mathrm{d}s+\sigma R_{10s}\mathrm{d}Z(s) \\ R_{20s}=R_{21s}\times R_{10s}=MR_{10s} \end{cases} \tag{8.20}$$

出口商在国家 2 的市场价值是现金流的最大预期现值，经济平均值类似于定义 1。根据同样的定义，出口商在国家 2 的生产价值应满足公式（8.21）。

$$\frac{1}{2}\sigma^2(R_{10t}^2)V_{2RR}(R_{10t})+\mu(R_{10t})V_{2R}(R_{10t})-r_dV_2(R_{10t})+R_{10t}\{(1-\tau_2)\psi_{1t}P_{1t}-$$

$$M(A_{2t})^{-1}[(\alpha_2)^{\frac{1}{(\rho+1)}}(\omega_{2t})^{\frac{\rho}{(\rho+1)}}+[(1-\alpha_2)^{\frac{1}{(\rho+1)}}(\xi_{2t})^{\frac{\rho}{(\rho+1)}}]^{\frac{(1+\rho)}{\rho}}\}=0 \tag{8.21}$$

出口商在国家 2 生产的市场价值为 V_2（R_{10t}）：

$$V_2(R_{10t})=$$

$$R_{10t}\left\{\frac{1}{(r_d-\mu)}\left[(1-\tau_2)\psi_{2t}P_{1t}-\frac{M\psi_{2t}}{A_{2t}}\times[(\alpha_2)^{\frac{1}{(\rho+1)}}(\omega_{2t})^{\frac{\rho}{(\rho+1)}}+(1-\alpha_2)^{\frac{1}{(\rho+1)}}(\xi_{2t})^{\frac{\rho}{(\rho+1)}}]^{\frac{(1+\rho)}{\rho}}\right]\right\} \tag{8.22}$$

如果拥有当地生产设施的出口商决定将其生产地点从国家 0 转移到国

家2，则应支付转移生产地点的费用为$R_{20t}E_2$。因此，出口商在国家2生产的市场价值被界定为：

$$^{+}V_2(R_{10t}) =$$

$$R_{10t}\left\{\frac{1}{(r_d-\mu)}\left[(1-\tau_2)\psi_{2t}P_{1t}-\frac{M\psi_{2t}}{A_{2t}}\times\left[(\alpha_2)^{\frac{1}{(\rho+1)}}(\omega_{2t})^{\frac{\rho}{(\rho+1)}}+(1-\alpha_2)^{\frac{1}{(\rho+1)}}(\xi_{2t})^{\frac{\rho}{(\rho+1)}}\right]^{\frac{(1+\rho)}{\rho}}\right]-ME_2\right\} \tag{8.23}$$

这一结果类似于定义1中的静态经济。值得注意的是，出口商在国家2生产的市场价值是实际汇率的线性函数。

下一步是考虑确定生产地点的方法。Dixit and Pindyck（1994）概述了这些条件如下：

$$\begin{cases} ^{+}V_{01}({}_{1-0}R_t) = {}^{+}V_1({}_{1-0}R_t)\ \text{（值匹配条件）} \\ ^{+}V_{01R}({}_{1-0}R_t) = {}^{+}V_{1R}({}_{1-0}R_t)\ \text{（平滑处理条件）} \end{cases} \tag{8.24}$$

$$\begin{cases} ^{+}V_{02}({}_{1-0}R_t) = {}^{+}V_2({}_{1-0}R_t)\ \text{（值匹配条件）} \\ ^{+}V_{02R}({}_{1-0}R_t) = {}^{+}V_{2R}({}_{1-0}R_t)\ \text{（平滑处理条件）} \end{cases} \tag{8.25}$$

对于出口商决定将其位置从国家0转移到国家1，其最优转移阈值$R^{*0\to1}_{10ROA}$可以写成：

$$R^{*0\to1}_{10ROA} = \frac{\beta_2}{(\beta_2-1)}\frac{H_0}{[G_{01}+H_1+E_1]} \tag{8.26}$$

对于出口商决定将其位置从国家0转移到国家2，其最优转移阈值$R^{*0\to2}_{10ROA}$可以写成：

$$R^{*0\to2}_{10ROA} = \frac{\beta_2}{(\beta_2-1)}\frac{H_0}{[G_{02}+MH_2+ME_2]} \tag{8.27}$$

在此，

$$H_0 = \frac{\psi_{0t}}{r_d A_{0t}}\left[(\alpha_0)^{\frac{1}{(\rho+1)}}(\omega_{0t})^{\frac{\rho}{(\rho+1)}}+(1-\alpha_0)^{\frac{1}{(\rho+1)}}(\xi_{0t})^{\frac{\rho}{(\rho+1)}}\right]^{\frac{(1+\rho)}{\rho}} \tag{8.28}$$

$$H_1 = \frac{1}{(r_d-\mu)}\frac{\psi_{1t}}{A_{1t}}\left[(\alpha_1)^{\frac{1}{(\rho+1)}}(\omega_{1t})^{\frac{\rho}{(\rho+1)}}+(1-\alpha_1)^{\frac{1}{(\rho+1)}}(\xi_{1t})^{\frac{\rho}{(\rho+1)}}\right]^{\frac{(1+\rho)}{\rho}} \tag{8.29}$$

$$H_2 = \frac{1}{(r_d-\mu)}\frac{\psi_{2t}}{A_{2t}}\left[(\alpha_2)^{\frac{1}{(\rho+1)}}(\omega_{2t})^{\frac{\rho}{(\rho+1)}}+(1-\alpha_2)^{\frac{1}{(\rho+1)}}(\xi_{2t})^{\frac{\rho}{(\rho+1)}}\right]^{\frac{(1+\rho)}{\rho}} \tag{8.30}$$

$$G_{01} \equiv \frac{1}{(r_d-\mu)}P_{1t}[(1-\tau_0)\psi_{0t}-\psi_{1t}] \tag{8.31}$$

$$G_{02} = \frac{1}{(r_d - \mu)} P_{1t}[(1 - \tau_0)\psi_{0t} - (1 - \tau_2)\psi_{2t}] \tag{8.32}$$

从公式（8.26）和公式（8.27）可以得到几个结果。首先，H_0 是公式（8.11）右边的第二项，是费用成本。其次，$R_{10t}H_1$ 为公式（8.19）右侧第二项，为费用成本。$MR_{10t}H_2$ 为公式（8.22）右侧第二项，为费用成本。下面的部分将研究实际汇率中实物期权和 NPV 方法之间的最优转移阈值，并考虑与最优转移阈值相关的参数。

8.3.1.2　三个国家 CES 批处理模型的操作方法

根据公式（8.26）和公式（8.27），通过实物期权分析，出口商决定是否将其生产地点从国家 0 转移到国家 1（2）的最优转移门槛值如下：

情况 1：如果实际汇率 $R_t > \max\{R_{10ROA}^{*0\to1}, R_{10ROA}^{*0\to2}\}$，那么，出口商因此必须等待更长的时间才能将生产地点从国家 0 转移到国家 1（2）。

情况 2：如果实际汇率 $R_{10ROA}^{*0\to1}R_t > R_{10ROA}^{*0\to2}$，那么出口商将立即将生产地点从国家 0 转移到国家 1。相反，如果实际汇率 $R_{10ROA}^{*0\to2}R_t > R_{10ROA}^{*0\to1}$，那么出口商将立即将生产地点从国家 0 转移到国家 2。

情况 3：如果实际汇率 $R_{10ROA}^{*0\to1}R_t = R_{10ROA}^{*0\to2}$，那么出口商将立即将生产地点从国家 0 转移到国家 1 或国家 2。

8.3.1.3　比较决策方法和敏感性分析

根据定义 1、2 和 3 的结果，本书分析后得到了以下关于最优转移阈值的结果。

定理 1：通过实物期权分析得到出口商是否将其生产地点从国家 0 转移到国家 1（2）决策的最优转移阈值，即 $R_{10ROA}^{*0\to1}$（$R_{10ROA}^{*0\to2}$）；通过出口商决定是否将其生产地点从国家 0 转移到国家 1（2）的阈值的 β_2/β_{2-1} 倍，即 $R_{10NPV}^{*0\to1}$（$R_{10NPV}^{*0\to2}$）。

证明：

第一步：传统的 NPV 方法。

根据定义 1，出口商在国家 0 生产的市场价值定义为：

$$V_0(R_{10t}) = \frac{R_{10t}}{(r_d - \mu)}(1 - \tau_0)\psi_{0t}P_{1t} - \frac{\psi_{0t}}{r_d A_{0t}} \times$$

$$[(\alpha_0)^{\frac{1}{\rho+1}}(\omega_{0t})^{\frac{\rho}{\rho+1}}+(1-\alpha_0)^{\frac{1}{\rho+1}}(\xi_{0t})^{\frac{\rho}{\rho+1}}]^{\frac{1+\rho}{\rho}} \quad (8.33)$$

根据定义3，国家2生产的可出口厂商的市场价值定义为：

$$^{+}V_2(R_{10t})=R_{10t}\{\frac{1}{(r_d-\mu)}[(1-\tau_2)\psi_{2t}P_{1t}-\frac{M\psi_{2t}}{A_{2t}}\times$$
$$[(\alpha_2)^{\frac{1}{\rho+1}}(\omega_{2t})^{\frac{\rho}{\rho+1}}+(1-\alpha_2)^{\frac{1}{\rho+1}}(\xi_{2t})^{\frac{\rho}{\rho+1}}]^{\frac{1+\rho}{\rho}}-ME_2\} \quad (8.34)$$

在传统的NPV方法中，最优转移阈值应满足条件 $V_0(R_{10t})={}^{+}V_2(R_{10t})$。因此，出口厂商决定通过NPV法，将位置从国家0转移到国家2的阈值 $R_{10NPV}^{*0\to2}$ 可以写成：

$$R_{10NPV}^{*0\to2}=\frac{H_0}{[G_{02}+MH_2+ME_2]} \quad (8.35)$$

$$R_{10ROA}^{*0\to2}=\frac{\beta_2}{(\beta_2-1)}R_{10NPV}^{*0\to2} \quad (8.36)$$

同样，我们可以立即得到结果：

$$R_{10ROA}^{*0\to1}=\frac{\beta_2}{(\beta_2-1)}R_{10NPV}^{*0\to1} \quad (8.37)$$

附注：由公式（8.36）和公式（8.37）可以立即得到几个结果。（a）由于参数 $\beta_2<0$，那么 $0<\frac{\beta_2}{\beta_2-1}<1$，由此推断 $R_{10ROA}^{*0\to1(2)}<R_{10NPV}^{*0\to1(2)}$，因此，当出口商决定是否使用实物期权分析转移他们的生产位置时，最优转移阈值 $R_{10ROA}^{*0\to1(2)}$ 小于当出口商决定是否使用NPV方法转移其生产位置时的最优转移阈值 $R_{10NPV}^{*0\to1(2)}$。（b）实物期权和NPV方法的区别是等待时间决定的一个弹性值。（c）在汇率不确定性条件下，实物期权方法比传统的NPV方法更具有适用性。

定理2：如果实际汇率 μ 的漂移（Drift）增大，则通过实物期权分析和NPV方法得到出口商是否将其生产地点从国家0转移到国家1（2）的最优转移阈值 $R_{10ROA}^{*0\to1}$（$R_{10ROA}^{*0\to2}$）和 $R_{10NPV}^{*0\to2}$（$R_{10NPV}^{*0\to1}$）上升。

证明：

由于 $\frac{\partial}{\partial\mu}(\frac{\beta_2}{\beta_2-1})=\frac{\partial}{\partial\beta_2}(\frac{\beta_2}{\beta_2-1})\times\frac{\partial\beta_2}{\partial\mu}>0,\beta_2<0$，且 $0<\frac{\beta_2}{\beta_2-1}<1$，

由此可得：

$$\frac{R_{10ROA}^{*0\to2}}{\partial\mu}=\frac{H_0}{[G_{02}+MH_2+ME_2]}\times\frac{\partial}{\partial\mu}(\frac{\beta_2}{\beta_2-1})+\frac{\beta_2}{\beta_2-1}\times$$

$$\frac{\partial}{\partial\mu}\frac{H_0}{[G_{02}+MH_2+ME_2]}>0 \tag{8.38}$$

近似地，我们可以得到结果：

$$\frac{R^{*0\to1}_{10ROA}}{\partial\mu},\frac{R^{*0\to2}_{10NPV}}{\partial\mu},\frac{R^{*0\to1}_{10NPV}}{\partial\mu}>0 \tag{8.39}$$

附注：根据定理 2，如果实际汇率的漂移继续增加，则出口商由实物期权分析和 NPV 法得到的决定是否将其生产地点从国家 0 转移到国家 1（2）的最佳转移阈值 $R^{*0\to1}_{10ROA}$（$R^{*0\to2}_{10ROA}$）和 $R^{*0\to1}_{10NPV}$（$R^{*0\to2}_{10NPV}$）上升。因此，出口商必须等待更长的时间来转移生产地点。这一结果在理论上与 Dixit（1989）的结果相似，但在统计分析领域与 Campa（1993）和 Tomlin（2000）的结果不同。Tomlin（2000）指出，实际汇率行为的不可预测性可能导致这种“麻烦”结果的产生。

定理 3：当实际汇率的漂移 μ，小于零，实际汇率和市场投资组合之间的相关性系数等于零，如果实际汇率波动率 σ 上升，则出口商通过实物期权分析和 NPV 方法得到的决定是否将其生产位置从国家 0 转移到国家 1（2）的最佳转移阈值 $R^{*0\to1}_{10ROA}$（$R^{*0\to2}_{10ROA}$）和 $R^{*0\to1}_{10NPV}$（$R^{*0\to2}_{10NPV}$）下降。

证明：

由于 Q 是 R_t 中的二次公式，其根 $\beta_1>1$，$\beta_2<0$ 且 $\frac{1}{2}\sigma^2>0$，由此我们可得：

$$\frac{\partial Q}{\partial\beta_2}\equiv\frac{1}{2}\sigma^2(\beta_2-1)+(r-\delta-\frac{1}{2}\sigma^2)<0 \tag{8.40}$$

对 Q 关于 σ 全微分，我们可得：

$$\frac{\partial Q}{\partial\beta_2}\frac{\partial\beta_2}{\partial\sigma}+\frac{\partial Q}{\partial\sigma}=0 \tag{8.41}$$

$$\frac{\partial Q}{\partial\sigma}\equiv\sigma\beta_2(\beta_2-1)>0 \tag{8.42}$$

将公式（8.40）、公式（8.42）代入公式（8.41）得：

$\frac{\partial\beta_2}{\partial\sigma}>0$，由此，可得：

$$\frac{R^{*0\to2}_{10ROA}}{\partial\sigma}=\frac{H_0}{[G_{02}+MH_2+ME_2]}\times\frac{\partial}{\partial\mu}(\frac{\beta_2}{\beta_2-1})+\frac{\beta_2}{\beta_2-1}\times\frac{\partial}{\partial\sigma}\frac{H_0}{[G_{02}+MH_2+ME_2]}>0$$

$$= \frac{H_0}{[G_{02} + MH_2 + ME_2]} \times \frac{\partial}{\partial \sigma}\left(\frac{\beta_2}{\beta_2 - 1}\right) + \frac{\beta_2}{\beta_2 - 1} \times \left(\frac{1}{r_d}\right)^2$$

$$\times \left[\left(\frac{\mu\rho_m, Rr_d H_0}{r_d - \mu}\right) \times (G_{02} + MH_2) - ME_2\right] \times \frac{1}{(G_{02} + MH_2 + ME_2)^2} < 0 \tag{8.43}$$

同样,我们可以立即得到近似结果:

$$\frac{R_{10ROA}^{*0\to1}}{\partial \sigma}, \frac{R_{10NPV}^{*0\to2}}{\partial \sigma}, \frac{R_{10NPV}^{*0\to1}}{\partial \sigma} < 0 \tag{8.44}$$

附注:根据定理3,当实际汇率的漂移μ小于零,实际汇率和市场投资组合之间的相关性系数等于零,如果实际汇率波动率σ上升,则出口商由实际期权分析和NPV方法得到的决定是否将其生产地点从国家0转移到国家1(2)的最优转移阈值$R_{10ROA}^{*0\to1}$($R_{10ROA}^{*0\to2}$)和$R_{10NPV}^{*0\to1}$($R_{10NPV}^{*0\to2}$)下降。因此出口商不得不等待更长的时间来转移生产地点。这一结果在理论上与Dixit(1989)相似,在统计分析上与Campa(1993)和Tomlin(2000)相似。

通过数学分析,我们可以立即得到其他参数的敏感性分析,具体如表8.2所示。

表8.2　将生产转移到国家1(2)最优转移阈值的参数

参数	ω_0	ω_1	ω_2	ξ_0	ξ_1	ξ_2	A_0	A_1	A_2	E_1	E_2	τ_0	τ_1	M
$R_{10ROA}^{*0\to1}$	+	-	N_o	+	-	N_o	-	+	N_o	-	N_o	-	N_o	N_o
$R_{10NPV}^{*0\to1}$	+	-	N_o	+	-	N_o	-	+	N_o	-	N_o	-	N_o	N_o
$R_{10ROA}^{*0\to2}$	+	N_o	-	+	N_o	-	-	N_o	+	N_o	-	N_o	-	-
$R_{10NPV}^{*0\to2}$	+	N_o	-	+	N_o	-	-	N_o	+	N_o	-	N_o	-	-

8.3.1.3　结论

本书利用CES生产函数考察了在给定汇率不确定性条件下,三个国家的制造业出口商在批量生产过程中的生产情况。该模型假定有一个在国家0生产的出口商和一个在海外销售点(国外)生产的出口商。可以选择国家0、国家1和国家2的生产地点,然后出口商可以将生产地点从国家0转移到国家1(2),找到一个可以以低于现有生产地点的市场价值实现生产的最优生产地点，并计算出口商决定转移地点的最优转移阈值。上述研究得出了出口商转让生产地点决定的最优转移阈值，并对决定转移生产区位的出口商的最优转移阈值进行了内外部因素的敏感性分析。上述结果可为出口商的决策提供参考。

上述研究建立了决策模型，并进行了敏感性分析，为此得出以下结论：

(1) 三个国家间 CES 批处理模型操作方法。

情况 1：如果实际汇率 $R_t > \max\{R_{10ROA}^{*0\to1}, R_{10ROA}^{*0\to2}\}$，那么，出口商因此必须等待更长的时间才能将生产地点从国家 0 转移到国家 1（2）。

情况 2：如果实际汇率 $R_{10ROA}^{*0\to1} \geqslant R_t > R_{10ROA}^{*0\to2}$，那么出口商将立即将生产地点从国家 0 转移到国家 1。相反，如果实际汇率 $R_{10ROA}^{*0\to2} \geqslant R_t > R_{10ROA}^{*0\to1}$，那么出口商将立即将生产地点从国家 0 转移到国家 2。

情况 3：如果实际汇率 $R_t \leqslant R_{10ROA}^{*0\to1} = R_{10ROA}^{*0\to2}$，那么出口商将立即将生产地点从国家 0 转移到国家 1 或国家 2。

(2) CES 批处理模型比较决策方法。

①通过实物期权分析得到出口商是否将其生产地点从国家 0 转移到国家 1（2）决策的最优转移阈值 $R_{10ROA}^{*0\to1}$（$R_{10ROA}^{*0\to2}$），也即通过 NPV 方法得到出口商决定是否将其生产地点从国家 0 转移到国家 1（2）的阈值 $R_{10NPV}^{*0\to1}$（$R_{10NPV}^{*0\to2}$）β_2/β_2-1 倍]。

②实际汇率的漂移 μ 上升，则通过实物期权分析和 NPV 方法得到的出口商是否将其生产地点从国家 0 转移到国家 1（2）的最优转移阈值 $R_{10ROA}^{*0\to1}$（$R_{10ROA}^{*0\to2}$）和 $R_{10NPV}^{*0\to1}$（$R_{10NPV}^{*0\to2}$）上升。

③当实际汇率的漂移 μ 小于零，实际汇率和市场投资组合之间的相关系数等于零，如果实际汇率波动率 σ 上升，则出口商通过实物期权分析和 NPV 方法得到的决定是否将其生产位置从国家 0 转移到国家 1（2）的最佳转移阈值 $R_{10ROA}^{*0\to1}$（$R_{10ROA}^{*0\to2}$）和 $R_{10NPV}^{*0\to1}$（$R_{10NPV}^{*0\to2}$）下降。

最后，作者认为，CES 批处理模型就汇率波动对几个国家某一行业的影响进行了重要的检验，是一个良好的开端。该模型在多个方面提出了在未来研究中可能的扩展方向。此外，建立一个全球物流模型可以帮助企业选择在世界各地最佳的生产地点（多个），这种基本的批量生产模式可以帮助国内产业构建可持续的竞争优势，以应对未来的全球竞争。

8.3.2 人民币国际化进程

根据党的十四届三中全会《关于建立社会主义市场经济体制若干问题的决定》，1994 年 1 月 1 日，人民币官方汇率与外汇调剂价格正式并轨，人民币实行以市场供求为基础的、单一的、有管理的浮动汇率制。为了防止资本大量外逃，中国政府出于稳妥起见，规定除了经常项目下的非贸易、非经营性的用汇需要审批，以及一些特定贸易项目售汇需要受到限制外，允许人民币在经常项目下实行有条件可兑换。1996 年 12 月，人民币基本实现和完成了在经常项目下的可自由兑换，而且这一时期我国也成为了 IMF 第八条款国，随即呼唤人民币资本项目下的可自由兑换的声音日渐高涨，并且此事也被提上了议事日程。但在 1997 年爆发的亚洲金融危机冲击下，中国政府不再宣布人民币资本项目开放时间表，但这并不意味着人民币国际化出现了停顿。事实上，人民币经常项目与资本项目是紧密联系的，二者并不是完全相互独立和分割的，人民币资本项目的可兑换会伴随着人民币经常项目可自由兑换的推进而不同程度地向前推进，从而使得人民币的国际化程度不断攀升。按照 IMF 所定义的资本和金融项目交易分类标准，人民币资本项目可兑换程度已经很高。就目前而言，在 7 大类共 40 项人民币资本项目交易中，总共有 37 项人民币资本项目交易已经实现并完成了部分可自由兑换、基本可自由兑换以及可自由兑换，这些交易占全部交易项目的比重已达 92.5%。2019 年以来，彭博巴克莱、摩根大通、明晟、富时罗素以及标普道琼斯等国际主流指数相继将中国债券和股票纳入其指数体系或提高纳入权重，这标志着中国金融市场基础设施以及资本项目可兑换等方面已经满足国际标准。2019 年 9 月 10 日，国家外汇管理局宣布不再对 QFII 和 RQFII 实行投资额度限制，也即放宽投资额度。与之同步的是，之前所实施的 RQFII 试点国家和地区限制也一并取消。根据有关数据显示，截至 2021 年 12 月底，已经进入中国银行间债券市场的境外机构投资者达到了 3233 家，较 2020 年底增长 37.5%，并且这一良好态势仍在延续，也由此吸引了国际上越来越多的投资者和国际资金不断涌入我国国内资本市场，一定程度上代表了中国资本市场国际化水平在逐渐增强，国际地位和影响力在不断扩大。

2009年7月2日，中国颁布了《跨境人民币贸易结算条例》，这对于推动人民币国际进程意义重大。自此以后，人民币国际化进程不断加速。如图8.4所示，2010~2018年，人民币跨境结算规模越来越大，而且其占本外币跨境收付金额的比例越来越高，2010年人民币跨境结算规模只有几百亿元，其占本外币跨境收付金额的比例不过为1%~2%，但近年来，这个比例已经超过了30%。2020年人民币跨境收付金额创下历史最高水平，总金额达到了28.39万亿元，较上一年增长了44.3%，并且该年人民币跨境收付金额占同一时期本外币跨境收付金额的比例为46.2%，较上年提高约8个百分点。人民币已连续10年成为中国第二大国际支付货币。根据SWIFT数据显示，2022年1月人民币在全球支付货币中排名第四，仅位于美元、欧元、英镑这些支付货币之后，而且人民币在全球所有货币支付总额中占比达到3.2%，与2017年的1.61%相比明显增加，这其中，对外投资跨境结算占比极高。如图8.5所示，2018年，人民币跨境收付金额在直接投资项目下的金额高达2.66万亿元，较2017年同期增长了61.1%，而且在本外币跨境收付金额中的占比也达到了59.5%，同比提高10.2个百分点。其中，对外直接投资人民币跨境收付金额为8048亿元，同比增长76.2%，净流出412亿元；外商直接投资人民币跨境收付金额为1.86万亿

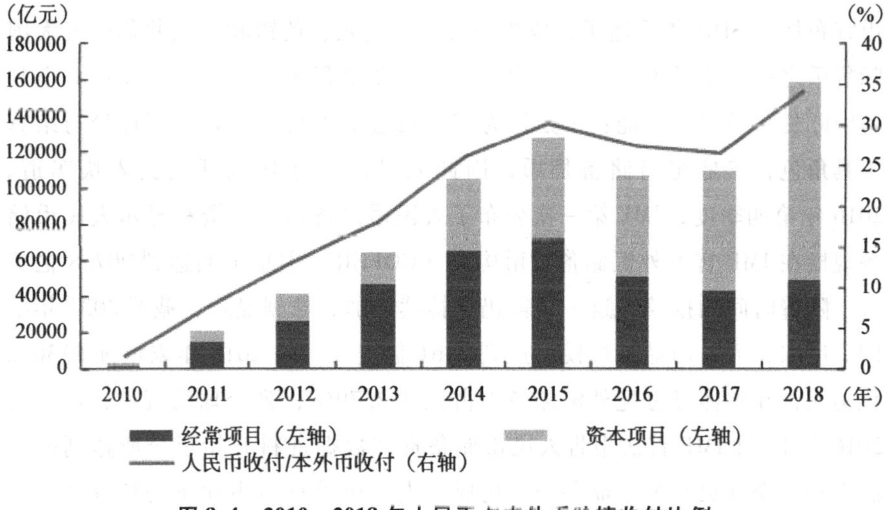

图8.4 2010~2018年人民币占本外币跨境收付比例

数据来源：中国人民银行。

元，同比增长57.5%，全年净流入1558亿元。数据显示，人民币跨境支付系统处理业务于2019年总共完成了188.43万笔，同比增长30.64%，且涉及金额达33.93万亿元，同比增长28.28%，相当于全年GDP的1/3。

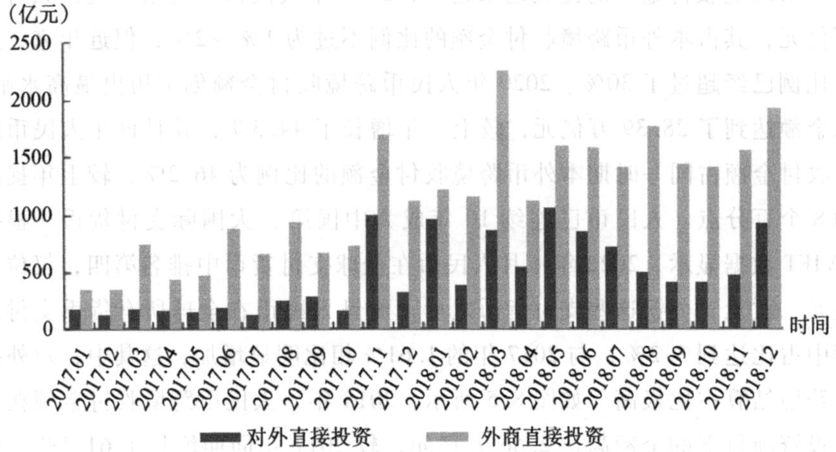

图8.5　2017～2018年直接投资人民币跨境收付月度情况

数据来源：中国人民银行。

对于人民币国际化更具里程碑意义的事件是：2016年10月1日人民币宣布加入SDR货币篮子，成为与美元、欧元、英镑和日元并称的五大国际货币之一。这是人民币国际化的一个重要里程碑，从此，人民币完全具备国际货币的三种职能：一是作为市场投融资工具；二是承担计价与结算工具角色；三是充当储备货币，因此人民币国际化也开始驶入快车道。2016年第四季度，IMF第一次公布了人民币储备信息，资料显示人民币储备规模在IMF官方外汇储备货币构成（COFER）中总金额达到907.8亿美元。随着时间的推移，这一金额仍在持续增加，数据显示，截至2021年第四季度末，人民币储备规模已达到3361亿美元，较2018年末增加1330.2亿美元，在整体已分配外汇储备中占比达2.79%，列全球第五位，这是自2016年10月IMF首次报告人民币储备资产数据资料开始至今所达到的最高金额。全球央行外汇储备资产构成中人民币币种所占比重的持续攀升不仅表明了人民币储备资产已经受到了全球外汇储备管理机构的追捧和青睐，而且也有利于降低世界各国对美元的过度依赖，有利于各国科学管理并实现储备资产多元化。据不完全统计数据披露，目前人民币已经被全球范围内60多个央行或货币当局纳入了外汇储备资产中①。

经国务院批准，2008年以来，中国人民银行也先后与全球范围内其他各个国家的央行或货币当局签订了本外币互换协议，牵涉范围十分广泛，涵盖了39个国家或地区，双边货币互换总金额也超过了3.7万亿元。按照货币互换国家和地区数量计算，人民币已成为世界第一大互换货币。本币互换安排对便利中国与有关国家和地区贸易投资、维护金融稳定、促进人民币国际使用发挥了积极作用。截至2018年末，我国同贸易和投资伙伴签署双边有效本币互换协议30份，总金额达3.48万亿元。

8.3.3 人民币国际化重塑“一带一路”沿线国家和地区直接投资布局的路径分析

随着人民币资本项目可兑换程度的不断提高，中国OFDI显然也会受到人民币国际化的影响，为此，从这个层面上来说，透彻研究人民币国际化作用于中国OFDI的内在机理或途径既具有理论意义，又具有重要的现实意义。

8.3.3.1 人民币国际化推动“一带一路”沿线国家和地区对外直接投资空间优化

近些年来，人民币国际化的稳步推进有力促进了“一带一路”沿线国家和地区对外直接投资的稳健增长，对于我国优化OFDI区位分布而言，也具有正面意义。具体说来，主要表现在：

第一，由于跨国投资中汇率风险巨大，我国企业如果使用人民币进行对外直接投资，无形中将减少这种汇率风险，拓宽资金来源。普遍来说，相较于企业在国内进行投资而言，一国经济主体在向境外其他国家进行投资时可能会面临和遭受更多的投资风险，比如汇率波动风险、投资决策失误风险、民族文化差异风险、企业境外融资风险等。可见，风险无处不在、无时不在。然而，为降低海外投资风险，企业必须对整个投资过程进行风险管理，既包括对外投资之前筹备工作的风险管理，也包括投资生产

① 中国人民银行宏观审慎管理局：《2019年人民币国际化报告》，中国人民银行网站。

运营过程中的风险管理，以及后期将利润汇回国内的风险管理。因而，在人民币成为国际货币以后，人民币便可以在国际市场上自由地进行兑换，并在海外市场充当和发挥计价货币、投资和结算货币的角色和功能，企业由此也可以直接用人民币进行跨境对外投资，这将极大地方便我国企业，也有利于减少我国企业在跨境对外投资过程中所遭受的风险，在最大限度上控制对外投资损失，从而为我国企业对外直接投资创造和提供安全、有利的投资环境，以便支持和促进企业对外投资项目的平稳发展。因此，人民币国际化的推进可以降低融资和交易成本，大大地避免投资过程中面临的汇率波动风险，有助于鼓励更多的国内企业投资海外。

人民币国际化可以帮助企业拓宽资金来源，降低投资风险。通常而言，一国企业进行海外投资活动之前亟需解决投资资金的来源问题，也即解决企业融资渠道问题。考虑到企业跨国投资的资金数额非常大，由此产生的资金需求量也非常多，为此，融资对于企业海外投资而言，其重要性不言而喻。在人民币未成为可自由兑换的国际货币之前，我国企业海外投资的资金来源主要是以外汇储备为主。然而，我国对企业使用外汇等方面作出了较多严格的限制和规定，以致于企业使用外汇之前需要经过诸多繁杂的办理手续，即便是手续审批通过后，企业也要耗费更多的时间、物力与财力。很明显，这对企业融资会造成一定阻碍，也容易造成企业错失最佳决策的时间，导致企业失去投资机会。因而，融资渠道受阻严重影响了我国企业对外直接投资的快速发展。当人民币成为国际货币后，企业便可以直接利用人民币进行 OFDI 活动。与之对应的是，企业融资渠道得以拓宽，银行贷款、自筹资金等都是企业获得资金的重要渠道和来源，融资手续也将变得更为简单快捷，这就为企业进行 OFDI 规模的扩张给予了强有力的资金支撑。

此外，随着人民币国际化的不断推进和发展，OFDI 受人民币国际化的影响会更大、更明显。这是因为人民币成为国际货币后，人民币便在国际市场上充当了货币的主要职能，即可以充当储藏货币、交易媒介和国际计价货币等，这显著增加了企业的融资来源，而且还有利于降低企业融资成本和控制海外投资风险，一定程度上也是我国企业实施"走出去"战略的有益良方，能够为我国对外直接投资事业的持续和稳步发展打下牢固的基础。当我国推动人民币成为可自由兑换的国际货币以后，企业可以选择以人民币作为计价结算货币。企业融资渠道得到拓展，融资手续和程序得以简化，企业融资成本或财务成本大大降低，企业融资灵活性和效率得到提高。

与一般的发展中国家货币相比，人民币币值稳定性更好。2015年12月11日晚间，中国外汇交易中心正式发布了CFETS人民币汇率指数。该指数采用考虑转口贸易因素的贸易权重法计算而得，指数基期是2014年12月31日，基期指数是100点，基本涵盖了我国各主要贸易伙伴的币种。2017年1月1日起，CFETS篮子货币数量由13种变为24种，进一步提升了货币篮子的代表性。根据中国外汇交易中心提供的资料计算，2020年5月15日CFETS人民币汇率指数为93.79，较2014年底贬值6.21%。而同期美联储监测的12种发展中国家货币平均贬值幅度是18.6%，其中巴西雷亚尔贬值53.7%，南非兰特贬值37.1%，俄罗斯卢布贬值25.2%，印度卢比贬值16.2%，马来西亚林吉特贬值19.6%，新加坡元贬值7.3%，韩元贬值10.4%，人民币无疑具有更稳定的币值。如果抓住共建"一带一路"倡议的良好契机，在与"一带一路"沿线国家和地区的货物贸易、服务贸易和双边投资等结算中，更多推广使用人民币，就可以鼓励企业采用人民币进行对外直接投资，有效防范汇率波动风险，使我国的企业能够在汇率层面上得到更多的利益，提高其投资积极性，积极稳健推进人民币国际化。

进一步地，由于在企业对外投资过程中，贸易和投资活动也会频繁地发生，而这又会涉及到很多生产要素的流动和交换，在人民币还未成为可自由兑换的国际货币之前，为了保证这些交易活动顺利进行，人民币需要与其他币种进行频繁的兑换，以完成计价结算交易。鉴于外汇市场波动性较高且波动频繁，这势必会影响企业财务安全，或者加大企业投资亏损的可能性。因此，我国企业海外投资的管理难度非常高，而为了保证投资安全性，也会不可避免地产生很多不必要费用。而当人民币成为可自由兑换的国际货币后，人民币便能够在国际上直接成为计价结算货币，进而可以降低或者避免为了保证贸易或投资等活动顺利进行而与其他货币进行频繁兑换所遭受的汇率波动风险，并且可以减少或取消其余风险规避措施的制定成本，最终降低整个投资过程中的成本压力。

第二，随着人民币国际接受程度的提高，国内外巨大的融资需求必将推动"一带一路"资金融通的步伐。从国内情况来看，资金短缺、企业资信度较差是我国企业积极"走出去"，进行海外投资活动所面临的紧迫问题。而人民币的国际化不仅可以解决跨国经营企业巨额资金需求，也有助于加快人民币的输出速度。坚定不移地支持和推动"一带一路"，势必也会在不同程度上或多或少提高企业融资效率。而相较于"一带一路"沿线绝对大多数国家和地区，我国跨国经营企业的国内融资渠道更丰富，融资方式更便捷，融资成本更低廉，所以加快人民币国际化必将极大地便利我国跨国企业的国内融资。从国外情况看，亚洲地区，特别是"一带一路"沿线国家和地区，经济发展水平普遍不高，基础设施也大都较为薄弱，但其建设和发展的意愿非常强烈，为此对资金的需求不言而喻。然而，许多国际金融机构，比如IMF、世界银行以及亚洲开发银行等，提供的可供融资的资金犹如杯水车薪，远不能达到这些国家的实际资金需要，而且不少的贷款背后还附加了严格条件，进一步制约了各国的融资需求。可见，"一带一路"沿线国家和地区从这些国际金融机构获取贷款的难度较大，融资约束问题特别明显。因此，应明确"一带一路"倡议中的资金融通目标，增加世界对人民币的需求，充分发挥丝路基金、亚洲基础设施投资银行、上海合作组织开发银行和金砖国家新开发银行的作用，积极推动优先使用人民币进行投融资。

第三，人民币国际化会倒逼我国的金融体制改革，使我国尽快形成现代化金融市场以及有效的监管体制，这将推进国内金融深化改革，加速构建现代化资本市场，加快推进金融市场双向开放，从而提高我国国内企业在海外开展投资活动的实力，尤其是拓宽对"一带一路"沿线国家和地区投资的内生能力。随着我国金融业开放步伐的加快，人民币国际化的趋势显著上升，自贸试验区的提出和落实则进一步强化了这一趋势，成为了人民币国际化的有益补充。目前，我国在全国范围内已经设立了18个自贸试验区，其首要目的之一就是要大幅度提高人民币跨境金融服务的能力和水平，拓宽其服务的深度和广度，同时鼓励和支持国内企业积极开展与人民币有关的跨境贸易融资、再融资业务；其次是欢迎和支持跨国企业在自贸试验区内设立全球性或区域性的资金管理中心，从而使我国依托自贸试验区这一重要载体积极参与全球经济治理体系改革、推动制度创新。另外，这18个自贸区还对标满洲里及俄罗斯贸易通道、环渤海与东北亚的自贸圈、中日韩自贸合作、东盟自贸区以及海上丝绸之路等，可以全方位辐射中国对外开放总体布局。需要注意的是，自贸试验区的建设也需要配套的人民币国际化政策提供支撑，中国建设经贸强国也需要人民币国际化作为背后推动力。目前，自贸试验区建设的重要任务之一就是要加快金融创新，并在自贸试验区建设中大力推动一系列金融改革举措落地见效，比如继续对企业实行意愿结售汇制度，积极主动探索并实行自由贸易账户体系，构建人民币跨境双向资金池等，从而扩大人民币跨境使用和结算范围，加快金融开放以及人民币国际化的步伐。

不仅如此，在人民币国际化方面，继欧元区国家 2019 年首次获准发行熊猫债之后，2020 年菲律宾政府、葡萄牙政府、金砖国家新开发银行、托克集团、大华银行、马来亚银行、意大利存贷款集团等境外主权政府、国际开发机构、境外非金融企业，以及境外金融机构先后踊跃发行熊猫债，"一带一路"沿线国家和地区的人民币债券发行不断取得实质性进展。此外，伴随着人民币海外基金业务投资领域的不断拓展和业务的迅猛发展，国际资本市场乃至"一带一路"沿线国家和地区对人民币的需求较以往都出现了快速上升。统计数据显示，截至 2019 年一季度末，人民币海外基金业务投资范围涉及电力能源、制造业、金融业和交通运输等多个重要领域和行业，业务总规模达 3000 多亿元。同时，经有关部门批准，允许经营人民币海外基金业务的试点金融机构建立了共计 7 个人民币海外基金实体，涉及的业务规模在 500 亿元左右。由此可见，在各个商业金融机构的努力支持和推动下，人民币海外基金业务已经受到了市场的广泛和普遍认可。未来，随着"一带一路"倡议的持续深入和我国经济逐步转向高质量发展，人民币海外基金业务将会迎来更辉煌的时期，海外人民币资产种类也将不断丰富和增加，资金融通难题将会更好地得到解决。

第四，鉴于发展中国家金融体制的脆弱性及汇率的"恐惧浮动"（Reinhart，1994），亚洲地区及"一带一路"沿线国家和地区仍存在着货币原罪，如货币错配、期限错配以及结构错配 3 个方面的错配问题（曹远征，2016），自从 1974 年美国与沙特阿拉伯达成石油美元协议后，绝大多数石油都以美元交易，支撑了美元在全球的地位，而非美元国家必须要廉价出口获得美元后才能购买所需石油，然而近年来美元频繁加息、降息，实行无限定量宽松货币政策，不断扩大资产负债表，其国际货币声望大跌，全球去美元化的呼声越来越高了。在此背景下，国际社会对人民币国际化的呼声也越来越强烈，人民币的国际需求与日俱增。

国际大宗商品价格主要以人民币作为计价货币，这显然有助于推动人民币国际化的发展、提升人民币在国际上的地位和话语权，也有利于鼓励国家积极参与全球经济治理并维护国家经济安全。同时，也可以此为抓手构建适应现代经济格局发展新变化以及更加公平合理的国际新秩序。继2018年3月26日原油期货在上海期货交易所挂牌交易之后，从2019年10月11日起，国际铁矿石贸易也开始以人民币进行跨境结算，2020年5月，宝钢股份甚至通过区块链技术与澳大利亚力拓集团完成了一笔总值逾1亿元的人民币跨境结算业务，这既是经营上的需要，也符合人民币国际化的发展趋势。人民币的国际化，将进一步稳定国际大宗商品定价，促进我国与石油、铁矿石等资源储备国之间的大宗贸易，使人民币更多地以石油、铁矿石等大宗商品的期货价格为锚，这样，就可以增强人民币的定价和结算作用，进一步增强我国对石油、铁矿石资源的自主性，从而提高我国能源的安全保证和大宗商品的稳定供应，进而为我国对"一带一路"沿线国家和地区的OFDI打造更加高效和便捷的条件，促进我国对外直接投资的快速发展。

第五，人民币国际化对于"一带一路"沿线国家和地区对外直接投资空间布局还有着多方面的经济效应。

随着人民币国际化的逐步实现，我国对外贸易发展的规模和水平也将迎来新的历史性机遇。为此，人民币国际化便可依靠对外贸易途径来优化投资路径，间接地影响和促进我国对外直接投资的发展。而该过程的实现主要依托关税和非关税壁垒的倒逼效应、产业比较优势升级效应、外汇储备的积累效应这三种作用机制。

(1) 关税和非关税壁垒的倒逼效应。一般而言，贸易和投资的自由化、便利化水平会伴随着该国对外贸易和投资规模的增加而不断上升，比较优势此时也得以产生和显现，并且比较优势的持续增加势必会引起他国的注意和警惕，并由此导致他国设立相应的关税和非关税壁垒。特别地，如果一国贸易和投资规模越大，相应的竞争力也就越明显，给他国造成的影响也就越大，所以他国也会设立越多的关税和非关税壁垒，一国遭遇他国的反倾销、反补贴调查也就越多。然而，越来越多的壁垒只会倒逼企业通过其他方式绕过各种关税壁垒和非关税壁垒，从而降低由于他国设立各种贸易壁垒所产生的制度成本。其中，解决和处理该问题的最佳策略便是进行对外直接投资。因而，随着贸易规模的不断发展，为尽可能减少贸易壁垒，企业会进行越来越多的对外直接投资。

（2）外汇储备的积累效应。长期以来，我国经常项目和资本与金融账户保持着双顺差的有利局面，并且出口规模和吸引外资的能力仍然在持续提升，造成我国外汇储备绝对规模不断累积。然而，外汇储备规模的持续扩大给人民币带来了较大的升值压力，而人民币升值又会降低本国出口产品的国际竞争力，造成出口企业利润下滑。与之相反的是，人民币的升值又会使得企业海外购买力增强，相应的投资成本降低，从而增加了企业海外收益。所以，企业一方面面临着出口利润的下降，另一方面又面临着海外投资利润的增加。很明显，企业为了追求更多的利润，必然会选择扩大对外投资这一路径和方式，从而带来OFDI空间区位布局的优化。

（3）产业比较优势升级效应。一般来说，在参与国际贸易的初期，一国最初的贸易水平和贸易结构都处在较低层次。但是，随着贸易规模的不断扩大，贸易数额增长的速度会趋于平缓，并且此时低层次的贸易结构与贸易水平也无法满足贸易发展的需要，所以要求其进行相应的升级。而为了实现产业升级、贸易结构升级等，企业必然会向外延伸，积极开展对外投资活动，以便获得升级所需要的资源和技术，从而加快实现升级的目标。因而，对外直接投资会受到贸易规模和贸易水平发展的正面影响，即显著促进OFDI的发展。

综上所述，人民币国际化的推进和实现在对中国对外贸易发展产生积极作用的同时，也会间接地影响海外投资，促使OFDI明显增加，也即投资与贸易有一定的互补性。这种互补性一定程度上也会造成资本和金融账户下输出规模的增加，进而也利于我国优化对“一带一路”沿线国家和地区直接投资的空间布局。

8.3.3.2 重塑对外直接投资空间，促进人民币国际化

抓住共建“一带一路”倡议的良好契机，重塑对外直接投资空间也对推动人民币国际化具有正向促进作用。因为：

第一，在“一带一路”倡议推动下，“一带一路”沿线国家和地区之

间的贸易投资关系趋于紧密，尤其是产业内贸易、产品内贸易和价值链、产业链重塑必将使各国间的贸易投资联系呈现多元化、交叉化的特征，因此，降低国际贸易和投资过程中中间品的交易成本对于扩大相互投资贸易规模、促进经济共同发展、增加各国国民福利有着越来越重要的意义。所以，我国大力开展的对外直接投资活动使人民币的海外输出更便利，也方便了海外国家或地区使用人民币投资我国国内市场，进而有利于我国国内供给侧结构性改革的顺利进行，有利于国内低端、落后、过剩产业的结构转型升级。此外，这在一定程度上也能扭转我国经济增长长期过度依赖出口的不利局面，形成以外投资与出口相互拉动的新局面，并逐步建立起外向型经济体制且主要侧重于以我国本土企业为重心。同时，可以进一步针对不同类型国家或地区实施差异化投资策略，并灵活使用绿地投资、跨国并购、合资开发、增资入股等单一或者相结合的方式，稳步提升以人民币计价结算的话语权。

衡量一个国家是否发达的参考标准之一是其国内金融的发展水平的高低，而判断金融发展水平的高低又可从以下几点着手：一是金融基础设施是否完善；二是金融市场是否具备足够的深度和广度；三是金融监管能力是否跟得上。未来，中国将继续推进国内金融体制深化改革，不断完善和发展金融市场，要实现人民币国际化预期发展的目标，尽可能地防止发生类似日元国际化程度不够充分的被动局面。所以，必须抓住"一带一路"倡议共商、共建、共赢的契机，通过在"一带一路"沿线国家和地区大力发展投资，推动OFDI空间区位布局优化，来推进国内金融体制深化改革，逐步建立起长期、稳定、安全的固定收益市场，不断完善和发展金融市场，尽快建立与经济规模和发展水平相适应的、能够促进经济平稳增长、各项金融监管配套措施完善的现代金融市场，以便央行可以采用公开市场业务进行货币政策操作。同时，要通过对"一带一路"沿线国家和地区的贸易投资自由化、便利化建设，来避免利率和汇率出现剧烈波动，逐步建立有深度的金融市场，加快人民币利率和汇率的市场化，保持人民币利率和汇率的灵活性，提高人民币在国际上的信誉度，增强全球范围内各国家对人民币的信心。

第二，对共建"一带一路"倡议的大多数国家和地区而言，由于彼此之间贸易投资联系紧密、经济周期同步以及价格联动性强，锚定区内货币比锚定区外货币更加有利于减少通货膨胀损失，将通货膨胀水平稳定在适度区间之内，因而是更优的选择，而且中间品交易成本在很大程度上是由通货膨胀所决定的，如果“一带一路”沿线国家和地区中投资贸易关系最紧密的国家或地区之间可以通过加快人民币国际化步伐，规划建立最优货币区，那么通货膨胀较高的国家或地区有意愿锚定通货稳定国家或地区的货币，就可以控制本国或本地区的通货膨胀水平，提高社会福利水平，进而实现人民币的国际化。

随着“一带一路”倡议的持续推进、国内金融市场双向开放水平的提高和2016年人民币加入IMF的SDR货币篮子，人民币跨境使用规模和业务范围都明显扩大，尤其是人民币跨境收付金额保持着平稳且较快的速度增长。据统计数据显示，2020年人民币跨境收付金额全年达到28.39万亿元，占本外币跨境收付金额的46.2%，并且人民币已经连续10年成为我国第二大跨境收支货币。目前，在跨境直接投资、跨境融资等业务领域，人民币有关政策框架在不断优化，发挥的作用也愈发明显。

第三，对中国而言，控制本国通胀不仅是“利他”的，也是“利己”的，因为中间品交易成本的降低无论对锚定货币的国家还是被锚定货币的国家，都有利于企业部门利润最大化、家庭效用最大化，进而实现总产出的最大化。而且一国货币若被其他国家货币所锚定，那么该国通胀水平将会对其他国家通胀水平产生影响，所以本币被锚定的国家有责任控制本国的通货膨胀，为“一带一路”货币区提供相对稳定的货币环境。为此，在尽可能地避免金融风险的前提下，可不断增加对“一带一路”沿线国家和地区的投资、完善金融服务，待时机合适再推动能源价格和大宗商品价格以人民币进行计价结算。近些年来，为了解决企业“走出去”所面临的资金难题，我们国家也先后设立了金砖国家银行、亚洲基础设施投资银行和丝路基金等多个非常重要的金融平台。在共建“一带一路”倡议中，应积极主动地发挥这些金融平台的引导和示范作用，鼓励和支持“一带一路”沿线国家和地区优先使用和扩大使用人民币进行投融资的积极性。同时，不断扩大对“一带一路”沿线国家和地区的投资规模，稳步提升“一带一路”沿线国家和地区使用人民币进行支付结算的绝对规模和比例，培养和增强“一带一路”沿线国家和地区使用人民币进行支付的黏性和惯性，进而推动和实现人民币国际化的健康平稳发展。

第四，“一带一路”倡议中设施联通和资金融通的要求，可以加快国际产能合作进度，扩大对外直接投资，优化投资布局，增强“一带一路”沿线国家和地区的资金筹措能力，加快人民币国际化的步伐。根据亚洲开发银行的测算，未来8~10年，亚洲地区每年需要约7300亿美元的资金用于维护和支持基础设施建设。与之相似的是，世界银行测算的该金额是8000亿美元左右。但是值得注意的是，世界银行、IMF和亚洲开发银行所提供的资金数量犹如杯水车薪，远不能满足亚洲地区基础设施建设需要的资金量。为此，我们应该牢牢抓住这一宝贵契机，加强和深化与“一带一路”沿线国家和地区的合作，尤其是金融领域的合作。不仅要积极与“一带一路”沿线国家和地区签订更多数量的货币互换协议，还要以此为着力点构建完善的金融合作机制，夯实与“一带一路”沿线国家和地区金融合作的基础。

第五，在多种途径和渠道影响下，人民币国际化进程也会受到对外直接投资发展的反向作用。具体说来，表现在：

（1）交易成本节约效应。随着我国对“一带一路”沿线国家和地区投资规模的扩大，跨国经营企业母子公司之间的配件和原材料进口必然增多，从而派生出对人民币跨境结算的需求。考虑到目前国际银行间市场主要推行的是做市商制度，在该制度下，做市商会进行双向报价，由此带来了较高的做市商交易费用与成本。而为了降低做市商成本，就必须批准更多的金融机构在海外从事人民币跨境支付、跨境结算业务，从而增强和完善人民币的国际货币功能，进而加快推进人民币国际化进程。

（2）进口替代效应。当中国跨国经营企业将某产品的生产基地转移到“一带一路”沿线国家和地区后，由于技术扩散效应的存在，东道国当地企业便可以借鉴和模仿，生产相同的产品，进而减少对该种产品的进口，即替代进口，进而逐渐造成中国贸易逆差，而在中国外汇储备既定的背景下，必然派生出用人民币平衡外汇收支的需求，推动人民币国际化。

（3）进口引致效应。由于“一带一路”沿线国家和地区吸引中国直接投资，在当地投资建厂以后，势必导致其对生产该产品所需的原材料、零部件或设备等进口需求的增加。在“一带一路”沿线国家和地区外汇短缺背景下，必然需要中国的出口信贷政策和其他商业银行贷款支持，从而推动人民币走出国门，逐步提高人民币国际化水平。

（4）出口创造效应。由于中国企业在“一带一路”沿线国家和地区投资办厂，促进东道国生产能力的提高和生产规模的扩大。中国跨国经营企业利用自己遍布世界各地的销售网，将产品输送到国际市场，从而可以带动东道国的产品出口，形成出口创造效应，进而带动人民币国际使用规模的扩大，促进人民币不断国际化。

8.4 中美贸易战对“一带一路”沿线国家和地区直接投资布局的优化分析

如果说国际税改大战还只是对OFDI的“吸”的因素，2018年特朗普政府发动的贸易战就是对OFDI“拉”的因素和“赶”的因素，美国政府“吸”和“拉”的资本都是本国资本以及技术资本密集型产业资本，“赶”的资本就是类似于中国这样的逆向寻求技术型OFDI。

8.4.1 中美贸易战简况

总体来看，中美贸易战经历了“打打停停”“边打边谈”的发展阶段。2018年3月22日，由于特朗普政府认定我国侵犯了美国的知识产权，所以便以此为由对我国输美500亿美元商品征收关税，并且对投资也实施了一定限制，掀起了持续两年之久的中美贸易战的“盖头”。7月6日，美国决定对第一批清单上818个类别、涉及金额高达340亿美元的中国输美商品加征进口关税，税率为25%。为了反击美国的这一行为，我国当天选择了对相同规模的美国出口我国的产品加征进口关税，税率也为25%。而到了8月8日，美国政府又再一次对外宣布，对我国出口美国的剩余的160亿美元商品加征关税，并且从8月23日就开始实行。为了进一步反制，国务院关税税则委员会同日宣布将对美出口的160亿美元商品加征关税，于8月23日实施。9月18日，美国政府又宣布将对中国输美约2000亿美元的商品加征10%的关税，并于9月24日开始实施，而且在2019年1月1日起将税率上调至25%。作为回应，为了维护自身正当权益和全球自由贸易秩序，中国商务部宣布对美国出口中国的价值600亿美元的商品加征关税，税率为10%。除此之外，美国政府还进一步宣布，从6月1日开始，对进口来自加拿大、墨西哥和欧盟的铝产品征收10%的关税，钢铁则征收25%的关税，将贸易大战烽火烧遍全世界，甚至连自己的盟友也不放过。

为缓和贸易形势，2018年11月底，中美两国元首趁出席G20峰会之际，在阿根廷首都布宜诺斯艾利斯约定举行贸易谈判。美国政府宣布，推迟执行上调中国输美商品关税的计划。2019年5月10日，美方宣布将中国向美国出口的商品由加征10%的关税上调至加征25%的关税，而此次涉及的商品金额达2000亿美元。作为反制，中国宣布从2019年6月1日开始，对原产于美国并出口我国的商品清单中的部分商品按不同的税率（25%、20%、10%）加征关税，涉及商品的价值共约600亿美元。2019年8月15日，美国政府宣布，对中国输美的约3000亿美元商品加征关税，税率为10%，并分批于2019年9月1日和12月15日开始实施。鉴于美国的这一疯狂行为，国务院关税税则委员会立即决定，对原产于美国的5078个税目、约750亿美元商品，加征10%、5%不等关税，分两批自2019年9月1日12时01分、12月15日12时01分起实施。

之后，随着双方谈判取得进展，2019年10月，美国商务部对外公告，宣布决定对中国输美的3000亿美元商品加征关税清单产品启动排除程序，并于10月31日开始执行。与此同时，我国国务院关税税则委员会则同时宣布，对从美国进口的约750亿美元商品的加征关税行为进行一定调整。

最后经过十几轮双边谈判，2020年1月15日，中美双方签署了第一阶段经贸协议，中美贸易战暂告一段落。

8.4.2 中美贸易战对中美两国经济的影响

作为世界上经济规模最大的两个国家，中美早就形成了一种相互依存、相互影响的经贸关系。据中国海关统计，中美建交40多年来，双边贸易额年均增长13.9%，其中美国出口金额和进口金额的平均增速分别为9.6%和17.7%，远快于美国与世界贸易的增幅。根据美国商务部统计数据显示，中美双边贸易总额于2010年达到3853亿美元，美方贸易逆差为1812亿美元。其中，中国的出口金额和进口金额分别为2833亿美元、1020亿美元。2018年中美双边贸易总额达6832亿美元，中国的出口金额为5629亿美元，进口金额为1203亿美元，美方逆差金额为4425亿美元，四项指标分别年均增长5.2%、3.4%、5.6%和6.2%。目前中国是美国的第二大贸易伙伴、第一大进口来源地、第四大出口市场和美国33个州的第一大出口市场，美国则是中国的第二大贸易伙伴和第一大出口市场。

爆发贸易战后，首先的影响就是双边贸易规模的下降。据国家统计局统计，按人民币计，中美双边贸易额下降5.6%，美国已经让位于东盟，退居中国第三大贸易伙伴。其中中方出口金额在2018年增长8.6%，2019年下降8.7%，比起贸易战前的2017年下跌0.8%；而中国自美进口金额则在2018年、2019年分别下降了2.3%和17.1%，比之2017年，中国进口金额下降了18.9%，中国贸易顺差非但未能缩小，反而比2017年扩大了9.3%，出现典型的"求仁而不得仁"的现象。

其次就是双方的股市受到了较大的冲击，中美贸易战前，上证综指一直位于3235点上下，贸易战爆发后一路向下，到2019年1月跌至2440点，跌幅高达25%，2019年上证综指虽一路反弹，但一直无法站上3300点，2020年叠加了新冠肺炎疫情以后，已跌至2800点左右，比贸易战前仍下跌12.9%。美国道琼斯指数则大体保持了稳步攀高趋势，贸易战前大体维持在24500点，之后逐步攀高，到2020年2月份一度创下29000点历史纪录，其后受新冠肺炎疫情影响，标准普尔指数在2020年3月，10天内四次跌停，但随后在美国强力救市背景下，稳步反弹，维持在3300点左右，同贸易战前差不多。由此可见，在股市方面，美国明显胜出一头，当然这里面有中美资本市场建设水平不一和美国减税效应以及国际资本力捧等方面的因素。

当然，最严重的的影响就是中美因贸易战所引发的"脱钩"行为。尽管从理论层面上来说，中美贸易战爆发后，以往由中国输美的商品便可以借此时机出口至世界上的其他国家或地区。然而，从我国大规模进口商品的几个国家或地区来看，我国对其出口额占其进口总额的比重已经接近极其高的比例，想在这些国家或地区更进一步提升市场占有率，提高出口占比幅度和空间的可能性微乎其微，也就是说想再寻找到类似美国这样的大规模的替代市场难度较大。更令人担忧的是，考虑到中美贸易战未来不确定性因素较多，不少跨国企业可能会因为这一疑虑而对中国放缓投资，进而逐步调整其在全球范围内的投资布局。根据有关资料显示，一些在中国有业务的日本大型制造商为了避免美国对中国出口的商品加征高额进口关税，已经在有计划地调整其在中国国内的业务，并准备将在中国建立的生产线迁移至其他国家或地区。加之当前中国经济又面临较大下滑压力，投资和消费能力也日渐萎缩，加速基建投资重新被予以要义。可以假想，倘若外部需求持续发生恶化，拉动经济的三驾马车熄火，那么受到严重冲击的出口企业必然会带动上下游企业的消费和投资朝不利方向发展，特别是在经济下行趋势下，新增基建设施的利用率可能会大幅降低，而这部分的影响是宏观模型难以预估的。此外，中国现在进口的众多高科技含量产品的核心技术都掌握在美国手里，一旦美国禁止向中国出口这些高科技含量的产品，那么我国的相关产业链便很可能会受到重大冲击。例如，中国国内生产的绝大部分手机都内置了 GPS 全球定位系统，个人电脑 CPU 中使用的也基本都是 AMD 和因特尔处理器，中国需要较长时间去研发或寻找有关替代技术，所以此类行业便有可能因贸易战而处于瘫痪状态。一个很明显的例子就是，过度依赖美国芯片的中兴通讯就因为2018 年美国的制裁而陷入了困境，生产几乎处于停滞的状态。目前，考虑到中国还没有足够的能力进行核心技术的自主研发，倘若贸易战演化为双方的科技战，那么就会对我国涉及以上有关领域的企业造成十分巨大的负面影响。更为重要的是，中国对美出口为国内就业问题的解决所发挥的作用也不应小觑。根据商务部、海关总署、国家统计局和国家外汇管理局共同发布的《全球价值链与我国贸易增加值核算报告》显示，在 2012 年，中国每向美国出口 100 万美元的商品就能够给中国解决 59 个人的就业，对应的 5000 亿美元出口可以解决 3000 万人就业。

当然对于美国，贸易战的负面影响也不容低估，贸易战进一步升级可能导致美国 GDP 下降 0.4%，美国 GDP 损失 0.3% ~0.6%，相当于其潜在增长率下降 10% ~20%，美国就业岗位将损失 93.4 万个，美国威斯康星州、明尼苏达州、北达科他州、南达科他州和蒙大拿州共有 103 家农场破产，创下 2010 年以来最高。2018 年美国农业净收入下降 12%，比 2013 年的高点低 45% 左右，其中大豆对华出口量大跌七成以上，美国家庭平均损失 767 美元。

总之，一旦中美贸易战真刀实枪地开战，最后一定是双输的局面，对世界经济也会带来巨大的负面影响。IMF 预计中美贸易战给全球经济带来的损失超过7000亿美元，并已将2019年全球贸易增长预期从3.7%下调至2.6%，为3年来最低[①]。

8.4.3 中美贸易战对中国“一带一路”沿线国家和地区直接投资布局的优化思路

美国发动贸易战同其税改大战的出发点其实都是一样的，就是促使制造业回流，重振美国经济。但这个目标并不容易实现。这主要是因为长时间的全球化已经对美国国内劳动市场产生了较大冲击，两极分化现象严重。如果美国不能对世界上所有出口劳动密集型商品的国家同时进行贸易战，那么低端制造业回流美国的预期将难以达到。

但对中国而言，由于中美贸易战及其引发的排华浪潮，使中国对美国直接投资出现了持续性暴跌。据商务部、国家统计局和国家外汇管理局联合发布的《中国对外直接投资统计公报》，贸易战前的2016年，中国对美直接投资流量金额为169.8亿美元，2017年受美国税改影响，大降62.2%，跌至64.3亿美元，其中原因可能是一部分美资企业因美国税率下降，从中国撤资，投资美国。中美爆发贸易战的2018年该金额竟然还增加了16.4%，增加至74.8亿美元。其间原因只能从对外贸易与对外直接投资的替代关系入手了，也就是由于中美贸易战的爆发，为了绕开不断增加的各种关税和非关税壁垒，中国跨国经营企业纷纷来到美国进行直接投资，扩大对美直接投资规模[②]。

在中国对外直接投资规模既定的背景下，中美贸易战当然会冲减中国对“一带一路”沿线国家和地区直接投资规模，使得同期中国对“一带一路”沿线国家和地区直接投资流量金额出现了反向的变动。在2017年美国税改这一年，中国对“一带一路”沿线国家和地区的直接投资流量金额大增31.6%，而在中美贸易战爆发的2018年，中国对“一带一路”沿线国家和地区的直接投资流量金额则下降了11.4%。

不过如果从投资类型来看，致力于“逆向技术寻求”的对美跨国并购

① IMF, World Economic Outlook, April, 2019.

② 从美国对中国直接投资也可以得出类似结论，2017年美国开始税改，美资企业对中国的投资项目为1346个，投资流量金额为26.5亿美元，分别增长8.7%和11%；2018年中美贸易战爆发，美资企业对中国的投资项目为1750个，投资流量金额为26.9亿美元，分别增长30%和1.5%。

规模在这几年则是持续下降的，2016 年中国在美国跨国并购金额为 456 亿美元，相比 2015 年暴增两倍。并购主要集中在计算机、信息与网络服务、新媒体、金融服务、生命科学、电力和公用事业、消费品、汽车与运输设备等行业。就分布地区来看，主要分布在美国的 46 个州，其中覆盖了 425 个国会选区，覆盖率将近 98%。就创造就业岗位来看，2016 年中国在美国跨国并购为美国国内创造就业岗位超过 14.1 万个，其中大部分是制造业岗位。

随着各国对来自海外直接投资的监管与审批收紧，美国已于 2018 年 8 月通过《外国投资风险审查现代化法案》（FIRRMA）以加强国家安全审查机制。其中，FIRRMA 法案涉及对外来资本收购美国本土公司作出了新规定。根据该法案披露的条文可知，该法案给予了美国外国投资委员会（CFIUS）更多的行政和监管权力，并进而突出强调美国政府将会更加严格地加强国家安全审查。美国财政部于 2018 年 10 月公布了执行 FIRRMA 法案中具有较强约束力的临时行政法规，并且该行政法规从 11 月 10 日开始生效，之后将会在 15 个月后被永久性措施取代。预计未来中企赴美并购投资将遭遇更多的监管和政治阻力，在叠加了美国税改和中美贸易战等因素以后，中国对美跨国并购规模大幅下降，2018 年中国对美跨国并购金额仅为 71 亿美元，数量为 79 项，占中国对全球并购规模的比例分别为 7.9% 和 16.2%。2018 年中国对美跨国并购规模仅及 2016 年的 15.6%。其间原因有：第一，国际大环境悲观，全球对外直接投资连续三年萎缩，以致 2019 年全球跨国并购规模总计 4900 亿美元，同比大幅下跌近 40%，为 2014 年以来新低。大型并购项目的减少也是并购总额大幅萎缩的重要原因。2019 年，50 亿美元以上的超大型并购项目由 2018 年的 39 个减至 30 个。第二，以美国公司作为并购目标的交易仍是全球并购活动的主要构成部分，特朗普政府的保护主义政策一定程度上阻碍了外国公司对美国标的企业的收购。例如对中国企业跨国并购成败产生重要影响的美国国家安全审查和反垄断审查就有着收紧态势。随着"中国买家"在国际上的崛起和壮大，世界各国都对中国企业有一定防备，尤其是对中国企业的跨国并购审查日渐严格。特别是在高科技领域表现得尤为明显，比如清华紫光就因为美国有关机构的阻止而失去了收购西部数据股份的机会。这些失败案例正是从反面呈现出了需要重点关注东道国投资审查制度对跨国并购成败的影响。第三，对于中国企业来说，在企业跨国并购实现后，完成企业之间的整合也是一大难题。过去，TCL并购阿尔卡特的案例就充分说明了整合的重要性。由于文化的差异、管理制度的差异、企业价值观的差异，TCL和阿尔卡特双方企业的整合面临着重重困难，最终不得不以失败收场。

然而这期间，“一带一路”地区却成为了中国企业跨国并购的亮点。从2017年开始，中企海外并购的最大目的地便转移至了亚洲和欧洲地区，其中新加坡表现的极为亮眼，成为了2017年最受欢迎的中企海外投资目的地。数据显示，2017年中企在新加坡完成的并购项目金额占中企全年海外并购总额的比重达到18.4%，这一数字的背后充分显示了新加坡处于作为“一带一路”沿线区域之一的东南亚地区的金融中心地位。然而，受诸如项目经济效益不如预期、质疑贷款的条款条件等各方面因素的影响，2018年国内外对“一带一路”倡议涉及的项目审查大都较为严格。以此同时，共建“一带一路”倡议的部分国家或地区其国际收支平衡压力也持续加大。为此，惠誉评级认为，尽管深入推进“一带一路”倡议是中国政府当前的一项重要工作，但受各方因素影响，中国政府未来在继续推进这一倡议时，很可能会选择更加审慎的方式进行，并鼓励国内银行做好和加强尽职调查工作[①]。

由于一系列压力和不确定因素相互交织，自2016年开始，中企跨国并购规模已经出现连续3年下降，背后的原因主要有以下几点：一是海内外相关政策因素影响了不少并购项目的完成；二是企业融资难度加大和外汇管制严格；三是世界各国对大型跨国交易都进行了严格监管；四是在全球经济下行趋势下，海外并购市场形势并不乐观。此前，商务部就对外宣布，在高科技领域并购过程中中企海外并购频繁受阻，中国企业海外投资在各国严格的管制措施下正处于非常不利地位。欧洲议会也通过了一项法案，主要是加强对外国企业在通信和人工智能等领域收购的安全审查。根据官方数据可知，2017年中国信息传输、软件和信息技术服务业的对外直接投资流量出现了较大幅度下滑，总金额仅为44.3亿美元，较2016年下降了76.3%。

尽管如此，从地理位置分布上来说，中国买家最偏爱的仍旧是欧洲地

① 普华永道.2018年中国企业并购市场回顾与2019年展望[J].中国对外贸易，2019（4）.

区市场。2018 年数据显示，尽管我国在亚洲和北美洲地区完成的并购交易额分别为 152 亿美元、132 亿美元，但是同时期中企在欧洲地区却完成了 509 亿美元的并购项目。可见，事实表明我国将最多的并购资金投向了欧洲地区，而亚洲和北美洲次之。而更引人注目的是，中国投资者赴美并购交易金额却连续两年都出现了下降。

从行业分布的角度来看，一直以来，消费品行业和高科技行业是企业海外并购交易活动中最热衷和青睐的两个板块。虽然中企在美国市场的并购规模出现下滑，但是由于倾向于追求高新技术和知名品牌，中国买家更多集中在欧洲和亚洲地区部分发达的市场，并且众多海外交易都汇集在此。

第9章 政策建议、研究总结及进一步展望

综合前文分析，本章将从国家层面、行业层面以及企业层面，就如何重塑中国在“一带一路”沿线国家和地区投资提出一些政策建议，对本书研究内容进行总结，进而就下一步研究作出一些展望。

9.1 政策建议：构建对外直接投资风险防范与管理体系

随着“一带一路”倡议的稳步推进，中国企业对外直接投资与以往相比，深度和广度都得以拓展，而且投资所面临的政治风险、经济风险、文化风险、经营风险、技术风险、环境风险等也进一步增加，从风险的来源来看，有外源性风险和内生性风险两大类，而风险承担主体又可分为政府、企业、中介机构等，因此中国企业对外直接投资的风险防范是一个系统性、综合性问题，既要从宏观层面整体研究，又要从中观及微观层面去深入分析，以建立“三位一体”的企业海外投资风险管控体系。

9.1.1 国家层面

9.1.1.1 共建人类命运共同体，建立多边风险管控架构

“人类命运共同体”是习近平总书记2013年提出的一个概念，主要是

为了应对全球性挑战，关注人类前途命运及发展趋势，因为其内涵的丰富性、包容性及建设性，从而成为处理国际关系、推动国际发展的一个重要理念。随着"一带一路"倡议的推进，其科学内涵不断得到丰富、完善，可将其简略概括为："在处理国际关系与国际经济社会发展问题时，各个国家应该逐步和尽快'建立平等相待、互商互谅的伙伴关系；营造公道正义、共建共享的安全格局；谋求开放创新、包容互惠的发展前景；促进和而不同、兼收并蓄的文明交流；构筑尊崇自然、绿色发展的生态体系'。[①]""人类命运共同体"站在人类生存与发展的高度全面看待各国关系，寻求人类共同利益和共同价值的新内涵，突破了对立性思维，根据东道国民众需求，切实推动其经济发展，在互惠互利的基础上实现合作共赢、共同发展。

为了共建人类命运同体，我国应积极主动与"一带一路"沿线国家和地区加强和开拓广泛的经济合作，建立一荣俱荣、一损俱损的区域命运共同体，降低内部准入门槛和投资限制，建立密切的经济合作伙伴关系，实现全方位、多层次、宽领域的经贸合作。同时，各国政府与政党之间也应坦诚相见、相互包容、精诚合作、互惠共赢，增强和提高相互之间的战略互信，着手共建以政治互信、经济融合、文化互鉴为基础和核心的利益共同体、经济共同体和责任共同体。在建设"人类命运共同体"的框架内，根据东道国经济发展需要，遵循共商、共建、共享原则，坚持贸易自由化，积极签订双边或多边的投资保护协定，尤其是双边投资保护协定（BIT），构建与东道国相互合作的风险管控体系，明确各方沟通机制及监督管理机制，加强对我国海外投资企业基本权利的保障，确保我国企业海外投资权益不受侵害，规避政治风险，降低我国企业海外投资风险系数。

9.1.1.2 加强统筹规划，重塑我国对外直接投资空间格局

如前所述，我国目前对外直接投资空间分布还不尽合理，为此我国政府须根据东道国经济社会发展水平、营商环境、国际竞争力以及既有 OFDI 国别分布、行业分布、区域分布等情况进行统筹规划，我国企业对外直接

---

① 习近平．携手构建合作共赢新伙伴 同心打造人类命运共同体——在第七十届联合国大会一般性辩论时的讲话［N］．人民日报，2015－09－29（1）．

投资时应充分考虑国别及地区差异，尽可能选择经济和社会发展水平高、投资环境优良、财政金融体系完善的国家作为投资目的地。制定国别及区域发展战略，提高对不同区域营商环境特征的识别能力，提高资本的配置效率。对于经济发展水平较低的南亚和中亚地区，财政扶持和普惠金融规模对于经济发展更为重要，因而，企业在这些地区进行海外投资的过程中应重点关注这些区域国际投资环境的发展现状，并据此作出投资安排和决策。相反，对于经济发展水平相对较高的西亚和中东欧地区，则要综合考虑该地区的市场发育程度、预防腐败情况、金融自由化深度和政府行政效率。

当然，目前中国在“走出去”的财政金融扶持中还存在诸多问题，除一般意义上由于信息不对称导致的财税补贴、信贷配给、金融摩擦外，企业在母国融资时还可能会遭遇所有制歧视、规模歧视等。东道国良好的融资环境可以成为母国融资的有益补充。所以在考虑东道国经济社会发展水平时，不但要考虑市场规模、财税补贴和信贷支持，更要注重财政金融法律法规质量，因为完善的财政金融法律法规质量会为财税透明和金融深化提供良好的制度保障。在财税金融体系完善的国家，市场经济一般都已较发达，经济活动较少受到非市场因素的干扰，企业就会有更多的机会，公平地通过正规投融资渠道进行国际直接投资，降低营商成本。

9.1.1.3 加强政策法律建设，健全海外投资法律法规保障机制

2015年3月，国家发展改革委、外交部、商务部联合发布《推动共建丝绸之路经济带和21世纪海上丝绸之路的愿景与行动》，对“一带一路”倡议进行了系统阐述，支持、鼓励企业进行海外直接投资，相关政策措施不断出台，如2014年商务部发布的《境外投资管理办法》、国家发展改革委发布的《境外投资项目核准和备案管理办法》、商务部和环境保护部发布的《对外投资合作环境保护指南》，2015年国家外汇管理局发布的《关于进一步简化和改进直接投资外汇管外管局围政策的通知等》，2018年商务部发布的《对外投资合作国别（地区）指南（2018版）》等。这些政策措施对于我国企业海外投资起到很好的规范、保障作用，一方面有助于防止国有资产流失，有效防治海外国有资产腐败案，保护海外投资的合法行为，另一方面有助于规范海外投资行为，约束企业遵守东道国法律法规，

营造良好的合作环境。当然，这些政策法规还属于临时性的管理措施，还没有上升到国家法律的层级，所以针对其中的许多细节问题，比如境外投资主体的确定、允许的投资形式、审批的具体步骤、资金融通方式和渠道、技术转让方式、利益分配方式、投资中的争议解决等，目前都不存在非常清晰的系统性规则①。对于突发性、应急性的海外投资纠纷，其保护、规范功能也将大打折扣。

因此，在适当的时候，我国应抓紧出台《对外投资法》《对外投资审查法》《对外投资保险法》《境外国有资产管理法》《对外投资银行法》等法律法规，为企业海外投资构建完整且有效的法律法规保障机制，明确权责，规范行为，协调海外投资企业、东道国与我国政府之间的利益关系，积极推动我国海外直接投资的法制化进程。尤其是《对外投资法》，作为对外投资领域的基本法，一旦制定，必将对我国未来的投资法制方向具有奠基的作用。本书认为，未来立法必须本着如下原则进行：第一，坚持属人原则。即在发生海外投资争端时，我国司法机关应以维护我国企业和居民的姿态介入其中，有效维护我国利益。第二，以保护投资者利益为核心，强调我国 OFDI 企业的利益与国家利益相挂钩。只有明确这一点，才会从本质上激励、促进我国投资者的海外投资积极性。第三，引导、规范企业的海外投资行为，鼓励良性竞争，限制恶性竞争，保护中国企业对外合法的投资权益。第四，坚持法律保护与外交协商并重的原则。在涉外经贸案件中，很少有纯粹的法律冲突，个人利益往往上升为国家利益。因此，在《对外投资法》中，应将外交保护纳入保护投资者的手段。

9.1.1.4 加强投资保险业务，健全海外投资金融保险体系

"一带一路"沿线国家和地区总体投资环境不是很好，因此加强投资保险业务，构建投资金融保险体系将直接影响我国海外直接投资的规模和质量。

第一，遵守国际投资担保的国际法制度，建立政治风险保险机制。要积极利用《多边投资担保机构公约》（MIGA 公约）精神及影响力，鼓励

---

① 竺彩华，李诺．全球投资政策发展趋势与构建一带一路投资合作条约网络[J]．国际贸易，2016（9）．

中国海外企业积极参保 MIGA 成员国的货币兑换险、征收和类似措施险、战争和内乱险、违约险等投资保险，利用国际法制度，从而有效规避非 MIGA 成员国的投资风险。

第二，加强对外直接投资保险法律建设，加快出台《对外投资保险法》或《对外投资促进和保护法》，明确投资保险机构、投资保险范围、投保条件、投资风险规避及代位求偿权等细则，确保对外投资保险有法可依，以规避对外直接投资的风险。

第三，借鉴欧美发达国家的海外投资保险制度，加强政治、宗教等非商业保险服务，完善现有金融保险机构。如美国在二战后针对海外投资与援助，制定了相关保险法案，并于1971年成立了全球首家针对海外投资的保险公司——海外私人投资公司（overseas private investment corporation）。该公司在美国国务院所制定的政策引导下，承保和经营了多种与政治和社会风险相挂钩的保险业务，比如战乱险、征收险等。[①] 因而，我们可以积极借鉴其运用商业手段解决政治问题的经验，拓展险种，尽可能地囊括更多非商业险品种，为我国海外企业提供更全面、更直接、更有效的帮助和服务。同时，我们应在继续完善中国出口信用保险公司保险业务的基础上，进一步加强与“一带一路”沿线国家和地区的双边投资保护协定，发挥东道国在投资保险方面的强大保障作用，从而避免单方面保险的风险性。

9.1.1.5 构建风险评估、监控制度，防范海外投资系统性风险

随着国际投资风险日益显现，从20世纪60年代末期开始，一些发达国家开始编制各种国际投资风险评估报告，帮助本国企业评估和防范国际投资风险。其中比较知名的有美国商业环境情报所（BERI）定期发布的《富兰德指数报告》，美国纽约国际报告集团编制的《国家风险国际指南》（ICRG），《欧洲货币》杂志定期发布的《国家风险等级表》和日本公司债研究所每年定期公布的《国家风险等级表》。进入21世纪以后，随着 OFDI 规模的扩大，我国也有一些机构致力于此，例如中国出口信用保险公司和中国社科院世界经济与政治研究所等，其中前者在企业中有较大影

---

① 张金杰．中国对外直接投资新格局：发达与发展中国家并重[J]．国际经济合作，2017（5）．

响，后者在学术界有一定影响。

以中国出口信用保险公司为例，自2005年起，中国出口信用保险公司每年都会发布《国家风险分析报告》，对全球192个主权国家进行国家风险评级，分为1~9级。根据其报告的风险评级结果，"一带一路"沿线国家和地区风险等级大多分布在4~7级，也就是说，总体来看"一带一路"沿线国家和地区的风险中等偏高，市场投资环境总体而言还有待改善①。为应对这些风险，我国应进行专业化、系统化投资风险分析，必要时建立对外投资风险评估机构，建立事前风险评估和事后风险评价的制度，加强对"一带一路"沿线国家和地区的风险调研，积极构建系统性的风险识别、评估、监控制度，全面深入掌握其政治、经济、文化、生态环境等信息，对其政治风险、经济风险、社会文化风险等方面进行全面评估，建立共享信息数据库，向我国涉外企业动态发布风险识别、警示信息，及时更新风险指标和风险级别。注重和加强风险源头的控制与管理，动态监测和跟踪东道国的经济增长情况、产业结构变化趋势、对外贸易顺差或逆差水平、财政收支平衡状况、资源环境污染等关键风险指标，针对那些非正常情形和高风险的指标要及时、快速地向我国海外投资企业汇报，并在一定情况下给予预警信息提示。

同时，要调动我国海外投资企业的积极性，使其共同参与到风险评估、监控体系建设中来。必要时要组织国际专业机构和涉外单位进行安全风险评估，一方面对"一带一路"沿线国家和地区进行全面风险预测、评估，对其政治、经济、文化、环境等可能的风险进行全面调研，动态编制风险级别和风险指标，并制定相应的风险控制措施和安保方案；另一方面对关系东道国民众生活、经济发展、社会稳定或者生态环境的重大工程、建设项目，应事先进行充分的经济社会风险预测和评估，对评估结果的完整性和评估过程的规范性进行程序性审核，重视风险过程监控。将评估结果作为国家对外投资项目决策的重要考虑因素，对重大风险实行一票否决制。

9.1.1.6 完善争端解决机制，培养更多国际组织人才

第一，充分利用ICSID的争端解决机制。我国应在借助东道国当地救

① 稽存海．"一带一路"对企业走出去的机遇、风险与应对策略[J]．市场论坛，2017（9）．

济、政治途径等解决国际投资争端的传统方法外，还应积极利用《解决国家与他国国民间投资争端公约》，通过ICSID有效解决国际投资争端。在发生国际投资争端时，我国应鼓励和支持本国投资者进行申诉，并积极运用ICSID的争端解决机制来保护和捍卫自己的合法权利。除此之外，我国商务部等有关政府部门也应积极为本国投资者提供诉讼、仲裁程序等涉外法律服务，对国际调解与国际仲裁程序进行专业性指导，从而建立完善的援助机制。在此基础上，倘若发生了国际投资争端，那么就可以立即为我国海外投资者提供法律方面的专业指导。

第二，有效运用WTO协议的争端解决机制。WTO是当代最重要的国际经济组织之一，拥有160多个成员国，成员贸易总额达到全球的98%，有"经济联合国"之称。因此，我国与"一带一路"沿线国家和地区的投资争端，可积极借助《与贸易有关的投资措施协议》（Agreement on Trade-Related Investment Measures，TRIMs）、《服务贸易总协定》（GATS）、《金融服务协议》（Agreement on Financial Services，即《GATS第五议定书》）等条款解决投资争端，运用WTO协议所提供的争端解决机制进行处理和协调，通过平等对话平台解决贸易摩擦，有效帮助我国企业应对对外直接投资的各种风险。

第三，建设"一带一路"投资争端解决中心。无论是ICSID的争端解决机制还是WTO协议的争端解决机制，相关协议范围都较广泛，对"一带一路"投资争端的针对性、适用性都有局限，因此，我国在与"一带一路"沿线国家和地区签订双边投资协议的基础上，可进一步加强与其深度合作，建设专门的投资争端解决机构，即"一带一路"投资争端解决中心。"其好处是专注于投资争端的解决，具有高度的国际投资法专业性，可以有效针对'一带一路'沿线国家和地区的投资特征和争端类型作出最及时、最有效的决策，并可以有效弥补现有投资争端解决机制在处理'一带一路'投资争端问题上的不足和缺陷。"①

第四，加快培育国际投资争议解决高端法律人才。我国作为一个世界贸易大国，在2008年世界金融危机后快速发展，我国贸易的大幅增长在凸显我国经济快速增长的同时，也伴随大量的投资贸易争端，但我国在相关

① 龚柏华．"一带一路"投资的国际法［M］．上海：复旦大学出版社，2018：240.

争端诉讼中并不占据主导地位，这主要是因为我国仍不能熟稔地使用国际投资争端解决机制。而这种不熟练的背后又反映了我国目前非常缺乏能灵活使用国际通用语言且深谙国际投资争端解决规则的高水平法律专业人才。所以，为弥补这一不足，我国应站在国家人才战略的高度，着手制订国家年度涉外法律人才短、中、长期培养计划，积极组建涉外法律人才队伍，重点培养这方面的法律专业人才，同时为我国海外企业进行定向精准培训。此外，为了让青年法律人才能够有更多的机会去参加法律领域专业培训和去一线国际律所、国际金融机构等参加实习锻炼，也应该持续加大财政资金在这方面的投入。进一步地，要逐步完善涉外律师人才激励制度，重点表彰和激励那些在涉外法律服务中有着重要和突出贡献的律师，建设一支涉外法律高端人才队伍，为我国对外直接投资提供人才支撑和法律服务。

9.1.1.7 加强国际军事合作，培育、发展海外安保队伍

随着我国海外贸易的迅速增长，我国对"一带一路"沿线国家和地区的直接投资激增，海外安保问题是摆在我国政府面前的重要问题。从国家层面来说，一方面应加强与"一带一路"沿线国家和地区的军事合作。"一带一路"倡议涉及东南亚、南亚、西亚、中亚、中东、中北非及欧洲等多个国家和地区，地区安全局势复杂、严峻，总体投资风险较高，为更好地维护我国海外企业利益，我国应积极加强与东道国在军事领域的合作、沟通与交流。为了打击国际恐怖主义、宗教极端分子和海盗势力，在东道国允许的情况下，可以设立海外军事基地，并进而展示我国强大的军事力量和安保力量。同时，在一定程度上，这种军事合作、交流的开展对破坏地区稳定尤其是针对我国海外企业的邪恶势力及其活动有一定的威慑作用或抑制作用。另一方面应建立国家层面的海外投资安保体系。要做好顶层设计，构建国家层面的海外安保体系，加强与国际组织、国家的磋商，加强与东道国在签证、保险、武器配备等方面的协议签订，逐步建立起一批联合国认可的私人军事和安全公司（PMSC），鼓励、引导、培育、扶持中国民营安保力量，"国家应对安保服务企业拓展海外市场提供定向支持政策，对具备涉足国外安保市场能力和条件的跨国企业给予帮扶和支持，帮助其在国外开展安保服务的初期阶段适应新的环境，步入良性发展

轨道，加强驻外使领馆与中国安保企业的联系"①。同时，加强企业安保力量的联动作用，构建动态的安保体系，加强安保企业规范管理，重视安保人员的日常训练、实践锻炼。

9.1.1.8 加强外汇储备管理，扩大人民币国际使用范围，推进人民币国际化

前面已经说过，我国外汇储备规模巨大，但投资效率不高，因此要加强外汇储备管理，化"债权"为"股权"，短期内应把经常项目顺差中的大部分转化为对外直接投资，长期来看，随着人民币国际化程度的提升和对美元、欧元等国际货币依赖程度的降低，还要把部分外汇储备存量转化为对外直接投资，大力提高我国对外总资产的投资收益率。

然而，推进人民币国际化，摆脱对发达国家货币的依赖，最现实的途径就是扩大人民币在跨境贸易和投资中的使用范围，不断强化人民币在交易结算、信用支付和国际储备中的地位。鉴于当前在"一带一路"沿线国家和地区中，绝大部分国家和地区对中国均存在贸易逆差，仅有少数国家和地区存在贸易顺差，而且顺差规模有限，而在国际贸易中，不可避免涉及使用各种货币进行交易。因此对于这些国家和地区而言，面临的问题是如何持续性地获取外汇从而进口商品。虽然中国利用自身储备的美元同这些国家和地区进行货币互换，对这些国家和地区提供贷款和进行投资，但即便中国外汇储备规模巨大，也只能拿出一定比例用于共建"一带一路"倡议，可使用的美元有规模限制。此外，在"一带一路"沿线国家和地区大量使用美元，反而会稳固美元国际货币的地位，不利于推广人民币跨境使用。所以扩大人民币在"一带一路"沿线国家和地区的使用范围，可以增强这些国家和地区贸易逆差的可持续性，同时降低中国和"一带一路"国家和地区贸易和投资的交易成本，还有利于提升人民国际货币的地位。

9.1.1.9 加大社会舆论引导，树立负责任大国形象

在共建"一带一路"倡议过程中，国家应加大宣传推介，向东道国宣传中国海外投资的目的、价值和意义，突出促进东道国经济发展、改善民

① 裴岩，于斌．"走出去"，中国安保力量[J]．现代世界警察，2017（12）．

众生活、尊重民俗风情等意义，强调平等互利、合作共赢，避免立足本国立场，注重产业发展、资源获取等自我战略定位，加强与东道国政府、民间的文化交流、互动，重视社会舆论引导，塑造负责任大国形象，为我国企业海外投资营造良好的舆论氛围。

9.1.2 企业层面

企业是海外直接投资的获益主体，也是投资风险的直接承载主体，企业本身的努力是有效避免海外直接投资风险的非常重要的因素。

9.1.2.1 坚持互利共赢，注重和谐发展

我国企业在"走出去"的过程中，应真正领悟"一带一路"倡议的科学内涵，大力弘扬"和平合作、开放包容、互学互鉴、互利共赢"的丝路精神，遵循互利共赢的态度，加强与东道国相关部门的沟通、对话，建立常态对话机制，积极贯彻、落实区域命运共同体或利益共同体的理念。要用实践证明，我国企业海外直接投资不仅仅对于本国是重大利好，对东道国经济发展、人们生活水平提升也具有积极意义，只有这样，才能最大程度地争取东道国政府的大力支持，才能在很大程度上减少投资风险。

我国海外企业，尤其是跨国企业，应树立正面企业形象，重视舆情收集，了解其对东道国政府、社会及民众产生的影响，并不断调整发展战略，尊重当地市场规则、文化传统、行为方式、生活习俗，有效融入东道国本土文化，促进民心相通，促进中外文化交融，推动企业发展与当地经济社会发展和谐共荣，放大其正面、积极意义，以赢得更广泛支持，进一步夯实"一带一路"的市场基础。"切实推进民心相通，弘扬丝路精神，推进文明交流互鉴，重视人文合作，是中国在深化'一带一路'建设过程中的根本要求，而中国的跨国企业作为建设'一带一路'的主力军和骨干力量，更要坚持文化先行，树立文化引领经济的高度自觉性，从而推动传统文化的传承以及加快促进现代文化的创新。同时，更要加强与沿线国家

的文化深度交流，进一步深化区域内合作，实现区域经济共同发展。”①

9.1.2.2 加强对东道国国情研究，提升自身能力

我国企业在“走出去”之前，要做足、做实、做好准备工作，要对“一带一路”沿线国家和地区进行深入、全面的调查研究，全面了解其政治体制、经济发展、文化传统、宗教信仰、生活习俗、环境生态等国情，尤其要了解各种潜在的风险，必要时聘请专业咨询机构从事这方面工作，确保进行投资时，能够“运筹帷幄”、心中有数、胸有成“策”，不盲目随大流，方可避免各种风险来临时极为被动乃至茫然无措。国情研究、风险研究也应贯彻企业发展始终，“应坚决摒弃那种‘只唯上、不唯下’的做法，要对‘一带一路’沿线国家的国别情况、投资环境优劣、投资前景好坏、投资风险大小等有充分的认知，要着重重视并学习当地政府的政策法规，要将法制精神融入企业的海外投资经营过程”②。熟悉东道国的国情，不仅仅要关注政府，听到上层社会的声音，也要留心底层，重视民众利益，关注绝大多数本土人的利益诉求。

近些年，随着国际社会对劳动、环保等问题的重视，我国企业在海外投资过程中，还须学会应对新型投资风险，具体包括：①劳工标准问题。对此我国应积极出台相应劳工政策以适应最新国际标准，尽量避免纷争。②环保标准。我国产业亟待升级换代，在科学发展观理念指导下，我国“走出去”企业应积极调整内部产业结构，符合当地卫生环保标准。③人权标准。人权问题在国际上始终存有争议，在于不同国家对于人权标准的认定存在差异。我国目前宜采取不同标准，即在与不同国家签署双边投资保护协定时约定相关人权标准，而这种标准可以体现为对外资准入的态度和标准问题。当然，一旦进入他国境内，投资者的活动就必须符合当地的法律标准。

我国企业在对外直接投资过程中，也应积极加强学习，提升自身能力。一是增强风险识别、预测能力。在国情研判的基础上，加强风险识别、预测，坚持“事前预防、事中控制、事后补救”的原则，以防为主，

① 卢进勇，蓝庆新，王辉耀．中国跨国公司发展报告（2017）［M］．北京：对外经济贸易大学出版社，2017：15.

② 顾学明．志通天下：一带一路大棋局［M］．北京：中国商务出版社，2018：229.

尽可能地规避投资风险。二是提升资源整合能力。我国企业在投资过程中，必然涉及东道国法律制度、市场规则、生活习俗等问题，还存在获取东道国企业资金、生产技术、管理经验、品牌影响力、营销渠道，当地员工管理，文化融入，与母国公司企业文化、技术转移、管理制度融合等问题，这种资源关系的整合能力也影响着投资的成败。三是增强国际化运营能力。我国企业"走出去"，参与国际市场竞争，需要按照国际标准，提升投资水平，提升管理水平，增强国际化运营能力，同时需要熟悉国际投资新规则和东道国法律法规，展现我国企业良好的海外形象。

9.1.2.3 狠抓产品质量，塑造中国品牌

对进行海外投资的我国企业来说，熟悉东道国的国情，找准投资方向、领域，规避常见投资风险自然是非常重要的环节，但对于企业长远发展来说，重视产品质量、塑造优质品牌同样重要。要秉持"区域命运共同体"或"利益共同体"的理念，与东道国一起努力，提升东道国经济发展水平、促进社会稳定、改善民众生活质量，尽量保持与母国企业文化、科技发展、管理制度一致，提升管理水平，提升产品质量，塑造卓越品牌。要切实认识到，质量就是生命，产品就是人品，品牌就是灵魂。我国企业海外投资应始终将产品质量提升、企业品牌塑造放在第一位，而不应该在母国和东道国之间采取差别性经营管理策略、双重标准，这样无疑会影响我国企业的海外形象、海外口碑，增加企业投资的潜在风险。

9.1.2.4 建立风险信息联动机制，做好各种风险管理工作，构建国际投资风险防护体系

面对各种对外投资风险，除积极熟悉国际投资规则和东道国国情外，对企业来说，加强风险信息沟通，提供投资风险信息情报，建立我国企业海外直接投资风险信息共享平台和共享机制，也是很重要的政策措施。因为，在海外，无论企业实力如何，在风险防范方面，单打独斗不是好的出路，毕竟企业关注的更多是产品、管理、品牌等局部性事务，对国际关系、国家贸易等宏观问题缺乏专业认知，甚至也未过多关注其他非专业领域，因此，在"一带一路"建设中，我国海外企业应积极联合起来，加强风险信息沟通、上报，共享风险信息，建立风险信息联动机制，搭建风险

信息公共平台，建立企业之间的动态防护体系，对于更好规避对外直接投资风险、提升对外投资水平和成效将有重要影响。

由于世界上有些事情是不能控制的，所以风险总是客观存在的。所谓风险管理，就是企业管理者通过采取各种措施，减小风险事件发生的可能性，或者把可能的损失控制在一定范围内，以避免在风险事件发生时带来难以承担的损失的一些做法。风险管理一般包括风险回避、风险抑制、风险自留、风险转移、风险集合等基本做法①。

风险回避一般指的是通过改变生产流程或产品、改变生产经营地点、放弃对风险较大国家的投资和贷款计划，从而回避风险的基本做法。为此，尤其要重视双边投资保护协定的作用，双边投资保护协定是东道国保护投资的承诺，企业一定要到与母国签订双边投资保护协定的东道国进行投资，尤其是到制度环境质量不够好的东道国投资时，有双边投资保护协定就能获得有效的投资保护。当企业在国内得到的母国制度支持不足时，可以选择到与母国签订双边投资保护协定的国家投资。

风险抑制就是在如下几种情况时，使损失最小化的基本做法，具体有：①当某债务国面临偿债危机时，若判断其属于流动性危机，则可继续向其提供新贷款；②加强对本国派出的技术人员、经理和劳动者驻地和工作场所的警戒，防止当地宗教冲突和内乱的骚扰；③拍卖撤回企业的资产，减少风险损失；④当东道国发生战争或骚乱时，为避免人员伤亡，投资国将其本国人员撤回大使馆或本国等。

风险自留就是：①当国际银行对风险大的国家贷款时，适当提高呆账准备金率，有备无患；②在某国内乱或战争刚停止，政治经济尚未稳定但有稳定趋势时，投资者迅速恢复对该国投资，捷足先登，占领投资市场；③当某一大型跨国公司的某一子公司面临国有化威胁时，继续保持正常的生产和经营等情况下，以不变应万变，等待转机的基本处理办法。

风险转移就是指风险承担者通过若干技术和经济手段将风险转移给他人承担的做法，其具体做法分为保险转移和非保险转移两种。

风险集合就是指在大量同类风险发生的环境下，投资者联合行动以分散风险损失，从而降低防范风险发生的成本的基本做法。

① 任淮秀．国际投资学［M］．北京：中国人民大学出版社，2015：241.

就企业自身而言，其风险管理体系主要包括下述做法：

第一，建立风险自我管理体系，具体做法包括：①由总公司统一集中管理；②以海外机构为主体，分别设立风险管理机构；③设立处理受险部门业务的专门公司。

第二，进行投资策略与经营政策调整，具体做法包括：①投资分散化；②共同投资、共担风险；③调整投资方式，新建投资方式改为兼并购买方式，或者相反；④实施灵活的货币支付措施；⑤调整经营策略等。

第三，必要时执行撤退战略，具体做法包括：①立即停止母公司对该子公司的进一步贷款，切断母子公司的经济联系；②以企业自身资产抵押，向当地银行借款以取代母公司的资助，并提前偿还母公司的贷款；③清理、减少库存和半成品数量，招聘当地人员顶替外国技师，以当地原料同国外企业进行易货贸易，避免外汇转移风险；④将半成品以低于成本的价格反销给母公司，通过转移价格来补偿投资者的利益损失。

9.1.2.5 做好全球布局，重视区域经营

我国企业在海外直接投资过程中，在认真解读我国"一带一路"倡议科学内涵的基础上，一方面应加强对"一带一路"倡议的科学分析，动态跟进国家相关政策法规，实现与国家战略的有效对接，加强对"一带一路"沿线国家和地区重大基础设施、重要能源产业及战略新兴产业的投资，提升我国海外直接投资的水平；另一方面我国海外企业也应加强企业管理信息的分享与交流，建立海外企业的公共信息联动机制，做好全球投资布局，避免扎堆，导致企业之间的恶性竞争，造成人力、物力、财力的重大浪费。"我们要立足长远，逐渐优化和调整对外投资的行业和区域布局。秉着'不要将鸡蛋放在同一个篮子里'的原则，不要集中投资于某个国家或某个行业，而是一方面既要朝价值链高端行业迈进，另一方面又要防止在能源、金属等低端敏感性行业过度投资。同时，尽可能地向与我国在政治和外交关系方面较好且又保持稳定的国家或地区进行投资。"① 为了避免这种浪费，我国海外投资就应该做好区域的平衡、投资的平衡、产业的平衡、营销的平衡。同时，应重视与东道国合作，重视区域经营，因地

① 李锋．国际直接投资保护主义研究［M］．北京：对外经济贸易大学出版社，2017：41.

制宜地投资，关注本土民众的需求，善于处理东道国劳资关系，尊重当地生活习俗，注重文化融入，有效提升企业管理的本土化、现代化和科技化。

9.1.2.6 重视谈判工作，加快人才培养

合同谈判是对外投资的重要步骤，我国海外企业应积极学习国际投资法律法规，在国际法的基础上熟悉谈判规则、技巧，增强维权意识和谈判能力。在谈判中，重视谈判的时效性与灵活性，但对于一些涉及企业重大利益的实质性条款，应保持清醒，谨慎处理，关键时刻一定不能妥协，否则可能会造成整个项目最终无法盈利，给企业发展带来不利局面。

我国企业“走出去”，增强海外投资能力，需要重视人才培养，建设涉外高端人才库。一方面要重视培养经营管理人才。管理是企业发展的基础，海外企业在跨文化语境中生存，相比母国企业，生存环境更为严峻。因此，在遵守国际投资法律法规、加强与东道国交流合作的同时，应更加重视企业管理，重视培养企业管理人才。当然，对海外企业管理人才的要求也应更为严格，这些人才不仅需要扎实的外语、法律、管理等素养，还需要熟悉国际市场及当地文化，在企业管理本土化方面有突出表现；另一方面要重视培养法律人才。海外企业在投资过程中，可能遭遇政治、经济、文化、技术、生态等诸多风险，难免会发生法律纠纷，因此，有必要设立专项资金，加强培养高端法律人才，或者依托国家相关平台及与东道国的合作，加强培养涉外法律人才。当然，在国际法律人才培养方面，政府的参与也非常重要，政府在资源、人才整合方面具有突出的优势，可以为我国海外企业构建一个常态化的人才培养机制。“为了进一步推动和帮助企业‘走出去’，就国家层面而言，需要国家给予高度的重视、正确的引导，并逐步增加资金的投入，充分整合诸如商务管理部门、一线实务部门、中介、培训机构、高等院校及国家智库等各级部门和机构的内部资源，构建涉外法律人才培养共同体；就企业层面而言，为提升企业在境外投资合作过程中的实际综合应对与处理能力以及风险把控与化解能力，应大力培养能够适应世界复杂形势变化的复合型人才。最终，在政府与企业的共同努力下，打造适应和支持中国企业‘走出去’的‘黄埔军校’以及长效培养机制，不断地向‘走出去’企业培养和输送对应的高级专业化人

才，从本质上解决‘走出去’企业普遍面临的管理层法律意识不强、风险管理机制缺失、专业法务人才匮乏的问题。"①

9.1.3 中介机构层面

我国海外企业投资主体除政府和企业外，还存在一些功能介于政府和企业之间的中介机构。中介机构的成熟，既可以纾解政府难以全面兼顾的困境，又可以为企业提供专业的服务，避免其面临投资风险时求助无门的困窘。

9.1.3.1 大力培育各种中介机构，为跨国并购提供情报资讯、投资策略和过桥贷款等服务

在中国，中介机构范围较广，涉及领域较多，不仅包括会计师事务所、律师事务所、公关公司、咨询公司、智库机构、媒介机构等专业服务中介机构，以及银行、证券、保险公司等金融系统中介机构，还包括行业协会、各地贸促会和国际商会等有关投资促进机构和担保公司、安保机构等其他中介机构。作为中介机构，应着重推动我国企业海外直接投资顺利落地，提升服务水平与质量。一方面应积极提升专业服务质量，各类中介机构应以促进产业合作为导向，结合贸易和投资双轮驱动，积极为我国企业海外投资做好资质认定、政策咨询、品牌资产创建、信用评估、银行信贷、股票发行、保险担保等投资促进服务工作，提升国际化、专业化、商业化、数字化水平，进而提供高质量的服务；另一方面应建立健全专业服务体系，各类服务机构彼此之间也应加强联系，建立联动机制，形成"一揽子"配套服务计划，如针对企业海外投资冲突风险和合规风险防控开展相关业务培训；针对企业经济风险，中国私募基金、投资银行、咨询公司、公关公司、行业商会应加强与东道国相关机构合作，有针对性地协调和解决集群发展冲突、融资渠道受阻、恶性竞争加强等问题；针对投资风险问题，咨询公司、保险公司及安保公司等应加强风险识别、预测及监控服务，提供高水平的专业信息服务。

① 漆彤．中国海外投资安全急需保障机制配套[J]．武大国际法评论，2017（4）．

此外，本书尤其要强调行业协会、各地贸促会和国际商会等有关投资促进机构的作用，作为从计划经济时代转型而来的中介组织，行业协会、各地贸促会和国际商会过去往往是相关企业的上级管理部门，所以在企业对外直接投资过程中，要发挥其作用，做好行业整合工作，为企业跨国投资提供服务。另外，还要积极发挥中国私募基金、产业基金、资产管理公司和投资银行和证券公司的作用，这些机构一般可为跨国并购提供情报资讯、投资策略和过桥贷款等服务。

9.1.3.2 建立代位求偿制度，分担企业投资风险

代位求偿制度是OFDI风险防范与规避的重要技术手段，我国在新型海外投资保险制度中应予高度重视。结合前文，本书建议我国在通过国际投资相关法律之后，应由政府相关机构协同行业协会、各地贸促会和国际商会决定政治风险承保事宜，并对适格投资进行审查和批准，而相关保险公司只负责执行投资保险业务。

至于代位求偿权的行使，本书认为应赋予中国进出口银行、中国出口信用保险公司及各行业协会、各地贸促会和国际商会这样的官方承保机构。原因在于：第一，官方机构在承保审批过程中可以大致预见到未来可能出现的风险事项，有利于迅速、高效地应对。第二，代位求偿权的行使如赋予商业保险公司以后，在发生承保事宜时，则很难要求一个私人主体代位行使对他国政府的求偿权，因此将其赋予官方机构，则会有效避免“私对公”的情况，提高涉事企业的谈判实力，帮助企业分散风险。

此外，代位求偿权的制度设计也应符合目前我国对外投资保险制度的相关规定，例如适格东道国的规定、适格投资的规定等。总而言之，我国应逐渐摸索建立代位求偿制度，帮助企业分散国际投资风险。

9.1.3.3 建立行业风险识别、评估和监督机制

中国企业海外直接投资涉及风险众多，在风险防范过程中，风险承担主体并非都是孤立的，实际上很多时候彼此之间需要联动，才能更好地化解风险，如风险识别、评估及监督机制的建立，既需要政府部门搭建一个全国性的风险信息平台，发布“一带一路”沿线国家和地区风险指数、级别，及时发布投资预警信息，也需要我国海外企业及时分享投资风险信

息、管理信息，动态上报企业风险情报，还需要专业信息咨询机构对海量信息进行分析、调研，以便发布比较科学的分析预测、评估报告，从而更好实现国家、企业及中介机构的"三位一体"联动效应。其他如融资、保险、安保等领域，均需要三者的密切合作，才能为我国企业海外直接投资提供更多保障，更好地规避政治风险、防范经济风险、化解文化风险、消弥经营风险、严控环境风险等，推动我国海外企业顺利"走出去""走得更远""走得更稳"。

目前，我国对于海外投资所在国已经初步建立了评估体系，例如中国社会科学院世界经济与政治研究所自 2014 年起每年发布的《中国海外投资国家风险评级报告》，都对我国海外投资流向国的相关情况作出了系统性评价。对于投资环境的评估体系，仍然应从以下几方面着手：投资环境、投资标的和法律风险。其中投资环境方面应着重对于东道国现行政治、经济、文化、社会等层面进行综合评估分析，我国投资者可在此评价基础上理性选择投资方向。投资标的方面主要涉及投资标的取得及后续运营可能存在的系统性风险。对于标的本身的评估往往需要结合具体的投资协定或契约进行具体判断，尽量规避由投资协定与后续法律文件的冲突所引起的不必要纷争。对于法律风险的评估，重点在于以下几个方面：首先，该国是否具有相对完善的外资保护法。其次，该投资协议的具体运营如何合理评价，即是否具有可预见的法律风险。最后，投资争端产生后，如何解决双边投资保护协定或相关投资协议中是否存在相关投资争端解决的方法，以及该方法是否能够合理认定为符合我国利益等问题。对于这些问题的评估，都是极具现实意义的。

9.2 研究总结

本书以发展中国家对外直接投资理论为支点，比较全面地就中国对"一带一路"沿线国家和地区直接投资进行了深入分析。

第一，本书结合当前新冠肺炎疫情所带来的经济危机，比较深刻地分析了新冠肺炎疫情对世界经济发展的影响，尤其是对全球直接投资及全球价值链的影响，本书发现，本次新冠肺炎疫情对全球直接投资的影响超过了过去10年来全球金融危机、欧洲主权债务危机及新兴市场危机所带来的负面影响，使全球直接投资在2015年连连续下跌基础上，继续下跌，很有可能创造21世纪以来的最低纪录，从全球价值链来看，对于那些制造型行业和国家/地区（如中国、韩国、德国、日本等）而言，特别是一些高端与复杂制造行业，新冠肺炎疫情主要通过对中间品供给造成冲击（后向关联），从而对全球价值链产生影响。就资源型行业和国家/地区（如澳大利亚、中东地区、俄罗斯、加拿大）而言，新冠肺炎疫情主要通过对中间品需求造成冲击（前向关联），而对创新型行业和国家/地区（如美国、英国等）来说，则同时面临着两种冲击，也即兼而有之。所以创新型国家/地区遭遇的冲击最大，其次是资源型国家/地区，制造型国家/地区受到的冲击相对较小。

第二，本书结合国际投资发展阶段理论（IDP），对中国31个省区市该理论的适用性及所处阶段进行了初步分析。本书认为，中国在国际直接投资发展阶段方面，已经基本渡过了邓宁IDP理论的第三阶段，或者小泽辉智意义下第二阶段，即输入FDI到输出FDI的转型阶段，并且正在逐步向第四阶段方向发展，也即由以劳动力导向的FDI向以技术为导向、贸易支持型的FDI过渡。所以在“一带一路”空间重塑中，中国应积极发挥贸易与投资的相互引致作用，不断推进对外投资结构优化升级，使其从资源导向型和市场导向型向技术导向型和贸易支持型方向发展。

第三，本书结合APEC、CPTPP及RCEP等一体化组织的角力，对“一带一路”倡议出台的战略背景、取得成就以及存在的挑战进行了比较深入的分析，进而在此基础上分区域对“一带一路”沿线的65个国家和地区大宗直接投资的国别、行业特征以及失败项目进行了比较详尽的分析，本书认为中国对外直接投资应首先充分利用血缘、地缘关系和种族联系，先在周边国家进行直接投资；然后随着海外投资经验的不断积累和丰富，受种族因素的影响也随之降低，进而再逐步由周边国家向周围扩散，即转向其他发展中国家投资；最后，在海外投资经验已经积累的基础之上，开始向发达国家投资以获取更先进的复杂制造业技术。从“一带一路”视角去看，就是先发展与东盟、南亚、俄罗斯、蒙古国和中亚等国家和地区的投资，主要发展与其垂直一体化分工，而后再逐步向西亚和中东欧国家和地区拓展，不断进行水平一体化分工，待经验积累充分以后，最后向欧盟发达国家和地区开展对外直接投资，通过跨国并购，获取其先进技术。从产业类型来讲，就是先开展资源寻求型对外直接投资，再利用小岛清"边际产业"投资理论，在"一带一路"沿线国家和地区开展要素寻求型、市场寻求型对外直接投资或劳动力、资本密集型对外直接投资，进而通过跨国并购，在高水平发展中国家不断开展逆向技术寻求型对外直接投资来积累经验，最终实现对发达国家的大规模技术密集型投资。

第四，在上述研究基础上，本书通过运用新经济地理学、空间面板模型和扩展的引力模型等工具，就金融市场、汇率制度选择、价格择定规则、国际化生产、对外直接投资区间分布的FC均衡与非均衡模型、制度距离对我国对"一带一路"沿线国家和地区直接投资以及我国对"一带一路"国家和地区直接投资潜力等问题进行了定性与定量相结合的深入分析。本书发现，首先，我国在"一带一路"沿线国家和地区的OFDI第三国效应显著且为互补效应，而且制度距离对我国OFDI具有显著负向抑制作用。其次，分样本结果显示我国倾向于投资与我国法治制度差异较小的高收入国家和地区以及与我国经济制度距离较小的中低收入国家和地区。此外，制度距离对我国在"一带一路"沿线国家和地区OFDI的影响还会因区域不同表现出明显异质性。最后，在使用Ward系统聚类法将经济制度距离分为高低两组后，制度距离对我国OFDI的阻碍作用并未发生改变。本书还发现，在"一带一路"沿线65个国家和地区中，投资潜力成熟型国家/地区最多，多达32个；投资潜力待开发型国家/地区有14个；投资潜力成长型国家/地区最少，只有4个，呈现明显的纺锤型结构。

第五，本书通过对人民币国际化、全球价值链、国际减税大战和中美贸易战及其引发的世界经济增长前景不确定性问题，就我国对外直接投资空间优化路径进行了探讨，并在此基础上，分国家层面、企业层面和中介层面，对我国OFDI的空间重塑提供了一些政策建议。本书认为，中国应抓住新冠肺炎疫情带来的"危"与"机"，化"危"为"机"，通过发挥大国带头示范效应，积极推动RCEP谈判，完善国际治理体系，优化我国对外直接投资环境，进而通过前述路径，努力重塑OFDI格局，实现产业和技术升级，优化我国庞大的外储结构，实现管理体制创新，建立OFDI风险的评估和预警体系等。

9.3 进一步研究展望

由于时间限制和知识结构局限，有些问题本书未能深入研究，有些问题虽然研究了，其结果还不尽如人意，主要表现在：

第一，对外直接投资总体模型的构建不完善。在IDP理论中，目前除人均收入外，尚没有形成统一的OFDI总体模型。许多研究文献仅仅将净对外直接投资、贸易、政策行为、技术水平等几个重要变量进行简单回归分析，从而得到OFDI和某些变量之间的关系。显然，这种思路缺乏严谨性，得出的结论值得商榷（彭刚、苑生龙，2013），必须重新构建新的统一研究框架。本书虽然做了中国31个省区市的IDP模型，但除了得到一个类似于Dunning（1981）的"J"曲线的大致形状，还未能体现其异质性，这个问题需要留待将来进行补充和完善。

第二，尚未基于不完全传递理论，分析生产分割、价值链重组和汇率制度选择对OFDI空间分布的影响。如垂直专业化分工能否影响到OFDI空间分布，如果能，其影响程度将如何测算；如何在新兴市场危机背景下，根据"一带一路"倡议构建国际投资主权信用风险的评估和预警指标体系。本书虽然对价格择定规则、汇率制度选择与金融市场、国际化生产方面进行了一些探讨，但还是未能把汇率不完全传递理论、生产分割、价值链重组与汇率制度选择等有机地整合在一起。

第三，有关企业OFDI投资风险与防范问题，本书虽然运用现场调查和案例分析法，针对企业OFDI过程中的各种政治风险、汇率风险和经营风险，进行了一些典型个案分析，对OFDI过程中政治风险、汇率风险、经营风险的因子构成、影响因素以及作用机理进行了一些探讨，但还是未能结合CAPM模型、人工智能模型和马尔科夫链等分析方法，构建对外直接投资风险防范与管理体系。所以在将来有条件时，应再找机会专门就各种风险的因子构成、影响因素以及作用机理进行研究，争取在此基础上，构建我国对外直接投资的主权违约风险的评估方法和预警模型。

参 考 文 献

[1] Aitken B. and Harrison A., Do Domestic Firms Benefit from Direct Foreign Investment, Evidence from Venezuela. American Economic Review. 1999, 89 (3): 605~618.

[2] Aitken, Brian, Gordon H. Hanson, and Ann Harrison. Spillovers, Foreign Investment, and Export Behavior. Journal of International Economics, 1997 (43).

[3] ALEKSYNSKA M, HAVRYLCHYK O. FDI from the South: the role of institutional distance and natural resources. European Journal of Political Economy. 2013, 29: 38~53.

[4] Alfaro L, Charlton A. Intra-industry foreign direct investment. American Economic Review, 2009 (5): 2096~2119.

[5] Apergis, N. and Katrakilidis, C., Does Inflation Uncertainty Matter in Foreign Direct Investment Decisions? An Empirical Investigation for Portugal, Spain, and Greece. (International Review of Economics and Business), Rivista Internazionale Di Scienze Economiche E Commerciali. 1998, 45: 729~744.

[6] Ashoka Mody, Susmita Dasgupta and Sarbajit Sinha. Japanese multinationals in Asia: drivers and attractors. Oxford Development Studies. 1999, 27 (2).

[7] Asiedu, E. and Lien, D., Democracy, Foreign Direct Investment and Natural Resources. Journal of International Economics. 2011, 84 (1): 99~111.

[8] Avinash K. Dixit, Robert S. Pindyck. Investment Under Uncertainty, Princeton University Press, 1994.

[9] Balasu bramanyam Y. et. al. Foreign Direct Investment and Growth in EP and IS Countries. The Economic Journal. 1996, 106 (1): 92 ~ 105.

[10] Balasubramayam V, Salisu M. and Sapsford S. Foreign Direct Investment as an Engine for Growth. Journal of International Trade and Economic Development. 1999, 8 (1): 27 ~ 40.

[11] Baltagi, B. H., Egger, P., Pfaffermayr, M., Estimating Models of Complex FDI: Are There Third country Effects? Journal of Econometrics. 2007, 140 (1): 260 ~ 281.

[12] Barry P. Bosworth and Susan M. Collins. Capital Flows to Developing Economies: Implications for Saving and Investment. Brookings Papers on Economic Activity: 1, Brookings Institution. 1999: 143 ~ 169.

[13] Barry, Frank & Bradley, John. FDI and Trade: The Irish Host - Country Experience. Economic Journal, Royal Economic Society. 1997, 107 (443): 1798 ~ 1811.

[14] Bergstrand, J. H., Egger, P., A Knowledge - and - physical - capital Model of International Trade Flows, Foreign Direct Investment, and Multinational Enterprises. Journal of International Economics. 2007, 73 (2): 278 ~ 308.

[15] Bhagwati, Jagdish N. The Theory of Immiserising Growth: Further Application. in M. Connolly and A. Swoboda, eds., International Trade and Money, The Press of Toronto University. 1973: 45 ~ 54.

[16] Bhagwati, Jagdish N., Elias Din opoulos and Kar - Yiu Kong. Quid Pro Quo Foreign Investment. American Economic Review. 1992: 186 ~ 190.

[17] Bhagwati, Jagdish N., Richard A. Brecher, Elias Dinopoulos and T. N. Srinivasan. Quid Pro Quo Foreign Investment and Welfare: A Political Economy Theoretical Model. Journal of Development Economics. 1987: 127 ~ 138.

[18] Bhagwati, Jagdish. Globalization: The Question of "Appropriate Governance", Keynote speech given at Taegu, Korea on October 7, 1999.

[19] Billington, N. The Location of Foreign Direct Investment: An Empirical Analysis. Applied Economics. 1999, 31: 65 ~ 76.

[20] Blomström, M. & Person. Foreign Investment & Spillover Efficiency in an Undeveloped Economy: Evidence from the Mexican manufacturing indus-

try, 1983.

[21] Blomström, M. Foreign Investment and Productive Efficiency: The Case of Mexico, Journal of Industrial Economics. 1986, 15: 97 ~ 110.

[22] Blomström, M., A. Kokko and Zejan M., Host Country Competition and Technology Transfer by Multinationals. Weltwirtschaftliches Archiv. 1994: 130, 521 ~ 533.

[23] Blonigen B. A., Davies R. B., Waddell G. R., Naughton H. T. FDI in space: spatial autoregressive relationships in foreign direct investment [J]. European Economic Review, 2007 (5): 1305 ~ 1325.

[24] Blonigen B. A. Firm – Specific Assets and the Link between Exchange Rates and Foreign Direct Investment. The American Economic Review. 1997, 87 (3): 447 ~ 465.

[25] Borensztein, E, Gregorio J. D and Lee J–W. how does foreign direct investment affect economic growth? Journal of International Economics. 1998, 45: 115 ~ 135.

[26] Brainard S. L. An empirical assessment of the proximity – concentration trade – off between multinational sales and trade. American Economic Review. 1997 (4): 520 ~ 544.

[27] Bruce, A, Blonigen. In search of substitution between foreign production and exports. Journal of International Economics, 2001.

[28] Buch C. M., and J. Kleinert. Exchange Rates and FDI: Goods versus Capital Market Frictions. The World Economy. 2008, 31 (9): 1185 ~ 1207.

[29] Buckley P. J., Clegg L J, Cross A R, et al. The determinants of Chincse outward foreign direct investment. Journal of International Business Studies. 2007, 38 (4): 499 ~ 518.

[30] Buckley P. J., Kasson M. The future of multinational enterprise. London, UK: MacMillan Press, 1976.

[31] Campa J. M. Entry by Foreign Firms in the United States under Exchange Rate Uncertainty. The Review of Economics and Statistics. 1993, 75 (4): 614 ~ 622.

[32] Caves, R. E., Multinational Firms, Competition and Productivity in Host - Country Markets, Economica. 1974, 41: 176 ~ 193.

[33] CEZAR R, ESCOBAR O R. Institutional distance and foreign direct investment. World Economics. 2015, 151 (4): 713 ~ 733.

[34] Cheung, Y. W. and Qian, X. W. The Empirics of China's Outward Direct Investment. Pacific Economic Review, 2009, 4: 321 ~ 341.

[35] Chou, K. H., Chen, C. H., Mai, C. C. The Impact of Third - country Effects and Economic Integration on China's Outward. Economic Modelling. 2011, 28 (5): 2154 ~ 2163.

[36] Contractor, F. Do government policies toward foreign direct investment matter? . UNCTC Current. New York: United Nations. 1991, 21.

[37] Coughlin, C. C., Segev, E. Foreign Direct Investment in China: a Spatial Econometric Study. The World Economy. 2000, 23 (1): 1 ~ 23.

[38] Cushman D. O. Real Exchange Rate Risk, Expectations, and the Level of Direct Investment. The Review of Economics and Statistics. 1985, 67 (2): 297 ~ 308.

[39] Cushman D. O. Exchange -Rate Uncertainty and Foreign Direct Investment in the United States. Weltwirtschaftliches Archiv. 1988, 124 (2): 322 ~ 336.

[40] Darby J, Desbordes R, Wooton I. Dose public governance always matter? How experience of poor institutional quality influences FDI to the south. CEPR Discussion Paper Series. 2009: 7533.

[41] Daude, C. and Stein, E. The Quality of Institutions and Foreign Direct Investment. Economics & Politics. 2008, 19 (3): 317 ~ 344.

[42] Davies R B, Guillin A. How far away is an intangible? Services FDI and distance. The World Economy. 2014 (12): 1731 ~ 1750.

[43] Dees, S. Foreign Direct Investment in China: Determinants and effects. Economics of Planning. 1998, 31: 175 ~ 194.

[44] Demir F. Effects of FDI flows on institutional development: dose it matter where the investors are from. World Development. 2016, 78: 341 ~ 359.

[45] Dinopoulos, Elias. Quid Pro Quo Foreign Investment. Economics and Politics. I. 1989, (2): 145 ~ 160.

[46] Dinopoulos, Elias and Kar – yiu Wong. Quid Pro Quo Foreign Investment and Political Intervention in K. A. Koekkoek and C. B. M. Mennes, eds., International Trade and Global Development: Essays in Honour of Jagdsh Bhagwati, London: Routledge. 1991: 162 ~ 190.

[47] Dixit A. K., and R. S, Pindyck. Investment under Uncertainty. Princeton, 1994.

[48] Doner, Robert. Japanese automotive production networks in Asia. In Doherty, E., ed., Japanese investment in Asia. Asia Foundation and Berkeley Round Table on the International Economy, San Fransisco, CA, USA, 1995.

[49] DU Y. Institutional distance and location choice of Multinational Enterprises. Singapore: Management University, 2009.

[50] Dunning J. H. Explaining the international direct investment position of countries: Towards a dynamic or developmental approach. Weltwirtschafitliches Archiv, 1981.

[51] Dunning J. H. The investment development cycle revisited. Weltwirtschaftliches Archiv. 1986, 122 (4): 667 ~ 676.

[52] Dunning J. H. Explaining the international direct investment position of countries: Towards a dynamic or development approach. Review of World Economic. 1981, 117 (1): 30 ~ 64.

[53] Dunning J. H. The eclectic paradigm of international production: a restatement and some possible extensions. Journal of International Business Studies. 1988, 19 (1): 1 ~ 31.

[54] Dunning, J. H. Towards an Eclectic Theory of International Production: Some Empirical Tests. Journal of International Business Studies, 1980, 11 (1): 9 ~ 31.

[55] Egger P., Pfaffermayr M. Distance, trade and FDI: a human – taylor SUR approach. Journal of Applied Econometrics. 2004 (19): 227 ~ 246.

[56] Ekholm K, Forslid R, Markusen J R. Export – platform foreign direct investment. Journal of European Economic Association. 2007 (4): 776 ~ 795.

[57] Ekholm, K. Proximity Advantages, Scale Economies, and the Location of Production, in: The Geography of Multinationals, ed. by Pontus Braunerhjelm and Karolina Ekholm. 1998: 59~76.

[58] Ekholm, K., Forslid, R., Markusen, J. R. Export-Platform Foreign Direct Investment. Journal of the European Economic Association. 2007, 5 (4), 776~795.

[59] Elhorst J. P. Spatial Econometrics: From Cross-Sectional Data to Spatial Panels. Germany: Springer-Verlag, 2014.

[60] Feenstra, Robert C. & Hanson, Gordon H. Foreign direct investment and relative wages: Evidence from Mexico's Maquiladoras. Journal of International Economics. 1997, 42: 371~393.

[61] Findlay, Ronald. Relative Backwardness, Direct Foreign Investment, and the Transfer of Technology: A Simple Dynamic Model. The Quarterly Journal of Economics, MIT Press. 1978, 92 (1): 1~16.

[62] Froot K. A., and J. C. Stein. Exchange Rates and Foreign Direct Investment: An Imperfect Capital Markets Approach. The Quarterly Journal of Economics. 1991, 106 (4): 1191~1217.

[63] Garretsen, H., Peeters, J. FDI and the Relevance of Spatial Linkages: do Third-country Effects Matter for Dutch FDI?" Review of World Economics. 2009, 145 (2): 319~338.

[64] Gittleman, M., and Dunning, John. Japan MNCs In European and the united states: Some Comparisons and Contracts, In MNCS in New European and Global Trade, ed. By Klein, M., and Weifens, P., Berlin and Heidelberg Springer verlag, 1992.

[65] Globerman, S. Foreign Direct Investment and Spillover Efficiency Benefits in Canadian Manufacturing Industries. Canadian Journal of Economics. 1979, 12: 42~56.

[66] Goldberg L. S., and C. D. Kolstad. Foreign Direct Investment, Exchange Rate Variability and Demand Uncertainty. International Economic Review. 1995. 36 (4): 855~873.

[67] Grossman G. M., Helpman E., Szeidl A. Optimal integration strate-

gies for the multinational firm. Journal of International Economics. 2006 (1): 216～238.

[68] HABIB M, ZURAWICKI L. Corruption and Foreign Direct Investment. Journal of International Business Studies. 2002: 291～307.

[69] Haddad. M., Harrison. A. Are There Spillovers from Foreign Direct Investment? Evidence from Panel Data for Morocco. Journal development economics, 1983.

[70] Hajzler, C. Resource-based FDI and Expropriation in Developing Economies. Journal of International Economics. 2014, 92 (1): 124～146.

[71] Hayakawa K., Matsuura T. Complex vertical FDI and firm heterogeneity: evidence from East Asia. Journal of the Japanese and International Economies. 2011 (3): 273～289.

[72] Head K., Head L. K., Ries J. Overseas Investment and Firm Exports. Review of International Economics. 2001, 9 (1): 108～122.

[73] Helpman E., Krugman P. Market structure and foreign trade: increasing returns, imperfect competition, and the international economy. Cambridge: MIT press, 1985.

[74] Helpman E., Melitz M. J., Yeaple S. R. Export versus FDI with heterogeneous firms. American Economic Review, 2004 (1): 300～316.

[75] Helpman E. A Simple Theory of International Trade with Multinational Corporations. Journal of Political Economy. 1984, 92 (3): 451～471.

[76] Hiroki Kawai. International Comparative Analysis of Economic Growth: Trade Liberalization and Productivity. Developing Economics. 1994, 32: 373～97.

[77] Hymer S H. The international operation of national firms: a study of direct foreign investment. Cambridge, MA: MIT Press, 1960.

[78] Imbriani, C. and F. Reganati. International Efficiency Spillovers into the Italian Manufacturing Sector-English Summary. Economia Internazionale. 1997, 50: 583～595.

[79] Itagaki T. The Theory of the Multinational Firm under Exchange Rate Uncertainty. The Canadian Journal of Economics. 1981, 14 (2): 276～297.

[80] Johns on, H. G. International Fact or Movement and the Theory of Tariff and Trade. Quarterly Journal of Economics. 1967, 81: 1~38.

[81] K. C. Fung, Iizaka, Lee, and Stephen Parker. Determinants of US and Japanese. Direct Investment in China, University of California at Santa Cruz, Department of Economics, 2000.

[82] Kaminsky, B. and Rihoud, M. Foreign Investment and Restructuring: The Evidence. from Hungary. July in Process, Washington DC: World Bank, 1999.

[83] Kelejian, H. H., Prucha, I. R. A Generalized Spatial Two-stage Least Squares Procedure for Estimating a Spatial Autoregressive Model with Autoregressive Disturbances. The Journal of Real Estate Finance and Economics. 1998, 17 (1): 99~121.

[84] Kelejian, H. H., Prucha, I. R. A Generalized Moments Estimator for the Autoregressive Parameter in a Spatial Model. International economic review. 1999, 40 (2): 509~533.

[85] Kiyota K., and S. Urata. Exchange Rate, Exchange Rate Volatility and Foreign Direct Investment. The World Economy. 2004, 27 (10): 1501~1536.

[86] KNICKERBOCKER F T. Oligopolistic reaction and multinational enterprise. Cambridge, MA: Harvard University Press, 1973.

[87] KOGUT B, SINGH H. The effect of national culture on the choice of entry mode. Journal of International Business Studies. 1988, 19 (3): 411~432.

[88] Kohlhagen S. W. Exchange Rate Changes, Profitability, and Direct Foreign Investment. Southern Economic Journal. 1977, 44 (1): 43~52.

[89] Kokko and Zejan. Local technological capability and productivity spillovers from FDI in the Uruguayan Manufacturing sector. Journal of Development Studies. 1996, 32 (4): 602~611.

[90] Kokko, A. Technology, Market Characteristics, and Spillovers, Journal of Development Economics. 1994, 43: 279~293.

[91] Kokko, A., R. Tansini and M. Zejan Trade Regimes and Effects of

FDI: Evidence from Uruguay. Trade and Economic Geography, IUI, Stockholm, May 23 ~24, 1994.

[92] KOLSTAD I, WIIG A. What determines Chinese outward FDI. Journal of World Business, 2012, 47 (1): 26 ~34.

[93] Kravis, IB and RE Lipsey. The Location of Overseas Production and Production for Export by US Multinational Firms. Journal of International Economics. 1982, 42 (3): 201 ~223.

[94] LALL S. The new multinationals: the spread of third world enterprises. New York: West Sussex Press, 1983.

[95] Lall, Sanjaya. Vertical Inter-Firm Linkages in LDCs: An Empirical Study. Oxford Bulletin of Economics and Statistics, Blackwell Publishing. 1980, 42 (3): 203 ~226.

[96] Lecraw, D. J. Factors influencing FDI by TNCs in host developing countries: a preliminary report. in P. Buckley and J. Clegg (eds.) Multinational Enterprises in Less Developed Countries. London: Macmillan, 1991: 163 ~180.

[97] Lecraw. D. J. Outward direct investment by Indonesian firms: Motivation and effects. Journal of international Business. 1993, 24 (3).

[98] LOREE D W, GUISINGER S E. Policy and non-policy determinants of U. S. equity foreign direct investment. Journal of International Business Studies. 1995, 26 (2): 281 ~299.

[99] Magnus Blomstrom & Ari Kokko. Policies to Encourage Inflows of Technology Through Foreign Multinationals. NBER Working Papers 4289, 1995.

[100] Mansfield, E. and A. Romeo. Technology Transfer to Overseas Subsidiaries by U. S. -based Firms. Quarterly Journal of Economics. 1980, 95: 737 ~750.

[101] Markuson, James R. and Jam es R. Melvin. Factor Movements and Commodity Trade as Complements. Journal of International Economics. 1983, 13: 341 ~356.

[102] Markuson, James R. and Lars E. O. Svensson. Trade in Goods and Factor with International Differences in Technology. International Economic Review. 1985, 26 (1): 175 ~192.

[103] Markusen J. R, Maskus K. E. Discriminating among alternative the-

ories of the multinational enterprise. Review of International Economics. 2002 (4): 694 ~ 707.

[104] Markusen J. R, Venables A J. The theory of endowment, intra – industry and multi – national trade. Journal of International Economics. 2000 (2): 209 ~ 234.

[105] Markusen J. R. The boundaries of multinational enterprises and the theory of international trade. The Journal of Economic Perspectives. 1995 (2): 169 ~ 189.

[106] Markusen, J. R. Multinationals, Multi – plant Economies, and the Gains from Trade. Journal of International Economics. 1984, 16 (3): 205 ~ 226.

[107] Moran, Theodore H. Foreign Direct Investment and Development. Washington, DC: Institute for International Economics, 1998.

[108] Narula R, Dunning J. H. Multinational Enterprises, Development and Globalization: Some Clarifications and a Research Agenda. Oxford Development Studies. 2010, 38 (3): 263 ~ 287.

[109] Nigh, D. Political Events and the Foreign Direct Investment Decision: An. Empirical Examination. Managerial and Decision Economics. 1986, 7 (2): 99 ~ 106.

[110] Nigh, D. , and Schollhammer. Foreign Direct Investment, Political Conflict, and Cooperation: The Asymmetric Response Hypothesis. Managerial Decision Economics. 1987, 8: 307 ~ 312.

[111] Nourzad F, Greenworld D. N, Yang R. The interaction between FDI and infrastructure capital in the development process. International Advances in Economic Research. 2014, 20 (2): 203 ~ 212.

[112] Nwaogu U. G. , Ryan M. , Spatial interdependence in US outward FDI into Africa, Latin America and the Caribbean. The World Economy, 2014 (9): 1267 ~ 1289.

[113] Osamu Kawaguchi. Foreign Direct Investment in East: Trends, Determinants, and Policy Implications, Internal Discussion Paper. Washington: World Bank of Development Economics. 1993, 42: 51 ~ 74.

[114] P. Deng. Outward investment by Chinese MNCS: Motivations and

Implications. Business Horizons. 2004, (3): 1 ~ 8.

[115] Pain, N. and M. Lansbury. Regional Economic Integration and Foreign Direct. Investment: The Case of German Investment in Europe. National Institute Economic Review. 1997, (160): 87 ~ 99.

[116] Pain, Nigel. Continental Drift: European Integration and the Location of UK Foreign Direct Investment. The Manchester School Supplement. 1997, 65: 94 ~ 117.

[117] Rajah Rasiah. Free trade zones and industrial development in Malaysia in Jomo, K. S. (ed) Industrializing Malaysia: Policy, Performance, Prospects. 1993: 118 ~ 146.

[118] Ranis, Gustav and Chi Schive. Direct Foreign Investment in Taiwan. Foreign Trade and Investment. ed. by W. Galenson. Madison: University of Wisconsin Press. 1985: 85 ~ 137.

[119] Ranjan V, Agrawal G. FDI inflow Determinants in BRIC countries: a panel data analysis. International Business Research. 2011, 4 (4): 255 ~ 263.

[120] Razin, A. & Sadka, E. & Yuen, C. W. The Impact of Transparency on Foreign Direct Investment, Economic Inquiry. 1999, 37: 29 ~ 46.

[121] Regelink, M. , Elhorst, J. P. The Spatial Econometrics of FDI and Third Country Effects. Letters in Spatial and Resource Sciences, 2015. 8 (1): 1 ~ 13.

[122] Reuber G L, H. Crookell, M. Emerson, and G. Gallais-Hamonno. Private. Foreign Investment in Development. Oxford: Clarendon Press, 1973.

[123] Rodriguez, F. and Rodrik, D. Trade Policy and Economic Growth: A Skeptic's Guide to Cross-National . Evidence. NBER Working Paper No. W7081, 1999.

[124] Schmidt C. W. , and U. Broll. Real Exchange rate Uncertainty and US Foreign Direct Investment: an Empirical Analysis. Review of World Economics. 2009, 145 (3): 513 ~ 530.

[125] Schneider, Friedrich and Bruno S. Frey. Economic and Political Determinants of Foreign Direct Investment. World. Development. 1985, 13 (2): 161 ~ 175.

[126] Shah, Anwar, ed. Fiscal Incentives for Investment and Innovation. World Bank (New York: Oxford University), 1995.

[127] Sharma S, Wang M, Sunny Wong M C. FDI location and the relevance of spatial linkage: evidence from provincial and industry FDI in China. Review of International Economics, 2014 (1): 86 ~ 104.

[128] Shatz, H. J., and A J. Venables. The Geography of International Investment. World Bank Discussion Paper 2338. Washington, DC: World Bank, 2000.

[129] Singh, H. & KW Jun. Some New Evidence on Determinants of Foreign Direct Investment in Developing Countries. Policy Research, World Bank Working Paper, No. 1531, 1995.

[130] Sjöholm, F. Productivity Growth in Indonesia: The Role of Regional Characteristics and Direct Foreign Investment. Economic Development and Cultural Change. 1999, 47: 559 ~ 584.

[131] Stephen Hymer. The Efficiency (Contradictions) of Multinational Corporations. American Economic Review. 1970, 60 (2): 441 ~ 448.

[132] Stoian, Carmen. Extending Dunning's Investment Development Path: The role of home country institutional determinants in explaining outward foreign direct investment. International Business Review. 2013, 22 (3): 615 ~ 637.

[133] Sung H., and H. E. Lapan. Strategic Foreign Direct Investment and Exchange Rate Uncertainty. International Economic Review. 2000, 41 (2): 411 ~ 423.

[134] Svensson, Lars E. O. Factor Trade and Good Trade. Journal of International Economics. 1984, 16: 365 ~ 378.

[135] Svensson MLEO. Trade in Goods and Factors with International Differences in Technology. International Economic Review. 1985, 26 (1): 175 ~ 192.

[136] Swenson D L. Foreign Investment and the Mediation of Trade Flows. Review of International Economics. 2004, 12 (4): 609 ~ 629.

[137] Takagi S., and Z. Shi. Exchange Rate Movements and Foreign Direct Investment (FDI): Japanese Investment in Asia, 1987 ~ 2008. Japan and the World Economy, 2011.

[138] Teece. D. L. Transactions cost economics and the multinational enterprise. Journal of Economics Behavior and organization. 1986, 7 (1): 21~45.

[139] Tobler W. R. A computer movie simulating urban growth in the Detroit region. Economic Geography. 1970, 46 (2): 234~240.

[140] Tomio B. T, AMAL M. Institutional distance and Brazilian Outward Foreign Direct Investment. Management. 2015, 18 (1): 78~101.

[141] Venables A J. Fragmentation and multinational production. European Economic Review. 1999 (4): 935~945.

[142] Vernon R., WELLS L. T. International trade and international investment in the product life cycle. Quarterly Journal of Economics, 1966, 81 (2): 190~207.

[143] Wells L. T. Jr. The internationalization of firms from developing countries. Multinational firms from small countries. Cambridge: MIT Press, 1977.

[144] Wheeler, D., and A. Mody. International Investment Location Decisions: The Case of US Firms. Journal of International Economics. 1992, 33: 57~76.

[145] Woodward D. and R. J Rolfe. The Location of Export Oriented Foreign direct. investment in the Caribbean Basin, Journal of International Business Studies. 1993, 24 (1): 44~121.

[146] Xing Y. Why is China so Attractive for FDI? The Role of Exchange Rates. China Economic Review. 2006, 17 (2): 198~209.

[147] Yao, S., Wang, P. Has China Displaced the Outward Investments of OECD Countries? China Economic Review. 2014, 28: 55~71.

[148] Yeaple S. R. The role of skill endowments in the structure of US outward foreign direct investment. The Review of Economics and Statistics. 2003 (3): 726~734.

[149] Yeaple S. R. The Complex Integration Strategies of Multinationals and Cross Country Dependencies in the Structure of Foreign Direct Investment. Journal of International Economics. 2003, 60 (2): 293~314.

[150] 包群，叶宁华，王艳灵．外资竞争、产业关联与本土企业的市

场存活[J]. 经济研究, 2015 (7): 102~115.

[151] 蔡宏波, 刘杜若, 张明志. 外商直接投资与服务业工资差距[J]. 南开经济研究, 2015 (4): 109~120.

[152] 蔡锐, 刘泉. 中国的国际直接投资与贸易是互补的吗? ——基于小岛清"边际产业理论"的实证分析[J]. 世界经济研究, 2004 (8): 64~70.

[153] 曹亮, 蒋洪斌, 陈小鸿. CAFTA框架下中国进口的贸易创造和贸易转移——以HS-6位数机电产品为例[J]. 国际贸易问题, 2013 (8): 72~82.

[154] 陈建南. 发展中国家对外直接投资理论述评[J]. 经济学动态, 2001 (2): 65~67.

[155] 陈俊聪, 黄繁华. 中国对外直接投资的贸易效应研究[J]. 上海财经大学学报, 2013 (3): 58~65.

[156] 陈漓高, 黄武俊. 投资发展路径 (IDP): 阶段检验和国际比较研究[J]. 世界经济研究, 2009 (9): 51~56, 88.

[157] 陈立敏. 贸易创造还是贸易替代——对外直接投资与对外贸易关系的研究综述[J]. 国际贸易问题, 2010 (4): 122~128.

[158] 陈升, 张俊龙. 东道国制度水平对我国对外直接投资的影响——综合运用全球治理指标和"一带一路"沿线国家数据的实证[J]. 产经评论, 2019 (10): 56~66.

[159] 陈涛涛, 张建平, 陈晓. 投资发展路径 (IDP) 理论的发展与评述[J]. 南开经济研究, 2012 (5): 123~137.

[160] 陈晓丹, 孙磊. 发展中国家和地区对外投资理论文献综述[J]. 临沧教育学院学报, 2005 (3): 38~42.

[161] 陈岩, 马利灵, 钟昌标. 中国对非洲投资决定因素: 整合资源与制度视角的经验分析[J]. 世界经济, 2012 (10).

[162] 程惠芳, 阮翔. 用引力模型分析中国对外直接投资的区位选择[J]. 世界经济, 2004 (11).

[163] 楚建波, 胡罡. 发展中国家FDI理论的新探索——"跨国投资门槛论"[J]. 中央财经大学学报, 2003 (7): 77~80.

[164] 邓富华, 贺歌, 姜玉梅. "一带一路"沿线国家外资政策协调

对中国对外直接投资的影响——基于双边、多边政策协调的分析视角[J].经济与管理研究，2019（12）：43～58.

[165] 邓明.制度距离、"示范效应"与中国 OFDI 的区位分布[J].国际贸易问题，2012（2）：123～135.

[166] 丁志帆，孙根紧."一带一路"背景下中国对外直接投资空间格局重塑[J].四川师范大学学报（社会科学版），2016，43（2）：54～61.

[167] 杜龙政、林伟芬.中国对"一带一路"沿线直接投资的产能合作效率研究——基于24个新兴国家、发展中国家的数据[J].数量经济技术经济研究，2018（12）：3～21.

[168] 杜群阳，邓丹青.中国对非洲直接投资的空间分布及其影响因素研究[J].地理科学，2015，35（4）：396～401.

[169] 范硕，何彬.中国对"一带一路"沿线国家投资模式研究——基于动态空间面板模型的实证检验[J].亚太经济，2017（6）：28～37.

[170] 高峰，高越.外国直接投资与我国进出口贸易的关系——基于不同贸易方式的实证分析[J].国际贸易问题，2006（4）：10～14.

[171] 高鹏飞，孙文莉.对外直接投资理论与中国实践的新问题[J].中国商论，2019（2）：110～112.

[172] 顾学颖.中国企业对外直接投资现状及动因分析[J].对外经贸，2014（7）：30～31.

[173] 郭惠君，孙玉琴.中国对中亚国家直接投资的出口贸易效应研究[J].现代管理科学，2016（8）：24～26.

[174] 郭文强，张泽文，张少杰，等.对外直接投资理论研究综述[J].科技管理研究，2006（5）：35～38.

[175] 郭烨，许陈生.双边高层会晤与中国在"一带一路"沿线国家的直接投资[J].国际贸易问题，2016（2）.

[176] 何文彬."中国—中亚—西亚经济走廊"全球价值链升级驱动因素分析[J].亚太经济，2019（3）：13～25，149.

[177] 何兴强，王利霞."中国 FDI 区位分布的空间效应研究[J].经济研究，2008（11）.

[178] 胡恒松，栗荣剑.我国外商直接投资与进出口贸易关系的研究——基于状态空间模型的实证分析[J].国际经济合作，2016（7）：59～66.

[179] 胡昭玲，宋平．中国对外直接投资对进出口贸易的影响分析[J]．经济经纬，2012（3）：65～69.

[180] 黄卫平．“一带一路”倡议下的中国对欧投资研究[J]．中国流通经济，2016（1）.

[181] 姬超．中国对外直接投资的所有制差异及其东道国效应——以“一带一路”沿线国家为例[J]．投资研究，2018（8）：2641.

[182] 姬超．“一带一路”建设的中国要素分解及其外部性检验[J]．国际贸易问题，2019（9）：83～96.

[183] 吉尔特·霍夫斯泰德．文化与组织：心理软件的力量［M］．李原，孙健，译．北京：中国人民大学出版社，2019.

[184] 季凯文，周吉．“一带一路”建设下我国对外直接投资效率及其影响因素：基于随机前沿引力模型[J]．经济与管理评论，2018（4）：138～148.

[185] 贾少学．“一带一路”倡议背景下的俄罗斯能源投资制度分析[J]．法学杂志，2016（1）.

[186] 蒋冠宏，蒋殿春．中国对发展中国家的投资——东道国制度重要吗？[J]．管理世界（月刊），2012（11）：45～56.

[187] 蒋冠宏，蒋殿春．中国企业对外直接投资的“出口效应”[J]．经济研究，2014（5）：160～173.

[188] 蒋冠宏，蒋殿春．中国工业企业对外直接投资与企业生产率进步[J]．世界经济，2014（9）：53～76.

[189] 蒋冠宏，蒋殿春．“中国对发展中国家的投资——东道国制度重要吗？[J]．管理世界，2012（11）.

[190] 李逢春．对外直接投资的母国产业升级效应——来自中国省际面板的实证研究[J]．国际贸易问题，2012（6）：124～134.

[191] 李海龙．对外直接投资（OFDI）的出口效应研究：文献综述[J]．南京财经大学学报，2017（2）：26～35.

[192] 李婧，谭清美，白俊红．中国区域创新生产能空间计量分析——基于静态与动态空间面板模型的实证研究[J]．管理世界，2010（7）.

[193] 李婧．“一带一路”背景下中国对俄投资促进战略研究[J]．国际贸易，2015（8）.

[194] 李俊久，丘俭裕，何彬．文化距离、制度距离与对外直接投资——基于中国对"一带一路"沿线国家OFDI的实证研究[J]．武汉大学学报（哲学社会科学版），2020（1）：120～134.

[195] 李磊，白道欢，冼国明．对外直接投资如何影响了母国就业？[J]．经济研究，2016（8）：144～158.

[196] 李平，孟寒，黎艳，双边投资协定对中国对外直接投资的实证分析——基于制度距离的视角[J]．世界经济研究，2014（12）：53～58，85～86.

[197] 李勤昌，许唯聪．中国对"一带一路"全域OFDI的区位——基于空间效应视角[J]．宏观经济研究，2017（8）：3～18，102.

[198] 李荣林．国际贸易与直接投资的关系：文献综述[J]．世界经济，2002（4）：44～46.

[199] 李晓钟，徐慧娟．中国对"一带一路"沿线国家直接投资贸易效应研究[J]．国际经济合作，2018（10）：4～9.

[200] 梁琦，施晓苏．中国对外贸易和FDI相互关系的研究[J]．经济学，2004，3（3）：59～78.

[201] 林创伟，谭娜，何传添．中国对东盟国家直接投资的贸易效应研究[J]．国际经贸探索，2019（4）：60～79.

[202] 林治洪，陈岩，秦学志．中国对外投资决定因素——基于整合资源观与制度视角的实证分析．管理世界，2012（8）.

[203] 刘斌，王杰，魏倩．对外直接投资与价值链参与：分工地位与升级模式[J]．数量经济技术经济研究，2015（12）：39～56.

[204] 刘洪铎，曹翔，李文宇．双边贸易成本与对外直接投资：抑制还是促进？——基于中国的经验证据[J]．产业经济研究，2016（2）：96～108.

[205] 刘清杰，刘倩，任德孝．中国对"一带一路"沿线国家投资倾向于出口平台型吗[J]．财贸经济，2019（6）：101～116.

[206] 刘双芹，李敏燕．制度距离对中国OFDI区位选择的影响[J]．河海大学学报，2018（2）：58～64.

[207] 刘文革，傅诗云，黄玉．地缘政治风险与中国对外直接投资的空间分布——以"一带一路"沿线国家为例[J]．西部论坛，2019（1）：84～97.

[208] 刘振林. 中国对“一带一路”沿线国家直接投资现状与成因研究[J]. 国际贸易, 2017 (5): 49 ~55.

[209] 罗伟、葛顺奇. 中国对外直接投资区位分布及其决定因素——基于水平型投资的研究[J]. 经济学 (季刊), 2013 (4).

[210] 吕越, 陆毅, 吴嵩博, 等. “一带一路” 倡议的对外投资促进效应——基于2005 ~2016 年中国企业绿地投资的双重差分检验[J]. 经济研究, 2019 (54).

[211] 马广奇, 王瑾. 中国企业对“一带一路”沿线国家直接投资的绩效研究[J]. 财会通讯, 2019 (5): 3 ~7.

[212] 马述忠, 李嫣君, 吴国杰. 基于空间自相关的中国技术类创新资源流动影响因素分析——经济学家, 2015 (11).

[213] 毛其淋, 许家云: 中国外向型FDI对企业职工工资报酬的影响: 基于倾向得分匹配的经验分析[J]. 国际贸易问题, 2014 (11): 121 ~131.

[214] 聂名华. 发展中国家对外直接投资理论述评[J]. 经济学动态, 2000 (3): 67 ~69.

[215] 牛雄鹰, 丁言乔. 我国对外直接投资对“一带一路”沿线国家经济增长的影响——基于碳排放的中介作用[J]. 西北师大学报 (社会科学版), 2019, 56 (3): 108 ~117.

[216] 庞明川, 刘雷. 制度距离、技术差距和政治风险——中国对发达国家逆向投资的影响因素分析[J]. 财经问题研究, 2017 (9): 98 ~107.

[217] 裴长洪, 郑文. 国家特定优势: 国际投资理论的补充解释[J]. 经济研究, 2011 (11).

[218] 彭刚, 苑生龙. 对外直接投资发展周期定位与总体模型——人均样本下的中国特征及国际比较[J]. 经济学动态, 2013 (2): 60 ~66.

[219] 戚建梅, 王明益. 对外直接投资扩大母国企业间工资差距了吗[J]. 国际贸易问题, 2017 (1): 116 ~126.

[220] 乔晶, 胡兵. 对外直接投资如何影响出口——基于制造业企业的匹配倍差检验[J]. 国际贸易问题, 2015 (4): 126 ~136.

[221] 任雪梅, 陈汉林. 中国对“一带一路”沿线国家直接投资贸易效应的实证 [J/OL]. 统计与决策, 2020 (3): 97 ~99 [2020 -05 -02]. https: //doi. org/10. 13546/j. cnki. tjyjc. 2020. 03. 020.

[222] 沈梦溪．国家风险、多便金融机构支持与 PPP 项目融资的资本结构——基于"一带一路"PPP 项目数据的实证分析[J]．经济与管理研究，2016，37（11）：3～10.

[223] 盛斌，黎峰．"一带一路"倡议的国际政治经济分析[J]．南开学报（哲学社会科学版），2016（1）.

[224] 盛斌，廖明中．中国的贸易流量与出口潜力：引力模型的研究[J]．世界经济，2004（2）.

[225] 舒鹏．浅析当代发展中国家的对外直接投资[J]．国际贸易问题，2004（8）：53～56.

[226] 帅传敏．基于引力模型的中美农业贸易潜力分析[J]．中国农村经济，2009（7）.

[227] 孙朋军，于鹏．文化距离对中国企业落实"一带一路"投资战略的影响[J]．中国流通经济，2016（2）.

[228] 谭赛．对外直接投资、逆向技术溢出与中国创新能力——基于中国与"一带一路"沿线不同类型国家的实证分析[J]．湖南科技大学学报（社会科学版），2019，22（3）：60～66.

[229] 王方方，赵永亮．中国对外直接投资区位分布——贸易引致型VS 水平型[J]．世界经济研究，2013（7）：59～66，89.

[230] 王琳，钱晓英．制度环境、投资动机与中国 OFDI 区位分布——基于发达东道国和发展中东道国的对比研究[J]．商业研究，2016（2）：46～53.

[231] 王胜，田涛，谢润德．中国对外直接投资的贸易效应研究[J]．世界经济研究，2014（10）：80～86.

[232] 王恕立，向姣姣．创造效应还是替代效应——中国 OFDI 对进出口贸易的影响机制研究[J]．世界经济研究，2014（6）：66～72，89.

[233] 王颖，吕婕，唐子仪．中国对"一带一路"沿线国家直接投资的影响因素研究——基于东道国制度环境因素[J]．国际贸易问题，2018（1）：83～91.

[234] 王永钦，杜巨澜，王凯．中国对外直接投资区位选择的决定因素：制度、税负和资源禀赋[J]．经济研究，2014（12）：126～142.

[235] 吴彬，黄韬．二阶段理论：外商直接投资新的分析模型[J]．经

济研究，1997（7）：25～31.

［236］夏申．发展中国家对外直接投资的理论演进及其评价［J］．世界经济，1989（9）：29～36.

［237］冼国明，杨锐．技术累积、竞争策略与发展中国家对外直接投资［J］．经济研究，1998（11）：57～64.

［238］向铁梅．国际贸易与直接投资的关系及其中国情况的实证分析［J］．世界经济研究，2003（3）：14～19.

［239］项本武．对外直接投资的理论解释：一个文献综述［J］．湖北社会科学，2005（4）：74～76.

［240］项本武．中国对外直接投资的贸易效应研究——基于面板数据的协整分析［J］．财贸经济，2009（4）：77～82.

［241］协天紫光，樊秀峰，黄光灿．东道国投资便利化建设对中国企业对外直接投资二元边际的影响［J］．世界经济研究，2020（4）：120～134，137.

［242］谢杰，刘任余．基于空间视角的中国对外直接投资的影响因素与贸易效应研究［J］．国际贸易问题，2011（6）.

［243］邢建国．中国企业 FDI 研究：理论模型与政策思路［D］．上海：复旦大学，2003.

［244］熊彬，马世杰．中国对柬埔寨投资企业绩效及其影响因素实证研究——基于广义定序 Logit 模型［J］．国际贸易问题，2015（9）：66～75.

［245］熊彬，王梦娇．基于空间视角的中国对“一带一路”沿线国家直接投资的影响因素研究［J］．国际贸易问题，2018（2）：102～112.

［246］杨建清．对外直接投资的区域差异及决定因素研究［J］．管理世界，2015（5）.

［247］杨建清．银行业对外直接投资决定因素理论与实证研究：一个文献综述［J］．商场现代化，2007（25）：260～261.

［248］杨娇辉，王伟，谭娜．破解中国对外直接投资区位分布的“制度风险偏好”之谜［J］．世界经济，2016，39（11）：3～27.

［249］杨杰，祝波．发展中国家对外直接投资理论的形成与演进［J］．上海经济研究，2007（9）：19～24.

［250］杨连星，罗玉辉．中国对外直接投资与全球价值链升级［J］．数

量经济技术经济研究，2017（6）：54～70.

［251］杨连星，沈超海，殷德生．对外直接投资如何影响企业产出［J］．世界经济，2019（4）：77～100.

［252］杨平丽，张建民．对外直接投资对企业进出口贸易的影响——来自中国工业企业的证据［J］．亚太经济，2016（5）：113～119.

［253］姚利民，余凯丽．中国、美国、日本对外直接投资对贸易附加值的影响对比［J］．经营与管理，2016（12）：76～78.

［254］姚树洁，冯根福，王攀，等．中国是否挤占了OECD成员国的对外投资？［J］．经济研究，2014（11）.

［255］衣长军．发展中大国综合优势理论与我国企业对外直接投资战略研究［J］．未来与发展，2008（5）：52～59.

［256］袁其刚，商辉，张伟．对外直接投资影响工资水平的机制探析［J］．世界经济研究，2015（11）：80～89.

［257］岳咬兴，范涛．制度环境与中国对亚洲直接投资区位分布［J］．财贸经济，2014（6）：69～78.

［258］张春萍．中国对外直接投资的贸易效应研究［J］．数量经济技术经济研究，2012（6）：74～85.

［259］张宏，王霄，潘雨晨．中国OFDI对出口结构的影响研究——以"一带一路"为背景［J］．亚太经济，2019（4）：79～87，151～152.

［260］张慧，黄建忠．我国对外直接投资区位分布的影响因素分析——基于新经济地理理论的探讨［J］．国际商务（对外经济贸易大学学报），2014（5）：53～65.

［261］张瑞良．中国对"一带一路"沿线国家OFDI区位选择研究——基于制度距离视角［J］．山西财经大学学报，2018（3）：25～38.

［262］张艳萍．国际贸易与国际直接投资相互关系理论综述［J］．山西农经，2018（13）：14～16.

［263］张远鹏，李玉杰：对外直接投资对中国产业升级的影响研究［J］．世界经济与政治论坛，2014（6）：1～15.

［264］章秀琴，余长婧．"一带一路"基础设施建设的贸易效应研究［J］．国际商务（对外经济贸易大学学报），2019（1）：72～83.

［265］郑蕾，刘志高．中国对"一带一路"沿线直接投资空间格局

[J]. 地理科学进展，2015 (5)：563~570.

[266] 郑展鹏，刘海云. 体制因素对我国对外直接投资影响的实证研究——基于省际面板的分析[J]. 经济学家，2012 (6).

[267] 周宏，胡亚权. 知识产权保护对我国人均 GDP 增长率影响的地区差异性研究——基于 1997~2006 年省际面板数据[J]. 统计研究，2010 (5).

[268] 周经，徐松. 金融危机下我国经济贸易转型的相互影响因素分析[J]. 经济问题，2009 (11)：25~28.

[269] 周政可，梁育填，周克杨. 基于关系视角的中国对外直接投资研究进展与展望[J]. 热带地理，2019，39 (6)：942~953.

[270] 宗芳宇，路江涌，武常岐. 双边投资协定、制度环境和企业对外直接投资区位选择[J]. 经济研究，2012，47 (5)：71~82，146.